알기 쉬운 재정학

우명동 · 김의섭 · 김종웅
박병희 · 임상수 · 조계근

도서출판 대영문화사

머리말

오늘날 우리가 살고 있는 사회는 당면하는 경제문제를 시장을 통해 해결하는 것을 원칙으로 삼고 있는 소위 자본주의적 사회이다. 그러나 현실을 둘러보면 시장을 통해 모든 경제문제가 다 해결되는 것도 아닐 뿐 아니라 시장을 통해 해결하는 것이 사회적으로 바람직하지 못한 것으로 인식되는 경우도 많다는 것을 알 수 있다. 그뿐만 아니라 나라에 따라 차이는 있지만 전체적으로 보아 그 비중도 적지 아니하다. 사정은 어떠하든 현실이 그러하다면 후자의 문제들은 누가 어떤 경로를 통해서 해결해 나가야 할 것인지가 중요한 사회문제가 될 수밖에 없다. 시장이 아니면서 경제문제를 해결할 수 있는 것은 무엇보다 가정이 될 수 있다. 그리고 마을공동체도 될 수 있다. 그러나 점점 더 시장의 영역이 확산되어 가고 있는 시대적 상황에 비춰 볼 때 가정이나 마을공동체가 경제문제를 해결해 나가는 비중은 그리 많지 않는 상황이다. 그러고 보면 남는 것은 정부이다.

그렇다. 오늘날 많은 나라는 국방이나 경찰 서비스와 같은 전통적인 공공 서비스의 공급뿐만 아니라 우리 생활을 점점 더 불편하게 해주고 있는 공해문제에 대처해 나가는 기능, 세계적으로 확산되어 가는 시장 논리로 인해 점점 더 불안정해지는 사회에 안전망을 강화하는 기능, 이에 더해서 빈도도 잦아지고 그 정도도 점점 더 심해지고 있는 주기적 경기변동의 진폭을 조절해서 시민들의 생활이나 기업의 생산활동에 안정성을 더해주는 기능 등 수많은 기능이 정부에 의해서 수행되고 있다. 재정학이라는 것은 바로 이와 같이 시장을 통해서 행해지지 않는 수많은 서비스를 정부가 어떠한 원리에 따라 얼마만큼 공급해줌으로써 우리 사회구성원들의 물적 생활을 좀 더 안정적으로 영위할 수 있도록 도와줄 수 있는지를 연구하는 학문이다.

그런데 이와 같은 재정학이 다루는 문제들은 우리들의 물질적 생활과 관련된 문제들이라는 점에서 '경제문제'이기도 하지만, 대부분이 정부에 의해 행해지고 있기 때문에 '정치적'이고 '행정적'이며 '법적'인 '문제'이기도 하다. 따라서 이러한 문제를 다루는 재정학의 내용을 이해하기 위해서는 경제학적 이해뿐 아니라 정치학, 행정학, 법학적 이해도 요구되는 매우 복합적인 학문이다. 더구나 이와 같이 다양한 성격이 있다는 측면을 넘어서서 서로 다른 성격이 뒤섞여 전개되는 행위라는 점이 우리를 더욱 당혹케 하기도 한다. 그러나 이 책에서는 재정학이 다루는 재정행위라는 것이 이와 같은 복합적 성격을 가지고 있다는 사실의 인식을 갖고 출발하되, 우선 재정행위가 우리들의 물질적 생활에 주는 영향이 큰 행위라는 점에 초점을 맞춰 경제학적 관점에서 재정행위를 관류하는 기본적인 질서를 소개하는 데 초점을 맞추고 있다. 이는 위와 같은 복합적인 재정행위에 대한 다학문 내지 학제간 이해를 처음부터 시도하는 것이 어렵다는 데서 기인한 것이기는 하지만, 무엇보다 독자들이 이와 같이 경제적 관점에서 재정행위를 관류하는 질서를 이해하고 나면, 그러한 바탕 위에 현실의 정치, 행정, 법적 제약 속에서 재정행위가 어떻게 작용하게 되는지를 유추해 봄으로써 이해의 폭을 넓혀 갈 수 있으리라는 판단에서이다.

이 책은 이와 같이 경제적 관점에서 재정질서를 이해하는 데 초점을 맞추고 있지만, 경제적 질서에 대한 이해 자체도 쉬운 일이 아니다. 그렇다고 우리들의 물질적 생활과 관련해서 현실적으로 그토록 중요한 의미를 지니는 재정현상에 대한 이해를 포기할 수도 없지 않는가? 어디 내용적으로만 그러한가? 양적으로도 전체 경제생활 가운데 재정이 차지하는 비중이 추세적으로 점점 더 커지고 있는 사정을 고려해 볼 때 공공부문뿐만 아니라 공공부문과 관련된 일에 종사하는 사람들의 수는 지금도 많지만 앞으로도 계속 늘어날 전망이다. 이들이 재정행위를 관류하는 질서를 이해하지 않고 제도적이고 행정기술론적으로만 접근한다면 재정이 우리들의 물질적 생활에 주는 의미를 어떻게 이해하고, 더 나아가 공공부문에 관한 일을 담당해 나갈 수 있을 것인가? 그것은 공공부문 종사자 및 관련된 이해관계자들 개인적으로도 그러하지만 그것이 주는 사회경제적 의미를 생각한다면 더욱 중요한 일이 아니겠는가?

이 책은 근년에 만들어진 '공공재정관리사협회'가 위와 같은 취지를 적극 인식해서 경제학 내지 재정학을 주전공으로 하는 독자들이 아니라 공공부문 및 관련 부문에 종사하는 독자들, 더 나아가 재정문제에 관심을 갖고 있는 일반인들에게 어떻게 하면 재정행위의 기본적인 질서를 습득할 수 있는 계기를 만들어 줄 수 있을까 하는 취지에서 기획되고 추진되었음을 밝혀둔다. 위와 같은 취지에서 이 책은 우선 주제 선정부터 재정문제를 이해하는 데 꼭 필요하다고 판단되는 기본적인 주제를 선정했다. 이에 부응해서 내용 면에서도 가능한 복잡한 경제학적 지식이 없는 독자들도 의지만 있다면 어렵지 않게 접근할 수 있도록 아주 기본적인 경제학의 개념에만 의지해서 가능한 쉽게 서술하는 데 초점을 맞췄다. 집필진도 이 책의 이러한 취지에 부응할 수 있도록 제1장 재정현상과 재정학, 제2장 재정의 기능, 보론: 재정학 학습을 위한 기초이론은 우명동, 제3장 재정지출은 김의섭, 제4장 비용편익분석과 예비타당성분석은 조계근, 제5장 조세의 이론은 김종웅, 제6장 공기업과 민영화, 제7장 재정적자와 국가채무는 박병희, 제8장 재정분권과 정부 간 재정관계, 제9장 정부 간 기능배분과 재원배분, 제10장 정부 간 재정조정은 임상수 교수 등 해당 분야 전문가들로 구성해서 분담 집필했다.

모쪼록 개별 시민으로서 우리 자신이나 우리 사회의 전반적인 물질적 생활에 중요한 의미를 주고 있는 재정행위의 기본을 이해함으로써 각자가 담당하는 분야에서 좀 더 자신 있는 생활을 영위해 나갈 수 있기를 기원하면서 머리말에 대신하고자 한다.

끝으로 이 책의 필요성을 인식하고 추진해 온 공공재정관리사협회 측과 이 책을 기꺼이 출판해 준 대영문화사 사장님께 고마운 마음을 전해 드린다.

2019년 1월

저자를 대표해서

우명동 씀

차례

Part 03 수입론

Part 04 정부 간 재정관계와 지방재정

Chapter 10 정부 간 재정조정 291

Part

01

총 론

Chapter 01 재정현상과 재정학*

먼저 이 장에서는 '재정현상' 내지 '재정행위'란 무엇이며, 이어 '재정학'은 무엇인지를 이해하고자 한다. 무엇보다 그 과정에서 재정행위가 우리에게 어떤 의미를 갖는지를 이해하고자 하며, 이를 위해 재정학의 개념과 그 중요성을 이해하고자 한다.

제 1 절 재정현상의 개념과 성격

먼저 재정현상의 개념을 "국가의 경제행위"로 정의하고, 이 개념을 이해하기 위해 '국가의 행위'와 '경제행위'라는 두 측면을 동시에 이해해야 할 필요성을 설명한다. 이어서 이러한 개념에 대한 이해에 바탕을 두고 재정현상이 갖는 성격을 해명해 봄으로써, 앞으로의 논의에 기초로 삼고자 한다.

---

* 이 장은 우명동(2007a: 5－27)의 내용을 이 책의 취지에 맞춰 요약・재정리해 서술한 것임을 밝혀 두며, 이와 관련해서 좀 더 자세한 내용은 해당 문헌을 참고하기 바란다.

1. 재정현상의 개념

'재정현상' 내지 '재정행위'란 한마디로 "국가의 경제행위"라 할 수 있다.[1] 구체적으로 말하면, 국가를 현실적으로 대표하는 "정부가 공공수요 충족을 위해 필요한 물적 수단을 획득하고 관리하고 처분하는 행위"라 정의할 수 있다. 이 정의를 자세히 살펴보면 '국가의 행위'라는 점과 '경제행위'라는 점을 동시에 내포하고 있다는 사실을 알 수 있다. 따라서 재정행위를 이해하기 위해서는 이 두 측면, 즉 국가의 행위라는 점과 경제행위라는 점을 이해할 필요가 있다. 순서대로 설명하는 것이 좋겠으나 독자들의 편의를 위해 경제행위라는 측면부터 먼저 설명하고자 한다.

먼저 재정행위를 이해하기 위해서는 "국가의 '경제행위'"라는 점을 이해하는 것이 중요하다. 이 점을 이해하기 위해서는 우선 '경제행위'의 개념부터 이해할 필요가 있다. 흔히 경제행위라 함은 우리들의 의・식・주생활에 필요한 물적 수단을 생산・교환・분배・소비하는 행위라고 정의된다. 이는 "민간의 경제행위"를 의미한다. 이에 비해 "국가의 경제행위"는 정부가 공공수요를 충족하기 위해 필요한 물적 수단을 획득・관리・처분하는 행위라 할 수 있다. 민간의 경제행위에 비해, 국가의 경제행위로서 재정행위는 공적 수요 충족을 위해 필요한 물적 수단과 관련된 행위를 일컫는다. 그런데 자본주의 국가는 원칙적으로 민간이 생산수단에 대한 소유권을 갖고, 국가는 그에 대한 소유권을 갖고 있지 않은 '무산국가'라는 점에서 생산활동의 주체가 될 수 없다. 그래서 원칙적으로 국가는 생산활동을 하지 못한다. 그럼에도 불구하고 공공수요를 충족시키는 활동을 하기 위해서는 물적 수단이 필요한데, 그것은 소유권을 갖고 있는 민간이 만들어 놓은 생산물의 일부를 공권력의 강제를 통해 획득함으로써 민간경제의 생산에 갈음한다. 국가는 이렇게 공권력을 통해 획득된 물적 수단을 관리・처분하면서 공적 수요를 충족하는 활동을 수행하는데, 이를 재정행위라 하는 것이다. 단지, "민간의 경제행위"는 스스로 생산한 성과물을 교환・분배・소비하는 행위인데 비해, "국가의 경제행위"는 생산이 빠진 상태에서의 관리・처분행위라는 점에서 '소비경제'적 성격을 띠는 행위라 인식되

1) 이 책에서는 '재정현상', '재정행위', '재정'을 같은 의미로 혼용하고 있음을 미리 밝혀 둔다.

기도 한다. 그러나 이 말이 곧 국가의 경제행위가 비생산적이라는 뜻이 아니라 단지 개념적으로 생산활동을 포함하지 않은 경제행위를 의미한다는 사실을 이해해 두는 것이 중요하다. 내용 면에서는 경우에 따라서 생산적일 수도 있고 또 어떤 경우에는 비생산적일 수도 있다는 사실을 유념할 필요가 있다.

다른 한편, 재정현상의 개념을 이해하기 위해서는 "'국가'의 경제행위"라는 점을 이해하는 것이 중요하다. 말하자면 "국가가 필요로 하는 공적 수요를 충족하기 위해 예산을 편성하고 심의·의결하고 집행하는 행위"를 일컫는다. 이렇게 볼 때, 재정행위는 예산의 전 생애, 즉 순환과정을 다루는 정치적, 행정적, 법적 행위라 할 수 있다. 한마디로, 재정현상은 물적 수단을 획득·관리·처분한다는 점에서 경제행위의 한 형태이면서, 동시에 예산을 편성, 심의·의결, 집행하는 행위라는 점에서 정치적, 행정적, 법적 행위이기도 하다는 점을 이해하는 것이 중요하다.

아울러 재정행위의 개념을 이해하려면 재정행위의 '형태'를 이해해 둘 필요가 있다. 재정행위는 위에서 정의한 바와 같이 본질적으로 공공수요를 충족시켜주기 위해 필요로 하는 재화 또는 용역을 획득·관리·처분하는 행위라고 하지만, 오늘날과 같은 화폐교환 경제시대에는 그것이 실물의 형태를 띠지 아니하고 '화폐'의 형태로 징수되고 관리·처분되는 소위 '화폐재정'의 형태를 띠고 나타난다. 이는 자본주의 이전의 절대주의 시대에는 주로 '현물' 내지 '실물' 형태로 징수되고 관리·처분되는 '현물재정'의 형태를 띠고 나타났던 것과는 대조적이다. 그러나 오늘날과 같은 화폐교환 경제시대에도 화폐 형태를 띠지 아니하고 현물 또는 서비스 형태로 징수·관리·처분되는 행위가 존재하는 경우도 있음을 유의할 필요가 있다. 예를 들어 국가가 '국방'이라는 서비스를 제공하기 위해 인원을 차출해 병력을 만들어 관리하는 경우를 들 수 있다. 이와 같은 징병제의 경우 병사들에게 지불되는 소액의 화폐적 지출의 크기가 국방 서비스의 가치가 아니라 병사들이 징병당하지 않았을 경우 만들어 낼 수 있었던 경제적 가치, 소위 기회비용의 크기가 사실상 그 나라 국방 서비스의 가치가 된다.[2] 말하자면 징병제에 의한 병사들의 징집과 관리행

---

2) '기회비용(opportunity cost)'이란 특정 경제행위에 소요되는 비용을 현실에서 지불되는 비용으로 파악하는 것이 아니라, 해당 경제행위를 하지 않고 다른 행위를 했다면 얻을 수 있었던 편익을 놓쳐 버렸다는 의미에서 그 '놓쳐 버린 편익'으로 해당 행위의 비용을 측정하는 것을 의미한다.

위도 재정행위에 해당되는 것으로서, 이 경우 재정 규모에는 지불되는 병사들의 급여만 포함되는 것이 아니라 사실상 지불되었어야 할 기회비용의 크기가 병사들의 급여의 크기로 포함되어야 하는 것이다. 이는 재정행위의 개념과 그 규모와 관련해서 중요한 의미를 갖는다는 사실을 이해해 둘 필요가 있다.

2. 재정현상의 성격과 중요성

재정현상이 갖는 위와 같은 두 측면으로부터 재정행위의 성격을 유추해 볼 수 있다. 말하자면, 재정현상이라는 것은 경제행위의 일종이기 때문에 '경제적 성격'을 띠며, 다른 한편 정치적, 행정적, 법적 행위의 일종이기 때문에 정치적, 행정적, 법적 성격을 동시에 갖고 있다. 후자를 통틀어서 흔히 '정치적 성격'을 갖는 것으로 통칭한다. 결국 재정현상은 경제적 성격과 정치적 성격을 동시에 갖고 있는 '복합적 성격'을 띠는 것으로 이해된다.

그런데 여기서 재정행위가 '경제적 성격'을 띤다는 것은 재정행위 자체가 전술한 바와 같이 물적 수단과 관련된 경제행위로서의 성격을 갖기도 하지만, 그러한 행위가 민간의 경제행위에 영향을 주고받는다는 점에서 더욱 경제적 성격을 띠는 행위로 이해된다. 바로 이러한 점 때문에 재정현상에 대한 이해가 우리에게 중요한 의미를 갖게 된다. 말하자면, 재정현상이 우리에게 중요한 의미를 갖는 것은 단순히 정치적, 행정적, 법적 행위이기 때문이라기보다는 그러한 정치적 과정에서 공권력의 강제를 통해서 민간의 생산성과의 일부를 징수해 감으로써 민간의 경제활동에 영향을 미치며, 더 나아가 그렇게 획득된 생산물의 일부를 관리 · 처분함으로써 다시금 민간의 경제생활에 영향을 미친다는 데 있다. 단순히 정치적, 행정적, 법적인 행위이기만 하다면 그 분야에 관심 있는 사람만 이해하면 될 것이나, 그러한 활동을 통해 끊임없이 우리들의 경제활동에 영향을 주고받는 작용을 하기 때문에 사회구성원으로서 우리가 그 개념과 작용을 이해해 두는 것이 중요한 의미를 갖게 되는 것이다.

그런데 여기서 한 걸음 더 나아가 정치적 행위로서 국가의 행위가 경제적 행위로서 민간의 경제행위에 영향을 주는 행위는 서로 별개로 존재하는 것이 아니라 상호 유기적 관련성을 갖는다는 사실을 이해하는 것이 중요하다. 가령 정치적 행위로서 예산과정이 독재적으로 행해지는데, 경제적 행위로서 재정행위는 민주적인 시장 논리에 따라 행해질 수 없다는 점이다. 일시적으로는 이러한 불일치가 존재할 수 있을지 몰라도 그러한 경우 두 행위 간에 모순과 갈등으로 재정행위는 불안정한 모습을 띨 수밖에 없다. 이러한 점에서 볼 때 재정행위는 주어진 사회가 민주적이고 시장 중심적인 사회인가, 독재적이고 계획경제적인 사회인가 등에 따라 서로 다른 모습을 띠게 된다는 점을 유념할 필요가 있다. 이렇게 재정행위는 그것이 행해지는 사회에 따라 그 성격을 달리한다는 점에서 '사회성'을 띠는 행위라는 사실을 이해하는 것이 중요하다.

아울러 이와 같은 사회성은 해당 사회가 처한 역사적 조건에 따라 서로 다른 모습을 띠기 마련이다. 말하자면 동일한 사회라 하더라도 그것이 전(前) 자본주의적 사회인가 자본주의적 사회인가, 나아가 자유로운 시장질서가 강조되어 정부개입이 크게 요구되지 않던 초기 자본주의 사회인가 소득이나 부(富)의 편재가 심하고 아울러 주기적 순환변동이 심해 좀 더 광범한 정부개입이 요구되는 현대 자본주의 사회인가 등에 따라 서로 다른 모습으로 나타나게 된다. 이러한 맥락에서 보면, 재정행위는 '역사성'을 띠는 행위라는 사실을 이해하는 것도 중요하다.

제 2 절 재정학의 개념과 성격

앞 절에서 다룬 재정현상의 개념과 성격에 대한 이해에 바탕을 두고 재정학의 개념을 정의한다. 이어서 이와 같은 재정학의 내용을 이해하기 위해서는 경제학뿐 아니라 정치학, 행정학 및 법학적 이해도 동시에 요구된다는 사실을 밝힌다. 그러나 이 책은 무엇보다 재정행위가 사회구성원들의 경제활동에 주는 의미를 이해하는 데 뜻을 두고 있는 만큼, 특히 경제학적 이해를 위한 기초를 제공하는 데 뜻을 두고 있음을 밝힌다.

1. 재정학의 개념

'재정학'이란 한마디로 말해 재정행위를 관류하는 질서를 다루는 학문을 일컫는다. 좀 더 구체적으로 말하면, 재정학이란 국가의 경제행위, 즉 국가가 공공수요를 충족시키는 데 필요한 물적 수단을 획득하고 관리하고 처분하는 과정을 지배하는 논리를 체계적으로 연구하는 학문 분야라고 정의할 수 있다.

그런데 위에서 재정행위가 국가의 행위로서 정치적, 행정적, 법적 행위이면서, 다른 한편으로 그 자체가 물적 수단을 획득 · 관리 · 처분하는 행위로서 민간의 경제활동에 영향을 주고받는 행위라 했다. 그러한 사실을 돌이켜보면 재정학은 전자에 대한 논리를 파악하기 위해서는 정치학, 행정학, 법학적 범주에 대한 이해가 필요하며, 더불어 후자에 담겨 있는 논리를 파악하기 위해서는 경제학적 범주에 대한 이해를 동시에 필요로 하는 학문이라 할 것이다.

구체적으로 정치학, 행정학, 법학적 관점에서 재정학이 다루는 내용은 예산의 편성, 심의 · 의결 및 집행 등 예산의 전반적인 순환 과정이 어떻게 이뤄지고 있는지, 어떻게 이뤄지는 것이 바람직한지에 대한 정치적, 행정적, 법적 측면을 주된 과제로 삼는다. 한편 경제학적 관점에서 재정학이 다루는 내용은 그와 같은 예산의 편성, 심의 · 의결 및 집행과정에서 얼마만큼의 재원을 누구로부터 가져와서 어디에 얼마만큼을 사용하며, 그때 민간의 경제행위, 즉 민간의 생산, 교환, 분배, 소비행위에 어떠한 영향을 주는지, 또 어떠한 영향을 주는 것이 바람직한지 등의 문제를 다룬다.

2. 재정학의 성격과 중요성

위와 같이 재정행위의 질서를 파악하고자 하고자 하는 재정학은 한편으로 정치학적, 행정학적, 법학적 측면에서 접근해 나갈 필요가 있으며, 다른 한편 경제학적 측면에서 접근해 나갈 필요도 있는 '다학문적 성격'을 띠는 학문이라 할 수 있다. 그러하지 아니하고 전자의 관점에서 예산의 편성, 심의 · 의결 및 집행과 관련된 정치적이고 행정적이며 법적인 논리만 파악해서는 그러한 행위가 우리들의 경제생활에 미치는 논리를 이해하지 못하고 제도론적 설명과 행정기술론적 해석에 머물게 될 것이다. 한편, 후자의 관점에서 경제적인 논리만 파악해서는 재정현상이 갖는 정치적, 행정적, 법적 조건들과 그것을 통한 현실에서의 적용가능성 등을 놓치게 되는 우를 범하게 될 것이다. 말하자면 재정학은 '단학문적(mono-disciplinary) 성격'을 띠는 것이 아니라 '다학문적(multi-disciplinary) 성격'을 띠는 학문이라 할 수 있다.

그러나 위와 같이 재정학은 정치학, 행정학, 법학적 측면과 경제학적 측면에 대한 복합적 이해가 필요하다는 차원에만 머물러서 현실에서의 재정행위와 관련된 문제를 풀어 나가는 데 한계에 봉착할 수 있다. 말하자면 정치학적으로는 이러저러한데 경제학적으로는 이러저러하다는 식의 설명만으로는 재정행위를 지배하는 질서를 체계적으로 이해하기 어렵다는 점이다. 결국 재정행위는 정치적, 행정적, 법적 상황과 경제적 상황이 어떠한 유기적 관련을 맺으면서 전개되는지를 이해할 때 비로소 체계적으로 이해될 수 있다는 사실을 파악하는 것이 중요하다. 이러한 맥락에서 볼 때, 재정학은 단순히 '다학문적 차원'을 넘어서서 '학제간 접근(inter-disciplinary approach)', 더 나아가 '초학제간 접근(hyperdisciplinary approach)'을 필요로 하는 독자적 학문이라는 점을 이해하는 것이 중요하다 하겠다.

사실이 위와 같음에도 불구하고 이 책에서는 원칙적으로 정치적 질서와 행정질서 및 법적 절서가 민주적이고 중립적이라는 전제 하에서 경제질서를 중심으로 재정학이 다루는 재정현상을 지배하는 질서를 개괄적으로 서술하고자 한다. 즉, 경제학적 관점에 초점을 맞춰 서술하고자 한다. 그러나 현실에서 재정현상을 다루는 관료나 재정현상의 질서를 이해하고자 하는 시민이나 학도의 입장에서는 두 질서의 상호 유기적 관련성을 염두에 두고 경제학적 관점에서 다루는 재정행위의 질서가 현실에서 얼마나 유효할 수 있는지 여부를 고려해 가면서 문제를 다뤄 나갈 필요가 있다는 사실을 강조해 두고자 한다.

요 약

1. 재정현상은 경제학적 관점에서는 "국가의 '경제행위'"로 정의된다. 좀 더 구체적으로는 "국가가 공공수요 충족을 위해 필요한 물적 수단을 획득하고 관리하고 처분하는 행위"를 일컫는다.
2. 재정현상은 정치학, 행정학, 법학적 관점에서는 "국가가 공적 수요를 충족시켜주기 위해 예산을 편성하고 심의·의결, 집행하는 행위"를 일컫는다.
3. 자본주의에서의 재정현상은 원칙적으로 생산활동이 배제된 '소비경제'적 성격을 띠고 있다.
4. 재정현상은 공공수요 충족을 위해서 물적 수단을 획득하고 관리하고 처분한다는 측면에서 '경제적 성격'을 띤다. 그러나 이러한 경제적 성격은 민간의 경제활동에 영향을 주고받는다는 점 때문에 더욱 중요성을 띤다. 이러한 성격 때문에 재정문제를 다룰 때는 기본적으로 경제학적 이해를 필요로 한다.
5. 재정현상은 경제적 성격뿐 아니라 정치적이고 행정적이고 법적인 성격을 동시에 갖기 때문에, 재정문제를 다룰 때는 경제학적 이해뿐만 아니라 정치학, 행정학, 법학적 이해를 통해 현실에서의 적용가능성을 놓치지 않도록 노력해야 한다.
6. 재정현상은 사회와 시대에 따라 그 성격을 달리하는 '사회성'과 '역사성'을 갖는 행위라는 사실을 이해해 두는 것이 중요하다.
7. 재정현상을 다루는 재정학은 경제학적 측면과 정치학, 행정학, 법학적 측면에 대한 복합적 이해를 필요로 하는 '다학문적 성격'을 띠고 있을 뿐 아니라, 나아가 이들 사이의 유기적 관련성에 대한 이해를 필요로 하는 과목이다. 일컬어서 '학제간 접근'을 필요로 하는 과목이다.

Chapter 01

연습 문제

주관식

1. 재정현상이 '경제적 성격'을 띠고 있다는 말의 의미를 설명해 보라.
2. 재정현상이 '정치적, 행정적, 법적 성격'을 띠고 있다는 말의 의미를 설명해 보라.
3. 재정현상이 '소비경제'적 성격을 띠고 있다는 말의 의미를 설명해 보라.
4. 재정현상을 지배하는 법칙으로서 재정학을 이해하기 위해서는 '경제학적 이해'뿐만 아니라 '정치학, 행정학, 법학적 이해'를 동시에 필요로 한다는 말의 의미를 설명해 보라.
5. 재정현상은 '사회성'과 '역사성'을 가지고 있다는 말의 의미를 설명해 보라.
6. 재정학을 '학제간 접근'을 필요로 하는 학문이라는 말의 의미를 설명해 보라.

객관식

01. 다음 중 '재정현상(행위)'에 포함되지 않는 것은?

① 정부의 지출행위　② 조세 징수행위　③ 세외수입의 징수행위
④ 공기업의 지출행위　⑤ NGO의 지출행위

02. 다음과 같은 '재정현상(행위)'에 관한 설명 중 적절치 못한 것은?

① 정부의 지출행위는 재정행위의 중요한 하나의 행위이다.
② 정부의 조세 징수행위는 재정행위의 중요한 하나의 행위이다.
③ 정부의 세외수입 징수행위도 재정행위 중요한 하나의 행위이다.
④ 현대 자본주의 사회의 재정행위는 화폐 형태로 나타난다.
⑤ 현대 자본주의 사회에는 화폐 형태로 나타나지 않는 재정행위는 있을 수 없다.

03. "재정행위는 '경제적 성격'을 띠고 있다"는 명제에 대한 아래 설명 중 틀린 것은?

① 재정행위는 재화 또는 용역의 흐름에 관한 활동이다.

② 재정행위는 생산은 하지 않으면서도 재화 또는 용역을 관리 · 처분하는 활동을 수행한다.

③ 재정행위는 민간이 만들어 놓은 재화 또는 용역의 일부를 공권력의 강제를 통해 획득한다.

④ 재정행위는 소비경제적 성격을 띠고 있다고도 한다.

⑤ 재정행위는 낭비적 성격을 띠는 것이라 할 수 있다.

04. "재정행위는 '정치적, 행정적, 법적 성격'을 띠고 있다"는 명제에 대한 설명 중 틀린 것은?

① 재정행위는 예산의 편성, 심의·의결 및 집행행위를 일컫는다.

② 예산편성과 집행행위는 행정부의 행정행위의 일종이다.

③ 예산의 심의 및 의결행위는 국회에 의한 정치적 행위의 일종이다.

④ 예산이 심의 · 의결되면 법적 구속력을 갖는다.

⑤ 재정행위를 이해하기 위해서는 정치적, 행정적, 법적 성격을 우선적으로 이해해야 한다.

05. 재정행위가 '사회성'과 '역사성'을 띠고 있는 행위라는 말에 대한 설명 중 가장 타당한 것은?

① 재정행위를 이해하기 위해서는 사회문제를 이해해야 한다.

② 재정행위를 이해하기 위해서는 사회문제와 역사문제를 동시에 이해해야 한다.

③ 재정행위는 사회에 따라 서로 다르게 나타난다.

④ 재정행위는 시대에 따라 서로 다른 모습으로 나타난다.

⑤ 재정행위는 사회와 시대에 따라 서로 다른 모습을 띠고 있다.

06. "재정학은 학제간 접근을 필요로 하는 학문이다"라는 명제에 대한 설명 중 가장 적절한 것은?

① 재정학을 이해하기 위해서는 경제적 성격에 대한 이해가 중요하다.

② 재정학을 이해하기 위해서는 정치적, 행정적, 법적 성격에 대한 이해가 중요하다.

③ 재정학을 이해하기 위해서는 경제적, 정치, 행정 및 법적 성격에 대한 이해가 동시에 요구된다.

④ 그래서 재정학은 경제학 및 정치학적, 행정학적, 법학적 해석을 동시에 필요로 하는 학문이다.

⑤ 재정학을 이해하기 위해서는 경제적, 정치적, 행정적, 법적인 행위의 유기적 관련성을 이해할 수 있는 독자적 특성을 갖는 학문으로 이해해야 한다.

정답 및 해설

1. ⑤ 재정행위는 국가(정부)의 경제행위를 일컫는데, NGO는 정부에 포함되지 않기 때문이다.
2. ⑤ 현대 자본주의 사회에도 징병제와 같이 화폐 형태로 나타나지 않는 재정행위가 있을 수 있다.
3. ⑤ 재정행위가 소비경제적 성격을 띠고 있지만, 그것은 생산활동을 포함하지 않는 행위라는 뜻이지 그렇다고 낭비적 행위라는 것을 의미하지는 않는다.
4. ⑤ 재정행위가 정치적, 행정적, 법적 성격을 띠고 있다는 것은 재정행위가 갖는 경제적 성격과 더불어 그러한 성격을 동시에 고려해야 한다는 의미이지, 어느 것이 더 중요하다는 것을 선험적으로 의미하는 것은 아니다.
5. ⑤ 재정행위의 '사회성'과 '역사성'은 재정행위가 사회와 시대에 따라 서로 다른 모습을 띠고 나타난다는 것을 의미한다.
6. ⑤ 재정학이 학제간 접근을 필요로 하는 학문이라는 것은 단순히 경제적, 정치적, 행정적, 법학적 성격을 동시에 이해해야 한다는 차원을 넘어서서, 재정행위가 갖는 경제적이고 정치적 및 행정적, 법적 행위의 유기적 관련 속에서 행해지는 독자적인 행위로서의 재정행위를 이해할 수 있는 학문체계를 필요로 한다는 것을 의미한다.

Chapter 02

재정의 기능*

초기 자본주의 사회에서도 시장을 통해 해결되지 않는 크고 작은 문제들이 존재해 왔다. 그러나 초기 자본주의 시기에는 그러한 문제들이 부분적이고 일시적인 것이어서 시장을 통해 경제문제들이 스스로 해결되는 틀 자체는 비교적 큰 문제없이 운영되고 있었다. 그런데 자본주의 사회가 진행되어 나가는 과정에서 크고 작은 여러 가지 문제가 지속적으로 생겨나고 그 범위도 넓어지는 양상을 보였다. 비단 국방이나 경찰 서비스의 공급문제뿐만 아니라 자본주의적 경제활동 과정에서 발생하는 각종 공해문제, 더 나아가 부(富)와 소득의 불균등문제, 주기적인 경기변동 문제 등 헤아릴 수 없을 만큼 많은 문제가 나타났다. 그런데 더욱 중요한 것은 그러한 문제들이 광범하고 항상적인 것들이어서 정부에 의한 항상적이고 체제적인 개입을 통해서 해결되지 않고서는 자본주의 체제 자체가 유지되기 힘든 사회적 상황이 드러나기에 이르렀다.

그러면서 많은 연구자로부터 정부가 그러한 문제들을 해결해 자본주의 체제를 유지 · 발전시켜 나갈 필요가 있다는 사실이 주장되기에 이르렀으며, 그러한 역할을 정부가 재정을 통해서 수행해줄 것이 요구되기에 이르렀다. 현대 재정학의 대가라 불리는 머스그레이브(R. A. Musgrave)는 그동안의 많은 논의를 종합적으로 분석 · 정리해서 정부가 수행해야 할 재정 기능을 자원배분 기능, 소득분배 기능,

---

* 이 장은 우명동(2007a: 61－146)의 내용을 이 책의 취지에 맞춰 요약 · 재정리해 서술한 것임을 밝혀 두며, 이와 관련해서 좀 더 자세한 내용은 해당 문헌을 참고하기 바란다.

그리고 경제안정 기능 등 3대 기능으로 체계화했다(Musgrave, 1959). 그 이후 머스그레이브의 설명 방식은 대부분의 재정학 관련 문헌에서 '재정의 3대 기능'으로 널리 수용되어 오고 있다. 이제 이하에서 정부가 수행해야 하는 주요 기능을 머스그레이브의 분류에 바탕을 두어 위의 3대 기능을 중심으로 설명하고자 한다.

제 1 절 자원배분 기능

재정의 기능 중에서 자원배분 기능을 설명하기 위해서는 '시장기능'과 '시장실패'의 개념을 이해해 두는 것이 중요하다. 이하에서는 이 두 개념을 중심으로 재정의 자원배분 기능을 설명하고자 한다.

1. 시장실패와 정부개입의 필요성

자본주의 사회에서는 자원배분의 문제가 시장을 통해서 해결되게 되어 있다. 말하자면 사적 소유권을 갖고 있는 사회구성원이 시장에서 만나서 자유롭게 거래하게 되면 어떤 물건을 만들지, 얼마나 만들 것인지, 어떻게 만들 것인지, 그리고 그 성과는 누가 얼마나 가져갈 것인지와 같은 기본적인 경제문제가 모두 해결되게 되어 있다. 이러한 사실을 경제학에서는 '시장기능(market mechanism)'이라 일컬으며, 그 성과는 가장 만족스러운 것으로 인식되고 있다.

그러나 현실에서는 경우에 따라 시장 자체가 성립되지 못하는 경우도 있고, 시장이 성립되기는 하나 시장을 통해서 경제문제가 해결되게 두는 경우 사회적으로 바람직한 상태로부터 벗어나는 상황이 발생할 수도 있다. 이러한 사실을 흔히 '시장실패(market failure)'라 일컫는다. 이러한 현상이 나타나는 경우 정부가 재정을 통해서 개입해 바람직한 상태를 만들어 낼 필요가 있는 것으로 인식된다. 일반적으로 이와 같은 시장실패 현상을 일으키는 것으로 공공재, 외부성, 그리고 독과점, 비용체감산업, 정보비대칭성으로 인한 상반된 선택 등 다양한 현상이 제시되고 있다. 대표적으로 여기서는 공공재와 외부성에 관련된 내용을 살펴보고자 하며, 독과점 등의 문제는 후생경제학 등의 학습과제로 남겨 두고자 한다. 이제 이하에서는 대표적인 시장실패 현상으로서 공공재와 외부성에 대해 왜 그것이 시장실패 현상에 해당되는지, 그래서 어떻게 정부가 개입할 때 시장실패 현상으로부터 벗어날 수 있는지에 대해 검토해 보고자 한다.

1) 공공재과 시장실패

흔히들 정부개입 여부와 관련해서 재화는 '민간재(private goods)'와 '공공재(public goods)'로 구분된다. 이러한 구분의 대표적인 기준으로는 소비의 '경합성'과 '배제성' 여부가 제시된다.

먼저 '경합성(rivalry in consumption)'이라 하면 어느 한 사람이 특정 재화를 소비하면 다른 사람들은 그만큼에 해당 재화를 소비할 수 없고 나머지만을 소비할 수 있는 성질을 일컫는다. 생산과 관련해서 설명하면 어느 한 사람의 요구에 따라 특정 재화가 공급되고 있을 때 추가로 다른 사람들도 해당 재화를 원하면 추가로 생산을 늘리려 하고 그에 따라 비용도 추가로 늘어나는 성질을 갖는다. 이에 비해 '비경합성'이란 어느 한 사람이 특정 재화를 소비하고 있을 때 해당 재화를 다른 사람들도 같이 소비하고자 해도 기존의 소비자에게 아무런 영향을 끼치지 않고 다른 사람들도 해당 재화를 같이 소비할 수 있는 성질을 뜻한다. 이러한 성질은 생산 측면에서 보면, 어떤 사람이 특정 재화를 소비하고 있을 때 다른 사람들도 해당 재화를 소비하고자 하더라도 해당 재화를 추가로 생산할 필요가 없으며, 따라서 생산비용이 추가되지 않는 성질을 일컫는다. 이러한 경우 '집단소비' 또는 '공동소비'의 성격을 갖는다고 한다.

한편 '배제성(excludability)'은 어떤 사람이 특정 재화를 소비하고자 할 때 대가를 지불하지 않으면 해당 재화의 소비로부터 배제되어 소비할 수 없는 성질을 의미한다. 이에 비해 '비배제성'이란 어떤 사람이 특정 재화를 소비하고자 할 때 대가를 지불하지 않아도 해당 재화의 소비로부터 배제되지 않는 성질을 의미한다. 구체적으로는 기술적으로 배제하기 힘든 경우, 또는 기술적으로는 배제가 가능하나 배제비용이 많이 들어 배제하지 않는 것이 사회적으로 더 득이 되는 경우 등을 의미한다.

이제 이 두 성질을 섞어서 특정 재화가 소비에서 비경합성을 갖고 배제가 어렵거나 배제시키는 것이 부적절하다고 판단되어 배제하지 않는 성질을 갖고 있는 재화를 '공공재(public goods)' 또는 '공적재'라 하고, 그 역의 성질을 갖는 재화를 '민간재(prvate goods)' 또는 '사적재'라 일컫는다.[1)] 후자의 민간재는 특정 재화를 여러 소비자가 서로 나눠 소비하며, 그때 해당 재화를 소비하고자 하는 자들은 대가를 지불하지 않으면 소비할 수 없는 성질을 갖고 있는 것으로 정의했기 때문에 이러한 재화는 해당 재화의 물리적 속성상 '시장'을 통해 공급될 수 있다.

이에 비해 '공공재'는 공동소비가 이뤄지며 해당 재화를 소비하고자 하는 경우 대가를 지불하지 않아도 소비하는 데 아무런 문제가 없기 때문에, 아무도 해당 재화를 얼마나 좋아하는지에 대한 자신의 선호를 밖으로 표출하려 하지 않는다. 바로 이러한 성질 때문에 '공공재'를 소비하고자 하는 사람 누구도 대가를 지불하지 않고 소비하고자 하는 소위 '무임승차(free rider)'의 문제를 야기한다. 이렇게 아무도 대가를 지불하지 않고 소비하고자 하기 때문에 이러한 재화는 '시장'을 통해서 공급될 수 없다. 소위 '시장 불성립'의 문제가 발생하게 되며, 이 문제는 시장실패의 대표적인 현상으로 인식되고 있다.

2) 외부성과 시장실패

'외부성(externality)'이라 함은 어떤 경제 주체의 생산 또는 소비행위가 다른 경제 주체의 생산 또는 소비행위에 긍정적 또는 부정적 영향을 미치면서 그 대가가 거래되지 않는 현상을 의미한다. 이 중에서 긍정적인 경우를 '외부경제(external economy)', 부정적 경우를 '외부불경제(external diseconomy)'라 일컫는다. 전자의 예로는 어떤 개인이 대가를 지불하고 교육을 받을 때 그 사람의 교육비 지불과정에 아무런 도움을 주지 않았던 사람들 중에서 그 사람의 교육으로 보게 되는 편익을 들 수 있다. 후자의 예로는 어떤 공장에서 일정한 비용을 지불해 특정 생산

1) 혹자는 전자를 '공용재', 후자를 '사용재'로 부르는 등 다양한 이름으로 불리기도 하나, 이 책에서는 '공공재'와 '민간재'로 통일하기로 한다.

물을 만들어 내는데 그 과정에서 그 공장에서 나오는 폐수로 인해 주변의 농작물에 피해가 발생했지만 그 대가가 거래되지 않는 상황을 들 수 있다.

일반적으로 자본주의 시장경제 체제 하에서 수요 공급이 일치해 균형을 이루는 경우 바람직하다고 하는데, 이것은 그 상태에서 해당 경제행위가 발생시키고 있는 한계비용과 한계편익이 일치해 전반적으로 만족이 가장 커진다는 사실에 바탕을 두고 있다. 그런데 여기서 다루고 있는 외부성이 발생하는 경우에는 단순하게 한계비용과 한계편익을 비교해서는 사회적인 만족상태를 가늠할 수 없게 된다. 외부성이 존재하는 경우에는 한계비용에는 사적 한계비용(MC_p)과 외부적 한계비용(MC_e)이 존재하며, 한계편익에도 사적 한계편익(MB_p)과 외부적 한계편익(MB_e)이 존재하게 되어 결국 사회적으로 만족이 가장 커지는지 여부를 따지기 위해서는 사적 한계비용과 외부적 한계비용을 합한 사회적 한계비용과 사적 한계편익과 외부적 한계편익을 합친 사회적 한계편익이 일치하는지 여부를 따져야 한다. 말하자면 '사회적 한계비용(MC_s)'과 '사회적 한계편익(MB_s)'이 일치해야만 사회적으로 만족이 가장 높은 사회상태, 즉 사회적 균형상태가 달성되게 된다는 사실을 이해하는 것이 중요하다.

그림 2-1 외부경제와 시장실패

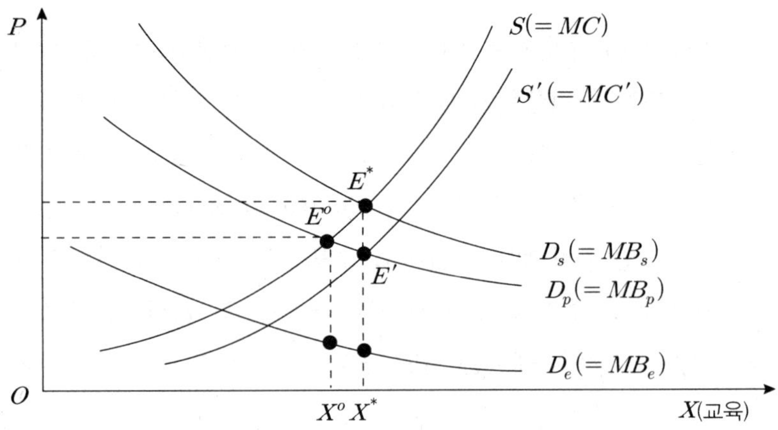

$$\text{사회적 균형의 조건: } MC_s[=MC_p+MC_e] \;=\; MB_s[=MB_p+MB_e]$$

이제 이러한 사실을 유념하면서 외부성이 존재하는 경우 왜 시장을 통한 자원배분이 사회적으로 바람직한 상태를 가져오지 못하는지를 이해해 보고자 한다.

먼저 교육 서비스와 같이 '외부경제'가 발생하는 경우 소비자 입장에서는 개인적으로 발생한 편익만을 고려해서 대가를 지불하려 할 것이고, 생산자 입장에서도 개인적으로 발생한 비용만을 고려해서 대가를 회수하려 하여, 그 사이에서 수요와 공급이 일치하는 균형이 나타나서 시장가격과 균형 수량이 결정될 것이다. [그림 2-1]에서 D_p는 교육편익을 구매하는 소비자 본인의 수요곡선, 즉 사적 한계편익곡선(MB_p)을 의미한다. 이에 비해 D_e는 교육편익을 직접 구매하지 않으면서 편익만 향수하는 사람의 한계편익곡선, 즉 외부적 한계편익곡선(MB_e)을 나타낸다. 이제 교육이라는 서비스가 일정량, 예를 들어 OX^0 수준이 공급될 때 대가를 지불하고 직접 소비하는 사람의 한계편익, 즉 MB_p는 X^0E^0로 나타나므로, 시장에서의 균형은 이 소비자가 지불하고자 하는 가격을 나타내는 수요곡선과 이 서비스를 공급하고자 하는 공급곡선(한계비용곡선)이 만나는 E^0에서 이뤄지게 된다. 이때 균형거래량은 X^0가 될 것이다. 그런데 이 서비스가 X^0만큼 거래될 때 이 균형에는 대가를 지불하지 않고 외부적으로 편익을 보는 사람의 한계편익의 크기, 즉 MB_e는 반영되지 않고 있다. 따라서 이 균형은 사회적으로 바람직한 상태를 달성하지 못하고 있는 것이다.

만약 이 외부적 편익까지 반영되었다면 사적 한계편익과 외부 한계편익을 합친 사회적 한계편익과 공급곡선이 만나는 점 E^*에서 균형을 이루게 될 것이며, 이 점에서 사회적 차원에서 효율성이 보장된다고 할 것이다. 말하자면 대가를 주고받는 시장에서의 균형은 주변 사람들이 얻게 되는 편익, 소위 외부적 편익은 고려되지 않고 형성된 균형이기 때문에, 사회적으로 보면 해당 서비스에는 더 많은 대가가 공급자에게 지불되어야 한다. 이러한 사실을 고려하게 되면 생산자 입장에서는 더 많은 공급 의지가 나타나게 될 터인데, 그것이 공급자의 수지 계산에 포함되지 않으므로 '과소 공급' 상태에서 균형이 이뤄진 셈에 된다. 말하자면 시장이 사회적으

그림 2-2 외부불경제와 시장실패

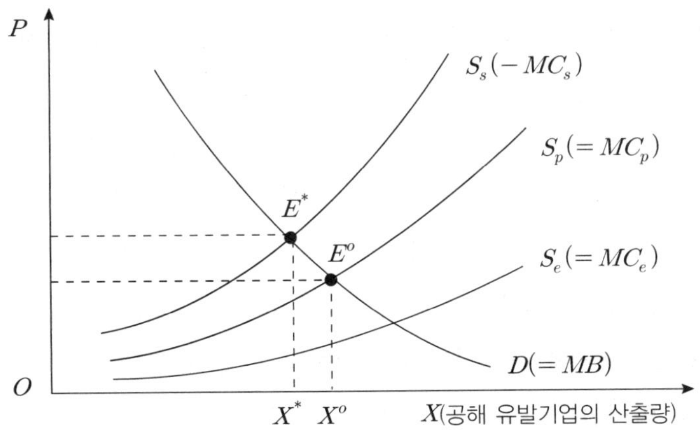

로 바람직한 상태를 가져오지 못하게 되는 시장실패 현상이 나타나게 된 것이다.

'외부불경제'가 있는 경우도 같은 맥락에서 설명될 수 있다. 이번에는 수요 측면에는 외부성이 존재하지 않으며 생산 측면에서만 외부성이 나타는 경우를 상정해서 설명해 보고자 한다. [그림 2-2]에서 S_p곡선의 높이는 각각의 생산량에서 생산자가 직접 지불하는 사적 한계비용(MC_p)을 나타낸다. 이와 달리 S_e곡선의 높이는 생산자가 직접 비용을 지불하지는 않지만 사회적으로 보면 이 생산자의 생산활동이 없었다면 잃어버리지 않아도 될 자원의 손실을 의미한다. 예를 들어 이 생산자의 생산활동 과정에서 공장이 방출한 폐수가 주변의 농작물을 망가뜨린 경우 그 망가진 농산물의 값어치에 해당되는 비용이라 할 수 있다. 이렇게 특정 생산활동이 그 활동이 없었다면 잃어버리지 않아도 될 자원의 손실을 가져오면서도 그에 따른 대가가 지불되지 않는 경우가 바로 '외부불경제'에 해당된다. 이 경우 거래과정에서 수요자는 해당 생산물에 대한 자신의 한계편익에 따라 수요곡선이 주어지며, 공급자는 자신이 지불하는 사적 한계비용에 해당되는 만큼만을 한계비용으로 생각하고 그에 따라 공급곡선이 주어짐으로써 두 곡선이 만나는 점 E^0에서 균형을 이루게 된다. 이처럼 공해를 발생시키는 재화를 생산하는 기업의 경우 소비자는 자신의 편익에 따라 지불 의지를 나타내는데, 해당 재화를 공급하는 공급자는 자신이 직접 지불하는 비용, 소위 사적 한계비용은 수지 계산 시 비용에 포함시키면서도 주변의 농작물 훼손비용, 소위 외부적 한계비용은 비용에 포함시키지 않게 된다.

그런데 만약 거래과정에서 생산자로 하여금 외부적 비용 발생분까지 자신이 부담해야 할 비용으로 인식했더라면, 공급곡선, 즉 한계비용곡선은 S_s로 나타나 균형이 E^*에서 이뤄지고 그 경우 균형생산량은 OX^*에서 나타나게 될 것이다. 이렇게 보면 현실의 시장에서의 균형은 외부적 비용까지 포함해서 비용 계산을 한 경우에 비해 비용을 작게 책정한 것이 되어 전반적으로 해당 재화가 '과잉공급'되는 상태를 야기하게 된 것이다. 말하자면 시장에서의 거래 결과가 사회적으로 바람직하지 못해 결국 시장실패 현상이 발생하게 된 것이다.

2. 재정수단과 그 효과

1) 공공재와 정부개입

전술한 바와 같이 공공재의 경우는 원칙적으로 그 재화가 갖는 물리적 속성으로 인해 자신이 그 재화를 얼마나 원하는지 그래서 대가를 얼마나 지불하고자 하는지에 대한 의사를 밖으로 표출하려 하지 않는다. 그래서 공급자 입장에서는 소비자가 얼마나 원하는지를 알 수 없기 때문에 아예 시장 자체가 성립될 수 없는 문제가 발생한다는 것이었다. 사실이 그러함에도 불구하고 해당 재화 또는 서비스가 특정 사회구성원들의 생산활동이나 소비활동을 포함한 경제활동 전반적으로 볼 때 꼭 필요한 재화 또는 서비스라고 판단되면 정부가 그것을 공급해서 사회구성원들의 경제활동이 원활하게 영위될 수 있게 해줄 필요가 있다. 이때 주로 '재정수단'을 통해서 그와 같은 성질을 갖는 재화 또는 용역을 공급하는 방법을 택하게 된다고 해서, 공공재 공급활동이 재정활동의 주요한 대상으로 인식되고 있는 것이다.

그러나 여기서 유의해야 할 점은 공공재의 경우 이렇게 정부가 공적으로 '공급'을 담당한다고 해서 반드시 해당 재화를 공적으로 '생산'한다는 것을 의미하는 것은 아니라는 사실이다. 말하자면 경우에 따라서는 사적으로 생산해 정부가 공적으로 공급하는 경우도 있다는 사실을 유념할 필요가 있다. 이러한 사실은 군수산업과 같은 경우를 생각해 보면 쉽게 이해될 수 있다.

이제 이러한 공공재를 얼마나 공급하는 것이 사회적으로 바람직한 수준이 될 것인지가 중요한 문제로 남게 된다. 이 경우도 시장 논리에 따르면 주어진 공공재에 대해 개개인이 향수하는 한계편익에 상응하는 조세를 부담하면 사회적으로 바람직한 공공재 공급이 이뤄지는 것으로 인식되고 있다. 재정학에서 이 문제는 주로 공공재를 얼마만큼 공급하는 것이 바람직한 것인지를 따지는 소위 '공공재의 최적 공급'의 문제로 다뤄진다. 그런데 이 문제는 공공재 공급을 위해 재정지출이 필요하다는 점에서 '최적 재정지출 규모'의 문제로 다루기도 한다. 이와 관련된 좀 더 자세한 내용은 후술하는 경비론으로 미루고, 여기서는 위와 같은 물리적 속성을 가진 재화는 시장을 통해서 공급되지 않으며, 그럼에도 불구하고 사회구성원들의 생산활동, 소비활동을 포함한 경제생활 과정에 필요하다고 판단되는 경우 정부에 의해 공급될 것이 요구된다는 점, 그리고 그것은 재정활동을 통해서 이뤄진다는 점을 언급하는 선에서 그치고자 한다.

2) 외부성과 정부개입

전술한 바와 같이 자원배분 면에서 사회적으로 바람직한 상태는 특정 경제행위로 인해 발생된 사회적 비용과 해당 경제행위로부터 얻게 되는 사회적 편익이 일치한 상태에서 이뤄진다. 그런데 외부성이 있는 경우는 사회적 비용과 사회적 편익이 일치하지 못함으로써 시장에서 이뤄진 균형이 사회적으로 바람직한 상태로부터 이탈되고 있는 것이다. 여기서 우리는 외부성이 있는 경우 사회적 비용은 사적 비용과 외부적 비용으로 구성되며, 사회적 편익은 사적 편익과 외부적 편익으로 구성된다는 점을 다시 한번 유념할 필요가 있다. 그리고 사회적 차원에서 바람직한 자원배분은 사회적 한계비용과 사회적 한계편익이 일치할 때 주어진다는 점을 유념하는 것이 중요하다.

이러한 맥락에서 볼 때, 자원의 효율적인 배분을 위해서는 바로 외부경제가 있는 경우에는 외부적 한계편익에 해당하는 만큼 대가가 수수될 수 있게 해주며, 나아가 외부불경제가 있는 경우에는 외부적 한계비용에 해당하는 만큼 대가가 거래될 수 있게 해줄 필요가 있는 것이다. 이렇게 외부성에 대해 대가가 거래될 수 있게 해줌으로써 자원배분의 효율성을 달성할 수 있게 해주는 것을 '외부성의 내부화(internationalization of externality)'라 부른다. 이하에서는 외부경제와 외부불경제가 있는 경우 외부성의 내부화를 통해 자원배분의 효율성을 제고할 수 있음을 보이고자 한다.

먼저 '외부경제'가 있는 경우 상술한 바와 같이 외부적으로 편익을 받는 사람이 그 편익에 대한 대가를 지불하지 않고 있는데서 문제가 발생한 것이기 때문에, 그들로 하여금 그 편익에 해당되는 대가를 재정수단을 통해 징수함으로써 대가 지불의지가 표출되게 함으로써 사회적 균형점으로 자동적으로 옮아가게 할 필요가 있다. [그림 2-1]을 통해서 보면, 서비스 단위당으로 볼 때 외부적 편익에 해당하는 MB_e만큼, 전체적으로 볼 때 MB_e곡선 하부의 면적에 해당하는 만큼을 외부 편익 수혜자에게 세금으로 징수해 이를 교육 서비스에 대한 직접 소비자에게 단위당 MB_e만큼 보조금을 지급하는 방안을 들 수 있다. 그리되면 소비자는 지불 의지가 더 높아져 최대 지불의지곡선, 즉 수요곡선이 MB_s로 높아져서 결국 균형은 사회적으로 바람직한 수준에 해당하는 E^*에서 주어지고, 사회적 균형량은 X^*에서 주어지게 된다. 현실적으로 이렇게 교육 서비스에 대한 외부적 편익을 사회적으로 환수하는 제도적 장치의 하나로 '교육세' 징수를 들 수 있다. 또 다른 수단으로는 그렇게 징수한 세금을 가지고 정부가 해당 재화 공급자에게 외부편익에 해당되는 만큼의 단위당 비용을 지원해줌으로써 공급곡선, 즉 한계비용곡선이 낮아지게 해주어 공급자로 하여금 공급 의지를 올려주는 방안도 고려될 수 있다. 이러한 상황을 [그림 2-1]을 통해서 보면, 단위당 비용에 대한 보조를 받음으로써 공급곡선이 애초의 $S(=MC)$이던 것이 $S'(=MC')$으로 변하게 됨으로써 새로운 균형은 E'에서 주어지게 되고, 이 경우 균형은 역시 사회적으로 바람직한 수준인 X^*에서 주어지게 된다.

한편, '외부불경제'가 있는 경우는 상술한 바와 같이 외부적으로 비용을 일으키고 있는 공급자가 그 비용에 해당되는 대가를 지불하려 하지 않고 있는데서 문제가 발생한 것이기 때문에, 공급자들로 하여금 그 비용에 해당되는 대가를 지불하게 해서 비용 부담을 늘려줌으로써 공급 의지를 줄여주는 방안을 고려할 수 있다. 앞의 [그림 2-2]를 통해서 보면, 공해라는 외부불경제를 유발하는 공급자로 하여금 그러한 외부불경제 크기만큼, 즉 MC_e만큼의 단위당 조세를 부과하는 방안인데, 이렇게 되면 공급자는 이 부분만큼이 비용에 더해져서 결국 자신의 사적 한계비용인 MC_p와 외부비용인 MC_e를 더한 MC_s를 비용으로 인식하게 된다. 이렇게 되면 결국 시장에서는 $MB=MC_s$가 성립하는 E^*에서 균형을 이루고 균형산출량은 X^*가 됨으로써 사회적 효율성이 회복되게 되는 것이다. 말하자면 정부가 외부적으로 발생시킨 비용 부분을 소위 '공해세' 등의 형태로 외부성 발생자에게 비용으로 부담하게 함으로써 시장 거래과정에 사회적 비용이 제대로 산정될 수 있게 해줄 필요가 있으며, 그렇게 되면 결국 사회적으로 바람직한 결과를 가져올 수 있게 되는 것이다.[2)]

그러나 외부성의 내부화 방안으로는 이와 같은 조세부과와 보조금의 지급 방안 이외에 다른 방안들이 제시되기도 한다. 예를 들어 외부성에 해당하는 부분이 직접 시장에서 거래가 될 수 있게 '시장을 개설'시켜주는 방안이 제시되기도 하며, 외부성 부분에 대한 '소유권을 엄격하게 확정'시켜줌으로써 외부성을 발생시키는 자와 외부성을 받는 자들 사이에 자발적인 교환이 이뤄지게 해주는 자유주의적 방안이 제시되기도 한다.[3)] 그뿐만 아니라 외부불경제의 경우, 예를 들어 오염을 발생시키는 기업들로 하여금 오염 발생에 대한 권리를 만들어 해당 재화를 공급하고자 하는 자들끼리 오염권에 대해 거래가 이뤄지게 함으로써 적정 오염 수준을 유도하는 방안을 제시하기도 한다.

---

2) 이와 같이 '조세-보조금'을 통해서 외부성을 내부화하는 방안을 이 문제를 처음 지적한 사람의 이름을 따서 '피구식 해결책(Pigouvian solution)'이라 부르기도 한다.

3) 이 방안이 창시자의 이름을 따서 '코스의 정리(Coase theorem)'라 불리는 것으로서, 소위 자유주의적 견해를 갖고 있는 경제학자들이 선호하는 정책인데, 자세한 내용은 후생경제이론을 참고하기 바란다.

제 2 절 소득분배 기능

먼저 자본주의적 분배과정에서 현실의 분배가 사회적으로 바람직한 상태로부터 괴리되는 경향성이 있음을 밝히고, 현실의 분배상태 교정을 위한 정부개입의 필요성과 개입의 원칙을 설명한다. 이어서 구체적으로 소득분배 상태 교정을 위한 다양한 재정수단과 그 효과를 개관한다.

1. 소득분배의 불공평과 정부개입의 필요성

1) 소득분배 결정논리와 소득분배 불평등의 경향성

자본주의 하에서 소득은 생산과정에서 기여한 정도에 따라 분배되는 것으로 되어 있다. 이를 소위 '한계생산력설'이라 한다. 말하자면 개개인은 생산과정에 기여한 자신의 한계생산력만큼 분배받는 것으로 되어 있다. 그리고 그렇게 해서 나타나는 개인들 사이의 상대적인 분배상태는 바람직한 것으로 인식되고 있다. 이제 이하에서 이와 같은 한계생산력설에 따른 개개인의 소득분배 양상을 좀 더 구체적으로 검토하면서, 그렇게 개개인들의 소득분배 상태가 결정되는 경우 소득분배의 불균등은 점점 더 심화되는 경향이 나타나게 되며, 결국 사회적으로 바람직한 소득분배 상태, 즉 공평한 분배상태와는 괴리될 수 있다는 사실을 보이고자 한다.

먼저 한계생산력설에 의하면, 자본주의 하의 개개인이 수령하게 되는 보수 수준은 해당 생산요소의 '한계생산물가치' 크기에 따라 결정된다. 이 내용을 이해하기 위해서는 기업의 생산활동에 대한 의사결정 과정을 이해할 필요가 있다. 기업은 필요한 생산요소를 구입해서 생산활동을 통해 이윤을 추구한다. 이때 기업은 생산요소 구입을 위해 지불해야 하는 요소가격과 해당 요소가 생산활동을 통해서 가져다 줄 한계생산물가치[4]의 크기를 비교해서 요소 구입 여부를 결정하게 된다. 지불

---

4) 여기서 '한계생산물가치(Value of Marginal Product: VMP)'란 생산요소 한 단위당 생산활동에 대한 기여도, 즉 '해당 생산요소의 한계생산력(Marginal Product: MP)'에 '만들어진 생산물 한 단위당 시장가격(생산물을 Y라 할 때, P_Y)'을 곱한 값을 일컫는다. 가령 생산요소가 노동이라면 노동

해야 하는 요소가격이 한계생산물가치보다 더 크면 요소 구입을 줄이려 할 것이며, 한계생산물가치가 더 크면 요소 구입을 더 늘리려 할 것이다. 이윤극대화를 추구하는 기업이라면 이러한 조정과정을 거쳐 최종적으로 요소가격과 한계생산물가치의 크기가 일치하는 만큼 해당 요소 구입량을 결정하게 될 것이다. 이러한 기업의 요소 구입과정을 요소 공급자 입장에서 보면 바로 요소의 보수가 바로 자신이 제공하는 생산요소의 한계생산물가치 크기 수준에서 결정된다는 것을 알 수 있다. 여기서 한 걸음 더 나아가 전체적으로 각 요소의 분배 몫은 각 요소의 한계생산력 수준에 해당 요소의 투입량만큼의 보수를 받는 것으로 알려져 있다.[5]

이렇게 볼 때 전반적으로 특정 생산요소의 보수는 해당 요소의 수익률, 즉 한계생산력과 생산요소의 수량, 나아가 생산물의 시장에서의 평가, 즉 시장가격 등에 따라 결정되는 것으로 나타난다. 그런데 여기서 생산요소의 수량은 개개인의 저축이나 재산가치 변동에 따라 결정될 뿐 아니라, 상속 · 증여 등의 요인에 따라 서로 다르게 나타나기 마련이다. 나아가 시장에서의 평가에 의해서 결정되는 생산요소의 수익률은 선천적 능력, 교육 등 후천적 능력, 또한 질병이나 장해와 같은 자연적 능력 정도 등에 따라 결정된다. 이렇게 보면, 자본주의 체제 하에서 개개인의 보수는 개개인의 노력에 의한 노동시간의 조절, 저축 등에 의해서만 결정되는 것이 아니라, 상속, 증여, 심지어 교육 수준 등 개개인이 결정하기 힘든 상황에 따라 크게 영향을 받는다는 사실을 알 수 있다. 이러한 사실을 고려해 보면, 자본주의 체제 하에서는 그것이 설령 경쟁시장경제 체제라 하더라도 시장을 통해 형성되는 개개인의 소득분배 몫에 바탕을 둔 상대적인 소득분배 상태는 점점 더 불균형의 정도가 커지는 경향을 띠게 된다는 사실을 알 수 있다.

의 한계생산물가치는 다음과 같이 나타내진다. $VMP_L = MP_L * P_Y$

5) 이를 경제학에서는 '오일러의 정리(Euler's theorem)'라 일컫는다. 구체적인 내용은 미시경제 관련 서적을 참고하기 바란다.

2) 정부개입의 필요성과 원칙

(1) 정부개입의 필요성

문제는 '균등' 내지 '평등'한 상태가 '공평'한 상태라고 인식되기도 하고 '불균등' 내지 '불평등'한 상태가 경우에 따라서는 '공평'한 상태라 보일 수도 있다는 점이다. 그것은 공평한 상태, 즉 어떻게 나눠 갖는 것이 바람직한지에 대해서는 논자나 사회에 따라 다를 뿐 아니라 시대에 따라서도 다를 수 있기 때문이다. 어떠한 분배상태를 바람직한 상태, 즉 공평한 상태로 볼 것인가에 대해서는 그동안 다양한 견해가 제시되어 왔다. 대표적으로 자유주의적 견해, 공리주의적 견해, 평등주의적 견해, 빈자우대형 견해 등을 들 수 있다.

그러나 현실적으로 재분배정책을 시행하기 위해서는 공평한 상태에 대한 견해가 다양하다는 사실을 지적하는 것에 머물러서는 안 된다. 말하자면 특정 사회에서 바람직한 상대적인 분배상태가 어떠한 상태인지를 찾아내야 한다. 그것은 어떠한 이론적 논의를 통해서 도출되는 것이라기보다는 해당 사회의 '정치적 의사결정과정'을 거쳐서 결정되고 있다는 사실을 인식하는 것이 중요하다.

이제 특정 사회의 정치적 의사결정 과정을 거쳐서 확인해 보니 현실의 상대적 분배상태가 그 사회가 바람직하다고 판단되는 분배상태로부터 괴리되어 있는 것으로 나타난다면, 이제 남은 것은 더 나은 사회상태를 위해 현실의 분배상태를 바꿀 필요성이 제기된다는 것이다. 이것이 다름 아닌 '재분배'의 필요성이며, 이러한 재분배는 시장에 의한 사전적 분배상태에 대한 사후적 조정이기 때문에 현실적으로 공권력에 바탕을 둔 재정수단을 통해서 행해지는 것이 더욱 일반적이다.

(2) 정부개입의 원칙

상술한 바와 같은 과정을 거쳐서 소득재분배의 필요성이 인식된다 하더라도 어떻게 정부가 개입해 소득을 재분배하는 것이 바람직한 것인지에 대해서는 그 개념의 주관성과 사회성만큼이나 다양한 원칙들이 제시되어 왔던 것이 사실이다. 여기서는 지난 시기 오랜 기간 동안 정부개입의 사례에서 다양한 원칙들이 적용되는 과정에서 정제되어 오늘날 우리 앞에 제시되고 있는 대표적인 원칙을 소개하고자 한다.

먼저 '수평적 공평성'의 원칙이 그것이다. 능력이 같은 사람은 정부개입 과정에서 같은 취급을 해야 한다는 원칙을 일컫는다. 이 원칙은 부(富)의 형태가 다르고 소득의 유형이 다르지만 각자의 능력이 동일하다면 재분배 과정에서도 같은 취급을 받아야 한다는 사실을 의미한다.

이와 유사한 맥락이기는 하지만 다소간 차별성을 띠는 원칙으로 '수직적 공평성'의 원칙이 있다. 이 원칙은 능력이 다른 사람은 서로 다르게 취급해야 한다는 것이다. 이 원칙은 앞의 수평적 공평성의 원칙과 동전의 양면과 같은 원칙으로서 소득재분배 과정에 주요한 원칙으로 제시되고 있다.

더 나아가 위의 두 원칙에 더해 '최저생활 수준의 보장(national minimum)'을 들기도 한다. 먼저 자본주의 사회 자체는 전 자본주의 시대에 절대왕권에게 맡겨졌던 생산수단에 대한 소유권과 거래의 자유를 회복했다는 점 못지않게 지난 시기 억압받아 왔던 사회구성원들의 인간성의 회복을 기치로 등장한 시대라는 점을 유념할 필요가 있다. 이러한 사실을 고려해 보면, 자본주의적 경영 과정에서 최저생활 수준을 영위하지 못해 인간적인 삶을 꾸려가지 못하는 사람들로 하여금 최저한의 인간다운 생활수준이 보장될 수 있도록 소득을 재분배해주는 것은 역사적으로나 오늘날 사회의 지속가능성을 위해서도 중요한 원칙으로 널리 수용되는 원칙이라 할 수 있다.

2. 재정수단과 그 효과

정부개입 수단으로 재정수단 이외에 금융수단을 들 수 있고, 사전적 통제수단을 들 수도 있다. 그러나 여기서는 재정수단에 초점을 맞춰 그 유형과 효과를 개관하기로 한다. 전형적인 재정수단은 '이전지출과 누진적 조세'로 알려져 있는데, 이하에서는 좀 더 구체적으로 살펴보고자 한다.

1) 재정지출 수단

재정지출 수단으로는 크게 '사회보장지출'과 '공공투자'로 나눠 제시할 수 있다. 이하에서는 이 두 정책수단의 구체적인 유형과 그 효과를 검토해 보도록 하자.

(1) 사회보장지출

'사회보장'이라 하면 사회구성원이 질병, 노령, 실업, 재해 등 사회경제적 위험으로부터 사회구성원을 보호하고, 경제적 무능력자에 대한 최저생활 수준을 보장해 주는 제도적 장치를 일컫는다. 여기서 전자는 주로 '사회보험'에 의해 제공되며, 후자는 '공적부조'에 의해 제공된다. '사회보험'은 일종의 '보험'으로서 사적 성격과 '사회'보험으로서 사회적 성격을 동시에 띠는 제도이다. 구체적으로 보험 가입자에게만 혜택이 돌아간다는 점에서 사적 성격을 띠지만, 사회적 가치를 담아서 부담률이 높은 사람에게 상대적으로 작은 급부가 돌아가게 하고 낮은 사람에게 상대적으로 많은 급부가 돌아가게 하는 제도로서, 일정한 조건에 해당되는 자에게 가입이 강제되는 특성을 가지며, 기금은 원칙적으로 고용주와 피고용자, 그리고 국가에 의해 공동으로 조달된다는 점에서 사회적 성격도 동시에 띠고 있는 제도이다. 이에 비해 '공적부조'란 정부에 의한 대가 없이 행해지는 일방적인 재정보조로서, '이전지출'이라 일컫기도 한다. 이와 같이 사회보장 서비스를 위해 재원을 획득하고 관리하고 처분하는 행위를 '사회보장 재정' 또는 좀 더 광범하게 '복지재정'이라 일컫기도 한다.

사회보장지출 중에서 먼저 '공적부조'는 위의 목적 중 특히 경제적 무능력자에 대한 최저생활 수준 보장을 위해 정부에 의해 주어지는 일방적인 지출로서 '이전지출(transfer payments)'이라고도 부른다. 이러한 지출은 수혜자가 대부분 빈자(貧者)이므로 단기적으로는 수직적 공평성을 제고하는 역할을 수행한다. 그러나 장기적으로는 이러한 지출을 위한 자금의 조달방법에 따라 달라지게 될 것이다. 말하자면 재원 조달을 위한 세입구조가 누진적이면 수직적 공평성 제고에 기여하겠지만, 세입구조가 역진적이면 오히려 수직적 공평성을 저해할 수도 있다는 사실을 유념해 둘 필요가 있다.[6]

한편 '사회보험'은 일반적으로 그 재원을 피고용자, 사용자, 그리고 국가에 의해 공동으로 조달해서 보험 방식으로 각종 재해에 대처해 나가는데, 구체적인 재분배 효과는 재원 조달 비율에 따라 서로 다르게 나타나기 마련이다. 말하자면 피보험자 부담 비중이 높으면 수평적 공평성에 영향을 줄 것이며, 사용자 부담 비중이 높은 경우는 사용자가 전가시키지 않는다면 수직적 공평성에 좀 더 큰 영향을 줄 수 있을 것이다. 마지막으로 국가 부담 비중이 높은 경우에는 세입구조의 누진성 여하에 따라 달라질 것이다.

(2) 공공투자

한편 재정지출에는 사회보장지출 이외에 '공공투자'라는 것이 있다. 그런데 공공투자의 개념과 그 효과를 이해하기 위해서는 먼저 '자본'과 '투자'의 개념을 이해해 둘 필요가 있다. 경제문제를 다룰 때 '자본'이라는 것은 인간이 만들어 낸 생산물 중에서 생산활동에 사용되는 기계, 집기 등의 물건을 일컫는다.[7] 한편, '투자'라는 것은 바로 그와 같은 "자본을 구입하는 돈의 흐름"을 일컫는다. 따라서 투자를 하면 반드시 생산활동에 사용되는 물건, 즉 자본이 만들어지고 축적된다는 사실을 의미한다.

이러한 기본 개념의 맥락에서 보면, '공공투자'라는 것은 정부가 경비를 지출해 자본을 구입하는 행위를 일컫는다는 것을 알 수 있으며, 이러한 공공투자가 이뤄지게 되면 자본이 만들어지게 된다는 것도 알 수 있다. 이러한 공공투자 지출을 통해 만들어지는 자본이 곧바로 공적 자본 내지 '사회간접자본'이라 할 수 있다. 말하

6) 이와 같은 공적부조와 관련해서 소득분배에 영향을 주는 주요 제도 중의 하나로 '음의 소득세(negative income tax)'라는 제도가 있다. 이 제도는 내용상으로는 공적부조제도의 일종으로 볼 수 있으나 형식적으로는 소득세제도로 운영된다. 구체적으로 사회적으로 용인되는 일정한 빈곤선을 정해 놓고 그 수준에 모자라는 만큼의 소득을 보조해주되 일률적으로 보조해주는 것이 아니라 이전지출 수급 후의 소득수준에 차등이 생길 수 있도록, 즉 소득수준이 높아짐에 따라 차등적으로 보조해주는 제도이다. 궁극적으로 이 제도는 보조는 해주되 수혜자로 하여금 덜 가난해지려는 근로 유인을 주고자 하는 것을 특징으로 한다. 이 제도는 우리나라에서 시행하고 있는 '근로장려세제'의 이해를 위해 필요한 제도인 만큼 내용을 확인해 둘 필요가 있다.

7) 경우에 따라서는 그와 같은 물건을 구입하기 위해 준비해 둔 돈을 의미하기도 하나, '돈' 자체가 '자본'이 되는 것이 아니라 그 돈으로 구입할 수 있는 기계, 집기, 시설물 등을 의미한다는 사실을 유념해 두는 것이 중요하다.

자면 공공투자를 통해 도로, 항만이라든가 교육, 주택, 보건시설 등의 공적 자본이 만들어지게 되어 있다. 그런데 전자와 같은 자본을 흔히 '산업 지원적인 사회간접자본'이라 일컬으며, 후자와 같은 자본을 '생활 지원적인 사회자본'이라 일컫는다. 전자는 그 용어가 시사하듯이 산업활동을 지원하기 위한 자본으로서 직접적으로 재분배에 영향을 주지는 않는 것으로 볼 수 있다. 그러나 후자는 일반적으로 시민들을 위한 교육, 주택, 보건 등의 서비스를 지원해주는 자본으로서 좀 더 직접적으로 재분배에 영향을 주는 것으로 볼 수 있음을 유념할 필요가 있다.

2) 과세수단

재분배에 영향을 주는 재정수단으로는 상술한 지출수단뿐만 아니라 다양한 과세수단도 존재한다.[8] 먼저 '세율구조'를 어떻게 설정하느냐에 따라 소득재분배에 영향을 미침은 물론이다. 말하자면 누진세율 구조를 택할 것인지 아닌지, 과세 대상을 종합해 누진세율을 적용시킬 것인지 아닌지 등이 그것이다. 그뿐만 아니라 각종 '감면제도'와 '공제제도' 또한 재분배에 직·간접적인 영향을 미치는 것으로 볼 수 있다. '감면제도'라는 것은 용어 자체가 의미하듯이 특정 조건 하에 놓여 있는 경우 세금 부담을 줄여주는 것으로서 일정 수준 이하의 가득자에 대한 감면세 혜택을 들 수 있다. '공제제도'는 세금을 계산할 때 소득과 같은 과세대상의 크기를 줄여줌으로써 궁극적으로 세금 부담을 줄여주거나, 계산되어 나온 세금 자체의 크기를 줄여주는 제도를 일컫는다. 전자를 '소득공제'라 하고, 후자를 '세액공제'라고 한다. 이러한 제도는 특정한 조건에 해당되는 납세자의 세금 부담을 조절해주기 위해 사용되는 제도라는 점에서 재분배에 직·간접적인 영향을 주는 제도로 평가받는다.

다음으로는 다양한 조세 종목들을 어떠한 구조로 설계하느냐에 따라 재분배에 미치는 영향이 달라지는데, 예를 들어 한나라의 조세체계를 인세 중심으로 설정할 것인가 물세 중심으로 할 것인가, 직접세로 할 것인가 간접세 위주로 할 것인가 등이 그에 해당한다. 먼저 '인세'라는 것은 과세대상의 선정과 과세표준의 산정과정

---

8) 이하 과세수단에 대한 좀 더 자세한 학습을 위해서는 우명동(2007b)을 참고하기 바란다.

에서 '납세자 개개인의 부담능력'을 고려에 넣는 형태의 조세를 일컫는데, 예를 들면 종합부동산세 같은 것이 대표적인 인세에 해당된다. 이에 비해 '물세'라는 것은 징세과정에서 납세자의 부담 능력을 고려하지 부과하는 조세를 일컫는다. 똑같은 재산 보유과세라 하더라도 우리나라의(주택분) 재산세는 개개인의 재산가액을 합쳐서 개인의 부담능력을 조정해주는 방식이 아니기 때문에 물세에 해당된다. 이러한 구분은 재산의 분배에 직·간접적인 영향을 미치게 됨은 물론이다. 다음으로 직접세와 간접세의 구분은 '담세력'을 직접 파악해 세법상 누진세율 구조를 적용할 수 있는 '직접세'와 담세력을 간접적으로 파악할 수밖에 없어서 세법상 비례세율을 적용하는 '간접세'로 구분한다. 전자의 경우는 비록 현실에서의 전가되는 정도에 따라 구체적인 부담구조는 달라질 수 있으나, 최조한 형식상 누진세율 구조를 적용할 수 있기 때문에 제도 운영 여하에 따라서는 재분배에 더 큰 영향을 줄 수도 있다. 이에 비해 간접세는 형식상 비례세율 구조를 채택할 수밖에 없기 때문에 사실상 부담구조가 역진적일 수밖에 없는 성질을 가지고 있음을 유념할 필요가 있다.

제 3 절 경제안정 기능

현실의 자본주의적 경제 운영과정에서 불황이나 호황이 발생할 수 있음을 밝히고, 그와 같은 주기적 순환변동을 완화시키기 위한 재정정책의 필요성과 정부개입의 원칙에 대한 서로 다른 견해를 소개한다. 이어서 구체적으로 제시되는 재정수단과 그 효과를 개관한다.

1. 경제의 불안정과 정부개입의 필요성

1) 고전파 세계와 가격의 자동조절작용

초기 자본주의 하의 소위 고전파 경제학자들은 한 나라의 경제는 전체적으로 항상 안정적으로 운영되기 때문에 경제의 불안정 같은 문제는 걱정할 필요가 없는 것으로 보고 있었다. 그들이 그렇게 생각하게 된 것은 한 나라 경제는 생산의 주체들이 생산을 해놓으면 생산과정에서 획득한 요소 제공자들의 보수에 의해 생산해 놓은 만큼 반드시 구매되어, 결국 그 나라의 전체 경제는 생산수준을 중심으로 항상 완전고용 상태에서 균형을 이루게 되는 것으로 봤기 때문이다. 이렇게 되기만 하면 한 나라의 전체 경제에는 과잉생산 또는 과잉수요로 인한 불안정성이라는 문제는 애초부터 발생할 수 없는 것이었다.[9] 이들은 설령 일시적으로 경제 전체에 공급과 수요가 일치되지 못해 불안정한 상태가 나타나더라도 그것은 과도기적으로 나타나는 것으로서 궁극적으로는 공급된 만큼 수요가 이뤄지게 되어 모든 시장은 균형을 이루게 되는 것으로 보고 있었다. 물론 이러한 설명이 맞아 들어가기 위해서는 화폐시장에서 모든 화폐는 '거래적 동기'로만 사용되는 것이 전제되어 있다는 점을 유념할 필요가 있다.

위와 같은 경제 전체에 균형이 항상적으로 이뤄지게 되는 현상은 생산물시장에서의 '저축과 투자의 균형'이라는 관점에서도 설명된다. 예를 들어, 한 나라의 저축이 투자보다 많아서 그 나라의 생산자들이 만들어 놓은 생산물이 다 판매되지 않은 상황이 발생하면 저축과 투자의 매개변수인 이자율이 내려가서 저축을 줄이고 투자를 늘리는 작용을 함으로써, 궁극적으로는 저축과 투자가 일치해 생산물시장은 항상 균형을 이루게 되는 것으로 인식하고 있었다.

또 한편 이러한 경제 전체의 자동적인 균형의 달성은 '노동시장의 균형'을 통해서도 설명된다. 만약 노동 공급이 수요를 초과하는 실업사태가 발생하면 노동시장의 가격인 명목임금이 내려가서 주어진 시장가격 하에서 실질임금이 줄어들게 되므로, 궁극적으로 노동 수요가 높아져서 노동시장이 균형을 회복하는 것으로 인식하고 있다. 한마디로, 고전파의 세계는 개별 경제주체 입장에서의 자원배분은 수요 공급에 따라 자동조절된다고 보는 '가격기구 중심의 경제학'으로서, 한 나라 전체적으로는 자원이 모두 사용되는 완전고용 수준에서 경제가 자동적으로 균형을 이룸으로써, 경제 전체의 불안정의 문제는 존재하지 않는 것으로 보고 있었다. 따라

9) 이것이 "공급은 그 스스로 수요를 창출한다"는 소위 '세이의 법칙(Say's law)'의 내용이다. 이 법칙을 좀 더 구체적으로 이해하기 위해서는 경제원론이나 거시경제학 교재 내용을 참고하기 바란다.

서 경제는 개별적으로나 전체적으로 시장에 맡겨 두면 저절로 균형을 달성하게 되는 것으로 보았다.

2) 케인스 경제학의 세계와 정부개입의 수용

1920년대의 세계적인 대불황이 나타나기 전까지는 한 나라 경제 전체가 항상 완전고용상태에서 균형을 이룬다는 위와 같은 고전파적 거시경제관이 지배적이었다. 그러던 것이 세계적인 대불황을 겪으면서 소위 불완전고용 하에서도 한 나라 전체의 경제가 균형을 이루게 될 가능성이 있다는 사실이 인식되기에 이르렀다. 말하자면, 생산된 재화와 용역이 모두 판매되지 않을 가능성이 있다는 사실이 논리적으로 해명되기에 이르렀다. 그것은 한 나라 경제 전체적으로 볼 때 생산과정에서 생산한 만큼 요소 제공자들의 소득이 가득되더라도 그것이 전부 재화 또는 서비스의 구매로 지출되지 않을 수 있다는 사실이 입증된 데 기인한다. 이러한 설명은 그 이면에는 무엇보다 화폐시장에서 모든 화폐는 '거래적 동기'로만 보유되는 것이 아니라, 경우에 따라서는 시장으로부터 퇴장되어 '투기적 동기'로도 보유될 수 있다는 사실이 밝혀진 데 기인한다.

이러한 사실은 생산물시장의 불균형으로부터 설명될 수 있다. 예를 들어, 저축이 투자보다 커서 한 나라 전체적으로 만들어진 재화 또는 서비스가 모두 구매되지 못하는 사태가 발생한 경우에도 저축과 투자가 그 매개변수로서 이자율에 따라 자동조절되는 기능이 작동되지 않는 사태가 나타난다는 것이다. 오히려 저축을 결정하는 주된 변수는 소득이며, 투자를 결정하는 주된 변수는 이자율로서, 저축과 투자 사이에 매개변수가 존재하지 않아 두 측의 크기가 자동적으로 같아지지 않을 수 있다는 것이다. 이 경우 이자율을 인위적으로 낮춰 투자를 늘림으로써 저축과 투자를 일치시키는 정책을 펼 수도 있을 것이다. 그러나 불황상태에서 이자율을 낮추기 위해서 화폐 공급을 늘려도 화폐 수요 중 '투기적 동기'의 수요가 작동해 화폐가 시장에서 퇴장되어 이자율이 더 낮아지지 않는 사태가 발생할 수도 있게 된다. 그리되면 결국 투자를 높이고자 하는 정책이 실효성을 발휘하지 못하게 되는 사태가 발생할 수도 있게 된다.

그뿐만 아니라 노동시장에서 노동 공급이 노동 수요를 초과하는 실업사태가 발생한 경우에도 화폐임금이 자동적으로 하락해 실질임금을 떨어뜨림으로써 노동 수요를 제고하는 전달 메커니즘이 작동되지 않는 사태가 발생할 수도 있다는 것이다. 무엇보다 당시 독점자본주의 하의 거대해진 기업활동에 상응하게 노동조합 활동이 활발해져 화폐임금이 하방경직성을 띠게 됨으로써 실질임금을 떨어뜨리지 못해 노동 수요를 높이지 못하는 경우도 나타날 수 있게 된 것이다. 설령 화폐임금을 떨어뜨릴 수 있다 하더라도 그리되면 노동자들의 구매력이 떨어져서 총수요가 줄어들어 일반물가상 수준이 떨어지는 사태가 발생해 결국 실질임금에 영향을 주지 않을 수도 있게 된 것이다. 그리되면 결국 실질임금에 따라 일어나는 기업의 노동 수요를 제고하지 못하는 상황이 일어날 수도 있는 것이다. 이 말은 화폐임금을 떨어뜨릴 수 있다 하더라도 결국에 가서는 실업을 해소시키지 못함으로써 실업이 지속되는 사태가 발생할 수도 있다는 것이었다.

이러한 상황을 인식하게 된 케인스(J. M. Keynes)에 의하면, 화폐가 '투기적 동기'로 사용된다는 사실을 수용하고, 저축과 투자의 매개변수가 이자율이 아닐 뿐 아니라 이자율도 인위적으로 조정하기 힘들며, 노동시장에서도 스스로 떨어지지 않은 화폐임금 수준을 인위적으로 떨어뜨리기 힘든다는 사실을 수용한 상태에서, 현실에서 나타나는 불황상태의 극복을 위한 묘안을 찾아내기에 이르렀다. 무엇보다 그는 실물시장에서 민간시장에서 부족한 투자를 늘릴 수 있는 힘이 없다는 사실을 받아들인 상태에서 외생적으로 총수요를 늘릴 수 있는 방안을 찾아 나섰다. 결국 그는 민간시장에서의 투자 부족으로 인한 총수요 부족 문제를 극복하는 대안으로 정부에 의한 공공투자를 새롭게 등장시키기에 이르렀다. 말하자면, 그는 외생적으로 정부에 의한 공공투자를 등장시켜 한 나라 전체의 총수요를 늘림으로써 궁극적으로 생산물시장의 과잉공급 상태를 극복하는 대안을 제시하게 된 것이다.

한편 노동시장에서도 떨어지지 않는 명목임금을 인위적으로 떨어뜨리려 하지 않고 실질임금을 떨어뜨리는 방안을 모색했다. 구체적으로 그는 정부부문의 수요를 외생적으로 만들어 내어 민간부문에서 위축된 총수요 수준을 높임으로써 일반물가상승률을 높여 실질임금 수준을 떨어뜨리는 방안을 제시했다. 그는 그렇게 실질임금을 떨어뜨림으로써 궁극적으로 기업의 노동 수요를 제고해 노동시장의 균형을 회복할 수 있는 것으로 보았다.

3) 재정정책과 정부개입의 원칙

(1) 재정정책의 개념과 의의

무릇 한 나라 전체의 '균형국민소득'은 그 나라에서 일정 기간 만들어 내고자 하는 재화 또는 용역의 가치 전체를 지칭하는 '총공급(aggregate supply)'과 그렇게 만들어 내는 재화 또는 용역에 대한 구매 욕구의 총량을 지칭하는 '총수요(aggregate demand)'가 일치하는 수준에서 형성되는 국민소득 수준을 의미한다. 전자가 공급측 국민소득으로 나타나고 후자가 수요측 국민소득으로 나타나는데, 이 두 측면의 국민소득이 일치하는 수준에서 균형국민소득 수준이 결정된다. 여기서 총수요는 민간부문만을 대상으로 할 때 의식주 등에 대한 생활을 위한 소비자들의 소비 수요(C)와 기계, 시설, 집기 등 생산활동을 위해 필요한 생산수단을 구입하기 위한 기업의 투자 수요(I)의 합으로 나타난다.

이 총수요와 총공급이 일치하지 아니하는 경우 한 나라 경제는 과잉수요 또는 과잉공급 상태가 나타나서 전체 경제 상태가 불안정 상태에 빠지게 된다. 이때 정부가 재정수지를 통해 총수요와 총공급 사이의 갭을 조절함으로써 한 나라 전체의 주기적인 순환변동의 진폭을 완화하고자 하는 정책을 일반적으로 '재정정책'이라 부른다. 그런데 이 정책이 경기를 조절하는 데 초점을 맞추고 있다는 점에서 단순히 '재정정책'이라 부르지 않고 구체적으로 '경기보정적 재정정책(compensatory fiscal policy)' 또는 '경기대응적 재정정책(countercyclical fiscal policy)'이라 부른다.

그런데 케인스가 제시한 구체적인 정책수단은 재정지출의 증가를 통한 '유효수요(effective demand)' 증가였음을 인식할 필요가 있다. 이러한 맥락에서 재정정책은 재정수단을 통해 재정수지를 조절해서 한 나라 전체의 총수요(유효수요)를 조절함으로써[10] 궁극적으로 한 나라 전체의 주기적인 순환변동을 조절하고자 하는 정책이라 하여 흔히 이러한 견해를 '총수요 관리정책'이라 일컫기도 한다.

---

10) 이렇게 정부부문을 포함하는 경우에는 한 나라의 총수요는 소비 수요(C), 투자 수요(I), 그리고 정부 수요(G)의 합으로 나타나게 된다.

(2) 정부개입 원칙에 대한 서로 다른 견해

앞에서 서술한 바와 같이 경기 순환변동으로 인한 경제불안정 상태를 극복하기 위해 정부개입이 필요하다는 데 대해서는 극단적인 자유주의자들을 제외한 많은 논자가 견해를 같이하고 있다. 그러나 구체적으로 정부개입을 받아들이는 관점에는 크고 작은 차이를 보이고 있음을 이해해 둘 필요가 있다.

먼저 자본주의 체제는 원래 안정회귀적인 성격을 갖고 있으며 현실적으로 나타나는 불안정성은 부분적이고 지엽적이라고 보는 견해를 갖는 소위 자유주의자들의 경우는 정부가 개입하더라도 자의적이지 않고 일정한 준칙을 정해 두고 그에 따라 경제가 움직이게 해주는 것이 바람직하다는 견해를 취하고 있다. 이러한 견해를 취하는 논자들은 이러한 최소한의 선을 넘어서는 개입은 오히려 경제의 불안정을 증폭시킬 가능성이 있는 것으로 파악해 준칙에 따를 것을 주장하는 소위 '준칙주의'를 취하는 견해를 보이고 있다.

이에 비해 현실에서 나타나는 경제불안정을 자본주의 체제가 갖는 좀 더 근본적이고 광범한 문제로 보는 견해를 취하는 논자들이 있다. 흔히 개혁주의자들 내지 개입주의자들이라 불리는 이들은 그때그때 불안정성의 정도에 따라 정부가 재량적으로 총수요 또는 총공급을 절절히 조절해줌으로써 전체적으로 안정성장 기조를 인위적으로 유지시켜 나갈 것을 주장하는 견해를 보이고 있다. 구체적인 내용은 정책수단별로 후술하는 바와 같은 차이점을 보이고 있다.

2. 재정수단과 그 효과

구체적으로 경제안정을 위한 재정수단으로는 크게 '자동안정장치'와 '정식에 의한 조절장치', 그리고 '재량적 재정정책' 등을 들 수 있다. 이하에서는 이 세 가지 재정정책 수단의 개념과 효과에 대해 개관하고자 한다.

1) 자동안정장치

먼저 '자동안정장치(built-in stabilizer)'란 누진적 조세제도나 각종 사회보험제도 등을 재정제도 속에 미리 갖춰 놓음으로써 자동적으로 경기 변동 폭을 줄이고자 하는 수단을 일컫는다. 이러한 제도적 틀을 갖추게 되면, 경기 변화로 인한 소득 수준의 변화에 대응해 세수나 정부지출이 자동적으로 변하게 되어 가처분소득의 변화 폭을 좁힐 수 있게 되며, 궁극적으로 소비지출을 중심으로 유효수요 수준을 상대적으로 안정시킴으로써 경제 전체를 안정시키는 데 기여할 수 있게 된다. 이 제도는 정부개입을 수용하면서도 정부의 자의적인 개입을 거부하는 논자들이 폭넓게 수용하는 제도이다.

대표적인 예로 '누진소득세제도'가 갖춰져 있는 경우, 총수요가 늘어나는 과정에서는 누진세로 인한 상대적으로 큰 소득 부분이 조세로 징수됨으로써 세전소득 수준이 늘어나는 것에 비해 세후소득 수준이 상대적으로 적게 증가함으로써 경제 전체적으로 수요가 과잉되는 것을 막아주는 역할을 할 것으로 예상된다. 반면 총수요가 줄어드는 불황 상황에서는 누진세의 작용으로 상대적으로 작은 소득 부분이 조세로 징수됨으로써 세전소득 수준에 비해 세후소득 수준이 상대적으로 덜 떨어짐으로써 수요 면에서 경기 저하의 폭을 줄여주는 역할을 수행하게 된다는 것이다. 또 하나의 대표적인 제도 중의 하나로 '실업보험제도'를 들 수 있다. 이 제도에 의하면 고용기간 중에는 소득의 크기에 상응하는 실업보험료를 납부함으로써 실업보험제도가 없는 경우에 비해 총수요 증가를 줄여주는 역할을 수행하며, 실업기간 중에는 실업보험금을 받음으로써 실업보험제도가 없을 때에 비해서 총수요가 줄어드는 폭을 줄여줌으로써 전반적으로 경기변동의 진폭을 줄여주는 역할을 수행하게 되는 것이다.

이 제도는 경기변동 과정에서 제도가 스스로 작동해 경기변동의 폭을 조절해준다는 점에서 정책을 수립하고 집행해 나가는 과정에 발생할 수 있는 소위 정책 '시차문제'[11] 없이 경기를 조절할 수 있다는 긍정적인 평가를 받는다. 그러나 이 정책은 제도만 갖추고 정책효과가 저절로 나타나기만을 기다려야 한다는 점에서 정책효과가 소극적이고 제한적이라는 비판을 받기도 한다.

11) 시차문제에 대한 좀 더 자세한 설명은 후술하는 재량적 재정정책 부분을 참고하기 바란다.

2) 정식에 의한 조절장치

이에 비해 '정식(定式)에 의한 조절장치(formula flexibility)'란 고용 내지 실업, 생산, 소득, 물가 등 주요 경제지표를 선정해 이들 지표에 일정한 변화가 나타나면 그에 대응해 자동적으로 세율이나 재정지출 수준이 일정한 만큼 변경되도록 하는 하나의 정식(틀)을 사전에 입법적으로 만들어 놓는 방식을 일컫는다. 이러한 장치 또한 어느 정도 자동적인 총수요 수준의 조절을 통해 경제 전체의 안정성을 제고하고자 한다는 점에서는 앞의 자동안정장치와 그 궤를 같이한다고 할 수 있다. 그러나 이 제도는 자동조절장치가 갖는 소극성 내지 제한성을 극복하기 위해 상대적으로 정부의 정책 의지를 추가한 정책대안이라 할 수 있다.

구체적인 예로 실업률이 일정 수준 이상으로 일정 기간 이상 지속적으로 높게 나타나는 경우 별도의 입법과정을 거치지 않고도 정부가 자체적으로 세율 수준을 일정 정도 낮추거나 지출 수준을 일정 정도 높이도록 미리 입법화해 놓음으로써 해당 실업사태가 발생한 경우 자동적으로 총수요의 크기를 제고해 경제를 안정시켜 나가겠다는 것이다. 마찬가지 맥락에서 예를 들어 일반 물가상승률이 일정 수준 이상 일정 기간 지속적으로 높게 나타나면 자동적으로 세율을 일정 비율 높이고 지출 수준을 일정 수준 떨어뜨리도록 입법화해 놓음으로써 해당 물가상승 사태가 발생한 경우 자동적으로 총수요 수준을 떨어뜨려 경제를 안정시키고자 하는 정책수단이다.

이 정책수단도 자동안정장치와 같이 제도만 미리 갖춰 놓으면 저절로 정책수단이 구사된다는 점에서 마찬가지로 긍정적인 평가를 받으며, 시차문제도 자동안정장치만큼은 아니더라도 그 문제를 완화시킬 수 있다는 점에서 긍정적 평가를 받고 있다. 그러나 이 제도는 해당 지표의 현상적인 크기 자체에만 초점을 맞춤으로써 그러한 지표 변화를 가져온 구조적인 원인은 고려하지 못한다는 점에서 비판을 받고 있다. 그뿐만 아니라 위와 같은 틀을 만들어 놓으면 행정부에 더 넓은 재량권을 줌으로써 의회의 예산심의권과 충돌되어 재정민주주의를 저해할 가능성이 있다는 점에서 비판을 받기도 한다.

3) 재량적 재정정책

한편 '재량적 재정정책(discretionary fiscal policy)'은 위의 두 정책수단과는 달리 재정당국이 경제 상황의 변화에 따라 재량에 의해 임의적으로 재정지출 수준이나 세율 등 재정수단을 자유롭게 변경시켜 경제안정을 추구해 나가고자 하는 좀 더 적극적인 경기조절정책을 일컫는다. 구체적으로 재정지출 수준이나 세율 등을 변화시킴으로써 한 나라 전체의 총수요 수준을 조절해 전반적으로 경기변동의 진폭을 조절함으로써 경제안정을 꾀하고자 하는 대표적인 재정정책 수단에 해당된다. 이 정책은 크게 재정지출정책과 조세정책으로 구분되는데, 이하에서 이들 각각에 대해 정책효과를 검토해 보고자 한다.

(1) 재정지출정책

먼저 재정지출정책의 수단은 크게 '비이전적 지출'과 '이전적 지출'로 나뉜다. 이 중에서 '비이전적 지출'은 정부의 지출을 통해 정부의 경상비를 조달하든가 또는 사회적 자본을 형성하는 지출을 의미한다. 이 지출은 일단 정부에 의해 지출이 이뤄지는 순간 그 크기만큼 민간 생산물시장에서 총수요 증가가 나타난다. 이어서 그러한 수요로 인해 수요측의 국민소득이 그만큼 더 늘어나며, 나아가 그렇게 늘어난 국민소득에 따라 추가적으로 소비가 늘어나게 되고, 그러한 소비가 경제순환과정에서 새롭게 생산물의 증가를 가져오는 등의 순환과정이 이어짐으로써, 궁극적으로 경제순환 과정에서 초기에 늘어난 비이전적 지출의 '승수 배'만큼의 총수요가 늘어나게 된다.[12)]

한편 '이전적 지출'은 영세민 생활 지원이나 중소기업에 대한 대가 없는 지원과 같이 정부가 아무런 대가 없이 일방적으로 민간에게 지급하는 지출을 의미한다. 이 경우는 정부가 초기에 재정지출을 늘린 만큼 한 나라 경제의 생산활동에 직접적인 자극을 주지 않고 그러한 이전적 지출을 지급받은 국민들의 한계소비성향 내

12) 이것이 흔히 '승수효과'라 불리는 것이다. 재언하면, 재정지출정책에서 승수효과라 하면, 외생적으로 정부지출이 늘어나는 경우, 최종적으로는 초기에 늘어난 크기의 승수 배만큼 더 크게 총수요가 늘어나게 된다는 사실을 의미한다. 승수효과의 구체적인 크기는 금융시장 등 경제 여건에 따라 달라지기도 하는데, 이에 대한 좀 더 구체적인 내용은 경제원론이나 거시경제학 교재를 참고하기 바란다.

지 기업의 한계투자성향을 곱한 만큼에 해당되는 추가적인 지출이 일어난다. 이어서 그렇게 추가적인 지출이 일어나는 만큼 비로소 추가적인 생산활동과 그로 인한 소득의 증가가 일어나게 된다는 점이 비이전적 지출의 경우와 다르다. 그러나 일단 이렇게 추가적인 소득의 증가가 일어나게 되면 그 이후에는 전자와 같은 맥락의 순환과정이 일어나게 되어 유사한 승수효과가 일어난다. 그러나 이 경우의 승수효과는 전술한 비이전적 지출과는 달리 초기에 그 나라 경제의 생산활동에 주는 충격이 크지는 않다는 점에서 차이를 보인다는 점을 유념할 필요가 있다. 이렇게 보면, 총수요 증가라는 점에서 비이전적 지출의 경우가 좀 더 큰 효과를 가져오게 된다는 사실을 알 수 있다.

(2) 조세정책

다른 한편 '조세정책'의 수단으로는 세율수단, 각종 감면제도나 공제제도 등을 들 수 있겠으나, 여기서는 대표적으로 세율수단이 총수요에 미치는 효과를 개관해 보고자 한다.[13] '세율'이라 하더라도 조세 종목에 따라 그 파급효과는 차이가 있을 것인데, 먼저 '개인소득세'의 경우는 세율 수준에 변화가 일어나는 경우 가처분소득 수준에 영향을 주어 각자의 소비성향에 해당되는 수준만큼의 총수요 조절효과를 볼 수 있다. 한편 '소비세'의 경우는 개인소득세의 경우에 비하면 곧바로 재화 또는 서비스의 가격에 변화를 주기 때문에 좀 더 직접적으로 소비 조절에 영향을 주는 것으로 볼 수 있다. 또한 '법인세'의 경우는 법인세율뿐만 아니라 각종 준비금, 충당금 등 다양한 비용공제제도와 투자세액공제제도 등을 통해 투자 유인에 영향을 줌으로써 총수요에 영향을 줄 수 있다. 현대 자본주의 하에서 총수요에 가장 큰 영향을 주는 것이 기업의 투자라고 할 때, 이러한 기업의 투자에 직·간접적인 영향을 주는 이와 같은 법인세 관련 정책수단이 대표적인 재량적 재정정책 수단의 하나로 널리 수용되고 있다는 점을 유념할 필요가 있다.

전반적으로 이와 같은 재량적 재정정책 수단들은 앞에서 제시한 두 정책수단에 비해 정책효과가 좀 더 적극적이고 광범하다는 점에서 갈수록 경제의 불안정성이 높아지는 상황을 고려해 볼 때 긍정적인 수단으로 평가받고 있다. 그러나 재량적

13) 이하 조세정책 수단에 대한 좀 더 자세한 학습을 위해서는 우명동(2007b)을 참고하기 바란다.

재정정책 수단은 정부가 정책적 개입을 위한 사태의 인식에서부터 정책수단을 강구하고 정책을 집행해 나가는 과정에서 발생하는 '시차문제'로 인해 총수요 조절의 시기를 놓쳐 정책효과가 왜곡되는 상황이 발생할 수도 있다는 점에서 비판을 받기도 한다.[14] 한편 이 정책수단은 총수요라는 외형적인 크기 자체에만 초점을 맞추고 있는 정책으로서, 생산 면에 나타나는 애로 사항이라든가 시장구조 문제 등으로 인한 경기변동 요인에는 대처하기 힘들다는 비판을 받기도 한다. 또한 이 정책은 경기변동 과정에서 호황기에는 총수요 수준을 낮추고 불황기에는 총수요 수준을 높이는 대칭적인 정책수단의 구사가 자유로울 때 긍정적인 효과가 예상되는 정책수단이나, 현실적으로 불황기에 총수요 수준을 높이는 정책을 강구하는 과정에서는 관료들이나 의회에 의해 쉽게 받아들여지나, 호황기에 총수요 수준을 낮추기 위해서 지출 수준을 줄이거나 조세부담 수준을 높이고자 하는 대안에 대해서는 관료들이나 의화가 쉽게 수용하지 못하는 소위 '경기보정의 비대칭성'의 문제가 나타나기 쉽다는 비판을 받기도 한다.[15]

요 약

1. '재정의 기능'은 크게 자원배분 기능, 소득분배 기능, 그리고 경제안정 기능 등으로 나눌 수 있다.
2. '공공재'는 물리적 속성상 '비경합성'과 '비배제성'을 갖고 있는 재화를 일컫는데, 이러한 재화는 소비자들이 자신의 선호를 잘 드러내지 않으려 하여 애초에 그러한 재화의 거래를 위한 시장이 성립될 수 없다. 그럼에도 불구하고 해당 재화가 국민들의 생활이나 기업의 생산

---

14) 이 문제를 '시차문제(time lag problem)'라 일컫는바, 구체적으로는 정책 필요성을 인식하는 과정에서 나타나는 시차문제인 인식시차(recognition lag), 정책 인식 이후 정책을 구상하고 실행해 나가는 과정에서 발생하는 시차문제인 실행시차(implementation lag), 나아가 집행을 통해 정책성과가 나타나는 과정에서 발생하는 시차문제인 집행시차(action or response lag) 등으로 나눠 설명하기도 한다.

15) 이러한 비판은 케인스의 적자재정정책에 대해 근본적인 비판을 가하고 있는 대표적인 공공선택론자인 뷰캐넌(J. M. Buchanan) 등에 의해 주장되고 있다는 점을 참고하기 바란다(Buchanan, 1977).

활동에 폭넓게 필요하다고 인정되는 경우 정부가 재정에 의해 공급하게 된다.

3. '외부성'이란 어떤 경제주체의 생산 또는 소비행위가 다른 경제 주체의 생산 또는 소비행위에 긍정적 또는 부정적 영향을 미치면서 그 대가가 거래되지 아니한 행위를 일컫는다. 이러한 외부성이 있는 경우 민간시장에 맡기면 대가가 거래되지 아니한 부분으로 인해 효율적인 거래가 이뤄지지 못하게 되는데, 일반적으로 이 경우 정부가 조세 또는 보조금을 통해 조절해주어 효율적인 거래가 이뤄지게 할 수 있는 것으로 알려져 있다.
4. 시장에 의한 소득분배 상태가 사회적으로 적절치 못하다고 판단되는 경우 정부가 재정수단을 통해 소득분배 상태를 수정하고자 하는 기능을 소득재분배 기능이라 하는데, 이러한 기능 수행을 위한 기본적인 원칙으로는 '수평적 공평성의 원칙', '수직적 공평성의 원칙', 그리고 '최저생활 수준의 보장' 등이 제시된다.
5. 소득재분배를 위한 재정수단은 재정지출 수단과 과세수단으로 나눌 수 있다. 재정지출 수단에는 크게 사회보장지출과 공공투자, 그중에서 생활 지원적인 사회자본을 위한 공공투자를 들 수 있고, 과세수단의 대표적인 형태는 누진적인 조세제도라 할 수 있다.
6. 일반적으로 현대 자본주의는 주기적인 순환변동을 반복하고 있어 경제의 안정적 성장을 유지하기 위해서 재정에 의한 경기조절 기능이 필요한 것으로 인식되고 있으며, 이러한 기능 수행을 위한 재정정책을 '경기보정적 또는 경기대응적 재정정책'이라 일컫는다.
7. 경기보정적 재정정책의 유형은 크게 '자동안정장치', '정식에 의한 조절장치', '재량적 재정정책' 등으로 나뉜다. 이 중에서 자동안정장치는 정책의 시차가 없는 대신에 정책효과가 크지 않다는 특성이 있는데 비해, 재량적 재정정책은 정책효과가 적극적이고 큰 대신에 정책시차로 인해 정책이 실효를 거두지 못할 수 있다는 특성이 있다. 정식에 의한 조절장치는 위의 두 정책의 단점을 상대적으로 극복하고자 하는 정책으로 이해되나 미리 정해지는 정식이 경기변동의 모든 상황을 다 포함할 수 없다는 주요한 문제점을 내포하고 있다.

Chapter 02

연습 문제

주관식

1. '재정의 3대 기능'이란 어떤 것을 말하는가?
2. '공공재'란 어떤 재화를 말하며, 그러한 재화를 정부가 재정으로 공급해야 하는 이유를 설명해 보라.
3. '외부성'의 개념을 설명하고, 이러한 외부성이 존재하는 경우 재정에 의한 개입이 필요한 이유를 설명해 보라.
4. '소득재분배'를 위한 재정정책 수행 시 고려해야 하는 '기본적인 원칙'에 대해 설명해 보라.
5. '소득재분배'를 위한 대표적인 재정수단을 들고, 왜 그러한 수단이 소득재분배에 기여한다고 생각하는지를 설명해 보라.
6. '경기보정적 재정정책'이란 무엇을 말하며, 왜 이러한 정책이 필요한지를 설명해 보라.
7. 재정정책의 유형으로서 '자동안정장치', '정식에 의한 조절장치', '재량적 재정정책'의 대표적인 장·단점을 설명해 보라.

객관식

01. 다음 중 '재정의 기능'에 대한 설명으로 적절치 못한 것은?

① 재정의 기능은 크게 자원배분 기능, 소득분배 기능, 경제안정 기능 등으로 나뉜다.
② 시장을 통한 자원배분을 재정수단에 의해 수정 보완하는 기능을 재정의 자원배분 기능이라 한다.
③ 시장에서 이뤄진 소득분배 상태를 재정에 의해 수정 보완하는 기능을 재정의 소득재분배 기능이라 한다.
④ 재정수단을 통해서 경기의 주기적 순환변동의 크기를 조절해 경제가 안정적으로 성장해 갈 수 있도록 개입하는 기능을 경제안정 기능이라 한다.

⑤ 자원배분 기능, 소득분배 기능, 경제안정 기능 등 재정의 기능은 어느 나라에서나 반드시 필요한 필수적인 기능이다.

02. '공공재'에 대한 다음의 설명 중 적절치 못한 것은?

① 공공재는 '비경합성'과 '비배제성'을 띠는 재화를 일컫는다.
② 공공재는 재화가 갖는 물리적 속성으로 인해 소비자가 자신의 선호를 나타내려 하지 않으려는 성질을 갖는다.
③ 공공재는 정부가 공급하는 재화를 일컫는다.
④ 공공재는 정부가 공적으로 생산하는 재화를 일컫는다.
⑤ 공공재는 시장실패의 대표적인 유형의 하나로 일컬어진다.

03. '외부성'과 재정에 관한 다음의 설명 중 적절치 못한 것은?

① 외부성은 시장실패의 대표적인 유형 중의 하나이다.
② 외부성의 경우 시장에 맡기면 자원의 최적배분이 이뤄지지 않아 정부가 개입해 자원배분의 효율성을 제고할 필요성이 인정되는 대표적인 유형에 해당된다.
③ 외부성을 내부화한다는 것은 외부성 부분에 대한 대가를 주고받게 한다는 것을 의미한다.
④ 외부성의 내부화 방법은 모두 정부의 재정수단을 필요로 한다.
⑤ 외부성을 내부화하는 방법 중에 조세-보조금에 의한 방법을 '피구식 해결책(Pigouvian solution)'이라 일컫는다.

04. 재정의 '소득재분배 기능' 수행에 관한 다음의 설명 중에 적절치 못한 것은?

① 소득재분배 기능은 재정 기능의 대표적 기능 중의 하나에 해당된다.
② 소득재분배를 위한 정부개입 여부에 대한 판단은 '공평' 상태에 대한 각 나라마다의 기준에 따라 다르다.
③ 소득재분배를 위한 정부개입의 기본적인 원칙으로는 수평적 공평성의 원칙, 수직적 공평성의 원칙, 최저생활 수준의 보장 등이 있다.
④ 수직적 공평성의 원칙이란 가령 소득수준이 두 배로 많은 사람은 세금도 두 배로 많이 납부해야 한다는 원칙을 일컫는다.
⑤ 최저생활 수준의 보장 원칙은 사회의 지속가능성을 위해 중요한 원칙으로 널리 수용되고 있는 원칙이다.

05. '소득재분배'를 위한 재정정책에 관한 다음의 설명 중 적절치 못한 것은?

① 소득재분배를 위한 재정개입의 대표적인 수단은 '누진적 조세와 이전지출'로 인식

되고 있다.

② 사회보장제도에 의한 대표적인 소득재분배 수단으로는 사회보험과 이전지출이 있다.

③ 사회보험은 보험의 일종이지만 일정한 조건을 충족시키는 사람에게 그 가입 여부는 강제적으로 정해진다.

④ 사회보험이 수평적 공평성이나 수직적 공평성의 제고에 기여하는 정도는 제도설계 방식에 따라 달라질 수 있다.

⑤ 공공투자는 언제나 소득재분배에 긍정적 영향을 준다.

06. '경기보정적 재정정책'에 대한 다음의 설명 중 적절치 못한 것은?

① 경기보정적 재정정책이란 경기의 주기적 변동을 조절해주기 위해 재정수단을 활용하는 정책을 일컫는다.

② 경기보정적 재정정책에 대한 필요성은 자본주의 경제의 운영 원리에 대한 이해에 따라 서로 다르게 나타난다.

③ 경기보정적 재정정책의 필요성은 나라에 따라 서로 다르게 인식되기도 한다.

④ 경기보정적 재정정책은 총수요관리정책이라 일컫기도 한다.

⑤ 경기보정적 재정정책을 위해서는 총수요관리가 가장 중요하다.

07. 자동안정장치, 정식에 의한 조절장치, 재량적 재정정책에 대한 다음의 설명 중 적절치 못한 것은?

① '자동안정장치'의 대표적인 재정수단으로는 누진적 조세제도와 실험보험제도를 들 수 있다.

② '자동안정장치'는 효과는 다른 정책수단에 비해 크지 않지만 정책시차를 걱정하지 않아도 된다는 긍정적인 평가를 받는다.

③ '정식에 의한 조절장치'는 일정한 정책대응을 위한 조건을 사전에 정해 놓음으로써 해당 조건이 발생할 경우 정부가 자동적으로 개입하게 되는 정책수단을 일컫는다.

④ '재량적 재정정책'은 정부가 임의적으로 경기조절의 필요성이나 개입의 정도 등을 결정하는 정책으로서, 일반적으로 정책수단의 구사가 적극적이고 그 효과가 크다는 평가를 받는다.

⑤ 재량적 재정정책은 불황일 때 총수요를 늘려주고, 호황일 때 총수요를 줄여주기 때문에 항상 경기를 안정적으로 관리할 수 있는 수단으로 인정된다.

정답 및 해설

1. ⑤ 위와 같은 재정의 기능은 나라에 따라 필요한 경우가 있을 수 있고 아닐 수도 있다.
2. ④ 공공재는 정부가 공급하지만 반드시 정부가 생산을 담당한다는 것을 의미하는 것은 아니다.
3. ④ 외부성을 내부화하는 방법 중에는 재정수단이 아닌 시장 개설이라든가 자발적 거래를 하게 하는 방법 등도 있다.
4. ④ 수직적 공평성의 원칙은 능력이 더 많은 사람은 더 많은 부담을 하게 한다는 것을 의미하지만, 반드시 비례적으로 더 많은 부담을 해야 한다는 것을 의미하는 것은 아니다.
5. ⑤ 공공투자 중에는 산업활동 지원적인 투자가 있으며, 그 경우 소득재분배에 영향을 주지 않거나 부정적인 영향을 주는 경우도 있을 수 있다.
6. ⑤ 경기는 총수요와 총공급 양측의 상대적인 크기에 따라 변하는 것으로서 그 조절을 위해서는 경우에 따라서는 총수요의 조절이 또 경우에 따라서는 총공급의 조절이 필요할 수도 있으며, 그 중요성도 경우에 따라 다를 수 있다.
7. ⑤ 재량적 재정정책도 총수요를 늘리고 줄이는 적절한 시간을 놓칠 경우 그 효과가 역으로 나타날 수도 있다.

보론 재정학 학습을 위한 기초이론

여기에서는 먼저 경제학적 관점에서 재정학의 서술 내용을 이해하는 데 필요한 기본적인 경제이론을 소개한다. 전술한 바와 같이 시장실패 현상과 그 보정에 주된 관심을 갖는 재정학의 내용을 이해가 위해서는 무엇보다 수요 공급의 개념과 자원배분, 그리고 생산가능곡선의 개념과 자원배분에 관한 내용을 미리 이해해 둘 필요가 있다. 이러한 맥락에서 이하에서 이 두 개념에 대해 개관해 두고자 한다.

1. 수요공급곡선과 자원배분

근대 경제학적 관점에서 민간부문 내부에서의 자원배분의 문제나 민간부문과 공공부문 사이의 자원배분의 문제를 논하는 경우에 기본적으로 우리는 수요 공급의 의미와 수요공급곡선의 의미, 나아가 균형의 성립과 그 의미를 이해해 두는 것이 중요하다. 이하에서는 자원배분 문제를 이해하는 데 핵심적인 역할을 하는 이러한 문제들에 대해 상술하고자 한다.

1) 수요곡선의 개념과 의의

'수요'라는 것은 소비자가 각각의 가격들 수준에서 사고자 하는 욕망을 일컬으며, '수요량'이란 특정 가격 수준에서 사고자 하는 양을 일컫는다. 나아가 수요곡선이란 각각의 가격 수준에서 소비자가 사고자 하는 양을 연계시켜 놓은 곡선을 의미한다. 이러한 수요곡선이 갖는 의의를 파악할 때 일반적으로 수요곡선이라 하면 가격이 낮으면 많이 사려 하고 가격이 높아지면 적게 사려 한다는 사실을 의미하는 것으로 이해한다. 그러나 우리가 수요곡선을 가지고 경제문제의 해결이나 그 과정을 설명하고자 하는 경우에는 이러한 일반적인 이해를 넘어설 필요가 있다.

수요곡선이 갖는 진정한 의의를 파악하기 위해서는 무엇보다 각각의 가격 수준에서 왜 그만큼 사고자 하는지를 이해하는 것이 중요하다. 한마디로 수요곡선은 각각의 가격 수준에서 소비자에게 가장 큰 만족을 가져다주는 구매량을 나타내주는 곡선을 의미한다. 그런데 소비자가 가장 만족하기 위해서는 각각의 가격 수준에서의 추가적인 구매량으로부터 얻어지는 추가적인 만족, 즉 한계만족의 값어치가 각각의 가격 수준과 일치한다는 사실을 의미한다. 여기서 '한계만족의 값어치'를 흔히들 '한계편익(marginal benefit)'이라 일컫는다. 만약 각각 가격 수준에서 구매하는 추가적인 구매량으로부터 얻어지는 한계만족의 값어치, 즉 한계편익이 각각 지불하는 가격 수준에 미치지 못한다면 구매량을 줄일 것이며, 한계편익이 가격 수준을 넘어선다면 구매량을 늘리는 조정의 과정을 거치게 될 것이다. 이러한 과정을 거쳐 결국 각 구매량에서의 한계편익과 가격 수준이 일치하도록 구매할 때 소비자는 가장 만족스러운 구매를 하게 되는 것이다. 이렇게 보면 수요곡선상의 높이는 해당 수량을 구입할 때 한 단위당 얻을 수 있는 편익, 즉 한계편익을 의미한다. 결국 수요곡선이라는 것은 바로 각각의 구매량으로부터 얻어지는 한계만족의 시장가치, 즉 한계편익을 나타내는 곡선이라는 사실을 이해해 두는 것이 중요하다. 그런데 이렇게 수요곡선의 높이가 한계편익을 나타내기 때문에 소비자는 그만큼 대가를 지불할 용의가 생기게 된다. 왜냐하면 그만큼 단위당 만족이 늘어나기 때문이다. 결국 수요곡선은 각각의 양을 구입할 때 소비자가 지불하고자 하는 최고의 '지불의지곡선'을 나타낸다고 볼 수 있다. 한마디로 수요곡선은 '한계편익곡선' 내지 '최고지불의지곡선'을 나타낸다는 사실을 이해해 두는 것이 중요하다.

이제 그림을 통해서 이러한 사실을 다시 한번 확인해 두고자 한다. [그림 보-1]에서 수요곡선 D_X는 MB_X로 나타내진다는 사실을 이해하는 것이 중요하다. 이 사실을 이해하기 위해서는 왜 소비자가 가격이 P^0일 때 X^0만큼을 구입하고

그림 보-1 수요곡선

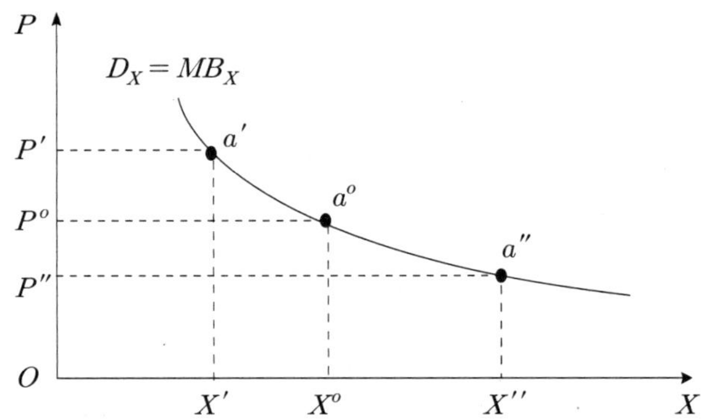

X'이나 X''만큼을 구입하지 않는지를 이해할 필요가 있다. 만약 가격이 P^0일 때 X'만큼을 구입하면 당시 소비자는 한 단위 추가적인 편익, 즉 한계편익은 $X'a'$으로 나타나게 되어 단위당 가격을 웃돌게 된다. 따라서 X'에 구매량을 멈추게 되면 소비자는 더 많은 편익을 얻을 수 있는데 그것을 포기하는 것이 된다. 따라서 가격 P^0에서 구매량 X'는 최적 선택이 못 된다. 이번에는 X''만큼 구입하는 경우를 상정해 보자. 이 경우에는 단위당 가격은 P^0만큼을 지불하는데 한계편익은 $X''a''$이 되어 오히려 손해를 보는 상황이 전개된다. 결국 합리적 소비자라면 가격이 P^0일 때는 그 가격과 단위당 한계편익이 일치하는 X^0만큼을 구입하게 되며, 그 경우 소비자는 가장 만족스러운 상태가 된다.

마찬가지 논리로 가격이 P'일 때는 X'을 구입할 때 소비자는 극대 만족을 얻을 수 있게 되는 것이다. 결국 수요곡선은 각각의 가격 수준에서 소비자가 가장 만족스러워하는 점들의 집합이라는 사실을 알 수 있으며, 그 이면에는 수요곡선의 (수직) 높이가 의미하는 바가 각각의 가격 수준에서의 한계편익 또는 최고 지불 의지를 나타낸다는 사실을 이해해 두는 것이 중요하다.

2) 공급곡선의 개념과 의의

한편 '공급'이라는 것은 생산자가 각각의 가격 수준에서 팔고자 하는 욕망을 일컬으며, '공급량'이란 특정 가격 수준에서 팔고자 하는 양을 일컫는다. 그리고 '공급곡선'이란 각각의 가격 수준과 주어진 가격 수준에서 팔고자 하는 양을 연결시켜 놓은 곡선을 나타낸다. 그리고 일반적으로 공급곡선이라 하면 가격이 낮으면 적게 공급하려 하고 가격이 높아지면 많이 공급하고자 한다는 사실을 의미하는 것으로 이해한다. 그러나 우리가 공급곡선을 가지고 경제문제의 해결이나 그 과정을 설명하고자 하는 경우에는 이러한 일반적인 이해를 넘어설 필요가 있다.

공급곡선이 갖는 진정한 의의를 파악하기 위해서는 무엇보다 각각의 가격 수준에서 왜 그만큼 팔고자 하는지를 이해하는 것이 중요하다. 한마디로 공급곡선은 주어진 가격 수준에서 특정 양을 팔고자 하는 것은 그 만큼을 파는 경우 기업이 이윤을 극대화시킬 수 있기 때문이다. 한마디로 공급곡선의 높이는 해당 재화 생산에 소요되는 '한계비용(marginal cost)' 수준을 나타내는 것으로서, 주어진 가격에 따라 추가적으로 공급량을 늘릴 때 소요되는 비용, 즉 한계비용이 더 높으면 주어진 가격 수준에서 판매해 얻을 수 있는 추가적인 수입보다 추가되는 비용이 더 많기 때문에 덜 만들어 팔려 할 것이며, 한계비용이 더 낮으면 주어진 가격에 따라 얻을 수 있는 추가적인 수입이 더 크기 때문에 더 만들어 파는 것이 유리하다. 결국 한계비용과 가격의 높이가 같은 점에서 해당 재화를 공급할 때 생산자 입장에서 가장 만족스러운 상태, 즉 이윤극대화 상태가 되는 것이다. 이렇게 보면 공급곡

그림 보-2 **공급곡선**

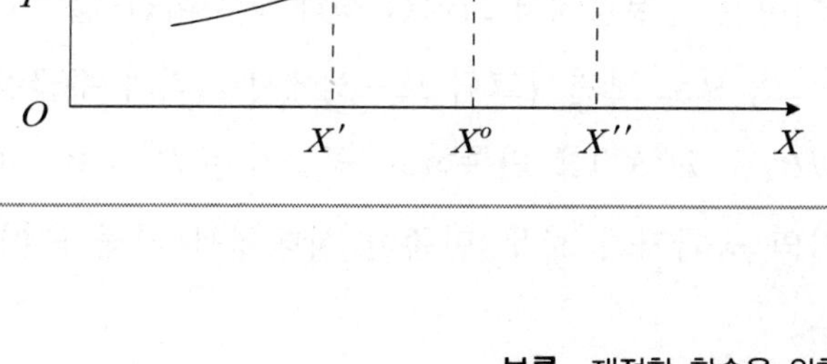

선은 '한계비용곡선'을 의미한다는 사실을 이해할 수 있다.

이제 그림을 통해서 이러한 사실을 다시 한번 확인해 두고자 한다. [그림 보－2]에서 공급곡선 S_X는 MC_X로 나타내진다는 사실을 이해하는 것이 중요하다. 이 사실을 이해하기 위해서는 왜 공급자가 가격이 P^0일 때 X^0만큼을 공급하고 X'이나 X''만큼을 공급하지 않는지를 이해할 필요가 있다. 만약 가격이 P^0일 때 X'만큼을 공급하고자 하면 단위당 수입은 P^0인데 그 물건을 만드는 데 필요한 단위당 한계비용은 $X'a'$밖에 안 되어 공급자로서는 더 공급했을 때 얻을 수 있는 수입을 포기하는 셈이 되어 합리적 생산자의 최적 균형이 되지 못한다. 이와는 달리 가격이 P^0일 때 X''을 공급하고자 한다면 단위당 수입은 P^0인데 단위당 생산비용, 즉 한계비용은 $X''a''$이 되어 손실이 생기게 된다. 결국 합리적 공급자라면 가격이 P^0인 경우 그 가격과 단위당 한계비용이 일치하는 X^0만큼을 공급하고자 하며, 그 경우 공급자는 가장 만족스러운 상태가 된다. 마찬가지 논리로 가격이 P'일 때에는 X'을 공급할 때 공급자는 극대 만족을 얻을 수 있게 되는 것이다. 결국 공급곡선의 높이는 각각의 가격 수준에서의 한계비용 수준을 나타내며, 따라서 공급곡선은 한계비용곡선이라는 사실을 이해하는 것이 중요하다.

3) 균형과 그 의의

위와 같은 개념에 바탕을 두고 수요 공급의 균형을 관찰해 보면, 균형점에서 소비자는 주어진 가격 수준과 자신의 한계편익이 일치하고 생산자는 주어진 가격 수준과 자신의 한계비용과 일치해, 소비자와 생산자가 모두 만족해 사회 전체적으로 만족이 극대가 된 사회상태가 된다는 사실을 알 수 있다. 비용과 편익이라는 관점에서 경제문제를 바라보면 소비자의 한계편익과 생산자의 한계비용이 일치하는 상태에서 자원배분이 이뤄지면 사회적으로 가장 만족스러운 상태가 되는데, 바로 수요공급곡선이 교차하는 균형점에서 그러한 상태가 주어진다는 사실을 알 수 있다.

이러한 사실을 그림으로 보면, [그림 보－3]에서 가격과 수급량이 P^0, X^0일 때 수요자는 $P^0 = MB_X(= E^0X^0)$를 만족하고, 공급자는 $P^0 = MC_X(= E^0X^0)$를 만족함으로써, 수요자와 공급자가 모두 만족한 상태에서 거래가 이뤄짐으로써 경제

그림 보-3 **균형과 시장청산**

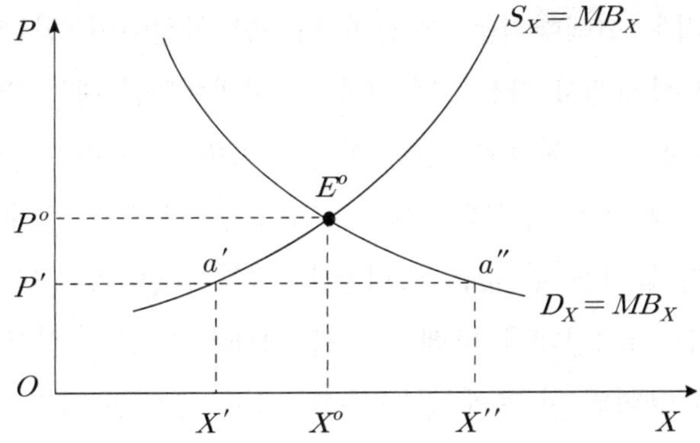

문제가 만족스럽게 해결되고 있다. 만약 가격이 P'이라면 수요자가 만족스럽게 구매하고자 하는 양은 $P' = MB_X(= a''X'')$를 만족하는 X''량이 될 것이며, 반면 공급자가 만족스럽게 판매하고자 하는 양은 $P' = MC_X(= a'X')$를 만족하는 X'량이 된다. 이처럼 가격 P'하에서는 X''량만큼 구매하고자 하는데, 판매하고자 하는 양은 X'량밖에 안 되기 때문에 초과수요가 나타나게 된다. 한편 가격이 P^0보다 더 높은 수준에서는 마찬가지 이치로 초과공급이 일어나게 된다. 결국 P^0 상태에서만 주어진 가격 수준에서 사고자 하고 팔고자 하는 사람들의 문제를 모두 만족스럽게 해결된다는 사실을 알 수 있다. 이 상태에서 자원배분의 문제가 시장을 통해서 해결되었다는 의미에서 '시장청산'이 이뤄진 상태라 일컫기도 한다.

이와 같이 수요공급곡선이 교차하는 점, 즉 균형점에서 자원배분이 이뤄지고 있는 상태를 우리는 흔히 자원배분의 '효율성(efficiency)'이 주어진 상태로 정의한다. 이를 앞에서 살펴본 수요공급곡선의 높이가 갖는 의미와 관련해서 설명하면, 전술한 바와 같이 수요자의 한계편익과 공급자의 한계비용이 일치하는 수준에서 자원배분이 주어지면 자원배분이 효율적으로 이뤄졌다고 일컫게 된다. 일단 이러한 상태에 도달하게 되면 어느 누구의 만족을 떨어뜨리지 아니하고는 다른 어느 누구의 만족을 더 높일 수 없을 정도로 사회적으로 만족이 가장 높은 상태에 이르게 된다.

이러한 상태를 흔히들 '파레토 효율(Pareto efficiency)' 상태라 일컫기도 한다.

그런데 위의 그림에서 수요곡선은 각자의 소득수준이 주어져 있다는 전제 하에서 가장 만족스러운 선택행위를 한 결과 나타난 곡선이며, 공급곡선은 자원과 기술수준이 주어진 상태에서 가장 이윤이 높은 선택행위를 하는 과정에서 유도된 곡선이라는 사실을 유념할 필요가 있다. 이렇게 자원(소득)과 기술수준이 주어진 상태에서 교환을 통해 어느 누구의 만족도 떨어뜨리지 않은 상태에서는 다른 어느 누구의 만족도 더 높아질 수 없는 사회상태, 달리 표현하면 모든 사회구성원의 만족이 가장 높아진 사회상태를 파레토 효율 상태라 일컫는 것이다.[1)]

한편 수요공급 균형의 한 축에 있는 수요곡선은 주어진 가격 수준에서 소비자가 사고자 하는 수량을 연결시켜 놓은 곡선인데, 문제는 그때 해당 소비자의 소득수준은 주어진 것으로 전제가 되어 있다는 사실을 유념할 필요가 있다. 만약 소비자의 소득수준에 변화가 생기게 되면 가격 수준이 동일하더라도 사고자 하는 양에 차이가 나타나기 마련이다. 말하자면 수요곡선은 해당 수요곡선이 유도되어 나오는 과정에 소득수준이 일정하다고 전제되어 있다는 사실이다. 이를 더 확대 해석하면 여러 소비자가 존재하는 경우 각자의 소득수준이 주어진 상태에서 각자의 개별 수요곡선이 나타나게 되며, 그 상태에서 수요곡선을 횡적으로 합한 것이 시장수요로 나타나게 되는데, 그러한 시장수요곡선과 공급곡선이 만나는 점에서 균형이 이뤄지고 그 균형을 바람직한 상태로 파악한다는 것이다. 이 말은 바꿔 얘기하면 수요와 공급이 만나서 균형이 이뤄진 상태를 효율성이 보장된 상태로 정의하면서, 그러한 상태를 사회적으로 바람직한 상태로 인식하는 과정에서 개별 소비자들의 소득분배 상태가 바람직한 것이었는지 여부는 전혀 고려하지 않고 있다는 사실을 유념해 둘 필요가 있다.

아울러 공급곡선의 경우에는 그 곡선이 요소 부존량과 기술 수준이 일정하다는 전제 위에서 유도된 사실이라는 유념해 둘 필요가 있다. 만약 요소 부존량에 변화가 있거나 기술수준에 변화가 생기는 경우 그것이 일정한 것을 전제로 해서 유도

1) 이렇게 자원과 기술수준이 주어진 상태에서 교환을 통해 만족이 가장 높은 수준에 다다른 사회상태를 '정태적 효율성(static efficiency)'이라 일컫기도 한다. 후술하는 '동태적 효율성'의 개념과의 차이를 유념해 두기 바란다.

한 기존의 공급곡선과 전술한 수요곡선 사이에 이뤄지는 균형상태에서는 자원배분 문제가 만족스럽게 해결되지 못한다는 사실을 인식하는 것이 중요하다.

2. 생산가능곡선과 자원배분

자원배분의 효율성 여부를 나타내주는 또 하나의 설명도구로 '생산가능곡선'이 있다. 이하에서는 이 곡선의 개념과 그것이 효율성과 공평성과 관련해서 갖는 의미를 설명하고자 한다.

1) 생산가능곡선의 개념과 효율성

'생산가능곡선'은 한 사회의 경제적 능력을 일목요연하게 나타내주는 의미 있는 곡선으로 널리 알려져 있다. 구체적으로 '생산가능곡선(production possibility curve)'이란 한 사회에 부존자원(노동과 자본 등)과 기술수준이 일정하게 주어져 있다는 전제 위에서 부존자원을 가장 효율적으로 사용해 생산해 낼 수 있는 최고의 생산물들의 조합을 나타내는 곡선으로 정의된다.

이러한 상황을 [그림 보−4]를 통해서 이해해 보도록 하자. 지금 곡선 X^0Y^0는 이 사회에 존재하는 모든 생산요소를 가장 효율적으로 사용해서 만들어 낼 수 있는 재화 X와 Y의 배합점들의 궤적을 나타내는데, 이 곡선을 생산가능곡선이라 일컫는다. 만약 이 사회에 주어져 있는 노동과 자본 등의 생산요소를 가장 효율적으로 사용하지 못하는 경우, 예를 들면 a와 같은 점으로 나타나게 된다. 이 말은 그 사회에 존재하는 부존자원을 가장 효율적으로 사용해서 물건을 만들면 X^0Y^0상의 어느 한 점에서 생산이 이뤄질 텐데, 점 a상태는 노동과 자본과 같은 생산요소를 적재적소에 활용하지 못하고 있다는 사실을 나타낸다. 이 말은 이처럼 생산요소를 효율적으로 사용하지 못하고 있는 경우에는 노동과 자본을 어떻게 적절히 교환해서 조합하게 되면 사회적으로 생산량을 더 늘릴 수 있다는 사실을 말해준다. 그렇게 해서 궁극적으로는 생산가능곡선상의 점에서 균형을 이루게 될 때 비로소 교환을 통해서 더 이상 생산량을 더 늘릴 수 없는 상태에 이르게 되는 것이다. 이

그림 보-4 생산가능곡선과 효율성

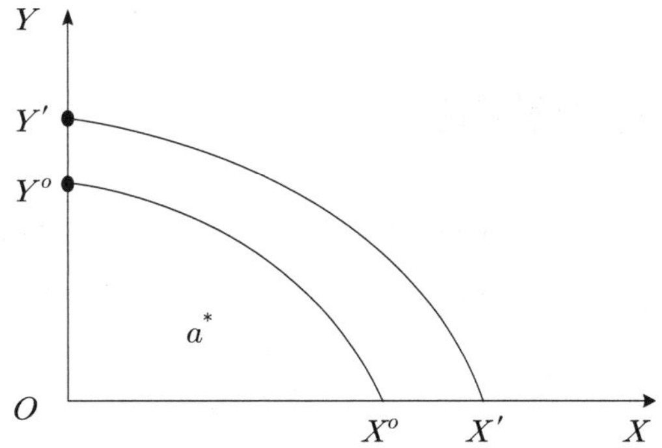

러한 상태가 전술한 수요공급곡선이 만나는 점에서 자원배분이 이뤄지는 경우에 상응하는 상태로서, '파레토 효율'이 주어진 사회상태라 할 수 있다.

한편 일단 주어진 자원을 가장 효율적으로 활용해 생산활동이 이뤄지는 X^0Y^0 상의 어느 한 점에 특정 사회가 놓여 있다고 하자. 이 경우는 주어진 자원과 기술수준으로는 더 이상 생산능력을 제고할 수 있는 방법은 존재하지 않는다. 그런데 이 경우 그 사회가 식민지 개척이나 수출 등을 통해 새로운 자원이 공급되거나 새로운 시장이 개척될 때, 더 나아가 연구개발 투자 등을 통해서 새로운 기술이 개발되는 경우에는 최대로 생산 가능한 점들은 더 바깥으로 나아가 한 나라의 생산능력을 더 제고할 수 있게 된다. 현실에서 각국이 단순히 시장논리에 부응하는 데 그치지 않고 좀 더 적극적으로 다양한 형태의 기술 개발을 지원한다든가 식민지 개척 또는 새로운 시장 개척을 지원하고 있는 경우를 종종 보는데, 그것은 바로 이와 같이 자원이나 기술수준의 제약을 벗어나고자 하는 취지에서임을 이해해 둘 필요가 있다. 그리고 이와 같은 활동 지원을 위해 각종 재정수단을 동원하는 경우가 있다. 이러한 상황이 나타나게 되면 [그림 보-4]에서 생산가능곡선이 X^0Y^0에서 $X'Y'$으로 바깥으로 옮겨갈 수 있게 된다. 이와 같이 부존자원과 기술수준 자체에 변화가 주어져 생산가능곡선 자체가 바깥으로 이동하는 사회 변화를 전술한 정태적 효율성과 구분해 '동태적 효율성'이 제고되었다고 지칭하는 것이다.

2) 생산가능곡선과 공평성

그런데 위의 생산가능곡선을 보면 각각의 생산가능곡선상에는 무수히 많은 점이 존재하는 것을 볼 수 있다. 이 말은 한 사회에서 생산요소를 가장 효율적으로 써서 만들어 낼 수 있는 생산물의 조합이 여러 개 있다는 사실을 말해준다. 이제 문제는 이 곡선만 가지고는 다 같이 효율성을 보장해주는 여러 생산물 조합 중에서 어느 조합이 그 사회에서 더 바람직한 것인지를 알 수 없다는 점을 유념할 필요가 있다. 이 말은 그 사회가 X 재화를 더 많이 만드는 것이 좋은지 Y 재화를 더 만드는 것이 좋은지를 알 수 없다는 말이다. 한 사회구성원들은 각자의 가득능력에 따라 특정 재화를 나눠 가지며, 재화에 따라서는 특정 계층의 사람들이 더 선호하는 재화가 있을 수 있다. 그런데도 이 곡선은 어떤 계층의 사람들이 더 선호하는 재화를 더 많이 만드는 것이 좋은지 여부에 대해서는 답을 하지 못한다는 것을 알 수 있다.

이러한 사실을 염두에 두고 보면, 생산가능곡선상을 통해서는 효율적인 생산조합은 알아낼 수 있더라도 그렇게 만들어 낸 재화들을 그 사회구성원들이 어떻게 나눠 갖는 것이 더 좋은지는 알 수 없다는 것을 의미한다. 말하자면 생산가능곡선은 한 사회의 효율성에 대해 논의하는 분석도구로서, 분배의 적절성 여부에 대해서는 아무런 얘기도 해주지 못한다는 사실을 유념할 필요가 있다. 생산가능곡선과 연계해 분배 면에서도 동시에 바람직한 사회상태를 찾아내기 위해서는 분배에 대한 사회의 가치판단이 반영된 소위 '사회후생함수'를 알아야 한다.[2)]

그뿐만 아니라 전술한 공급곡선을 다룰 때와 유사하게, 생산가능곡선에서도 요소 부존량과 기술수준이라는 관점에서만 파악하고 있다. 원래 한 나라의 생산능력이라는 것은 그 나라의 부존 요소와 그에 따른 기술적 특성뿐만 아니라 그러한 요소들을 활용해서 경제생활을 영위해 나가는 과정에 직면하는 자연적 조건이라든가 전통이나 사회문화적 요인 등에 따라 서로 다른 특성을 보이기도 한다. 사실이 이러하다면 그와 같은 특성을 고려하지 않고 단순히 기술적이고 양적인 관점에서만 파악하는 경우 자칫 해당 사회의 생산능력이나 더 나아가 그 사회구성원들의 생활의 질 문제에 대한 설명력을 상실할 위험성이 있음을 유념할 필요가 있다.

---

2) 이에 대한 좀 더 구체적인 이해를 위해서는 후생경제이론의 사회후생함수 부분을 참고할 수 있다.

Part 02

공공지출 이론

Chapter 03 재정지출

제1절 공공재 이론

정부는 재정을 통해 국방, 사법, 행정, 사회복지 등 다양한 유형의 공적 욕구를 충족하고 있다. 시장경제를 통해 제공되지 않는 국방과 같은 시장실패가 나타날 때, 정부는 재정을 통해 시장경제의 단점을 보완하며 국가의 공적 욕구를 충족시키는 역할을 수행해야 한다. 정부의 공적 욕구 충족 활동의 주요 내용을 다루는 것이 재정학에서 공공재 이론이다. 공공재 이론에서는 다음과 같은 세 가지 논제가 주요 관심의 대상이다. 첫째, 공공재의 개념과 성격이다. 민간재와 구분되는 공공재의 정의, 특성, 유형은 무엇인가 하는 것이다. 둘째, 공공재의 적정규모 이론이다. 정부가 공공재를 제공할 때 민간재와 공공재의 최적규모가 어느 정도인가 하는 문제이다. 셋째, 공공재 제공을 위한 비용 또는 조세배분 과제이다. 공공재의 적정규모가 결정되면 공공재 제공을 위한 비용 또는 조세 분담의 몫을 국민들에게 어떻게 배분할 것인가 하는 문제 등이 공공재 이론의 주요 연구과제이다.

1. 공공재의 의의

공공재의 성격과 개념에 대해서는 제2장에서 소개했다. 여기서는 민간재와 공공재의 의의를 간략히 요약해 정리하고, 이어서 다음 항에서 공공재의 적정규모 이론에 대해 살펴보기로 한다.

시장경제에서 기업은 이윤극대화를 목표로 하여 민간재를 생산하고 공급한다. 이러한 민간재는 특정한 사람만이 소비할 수 있는 재화와 용역을 의미한다. 민간재는 재산권에 기초한 교환 원리가 적용되는 재화로, 그 재화를 화폐를 지불하고 구입한 사람만이 특정 재화 소비의 혜택을 누릴 수 있다. 이러한 민간재의 성격을 제1장에서 소개한 것과 같이 재정학에서는 소비의 '경합성'과 '배제성'으로 정의한다. 민간재의 특성은 다음과 같이 나타낼 수 있다($X = X_A + X_B$). 여기서 X는 민간재, X_A는 A의 민간재 소비량, X_B는 B의 민간재 소비량이다.

한편, 현실 경제에 민간재와 대비되는 공공재가 있다. 시장경제에서 기업활동으로 민간재는 생산되나, 공공재는 제공되지 않는다. 공공재의 정확한 정의는 없지만 일반적으로 공공재란 "공적 욕구를 충족시키기 위한 재화와 용역" 또는 "모든 소비자가 동일한 소비 편익을 느낄 수 있는 재화와 용역"이다. 공공재는 소비의 비배제성과 소비의 비경합성을 지니고 있다. 이렇게 공공재는 동일한 재화를 모든 소비자가 공동으로 소비하기 때문에 그 특성은 다음과 같이 나타낼 수 있다($G = G_A = G_B$). 여기서 G는 공공재, G_A는 A의 공공재 소비량, G_B는 B의 공공재 소비량이다.

2. 공공재의 적정규모

지금까지 공공재 개념과 특성에 대해 살펴보았다. 공공재 이론의 그 다음 주요 관심 주제는 공공재의 적정규모 이론이다. 가령 정부는 매년 예산을 편성해서 운영해 왔으며, 그 예로 문재인 정부 2018년 당초 예산 규모는 총지출을 기준으로 할 때 428.8조 원이었는데, 이러한 재정 규모가 과연 최적규모인가 하는 논제이다. 정부와 국회 여당은 경제 회복, 일자리 창출 등을 위해 2018년 예산이 적은 규모이며, 추경 편성을 통한 예산 확대가 필요하다고 주장했다. 이에 비해 국회 야당은 올해 예산이 과다한 규모이고 오히려 예산 삭감이 필요하다고 비판했다. 재정학은 공공재의 적정규모 이론을 통해 이러한 논쟁에 대한 답을 제시하고 있다.

1) 부분균형 모형

공공재 이론의 주요 연구과제는 공공재의 정의, 공공재의 적정규모, 공공재의 비용분담 문제였다. 앞 절에서 공공재의 의의와 특성에 대해 살펴봤다. 이 절에서는 공공재의 적정규모 이론에 대해 검토해 보기로 한다. 혼합경제(mixed economy)에서 공공재와 민간재의 최적배분 또는 공공재의 규모가 어느 정도가 적정규모인가 하는 것은 재정학의 주요 연구 주제였다. 이러한 공공재의 적정규모는 시장경제 이론에서 활용된 민간재의 적정규모 이론을 기초로 하여 공공재에 적용하면 쉽게 설명될 수 있다.

이하에서는 공공재만 존재하는 경우를 상정해 공공재의 최적규모가 어떻게 결정되는지 여부를 확인한다. 이러한 분석방법을 우리는 흔히 '부분균형분석' 접근이라 일컫는다. 먼저 공공재의 최적규모 문제를 설명하기 전에 민간재만 있다고 가정해서 민간재의 적정규모 결정 원리를 살펴보고자 한다. 부분균형 분석의 시각에서 보면, 민간재의 적정규모는 시장 수요곡선과 공급곡선의 교차점에서 결정된다. [그림 3-1]에 나타나 있듯이 민간재의 적정규모는 시장 수요곡선과 시장 공급곡선이 교차하는 데서 결정된다. 만일 경제에 A와 B 두 명이 존재한다고 가정하자. 그러면 개인 A의 수요곡선은 D_A, 개인 B의 수요곡선은 D_B이다. 민간재의 시장

그림 3-1 민간재(사과)의 적정규모

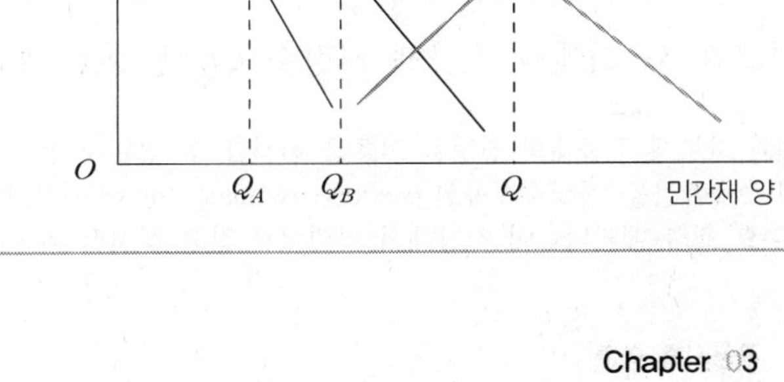

수요곡선은 개인 수요곡선의 수평적 합계(horizontal summation)로 얻을 수 있다.

사과와 같은 민간재의 시장수요곡선이 개인 수요곡선의 수평적 합계로 구해지는 것은 민간재가 소비의 배제성과 경합성을 지니고 있기 때문이다. 그림과 같이 민간재의 시장수요곡선과 시장공급곡선이 주어져 있다면, 민간재의 시장균형은 시장 수요곡선 $D(D_A + D_B)$와 시장 공급곡선 S가 교차하는 E점에서 결정된다. 이때 균형가격은 OP이고 균형 수량은 OQ이다.

구체적으로 두 사람은 모두 동일한 시장균형 가격 OP를 지불하고, 시장균형 수량 OQ 가운데 A는 OQ_A 수량을 소비하고 B는 OQ_B 수량을 소비한다($OQ = OQ_A + OQ_B$). 즉, 민간재의 시장균형 조건을 살펴보면 모든 소비자는 동일한 주어진 시장가격을 지불하고 서로 다른 양을 소비한다. 따라서 민간재 시장균형에서 개별 주체 A와 B는 경쟁적 시장에서와 같은 가격수용자(price-taker)이고, 수량조절자(quantity-adjuster)로서 행동을 한다.

민간재의 시장균형에서 적정공급 조건을 수식으로 표현하면 다음과 같다. 두 개인 A와 B는 가격수용자로 동일한 시장가격 OP를 지불하고, 민간재의 시장균형에서는 A의 한계편익 MB_A와 B의 한계편익 MB_B가 모두 한계비용 MC와 같아진다.

A의 가격(OP_A) = B의 가격(OP_B) = 시장가격(OP) = 한계비용(MC)

A의 한계편익(MB_A) = B의 한계편익(MB_B) = 한계비용(MC)

지금까지 부분균형 분석 시각에서 민간재의 적정규모 결정 이론에 대해 살펴봤다. 이러한 민간재의 시장균형 이론을 공공재에 적용시키면 공공재의 적정규모 이론을 [그림 3-2]와 같이 도출할 수 있다.

민간재와 마찬가지로 공공재를 소비하는 개인 A와 B 두 명이 존재한다고 가정한다. 개인 A의 공공재 수요곡선은 D_A, 개인 B의 공공재 수요곡선은 D_B로 나타낼 수 있다.[1] [그림 3-2]에서 공공재 시장수요곡선 D는 개인 수요곡선 D_A와

1) 그런데 민간재와 다르게 공공재의 진정한 선호를 현시할 수 있는 시장이 존재하지 않기 때문에 개인의 공공재 수요곡선을 '가상수요곡선(pseudo-demand curve)'이라고 한다. 즉, 민간재와 달리 공공재의 수요 표출 메커니즘이 시장에서 이뤄지지 않고 정치적 과정을 통해서 나타내기 때

그림 3-2 공공재(국방)의 적정규모

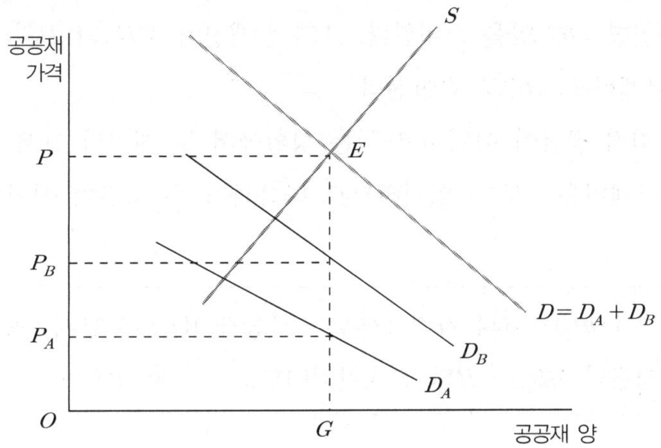

D_B의 수직적 합계(vertical summation)를 통해서 얻을 수 있다. 이와 같이 공공재 시장수요곡선이 개인 수요곡선을 수직적으로 합하는 것은 공공재가 지닌 특성, 소비의 비배제성과 비경합성 때문이다. 즉, 국방 G와 같은 공공재가 일단 제공되면, 두 개인 A와 B는 모두 동일한 OG 수준의 공공재를 소비하게 된다.

공공재의 시장균형은 공공재의 시장수요곡선 $D(D_A+D_B)$과 시장공급곡선 S가 교차하는 E점에서 결정된다. 이때 균형가격은 OP이고 균형 수량은 OG이다. 시장균형 가격 가운데 A는 OP_A 가격을 지불하고 B는 OP_B 가격을 지불한다($OP=OP_A+OP_B$). 즉, 순수공공재의 경우 조세의 이익설(benefit principle) 원칙에 따라 개인들은 자신의 공공재 선호 크기에 비례하고 공공재의 한계편익에 따라 공공재 가격 또는 조세를 부담한다.

그리고 두 개인 A와 B는 동일한 공공재 양 OG를 소비하고 자신의 한계편익에 따라 서로 다른 공공재 가격 또는 조세부담을 지불한다. 부분균형 분석에서 본 공공재 시장균형을 살펴보면 개별 주체 A와 B는 수량수용자(quantity−taker)이고 가격조절자(price−adjuster)로서 행동을 하게 된다. 공공재의 적정공급 조건은 다

문에 개인의 공공재 수요곡선을 가상적인 수요곡선이라고 한다.

음과 같다. 즉, 공공재 가격은 OP인데, A와 B는 가격조절자로 개인의 공공재 선호 크기에 따라 A는 OP_A와 B는 OP_B를 지불하고, OG 공공재가 공급되면 A와 B는 모두 동일한 OG 양을 소비한다. A의 한계편익 MB_A와 B의 한계편익 MB_B의 합계는 한계비용 MC와 같아진다.

공공재의 최적 공급이 이뤄지고 있는 상황에서 두 개인의 한계편익 합계($MB_A + MB_B$)가 한계비용 MC가 일치하므로 다음과 같은 조건이 성립한다.[2)]

$$A\text{의 가격 }(OP_A)+B\text{의 가격 }(OP_B)=\text{시장가격}(OP)=\text{한계비용}(MC)$$
$$A\text{의 한계편익}(MB_A)+B\text{의 한계편익}(MB_B)=\text{한계비용}(MC)$$

지금까지 설명은 부분균형 분석적 입장에서 공공재의 최적규모에 관한 논의로서 보웬(H. R. Bowen)에 의해 공공재의 최적규모에 관한 논의가 체계적으로 정리되었다고 해서 이와 같은 설명모형을 보웬 모형(Bowen model)이라고 한다(Bowen, 1948). 그런데 이와 유사한 결과를 보이면서도 공공재 규모에 대한 정치적 의사결정을 중시한 린달 모형(Lindahl model)이라는 것이 있다. 그러나 보웬 모형과 비교해 보면, 조세를 공공 서비스 편익에 대한 대가라고 본 점에서는 같은 시각이지만, 린달(Erik Lindahl)은 '가격' 대신에 '비용부담률'이라는 개념을 도입해 공공재 수요를 자발적으로 현시한다는 가정 속에서도 당사자 간에 정치적 합의과정을 거쳐서 공공재 적정규모와 비용부담률, 즉 조세부담 몫이 결정되는 원리를 설명하고 있다는 점에서 차별성을 보이고 있다. 크게 보면 다 같은 부분균형 분석 입장에서의 설명이라는 점에서 린달 모형에 관한 자세한 내용은 생략하기로 한다. 그가 강조한 정치적 합의과정은 1950년대 공공선택론으로 이어지는 중요한 계기

2) 이와 같은 공공재의 최적규모 이론을 정부의 예산안에 적용하면 다음과 같다. 가령 정부가 특정 연도 본예산에서 추경예산을 편성해서 예산을 10조 증가시키고자 하는 경우 그로부터 발생하는 편익(한계편익)이 비용(한계비용)보다 크면 예산 규모를 확대시키는 것이 바람직하다. 그러나 예산 규모를 10조 증가시켰을 때 편익(한계편익)이 비용(한계비용)보다 적으면 예산 규모를 축소시켜야 한다. 따라서 예산(공공재)의 최적규모는 방정식에 나타나 있듯이 개인의 공공재 한계편익의 합계가 한계비용과 동일할 때 이뤄진다.

를 제공한 것으로 평가받기도 한다.

2) 일반균형 모형

앞 절에서 설명한 부분균형 분석은 기타 조건이 일정하다는 가정 하에 특정한 재화, 즉 민간재 또는 공공재 시장에서 각각의 균형 조건에 대해 관심을 둔 연구이다. 즉, 다른 조건은 주어진 가운데 민간재 시장의 균형, 공공재 시장의 균형 조건을 각각 분석하는 것이 부분균형 모형이다. 이에 비해 일반균형 분석은 기타 조건이 일정하다는 가정을 완화해 공공재와 민간재가 동시에 존재할 때 민간부문과 공공부문의 시장 전체 균형이 어떻게 이뤄지는가에 대해 관심을 두고 있다.

공공재의 최적 조건에 대한 일반균형 분석은 새뮤얼슨(P. A. Samuelson)에 의해 이뤄졌다. 이제 그의 설명을 따라 민간재와 공공재가 동시에 존재하는 상황에서 자원의 최적배분 상태를 도출해 보자. 그는 설명을 위해 다음과 같은 세 가지 가정을 했다. 첫째, A와 B 두 명의 개인과 민간재 X와 순수공공재 G의 두 개 상품이 존재하는 경제를 가상했다. 둘째, 생산가능곡선과 개인의 무차별곡선이 주어졌다. 셋째, 두 명의 선호가 현시되었고 생산가능곡선의 형태가 일정하게 주어졌다. 이러한 가정에 따라 그는 민간재와 공공재 간의 최적배분 조건, 즉 파레토 효율성을 충족시키는 배분 조건을 설명하는 데 관심을 두었다.

이러한 가정에 따라 최적상태는 어느 한 사람의 만족을 일정하게 둔 상태에서 다른 사람의 만족을 가장 높일 수 있는 점에서의 공공재와 민간재의 배합점을 찾음으로써 얻어진다. 이 점이 곧바로 파레토 효율 조건을 충족시키는 점이 된다. 이제 설명의 편의상 새뮤얼슨의 설명에 따라 [그림 3-3]을 통해 공공재와 민간재가 동시에 존재하는 경우에 최적상태가 어떠한 과정을 통해 어떻게 도출되는지를 살펴보자. [그림 3-3a]는 개인 A의 민간재 X와 공공재 G에 대한 무차별지도 I_A가 나타나 있다. [그림 3-3b]는 개인 B의 민간재 X와 공공재 G에 대한 무차별지도 I_B가 나타나 있으며, X_A는 A의 민간재 소비량, X_B는 B의 민간재 소비량을 나타낸다. [그림 3-3c]는 생산가능곡선 FF와 개인 B의 무차별곡선 I_B가 나타나 있다.

먼저 개인 B의 무차별곡선이 I_{B_1}으로 주어졌다고 가정한다. 이제 이렇게 개인 B의 효용수준이 I_{B_1}으로 주어져 있을 때, 개인 A가 선택 가능한 공공재와 민간재의 조합을 먼저 찾아보자. 그런데 공공재는 비경합적 재화로서 A와 B가 같이 소비하지만, A는 민간재이어서 생산량 중에서 B가 사용하고 남는 양만큼만 사용할 수 있다. 이 양을 찾기 위해 [그림 3-3c]의 생산가능곡선 FF에 개인 B의 무차별곡선 I_{B_1}를 같이 나타내서, 생산가능곡선의 수직 높이에서 B의 무차별곡선의 수직

그림 3-3 새뮤얼슨의 일반균형 모형

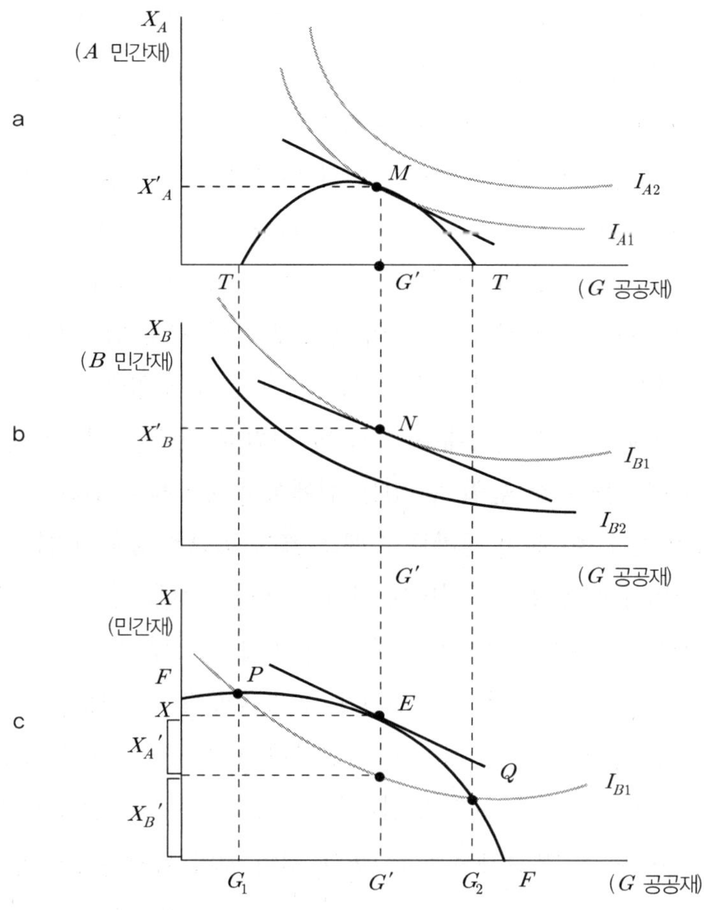

높이를 뺀 나머지가 A의 소비 가능 민간재의 양이 된다. [그림 3－3c] P점에서 개인 B는 G_1의 공공재와 사용 가능한 모든 민간재를 소비하기 때문에 개인 A의 민간재 소비량은 0이 되며, Q 점도 개인 A의 민간재 소비량은 0이 되는 점이다. 이러한 과정을 통해서 유도된 곡선이 개인 B의 효용 수준이 I_{B_1}으로 주어진 상태에서 A가 소비 가능한 민간재와 공공재의 소비 가능 조합을 나타내는 [그림 3－3a]의 TT곡선이다.

[그림 3－3a] M점에서 개인 A는 민간재 $X_{A'}$와 공공재 G'를 소비한다. [그림 3－3b] N점에서 개인 B는 민간재 $X_{B'}$와 공공재 G'를 소비한다. 여기서 M점은 B의 후생 수준을 감소시키지 않고 A의 후생이 가장 높은 상태가 된다. 따라서 M점 N점을 각각 수평으로 만나는 민간재의 양과 수직선상의 같은 양의 공공재의 조합이 공공재와 민간재 사이의 최적 조합, 즉 파레토 효율 조건을 충족하는 상태가 된다. 이 경우 기하학적으로 E점에서의 생산가능곡선 FF의 기울기는 M점에서의 A의 무차별곡선의 기울기와 NN점에서의 B의 무차별곡선의 기울기의 합과 같게 나타난다. 그런데 무차별곡선의 기울기의 절대치, 즉 $\frac{\Delta X_A}{\Delta G}$는 곧바로 개인 A의 공공재와 민간재 사이의 한계대체율을 나타내며, B의 경우도 마찬가지이다. 그리고 생산가능곡선의 기울기의 절대치, 즉 $\frac{\Delta X}{\Delta G}$는 공공재와 민간재 사이의 한계변환율을 나타낸다. 이렇게 보면 결국 A와 B 사이에 공공재와 민간재가 최적 배분되기 위한 조건, 즉 파레토 효율 조건은 다음과 같이 나타낼 수 있다. 요컨대, 경제에 공공재, 민간재가 존재하고 다수 개인이 존재할 때, 공공재 최적규모 조건은 개인의 한계대체율 합계가 한계변환율과 동일하면 된다. 이런 뜻에서 아래 식을 새뮤얼슨의 일반균형 조건이라 일컫는다.

I_A무차별곡선 접선의 기울기＋I_B무차별곡선 접선의 기울기＝한계변환율(MRT_{GX})
A 한계대체율(MRS^A_{GX})＋B 한계대체율(MRS^B_{GX})＝한계변환율(MRT_{GX})

그런데 이제 주어졌다고 가정했던 B의 만족 수준이 I_{B_1}이 아니라 I_{B_2}로 바뀐다면 어떻게 될까? 그리되면 위의 설명 논리에 따라 유추해 보면, 주어진 생산가능곡선상에서 민간재에 대한 B의 소비 몫이 적어지게 되어 공공재와 민간재에 대한 A의 소비가능곡선도(그림이 복잡해질 것을 우려해 여기서는 추가로 그리지는 않았지만) 위로 올라가게 되어 A의 최대 만족 수준이 가령, I_{A_2}수준으로 올라가게 될 수 있다. 그렇게 되면 공공재와 민간재 사이의 최적배합 조건도 달라지게 될 것이 확실하다. 그런데 이와 같은 가능성은 B의 만족 수준에 대한 조건이 달라짐에 따라 무수히 많은 최적배합 조건이 존재할 수 있다는 것이다.

이제 남는 문제는 사회구성원을 만족시키는 가장 효율적인 공공재와 민간재 사이의 무수히 많은 점 중에서 어떤 점이 사회적으로 가장 만족스러운가 하는 문제가 남는다. 이 문제에 대한 답은 위의 분석만으로는 내릴 수 없다.[3] 새뮤얼슨은 이 단계에서 그 사회의 분배상태에 대한 사회적 가치판단을 담은 사회후생함수라는 것이 있으면, 위와 같은 효율성을 보장하는 많은 점 중에서 분배상태에 대한 사회적 가치가 가장 잘 반영된 최적 조합을 찾아낼 수 있다고 했다. 그 점은 효율성과 공평성이 가장 높은 소위 사회적으로 가장 만족스러운 '지복점(至福點, point of bliss)'이 된다고 보았다.

지금까지 설명한 새뮤얼슨의 모형은 일반균형 분석 입장에서 공공재의 최적규모 문제를 다룬 대표적인 설명이라는 점에서 그 의의가 크다. 다시 말하면 앞에서 본 부분균형 분석에서는 설명 과정에서 공공재만 있다고 보고 공공재의 최적규모 문제를 검토했었던 것을, 일반균형 모형에서는 공공재와 민간재가 동시에 존재하면서 각각의 생산과 소비가 서로 영향을 주고받는 사회 전체 입장을 고려하면서 공공재의 최적규모 문제를 다뤘다는 점에서 큰 차이가 있다. 그래서 구체적으로 부분균형 분석에서는 공공재 소비로부터 얻는 한계편익과 공공재 생산에 소요되는 한계비용을 절대적 크기로 파악하고 있었는데 비해, 일반균형 분석에서는 공공재

3) 여기서 우리가 생각해야 할 것은 위에서 최적 조건을 유도하는 과정에서는 개인들이 무수히 많은 자기가 소비하고 싶은 점들(무차별곡선들) 중에서 어떤 개인이 어떤 소비점을 선택했다는 것은 자신에게 주어진 소득 제약 속에서 그러한 선택을 했다는 것이다. 말하자면 위와 같은 결론이 유도되는 과정에서 사회구성원들 사이의 소득분배 상태에 대해서는 아무런 언급이 없었다는 것이다. 말하자면 개개인의 소득분포에 따라서 최적 배합점들이 달라지게 된다는 사실을 유념해 둘 필요가 있다.

소비로부터 얻는 한계편익을 민간재 소비로부터 얻는 한계편익과의 상대적 비율로 파악하고, 공공재 생산에 소요되는 한계비용을 민간재생산에 소요되는 한계비용과의 상대적 비율로 파악하고 있다. 그뿐만 아니라 부분균형 분석에서는 분배문제를 주어진 것으로 보고 공공재의 최적규모 문제를 다뤘는데 비해, 일반균형 분석에서는 다양한 분배상태를 전제로 다양한 최적 배합 조건이 존재할 수 있는 사실을 밝힘으로써 분배문제를 사회후생함수를 도입해 해결하고 있다는 점에서 차이를 보이고 있다.

제 2 절 재정지출 증대 이론

재정학에서 재정지출 이론은 중요한 연구 과제였다. 즉, 정부의 재정활동이 조세제도보다 재정지출을 통해 구체적으로 나타나기 때문에, 재정지출 이론은 재정학자들에게 중요한 연구 주제가 되어 왔다. 특히 제2차 세계대전이 끝난 1950년대 이후 서구 선진국가를 중심으로 재정지출 규모가 급속하게 증대되는 현상이 나타났고, 이에 따라 많은 재정학자가 재정지출의 역사적 증대 현상과 그 원인을 설명하려는 이론에 대해 많은 관심을 기울여 왔다.

국가 간 제도적 차이와 정부 특성의 차이가 존재했지만, 거의 모든 국가에서 19세기 이후 경제 발전에 따라 정부의 재정지출 규모가 역사적인 진화 현상을 나타내며 지속적으로 증대되어 왔다. 이러한 재정지출 규모 증대 현상은 국가에 따라 증가율의 차이를 나타내기는 했지만, 선진국가에서 복지국가를 표방했던 1960년대 이후 정부재정 규모는 크게 증대되었고, 1980년대 초반까지 발생한 일반적 현상이었다. 1980년대 초반 소수의 선진국가(스웨덴, 독일)에서 재정지출 규모가 감소되고 전체적인 증가율은 다소 정체되기는 했지만, 2015년 이후 다소 증가되는 추세를 나타냈다.[4)]

4) 이 내용은 김의섭(2018)에서 인용했음.

1. 정부의 개념과 측정

각 국가의 경제가 성장함에 따라 정부 규모가 증대되는 현상이 나타났고, 재정학자들은 정부활동 증대 현상과 증대의 원인을 설명하는 데 관심을 기울여 왔다. 재정학자들이 정부활동 증대 현상을 설명하는 데 직면하는 첫 번째 과제는 정부의 개념과 측정문제였다.

정부는 다원적 속성을 지니고 있기 때문에 정부 규모와 증대 현상을 측정하는 기준이 다양하게 존재하고, 어떠한 정부활동의 측정치를 사용하느냐에 따라 정부 증대 현상이 달라지게 된다. 지금까지 재정학자들은 정부 증대 현상을 설명하며 다양한 측정치를 활용해 왔다. 재정학자들이 정부 규모 측정지표로 사용해 왔던 것은 재정지출, 공공부문 고용자 수, 정부규제, 조세부담률 등이었다. 이 가운데 재정학자들은 재정지출 자료(일반정부 재정지출/GDP)를 정부 증대 현상의 측정 지표로 가장 넓게 사용해 왔다.

그러나 재정지출 자료는 정부 측정의 대리변수로 정부 증대 현상을 설명하는 데 한계점을 지니고 있다. 즉, 국민계정상에 나타나는 일반 정부재정지출 자료에는 정부부문의 전체 활동을 포함하지 못하고 있다는 문제점을 지니고 있다. 그 대표적인 한계점이 국민계정의 재정지출 자료에는 정부의 주요 활동인 공기업 자료가 포함되어 있지 않고, 오직 중앙정부와 지방정부 재정지출만을 포함하고 있기 때문에 정부 증대 현상을 정확히 설명하지 못하게 된다. 또한 재정지출의 상대적 규모에 사용되는 GNP, GDP, 총인구 가운데 어떠한 자료를 사용하는가에 따라 정부 증대 추세치가 상이하게 되며, 재정학자들은 각자 자신들의 연구 목적과 방법론의 차이에 따라 자료를 인위적으로 선택해 왔다.

재정지출 자료 이외에 정부활동의 측정 기준으로 다양한 지표들이 활용되어 왔다. 정부 증대 현상을 설명하면서 정부부문에 고용된 취업자 수 비중(정부부문 고용자 수/총 취업자 수)을 정부 측정치로 사용하기도 했다. 일부 재정학자들은 정부 증대가 공공부문의 고용자 수 증대로 이어지기 때문에 공공부문 취업자 수의 증대도 정부 증대 현상을 설명하는 척도로 사용될 수 있다는 것이다. 또한 정부 규모의 측정치로 조세부담률이 활용되기도 했다. 재정지출 증대는 조세부담률의 증대를 초래하기 때문에 정부 측정치로 세출 측면의 재정지출과 세입 측면의 조세부담률이 사용될 수 있다는 것이다. 이때 재정지출은 정부활동의 산출물에 초점을 맞춘 지표인데, 조세부담률은 정부활동의 투입비용 또는 정부의 세입 측면을 강조한 지표이다.

다원적인 정부 증대 현상을 설명하면서 재정학자들은 연구자의 목적과 방법론 및 자료의 활용 가능성에 따라 다양한 유형의 정부 측정치를 대리변수(proxies)로 사용해 왔다. 재정학자들이 서로 다른 정부 규모의 측정치를 활용하다 보니, 정부 증대 추세도 서로 다른 현상을 나타냈고, 정부 증대 현상의 실증적 분석 결과도 상반되는 연구 결과를 제시해 왔다. 재정학자 자신의 연구 목적과 방법론의 차이에 따라 자의적인 정부 규모 측정치를 사용해 왔던 것이다.

2. 거시적 모형

재정학자들은 재정지출 증대 현상을 설명하기 위해 최근까지 다양한 연구를 지속해 왔다. 여기에서는 최근까지 연구되어 왔던 다양한 재정지출 증대 이론을 크게 세 가지로 구분해 설명했다.

첫째, 거시적 모형으로 와그너 법칙과 피콕(Alan T. Peacock)과 와이즈만(Jack Wiseman)의 전위효과 가설이다(Peacock & Wiseman, 1961). 이러한 거시적 모형은 총량적 변수의 변화에 관심을 지니고 경제 발전과 성장에 따라 재정지출 규모 추이가 거시적으로 어떻게 증대되어 왔는가를 설명하려는 이론들이다. 특히 와그너 법칙과 전위효과 가설은 재정지출 증대 현상을 설명하는 기존의 실증적 연구에서 최근까지 가장 광범위하게 인용되었던 고전적 이론의 틀이다.

둘째, 미시적 모형으로 브라운(Charles V. Brown)과 잭슨(Peter M. Jackson)의 연구가 대표적 이론이다(Brown & Jackson, 1990). 앞에서 설명한 거시적 모형과 다르게 미시적 모형은 공공재 시장의 변화 조건을 분석함으로써 공공지출 규모의 변화를 설명하려는 이론의 틀이다. 즉, 특정 공공재의 수요와 공급 조건의 변화가 나타날 때 공공재 규모가 어떻게 확대되는가를 통해서 재정지출 증대 현상을 설명하려는 접근방법이다.

셋째, 기타 모형으로 보몰 가설과 재정환상 이론 등이 있다. 보몰 가설은 불균형 성장 모형이라고도 불리어 왔는데, 정부부문과 민간부문의 생산성 격차 또는 정부부문의 낮은 생산성 때문에 재정지출이 증대된다고 주장했다. 또한 재정환상 가설은 유권자들이 공공재 가격이나 공공재 수량에 대한 잘못된 인식을 하면, 유권자의 재정적 환상이 발생해 재정지출 규모가 증대된다고 주장했다.

1) 와그너 법칙

와그너 법칙(Wagner's law)은 재정지출 증대 현상을 설명하는 최초의 고전적 이론이다. 19세기 독일의 사회・경제학자였던 와그너(Adolph Wagner, 1835~1917)는 최초로 경제 발전과 정부재정 규모 간에 정(+)의 관계가 있다고 주장했다. 물론 와그너 이전에도 정부 규모 증대 현상을 설명하려는 부분적 이론들이 있었으나, 자본주의 역사적 발전과 이에 따른 국가경비 증대 현상을 최초로 실증적인 증명을 통해 체계적 이론으로 정립시킨 것은 와그너였다. 와그너(Wagner, 1883, 1893)는 경제 발진에 따라 정부 규모가 증대된다는 '국가경비 증대의 법칙(the law of increasing state expenditures)' 또는 '와그너 법칙'을 주장했다.

와그너는 경제 발전에 따라 국가활동이 증대되어 절대적 규모 또는 상대적 규모의 정부지출이 증대된다고 주장했다. 그는 정부지출 증대의 원인으로 다음과 같은 세 가지를 지적했다. 첫째, 경제 발전으로 인한 사회구조 복잡성 증대는 정부의 보호적 기능이나 규제활동을 증진시킨다고 봤다. 또한 도시화, 산업 발전으로 인한 노동분업의 증대는 교환과 거래활동을 증대시켜 국가의 규제, 보호활동을 증진시킨다는 것이다. 그 결과 국가의 법률, 행정, 사회질서 유지에 필요한 경비가 증대되어 국가경비 증대를 초래한다고 주장했다. 둘째, 사회 발전과 실질소득의 증대로 국민들의 분배 공평과 교육, 문화, 사회복지에 관련된 욕구가 확대되어 이에 관련된 정부지출이 증대된다고 봤다. 이에 따라 소득탄력적인 교육, 문화, 복지비 지출이 증진되는데, 와그너는 특히 교육과 문화는 민간부문보다 공공부문에서 제공될 때 더 효율적이라고 주장했다. 셋째, 경제 발전과 기술 진보에 따라 국가 독점산업 관리의 중요성과 효율성 제고의 필요성이 증진되었고, 이는 대규모의 정부투자사업을 필요로 한다는 것이다. 그 예로 대규모 투자비용이 필요한 철도와 같은 사회간접자본시설 투자사업은 민간기업이 담당하는 것보다 정부가 국유기업을 설립해 직접 관리하는 것이 바람직하다고 봤다.

이러한 배경에서 와그너는 경제 발전에 따라 국가경비의 절대적 규모 또는 국민소득에 대비된 상대적 규모 모든 지출 규모가 증대된다는 '국가경비 증대의 법칙'을 주장했다. 재정학자들은 와그너 이론이 제기된 이후 시계열자료와 횡단면자료를 활용해 그 가설의 실증적 타당성에 대해 연구해 왔다. 와그너 가설의 실증적 타당성을 검증하기 위해 활용된 이론적 모형은 다양한 유형으로 전개되어 왔다. 그 가운데 가장 단순하고 실증분석을 위해 자주 활용되어 온 와그너 모형은 다음 방정식과 같다.

$$G = \alpha + \beta(PG)$$

여기서 G는 재정지출 규모(실질 일반정부지출/실질GDP), PG는 일인당 실질 국내총생산이다. 이 모형에서 G는 정부 규모 측정의 대리변수(proxy)이고, PG는 경제 발전 측정의 대리변수이다. 와그너 법칙의 성립은 PG 증대에 따라 G가 확대되는 것을 가정한다. 이 모형에서 두 변수에 대한 자연대수를 취하고, 계량분석한 결과 추정된 β의 값이 0보다 크면 ($\beta > 0$) 와그너 가설의 타당성은 인정된다.

최근까지 와그너 가설의 타당성에 대한 80여개에 달하는 국제적 논문에 영어로 발표된 수많은 연구가 진행되어 왔으며, 1990년대 초반까지 진행된 대부분의 실증적 연구는 와그너 가설의 타당성을 인정했고, 그의 가설은 '와그너 법칙'으로 정립되어 왔다. 1990년대까지 이뤄진 와그너 법칙의 실증적 타당성 연구는 몇 개의 예외적인 경우를 제외하고 그 타당성이 인정되었다.

2) 전위효과 가설

재정지출의 장기·역사적 증대 현상을 설명하는 이론 가운데 가장 고전적 위치를 차지해 왔던 것은 와그너 법칙이다. 앞에서 살펴본 것과 같이 재정지출 증대 현상에 대한 가장 최초의 이론인 와그너 법칙은 최근까지 수많은 이론적·실증적 연구의 중요한 관심 대상이 되어 왔다.

그러나 피콕과 와이즈만(Peacock & Wiseman, 1961)은 영국의 1890~1955년 동안 재정지출의 장기적 시계열자료를 분석하면서 와그너 법칙에 대해 의문을 제기하고, 새롭게 '전위효과 가설(displacement effect hypothesis)'을 주장했다.

이들이 주장하는 '전위효과'라는 것은 세계대전과 같은 사회적 격변기 동안 재정지출 패턴은 단기적으로 급격히 증대되고, 전쟁 이후 재정지출 규모가 다소 감소되지만 사회적 격변기 이전 수준으로 하락하지 않는다는 것이다. 따라서 사회적 격변기 이후에 재정지출 규모는 그 이전과 다른 새로운 고원(高原, plateau)을 나타내며, 국내 총생산에 대비된 재정지출 규모는 계단식으로 '전위'되면서 팽창되는 장기적 재정지출 증대 추세를 나타내게 된다는 것이다. [그림 3-4]는 이러한 상황을 보여주고 있다.

전술한 와그너 법칙에서는 안정적인 팽창 추세를 나타내는 것으로 보고 있지만, 전위효과론에서는 재정지출의 불연속적 증대 현상이 나타난다는 것이다. 말하자면 사회적 격변기 이후에 재정지출 규모는 사회적 격변기 이전의 낮은 수준으로 하락되지 않고 새로운 더 높은 수준으로 팽창되는 전위(displacement) 현상이 나타나고 새로운 재정지출 증대 현상이 나타나게 된다는 것이다. 이들은 이러한 전위효과가 나타나는 배경으로 조세수입 면에서의 문턱효과(threshold effect), 재정지출 면에서 점검효과(inspection effects), 그리고 집중효과(concentration effect) 등을 들고 있다.

먼저 피콕과 와이즈만은 세계대전과 대불황과 같은 대규모의 사회적 격변기(social disturbances)에 재정지출 규모와 조세부담 허용 수준이 새로운 높은 수준으로 옮겨져 증대될 수 있다고 주장했다. 그들은 전쟁과 같은 사회적 동란기에 국민들이 전쟁에서 승리하기 위해 국가의 재정지출(특히 군사비) 증대를 받아들이고 더 많은 세금을 부담하려고 하기 때문에 조세부담 허용 수준이 상향 조정되며, 사회적 격변기 이후에는 재정지출이 계단식 팽창을 하고 새로운 고원과 단층을 이루면서 증대된다고 주장했다.

그림 3-4 피콕-와이즈만의 전위효과 가설

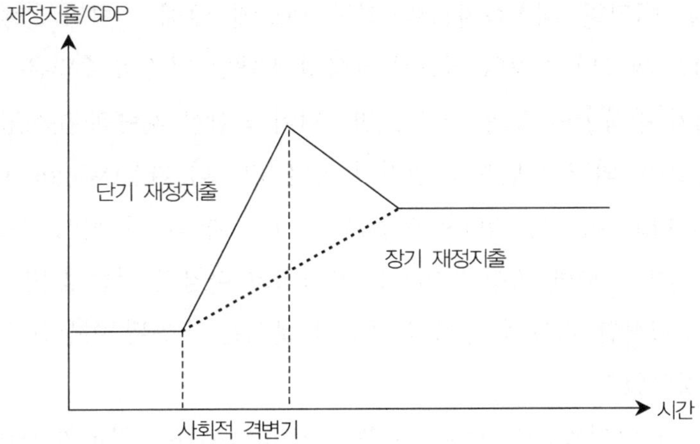

출처: Funashima(2017: 620).

다음으로 점검효과는 사회적 격변 이후 재정지출이 동태적으로 증대되면 정부의 새로운 역할이 급격히 확대된다는 것이다. 전쟁과 같은 사회적 격변기에는 군인연금, 사회적 활동인 교육과 보건 등에 대한 새로운 역할의 중요성이 발생한다. 그리고 국민들이 사회적 동란 이후에도 이와 같은 활동이 정부의 지속적 역할이라고 인식해 재정활동이 추가적으로 확대되어 정부의 새로운 기능인 점검효과가 나타난다는 것이다.

마지막으로 사회적 격변기 동안 위기에 신속하게 대응하기 위해 중앙정부로 권력과 재정지출 집중 현상인 '집중효과'가 발생한다는 것이다. 구체적으로 전쟁과 같은 사회적 격변기에는 지방정부의 재정자율성이 침해되고 권력과 재정지출 규모 결정권의 중앙정부 집권화 현상이 나타난다. 그런데 이렇게 한번 집권화가 이뤄지고 나면 사회적 격변기가 지난 후에도 되돌아가기가 힘들어 상당 기간 집권화로 인한 재정지출 증대 현상이 이어지는 것으로 파악했다.

와그너 법칙과 전위효과 가설은 재정지출 증대 현상을 설명한 두 가지가 가장 대표적 이론으로 최근까지 중요한 연구 대상이었다. 그런데 앞에서 살펴본 것과 같이 와그너 법칙의 실증적 타당성에 대해서는 최근까지 수많은 계량적 분석방법을 활용한 연구가 진행되어 왔고, 80여 개의 국제적 영문 논문들이 발표되어 왔다. 이에 비해 전위효과 가설의 실증적 타당성에 대한 분석은 상대적으로 적은 소수에 머물러 왔다. 이러한 재정학자들의 연구 태도에 대해 피콕과 스콧(Peacock & Scott, 2000)은 와그너 법칙의 실증적 타당성에 대한 기존의 수많은 실증적 연구가 원래 와그너가 주장했던 것과 다르게 변질되어 복잡한 계량적 분석방법을 통해 잘못 추정되었으며, 와그너 법칙은 법칙이 아닌 '와그너 가설(Wagner's hypothesis)'로 불려야 한다고 비판을 했다.[5] 이들은 1881년 와그너가 원래 주장했던 와그너 법칙은 국가경비 증대에 영향을 미치는 복잡하고 다양한 역동적 변수들이 있기 때문에 이를 도외시한 와그너 법칙의 계량적 분석은 잘못된 이상한 결론을 가져올 수 있다고 경고했다.

한편, 피콕과 와이즈만(Peacock & Wiseman, 1961)은 영국의 1890~1955년 동안 역사적 재정지출 자료 추이를 그래프로 나타내면서, 제1차 세계대전과 제2차 세계대전 이후에 재정지출이 계단식으로 증대되는 전위효과 가설이 나타났다고 주장했다. 그러나 그들의 이와 같은 전위효과 가설 제안 이후에 그 가설의 국제적 타당성에 대한 실증적 연구가 와그너 법칙에 비해 상대적으로 소수 이뤄져 왔다.

3. 미시적 모형

지금까지 살펴본 와그너 법칙과 전위효과 가설은 거시적 변수인 경제 발전에 따르는 재정지출 규모의 전체적 시계열 변화 패턴을 분석함으로써 재정지출 증대 원인을 설명하려는 이론체계이다. 따라서 와그너 법칙과 전위효과 가설은 역사적 · 경제 발전 단계에 따라 재정지출 증대 현상을 설명하려는 거시적 모형이라 할 수 있다.

이에 비해 브라운(Charles V. Brown)과 잭슨(Peter M. Jackson)[6]은 재정지출

---

5) 그들은 와그너 법칙을 실증적으로 분석하는 과정에서 원래 와그너 가설을 왜곡시킨 잘못된 실증적 변수들이 사용되었으며, 이러한 추정모형의 오류를 통한 계량적 분석은 왜곡된 실증분석 결과를 가져왔다고 했다. 그들은 정부 규모의 측정에서 공기업의 제외, 추정모형의 독립변수 선택에서 산업화(또는 도시화) 요인의 제외 등이, 와그너 법칙의 실증적 타당성분석 과정에서 '변수 생략의 죄악(sin of ommission)'과 '계량적 추정방법의 죄악(sin of commission)'을 가져왔다고 했다.

증대 현상을 미시적 측면에서 설명하려고 했다. 여기서 미시적 모형이란 특정 공공재의 수요와 공급의 변화에 따른 공공재 양의 변화와 이로 인한 공공 규모 변화를 통해 재정지출 증대 현상을 설명하려는 시도이다. 브라운-잭슨 모형으로도 불리는 재정지출 증대의 미시적 모형을 수요 측면과 공급 측면으로 구분해 살펴보면 다음과 같다.

1) 수요 측면

각 국가의 경제 성장에 따라 국민의 소득수준이 증대되고, 개인들은 삶의 질적 수준 향상을 위한 공적 욕구를 확대시키고, 다양한 공공 서비스에 대한 수요를 증대시켜 왔다. 선진 사회로 진입함에 따라 개인들은 치안, 교육, 건강, 환경, 복지 등과 같은 정부가 제공하는 공공 서비스 수요를 증대시키고 있고, 이는 재정지출 규모를 증대시키고 있다. 이와 같이 개인의 소득수준이 향상됨에 따라 공공재 수요가 증대되고 재정지출이 증대되는 현상을 설명하는 것이 미시적 모형의 수요 측면 이론이다.

공공재 규모는 공공재의 수요와 공급의 균형에 의해 결정된다. 즉, 공공재의 수요곡선과 공급곡선의 교차점에서 공공재의 균형이 결정되며, 이때 공공재 가격과 공공재 수량이 결정된다. 그런데 일정하다고 가정했던 기타 조건이 변화하면 공공재 수요와 공급이 증가하고, 이에 따라 공공재 규모가 확대되고 재정지출 증대가 나타나게 된다.

공공재 수요함수는 흔히 중위투표자의 공공재 수요 이론을 통해서 설명된다. 여기서 중위투표자는 예산 제약 조건 하에서 개인의 효용함수를 극대화시키려고 한다. 이때 중위투표자의 공공재 수요에 영향을 미치는 변수들은 공공재 가격(조세부담률), 공공재와 민간재의 상대가격 비율, 중위투표자의 소득, 선호 등에 따라

6) 브라운과 잭슨은 1978년 그들의 저서 『공공경제학(*Public Sector Economics*)』 제1판을 발간했다. 브라운은 영국 스코틀랜드 스터링대학교(University of Stirling) 경제학과 교수로 잭슨 교수의 스승이다. 잭슨 교수는 영국 레스터대학교(University of Leicester) 경제학과 교수이고 공공경제학 연구소 소장(Public Sector Economics Research Centre)으로 재정지출 증대 이론의 세계적 권위자인 재정학자이다.

결정된다. 공공재의 가격과 공공재 수요량은 역(−)의 관계를 갖게 되며, 이에 따라 공공재 수요곡선(D)은 우하향 형태를 띠게 된다. 즉, 공공재 가격이 상승하면 공공재 수요량이 감소하고, 공공재 가격이 하락하면 공공재 수요량은 증가한다고 가정한다.

그림 3-5 미시적 모형(경찰 서비스) - 수요 측면

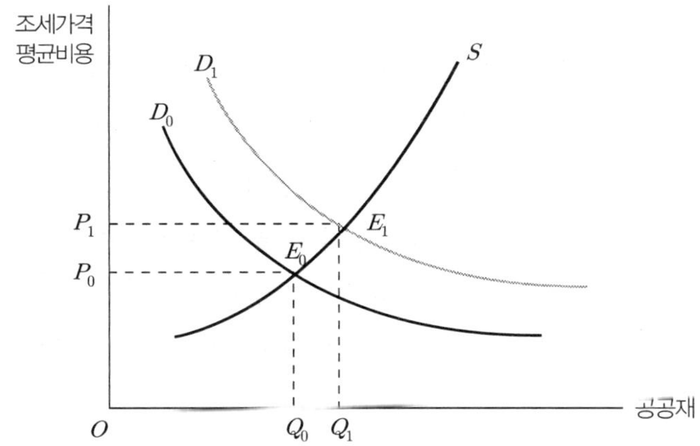

출처: Brown & Jackson(1990: 134).

[그림 3-5]에서 특정 공공재의 예로 경찰 서비스의 경우 공공재의 수요곡선 D_0와 공급곡선 S가 주어졌다. 경찰 서비스의 시장 균형은 수요곡선과 공급곡선의 교차점인 E_0에서 결정되고, 균형가격(조세부담)은 P_0이고, 균형 경찰 서비스 수준은 Q_0이다. 이때 중위투표자의 소득수준이 증가해 치안 안전에 대한 욕구가 확대되면 경찰 서비스에 대한 수요가 증가하게 되고, 수요곡선은 D_0에서 D_1 우측으로 이동하게 된다. 그 결과 균형점은 E_1으로 이동하고 공공재 가격은 P_1으로 상승하고 공공재 수량은 Q_1으로 증대된다.

최초의 균형점 E_0에서 경찰 서비스를 제공하는 데 소요된 재정지출 규모는 사각형 $OP_0E_0Q_0$이었다. 그런데 중위투표자의 소득이 증가해 치안에 대한 수요가 증대되면 공공재 수요곡선이 D_1 우측으로 이동하고, 공공재 가격과 공공재 수량이 증가된 결과 재정지출 규모는 $OP_1E_1Q_1$의 사각형 면적으로 증대되었다.

이와 같이 브라운-잭슨은 공공재 수요함수에서 공공재 수요에 영향을 미치는 변수들, 그 예로 중위투표자의 소득, 선호, 등의 여건들이 변화하면 공공재 수요가 증가하고, 그 결과 재정지출 규모가 증대되는 현상을 미시적 측면에서 설명하려고 했다.

2) 공급 측면

공공재 규모 확대는 수요 측면뿐만 아니라 공급 측면 변화에 의해서도 이뤄진다. 공공재 수요의 결정 요인인 가격, 중위투표자의 소득, 기호, 인구 등이 증가해 공공재 규모가 확대되고, 공공재 공급의 결정요인인 가격, 생산비, 기술 수준, 사회경제적 환경 등 변수의 변화에도 공공재 규모가 증대된다.

공공재 공급은 공공 서비스를 제공하기 위해 소요되는 생산기술, 조건 등의 다양한 변수에 의해 결정된다. 가령 경찰 서비스의 예를 들어 다음 [그림 3-6]처럼 중위투표자의 경찰 서비스에 대한 수요곡선 D_0와 공급곡선 S_0가 주어졌다고 가정하자. 경찰 서비스의 수요곡선은 우하향의 형태를 취하지만, 공급극선은 우상향의 형태를 나타낸다. 경찰 서비스의 균형은 경찰 서비스 수요곡선과 공급곡선이 교차하는 E_0점에서 결정된다. 이때 중위투표자들이 특정 지역의 치안 안전을 유지하기 위한 최소한의 경찰 서비스 수준이 Q_0 수준으로 주어졌다고 한다.

특정 지역에 범죄가 증가하고 사회적 환경이 악화됨에 따라 경찰 서비스 제공의 평균비용인 단위당 비용이 상승되었다고 하자. 즉, 특정 지역의 치안 안전을 유지하기 위해 새로운 방범시설의 도입, 새로운 경찰장비의 활용, 경찰인력의 확충 등으로 인해 경찰 서비스 공급의 한계비용이 상승하면 공급곡선 $S_0(MC_0)$은 좌측으로 $S_1(MC_1)$ 이동한다. 이러한 경찰 서비스의 한계비용 상승에 의한 공급 감소로 경찰 서비스량은 Q_1으로 줄어든다. 그런데 지역 내 중위투표자들이 지역 내 치안이 유지되기 위한 최소한 경찰 서비스 수준이 Q_0로 주어졌다고 가정했기 때문에, 이 수준의 경찰 서비스 제공을 위해 중위투표자의 경찰 서비스 수요가 D_1으로 증대된다. 따라서 새로운 균형은 변화된 경찰 서비스 수요곡선 D_1과 공급곡선 S_1 (MC_1)이 교차하는 E_1점에서 결정된다.

최초의 균형점 E_0와 새로운 균형점 E_1을 비교해 보면, 최초 경찰 서비스 제공 규모는 $OP_0E_0Q_0$였는데 경찰 서비스 공급 여건의 변화로 새로운 경찰 서비스 제공 규모는 $OP_1E_1Q_0$ 수준의 면적으로 증대된다. 이와 같이 경찰 서비스에 영향을 미치는 기타 변수들이 변화하면, 경찰 서비스 공급이 증대되고, 결국 경찰 서비스 재정지출 규모가 증대된다.

그림 3-6 미시적 모형(경찰 서비스) – 공급 측면

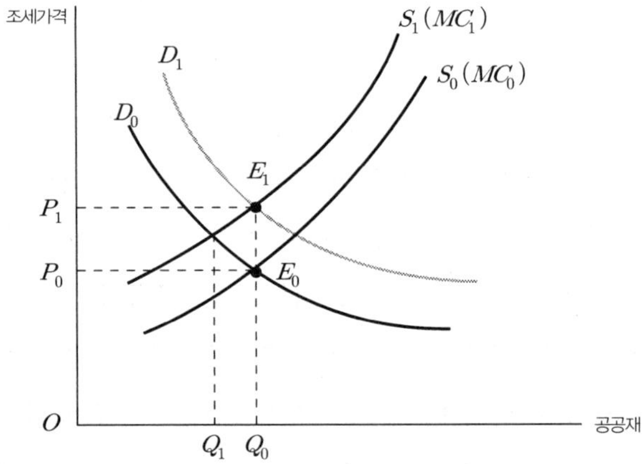

출처: Brown & Jackson(1990: 136).

4. 기타 이론

앞에서 설명한 거시적 모형과 미시적 모형으로 분류할 수 없는 다른 이론들도 다수 제시되고 있으나, 여기서는 그중에서 널리 알려져 있는 보몰 가설과 재정환상 이론을 설명하고 소개한다.[7]

7) 이 내용은 김의섭(2018)을 참고한 것임.

1) 보몰 가설

보몰(William J. Baumol)은 그가 저술한 논문을 통해[8] 재정지출 증대 원인이 민간부문과 공공부문의 생산성의 격차 또는 공공부문이 지니고 있는 낮은 생산성 때문이라고 주장했다. 이러한 그의 설명모형은 흔히 '불균형 성장(unbalanced growth)' 모형이라 불리면서, 재정지출 증대 현상을 설명하는 중요한 가설로 자주 인용되고 있다.

설명을 위해 보몰은 경제를 진보적 부문과 비진보적 부문의 2개 부문으로 구분했다. 진보적 부문은 기술혁신과 생산성 증대가 급속히 진전되는 부문이며, 비진보적 부문은 기술혁신도 없고 노동집약적이며 낮은 생산성으로 특징지어지는 부문이다. 보몰 모형에서 진보적 부문이 제조업을 중심으로 한 민간부문이고, 비진보적 부문은 서비스업을 중심으로 한 공공부문(그 예로 교육, 치안, 건강)이다.

위와 같은 상황을 전제로 해서 그는 다음 두 가지 가설을 도출하고 있다. 첫째, 총생산량에서 차지하는 공공부문 생산량 비율이 일정하게 유지되기 위해서 노동력이 민간부문에서 공공부문으로 이동된다. 즉, 경제성장 과정에서 노동력이 제조업, 서비스업 등 민간부문에서 공공부문으로 이동해서 공공부문에 종사하는 취업자 비율이 증대된다. 둘째, 노동력이 진보적인 민간부문에서 비진보적인 공공부문으로 이동됨에 따라 총지출에서 차지하는 정부지출 비율 또는 재정지출 규모는 증대된다.

이러한 가설을 통해 보몰은 재정지출 증대 현상을 설명하면서 공공부문의 저생산성이 바로 경제문제의 본질이라는 것을 지적하고 있다. 즉, 민간부문에 비해 공공부문은 노동집약적이고 생산성 증가율이 낮기 때문에 공공재 생산량이 증가함에 따라 공공재 투입물 비용이 증가해 재정지출이 증대된다는 것이다. 이렇게 공공부문의 재정지출이 증대하는 것을 민간부문과 비교해서 공공부문의 생산성이 상대적으로 정체하는 현상에서 찾고 있는 이와 같은 설명을 흔히 '생산성 격차 모형' 또는 '불균형 성장 모형'이라 부른다. 또한 이와 관련해서 공공부문의 단위당 생산비용이

---

8) 여기서 보몰의 생산성 격차모형은 보몰의 논문은 "Macroeconomics of Unbalanced Growth: The Anatomy of Urban Crisis", *American Economic Review*, Vol 57, 1967을 말한다.

상승하는 현상은 '보몰의 질병(Baumol's disease)', '정부 독점의 죽은 손(dead hand of monopoly)'이라고 불리기도 한다.

2) 재정환상 가설

재정학자들은 정부 규모 증대 현상을 설명하기 위해 '재정환상(fiscal illusion) 가설'을 도입했다. 이 가설에 의하면 앞에서 설명한 관료들이 그들이 제공하는 공공재 편익을 크게 확대시키고 공공재를 공급하는 조세부담 수준을 숨길 수 있으면 재정환상이 발생되고, 유권자의 수요 수준 이상으로 재정지출 규모를 증대시킬 수 있다고 주장했다. 말하자면, 유권자들이 관료들이 제공하는 공공재 가격(조세부담)이나 공공재 수량에 대해 잘못된 인식을 하게 되면, 유권자들의 재정적 선택이 왜곡되고 재정환상이 발생되어 그 결과 재정지출 규모가 과다하게 증대된다고 했다.

재정환상 가설이 재정지출 증대 현상을 설명하는 유용한 가설이라는 것에 대한 다양한 연구가 이뤄져 왔다. 오츠(W. E. Oates)는 재정환상 이론에 대한 기존의 다양한 연구를 다음과 같이 다섯 가지 유형으로 구분해 설명했다(Oates, 1988). 첫째, 조세구조의 복잡성에 의한 설명인데, 조세구조가 복잡해질수록 유권자들은 조세부담을 정확히 이해하기 어려워진다는 것이다. 둘째, 재산세 부담과 관련해서 주택 소유자에 비해 세입자들은 세입자가 부담하는 재산세 부담을 정확히 이해하기 어렵다는 것이다. 셋째, 조세구조가 복잡해지고 누진세율이 다양해지면 납세자들은 조세부담을 정확히 파악하지 못하고 조세부담을 잘못 인식할 수도 있다는 것이다. 넷째, 정부가 세입을 조세가 아닌 국공채 발행으로 충당하면 유권자들은 공공경비 부담을 정확히 인식할 수 없다는 것이다. 다섯째, 지방정부가 중앙정부로부터 보조금을 지원받아 지출하는 경우 유권자들이 지방정부 지출의 경비 부담을 잘못 인식해 지방정부 지출을 불러올 수 있다는 것이다. 이 설명에 의하면 중앙정부로부터 지방정부에 지원되는 보조금은 지방의 방만한 재정 운영과 재정지출 규모를 증대시키는 가장 중요한 요인이 된다. 이러한 현상을 흔히 '끈끈이 효과(flypaper effect)'라 부른다.

재정환상을 발생하게 하는 다양한 요인 가운데 가장 본질적인 것은 조세구조의 복잡성 가설(the tax structure complexity hypothesis)이었다. 이 가설은 조세구조가 복잡해지면 납세자들은 관료들이 제공하는 공공 서비스의 조세가격을 정확하게 인식할 수 없게 되고, 관료들은 재정지출 규모를 사회적 최적규모 이상으로 증대시킬 수 있다는 것이다. 와그너(Richard Wagner, 1976)는 조세제도의 복잡성 가설이 재정환상을 초래한다는 것을 미국의 사례를 중심으로 분석해 보았다.[9]

재정환상 가설은 정치가 또는 관료들이 공공재 부담의 진정한 조세가격을 숨길 수 있으면 재정지출이 증대될 수 있다는 이론으로, 재정지출 증대 현상을 설명하는 중요한 이론으로 자주 거론되어 왔다. 그러나 1970년대 발생한 미국 지방정부의 높은 재산세 부담에 대한 지역주민들의 조세반란(tax revolt), 영국 대처 행정부의 인두세 도입에 대한 영국 납세자들의 조세거부운동 등을 고려하면, 납세자들이 조세부담 비용을 지속적으로 낮게 인식해 재정환상이 발생된다는 것은 의심스러운 가설이 된다. 또한 이 가설은 유권자들의 조세부담과 재정지출 규모에 대한 판단의 오류가 정부지출 규모 증대에 미치는 전달 과정을 정확히 설명하지 못하고 있고, 중위투표자의 재정환상이 정부부문의 규모를 지속적으로 증대시키는 요인이 된다는 것을 설명하기에는 설득력이 부족한 것으로 판단된다.

제 3 절 공공선택론

정부는 매일 우리들의 일상생활에 영향을 미치는 여러 가지 정책, 그 예로 국민

9) 그는 '허핀달지수(Herfindahl index)'를 활용해서 조세제도의 복잡성을 측정했는데, 조세제도가 단순할수록 허핀달지수 값은 커지게 된다. 가령 지방정부가 지방세입을 한 개의 세목으로 징수하면 지수 값은 1이고, 5개의 지방세로 징수하면 지수 값은 5분의 1이 된다. 추정된 계수의 낮은 또는 음(−)의 허핀달지수 값은 재정환상 가설이 성립하는 것을 의미하는데, 와그너는 미국의 50개 지방정부 자료를 분석해 추정한 결과 변수 값이 통계적으로 유의한 음(−)의 부호를 나타내어, 재정환상 가설이 재정지출 증대 현상을 설명하는 적절한 가설이라고 주장했다. Wagner, R., "Revenue Structure, Fiscal Illusion and Budgetary Choice", *Public Choice*, Vol.25, 1976, pp.45−61.

연금, 건강보험, 실업수당, 근로장려금, 개인소득세, 담배소비세 등을 선택하고 실시한다. 이러한 정부 또는 공공부문의 정치적 의사결정 과정과 정책 선택행위를 공공선택이라 한다. 마치 시장에서 가계와 기업과 같은 경제주체들이 매일매일 재화와 용역의 선택을 통해 생활하고 있듯이, 정부도 경제정책과 재정제도인 예산안, 사회복지제도, 조세제도 등을 선택하고 시행한다. 시장경제에서는 수요와 공급을 통한 시장의 의사결정 과정에 관심을 가지고 있으나, 공공선택 또는 사회적 선택에서는 정치적 과정 또는 비시장적 의사결정 과정(non-market decision making)을 분석대상으로 하고 있다. 공공선택론은 정부의 정치적 의사결정 과정에서 정치적 주체자인 정치가, 관료, 국회의원, 이익단체, 유권자들의 행동 원리와 정부의 정책선택 결과를 경제학적으로 설명하려는 학문이다.

1. 공공선택론의 의의

1950년대 이후부터 초기의 공공선택론이 정립되기 시작했다. 공공선택론 이전에 신고전파 경제학 또는 후생경제학에서는 정부 제도는 주어진 가운데, 희소한 자원의 최적배분과 시장균형 이론이 경제학의 주요 연구과제였다. 이때 정부는 중립적이며 시장실패를 치유하기 위한 중재적인 역할을 하고 이타주의적 성격을 지닌 제도로 가정되었다. 즉, 신고전파 경제학자들은 정부개입을 통해 시장실패를 치유하면 경제문제가 잘 해결된다고 주장했다. 이러한 시각에서 신고전파 경제학자들은 정치적 시장에서 활동하는 정치적 주체자들이 공익(public interests) 또는 국가의 이익을 증진시키기 위해 행동하는 주체자들이라고 주장했다. 마치 19세기 베버(Marx Weber)가 주장하듯이 정치가와 관료와 같은 정치적 행동가들이 국가 이익과 발전을 위해 헌신·봉사하는 주체들이라고 생각했다.

이러한 신고전파 경제학의 정부 견해에 대해 비판을 가한 것이 공공선택론이다. 공공선택론을 정립시키는 데 중요한 공헌을 했던 뷰캐넌(James M. Buchanan)은 정치적 시장에서 정치적 주체자들의 행동 원리와 그 결과를 분석하려고 했다. 그는 경제학의 시각으로 정치 현상 또는 정치적 의사결정 과정을 분석하려고 했다. 즉, 경제학에서 인간은 이기적(selfish)이며 합리적 주체자라고 보았다. 따라서 재화시장에서 경제활동을 할 때 이기적이던 인간이 정치적 시장에서 정책활동을 할 때 이타주의적 행동을 하지 않고, 정치적 주체자들도 자신의 이기심을 추구하는 합리적 행위를 한다고 주장했다. 이에 따라 뷰캐넌은 정치적 주체자인 정치가, 관료, 국회의원, 이익단체들이 공익이 아닌 사익(private interest)을 위해 행동하며 개인의 목표함수를 극대화하는 행위를 한다고 주장했다. 이와 같이 공공선택론자들은 정치적 시장을 경제학적 분석의 시각으로 인식할 때, 왜 정부개입이 경제문제를 해결하는 것보다 정부실패(government failure)를 가져오는지를 설명할 수 있다고 주장했다.

2. 직접민주주의와 공공선택

공공선택론은 정부의 선택행위를 다루면서 개인의 다양한 선호가 어떠한 정치적 의사결정 과정을 통해 사회적 선택으로 이뤄지는가를 설명하려고 했다. 개인의 선호가 사회적 선택으로 이어질 때 그 사회가 독재주의인가 또는 민주주의인가에 따라 정책결정이 달라진다. 독재주의(dictatorship)에서 개인의 선호와 사회적 선택은 매우 단순하게, 즉 독재자의 선호가 모든 개인의 선호보다 우선하며, 정부정책을 결정할 때 독재자가 지배적인 결정권을 가지게 된다. 따라서 공공선택론에서 관심을 두는 정치 · 사회제도는 민주주의 사회이다. 민주주의는 국민이 정치적 의사결정에 직접 참여하는 직접민주주의와 국민이 정치가, 관료, 국회의원과 같은 대표를 선출해서 정책결정을 하는 간접민주주의로 구분된다. 어떠한 정치 · 사회제도인가에 따라 정치적 의사결정 또는 공공선택의 룰이 달라진다.

직접민주주의는 유권자 또는 국민이 정치적 의사결정에 참여하는 정치 · 사회제도이다. 직접민주주의에서 국민의 다양한 선호를 사회적 선택으로 이어지게 하는 제도는 투표제도이다. 즉, 직접민주주의에서는 투표제도를 통해 개인의 선호가 사회적 선택으로 이어지고 재정 규모가 결정된다. 투표제도는 어떠한 투표의 룰(voting rule)을 선택하느냐에 따라 투표과정과 결과가 달라진다. 공공선택론에서 직접민주주의 투표제도의 유형은 만장일치제, 과반수투표제, 점수투표제, 최적다수결제도 등이 있다. 직접민주주의에서의 투표제도는 각각의 장점과 단점을 지니고 있다. 여기에서는 직접민주주의에서 개인의 선호를 사회적 선택으로 이어가는 투표제도의 내용과 특성에 대해 살펴보기로 한다.

1) 만장일치제

직접민주주의에서 만장일치(unanimity rule)제도는 정치적 의사결정 과정에 참여하는 주체들 전원 찬성 또는 합의하는 경우를 의미한다. 투표자 N명, 가령 100명의 유권자가 있다고 할 때 100명 모두 찬성하는 경우 만장일치라고 한다. 스웨덴의 경제학자 빅셀(Knut Wicksell)은 만장일치제도의 결과가 가장 이상적 정치적 합의 상태라고 했다. 만장일치는 정치적 의사결정에 참여한 모든 투표자가 조세와 재정지출 수준에 대해 100% 찬성했기 때문에 가장 이상적인 사회적 선택이고, 이러한 정책 결과는 파레토 최적 상태를 나타낸다.

그러나 투표제도로서 만장일치는 다음과 같은 단점도 지니고 있다.

첫째, 정책적 대안의 선택이 매우 어렵다는 것이다. 만장일치제도를 투표의 룰로 선택하면 유권자 가운데 1명만 반대해도 정책 선택이 불가능하기 때문에 현실적으로 만장일치제도에서는 정책 선택이 매우 어려워진다.

둘째, 투표의 의사결정 비용이 크게 소요된다. 만장일치에서는 모든 구성원이 찬성해야 하기 때문에 만일 1~2명이 반대할 경우 이들이 찬성하도록 하기 위해 발생하는 협상비용과 회의에 소요되는 시간과 노력 같은 의사결정 비용이 매우 커지게 된다.

셋째, 개인의 전략적 행위와 현재 상태가 다른 대안에 비해 우위를 지니게 된다. 사회적 선택과정에서 소수의 투표자라도 더 나은 결과를 가지기 위해 전략적 행위로 반대를 하고 다른 대안의 선택을 강조하면 기존의 정책은 선택되지 못하고, 새로운 정책대안이 제안되는 등 정책 선택이 이뤄지지 못하는 문제가 발생할 수 있다. 따라서 만장일치제도에서는 새로운 변화를 가져오는 정책대안의 선택이 불가능하고 결국은 현재 상태(status quo)에 머무르게 되는 현상이 나타나게 된다.

이러한 만장일치제도는 가장 이상적 투표 결과일 수 있으나, 또한 새로운 조세 또는 정부지출제도의 대안적 선택이 거의 불가능해질 수 있다는 문제점을 지니고 있다. 그러므로 만장일치제도는 직접민주주의에서 투표의 룰로 자주 활용되지는 않고 매우 중요한 사안에 해당되는 예로 유엔(UN) 안전보장이사회에서 전쟁 개입 같은 특수한 경우에 국한해서 사용되고 있다.

2) 다수결투표제

민주주의는 다수가 지배하는 사회이다. 사회적 선택과정에서 구성원 가운데 다수가 찬성하면 그 정책대안은 선택되고, 소수는 다수의 정책결정에 따라야 한다. 직접민주주의에서 개인의 다양한 선호를 사회적 선택으로 이어가는 제도가 투표제도인데, 그 제도에서 가장 자주 사용되는 집단적 의사결정제도가 다수결투표제이다. 단순다수결 투표제는 투표자 N명 가운데 1/2 N 명만 찬성하면 사회적 선택이 이뤄진다. 예컨대 100명의 투표자가 있는데 투표를 통해 과반수인 51명이 찬성하면 정책대안은 선택되고 사회적 선택이 이뤄진다. 이러한 단순다수결 투표제도는 앞에서 설명한 만장일치제도에 비해서 간편하고 사회적 선택의 의사결정 비용과 협상비용을 최소화하며, 단시간 내에 사회적 선택을 결정할 수 있는 투표제도라는 장점을 지니고 있다.

단순다수결 투표제도의 사회적 선택을 설명하는 대표적 이론이 블랙(Duncan Black)의 단봉형 선호모형(single peaked preferences model)이다. 그가 주장한 중위투표자의 단봉형 선호모형은 다음과 같이 설명될 수 있다. 세 명의 투표자 김 씨, 이 씨, 박 씨가 있고 세 개의 정책 대안 또는 예산안 A, B, C가 있다고 가정한다. A는 대규모 예산, B는 중간 규모 예산, C는 소규모 예산을 나타낸다. 이 세 가지 대안적 예산안에 대한 세 명 투표자의 선호가 다음과 같다고 가정하자. 즉, 세 명의 선호 순서가 다음과 같이 주어졌다고 가정한다.

아래와 같은 선호 체계에서 다수결투표제를 적용해 A와 B를 비교하면 이 씨와 박 씨가 B를 A보다 더 선호해서 과반수를 얻은 B가 선택된다. 또한 B와 C를 비교하면 김 씨와 박 씨가 B를 C보다 선호해 B가 선택된다. 이와 같이 여러 가지의 대안 가운데 두 개의 대안에 대해 단순다수결로 비교해서 선택되는 대안을 정하고, 또다시 다른 대안과 단순다수결로 선택되는 대안을 결정하는 과정을 계속해서 최종적 대안을 결정한다. 아래의 선호 체계에서 단순다수결제를 사용할 경우 B 예산안이 최종 대안으로 선택된다.

김 씨 A > B > C
이 씨 C > B > A
박 씨 B > C > A

위에 주어진 세 명의 투표자 김 씨, 이 씨, 박 씨가 있고, 세 가지 예산 대안 A, B, C에 대한 선호 순서를 표시하면 [그림 3-7]과 같다. 그림에서 세 가지 예산 대안이 차지하는 점의 위치가 높을수록 더욱 선호되는 것을 나타낸다. 이 그림에서 세 명의 개인 김 씨, 이 씨, 박 씨의 선호체계를 설명하면 다음과 같다. 김 씨는 대규모 예산(A)을 가장 선호하며 A에서 멀어질수록 선호 순서가 점차 감소한다. 이 씨는 소규모 예산(C)를 선호하며 C에서 떨어질수록 선호 순서가 지속적으로 줄어든다. 또한 박 씨는 중간 규모 예산(B)을 선호하며 B에서 멀어질수록 선호 순서가 감소한다. 이때 박 씨의 선호가 중위투표자의 선호이다.

[그림 3-7]에서 각 투표자들은 가장 선호하는 예산안에서 멀어질수록 투표자의 효용이 점차 감소되는 것으로 나타나고 있어 세 명의 투표자 김 씨, 이 씨,

그림 3-7 **단순다수결 투표제도**

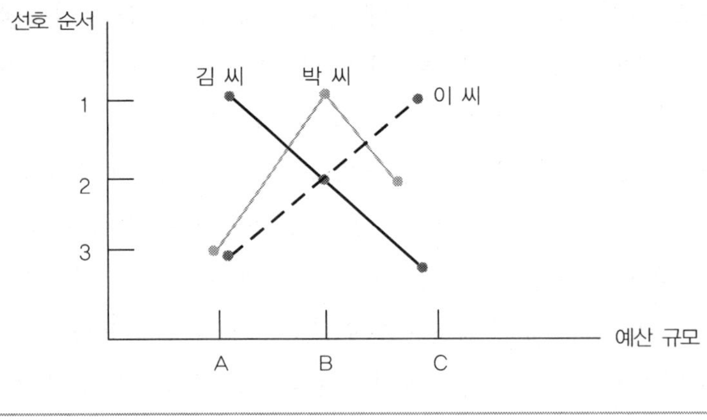

박 씨는 모두 가장 높은 봉우리가 1개만 존재한다. 이러한 선호체계를 '단봉형 선호체계'라 한다. 이렇게 모든 투표자가 단봉형 선호체계를 갖고 있으면 투표자의 선호체계가 안정적이고 이행성을 충족시키며, 이 경우 단순다수결제를 통한 최종적인 사회적 선택은 B의 선호로 결정된다. 이는 투표자 박 씨의 선호인데, 그를 중위투표자(median voter)라고 한다.

블랙은 이와 같은 '중위투표자 가설'을 주장했는데, 이는 투표자의 선호가 단봉형을 나타내면 다수결투표제 결과는 중위투표자가 가장 선호하는 수준의 공공재가 선택된다는 것이다. 이때 중위투표자는 투표자들 가운데 중간에 위치하는 투표자이며, 현실적으로 중산층 또는 지역 내 중간소득 계층을 나타낸다. 위 예의 경우 중위투표자는 박 씨이며, 중위투표자인 박 씨가 가장 선호하는 중간 정도 예산 규모인 B안이 다수결투표제도에서 사회적 선호로 선택된다.

그러나 다수결투표제에서 봉우리가 하나인 단봉형 선호가 아니고 일부 개인의 선호에 봉우리가 양쪽에 두 개 있는 '다봉형 선호(multi-peaked preferences)'가 되면 '투표의 역설(voting paradox)' 현상이 발생할 가능성이 있다. '투표의 역설' 현상이란 여러 가지 예산안 가운데 대안의 비교 순서를 바꿈에 따라 최적 예산안이 달라지고 일관성 없는 결과가 나오게 되는 현상을 일컫는다.

지금까지 살펴본 단순다수결제도는 신속한 사회적 선택이 가능하고 투표 거래비용을 줄일 수 있다는 장점 때문에 직접민주주의의 사회적 선택의 룰로 자주 활용되어 왔다. 그러나 다수결투표제도는 사회적 선택수단으로 문제점을 지니고 있다. 가장 중요한 것은 단순다수결제도가 다수의 횡포문제가 발생할 가능성이 있다는 것이다. 즉, 다수가 찬성하면 사회적 선택으로 결정되는데 가령 100명 투표자 가운데 51명 찬성 49명이나 반대의 경우에도 단순다수결제도에서는 이 정책대안이 선택된다. 이와 같이 특정한 정책안에 대해 반대자가 많은데도 단순다수결에 의한 의사결정이 진행되면, 반대자의 희생 또는 사회적 비용이 커진다.

이와 같이 직접민주주에서 개인의 선호를 사회적 선택으로 이어가는 투표제도에서 가장 자주 활용되어 왔던 다수결투표제도에서는 다수의 횡포 문제, 반대자의 사회적 비용 증대 문제 등이 발생되었다. 이러한 단순다수결 투표제도의 단점을 보완하기 위해 다양한 투표제도, 예를 들면 점수투표제, 최적다수결제도 등과 같은 새로운 투표제도가 제안되어 왔다.

3) 점수투표제

앞에서 설명한 과반수투표제는 직접민주주의에서 가장 자주 사용되는 투표제도이다. 그러나 과반수투표제도는 다수의 횡포와 투표자 개인의 선호가 반영되지 않았다는 문제점을 지니고 있다. 이러한 과반수투표제도의 문제점을 보완하기 위한 대안이 점수투표제도이다.

점수투표제도(point voting)는 <표 3-1>과 같이 설명될 수 있다. 투표자 김 씨, 이 씨, 박 씨 3명이 존재하고, 세 개의 예산 규모 A, B, C가 있다고 한다. 그리고 3명의 투표자에게 주어진 점수는 총 10점이라고 한다. 3명 투표자의 세 개 예산 대안에 대한 점수 숫자가 <표 3-1>과 같이 주어졌다고 가정한다. 투표자들은 자신의 선호에 따라 세 개 예산 대안에 대해 주어진 점수를 배분해 투표한다. 점수투표제도에서는 가장 많은 총점 점수를 얻은 대안이 선택된다. 그러면 점수투표제도의 투표과정과 결과는 다음 표와 같다.

표 3-1 점수투표제도

	예산 규모		
	A안	B안	C안
김 씨	5	3	2
이 씨	1	2	7
박 씨	1	5	4
총점수	7점	10점	13점

위 표에서 예산 규모에 대한 선호 순서가 김 씨는 A>B>C, 이 씨는 C>B>A, 박 씨는 B>C>A로 앞의 다수결투표제에서 예로 들었던 선호체계와 동일한 형태를 지니고 있다. 그리고 점수투표제도를 사용해서 예산안에 대한 선호의 강도를 각각 점수로 표시해 김 씨는 A안 5점, B안 3점, C안 2점, 이 씨는 C안 7점, B안 2점, A안 1점, 그리고 박 씨는 B안 5점, C안 4점, A안 1점으로 선호를 나타냈다.

앞에서 설명한 단순다수결 투표제도에서는 B안이 투표 결과를 통해 결정된다. 그러나 투표자들이 가지고 있는 선호의 강도를 표시하는 점수투표제를 사용하면 가장 높은 총점수 13점을 받은 C안이 선택된다. 이와 같이 단순다수결 투표제와 점수투표제가 서로 다른 결과를 나타낸 것은 이 씨 선호가 특이한 C안에 대해 과도하게 높은 7점의 점수를 주었기 때문이다. 이씨는 세 개의 예산안 가운데 C안에 대한 선호 강도가 매우 높은 투표자이다. 따라서 점수 투표제도는 예산안에 대한 각 투표자의 선호의 강도를 점수로 표시하게 함으로써 단순다수결 투표제도의 문제점인 반대자가 치러야 하는 희생을 보완할 수 있다는 정점이 있게 된다.

그러나 점수투표제도는 다음과 같은 문제점을 지니고 있다.

첫째, 선호 강도의 측정 문제이다. 점수투표제도는 투표자들이 대안적 예산안에 대한 선호의 강도를 구체적 점수로 측정할 수 있다는 가정에 입각하고 있다. 그러나 현실적으로 정부가 제공하는 공공재의 선호의 크기를 구체적 숫자로 나타내는 것은 매우 어렵다. 즉, 김 씨는 A안 5점 · B안 3점 · C안 2점처럼 각 예산 규모가 지니는 선호의 강도를 정확한 숫자로 측정하는 것이 현실적으로 매우 어렵다는 것이다. 이는 공공재라는 것이 공익성과 소비의 외부효과를 지니고 있기 때문에 투표자가 대안적 예산안에 대한 선호의 강도를 점수로 측정하기는 거의 불가능하다. 만일 대안적 예산안에 대한 점수를 측정하기 어렵다면 점수투표제도는 공공선택의 제도로 사용하는 데 문제가 나타난다.

둘째, 투표자의 전략적 행동 문제이다. 투표자들이 과반수투표제도와 같은 선호에 따라 정상적인 점수로 투표를 하면 예산안 B가 선택되어야 한다. 그러나 개인 이 씨가 자신의 점수 가운데 큰 숫자인 7점을 C에 부여해 C가 가장 높은 총점 점수를 얻게 되어 과반수투표제도와 다른 점수투표제도의 왜곡된 투표 결과가 선택되었다. 이와 같이 투표자 이 씨가 전략적인 행위를 하여 사회적으로 바람직하지 않은 예산안 C가 선택되었다. 이러한 투표자들의 전략적 행동은 점수투표제도가 지니고 있는 중요한 문제점이다.

셋째, 투표의 행정관리비용 문제이다. 과반수투표제도는 투표자의 찬반을 묻기 때문에 투표 결과를 쉽게 도출할 수 있다. 그러나 점수투표제도는 투표자의 예산안에 대한 선호의 강도를 정확한 숫자로 파악하는 것이 어려울 뿐만 아니라, 투표의 행정관리비용도 많이 소요된다. 일반적으로 투표제도는 유권자의 투표 참여비용, 투표 진행에 필요한 인력 소요비용, 투표 결과 개표에 소요되는 시간과 인건비 등 다양한 비용이 소요된다. 과반수투표제에 비해 점수투표제도는 투표과정과 투표 결과 도출에 더 많은 시간과 행정적 비용이 소요되는 문제점을 지니고 있다.

4) 최적다수결제

공공선택론을 정립시키는 데 중요한 공헌을 했던 뷰캐넌(James Buchanan)과 털럭(Gordon Tullock)은 새로운 투표제도로서 최적다수결제도를 제안했다(Buchanan & Tullock, 1965). 그들은 투표제도로 인해 발생하는 총비용을 최소화시킬 수 있는 사회적 선택의 룰을 모색하려고 했다.

그들은 먼저 투표의 총비용을 크게 의사결정비용(decision－making costs)과 외부비용(external costs)으로 구분했다. 여기서 의사결정비용(D)은 투표자들이 합의를 하는 데 소용되는 시간과 노력에 따른 비용이며, 집단의 구성원들이 특정한 조세제도와 정부지출안을 동의하는 데 소요되는 거래비용(bargaining costs)이기도 하다. 따라서 의사결정비용은 찬성하는 구성원의 비율이 높을수록 증가하고, 100 퍼센트의 구성원이 모두 찬성하는 만장일치에서 그 비용이 최대치에 이른다. 또한 외부비용(E)은 어떤 예산안이 결정됨에 따라 그 예산안에 반대했던 유권자들이 부담하는 비용을 의미한다. 이에 따라 외부비용은 모든 사람이 반대할 때 최대치가 되고, 찬성하는 사람이 많아질수록 감소하며, 모든 유권자가 찬성하는 만장일치에서 외부비용은 0이다. 이와 같이 투표제도에서 발생하는 두 가지 비용을 합하면, 투표제도의 총비용이 된다. 뷰캐넌과 털럭은 효율적 투표제도는 의사결정비용(D)과 외부비용(E)의 합계인 투표의 총비용($D+E$)을 최소화시키는 최적 인원 수를 찾아내서 그 인원 수가 찬성하는 대안을 최종적으로 선택하는 제도를 일컫는다.

이러한 최적다수결제도는 [그림 3－8]로 설명될 수 있다. 의사결정비용(D)은 찬성하는 사람이 많아질수록 증가하며, 모든 구성원이 찬성하는 만장일치에서는 극대화가 된다. 따라서 의사결정비용(D) 곡선은 우상향의 형태를 띤다. 이에 비해 외부비용(E)은 모든 구성원이 반대할 때 최대가 되고, 찬성하는 사람이 많아질수록 감소한다. 그러므로 외부비용(E)은 우하향의 형태를 나타낸다. [그림 3-8]에 나타나듯이 투표의 의사결정비용과 외부비용을 합한 투표의 총비용은 U자형의 형태를 띠게 된다. 따라서 뷰캐넌과 털럭이 강조한 최적다수결의 효율적 투표제도는 투표의 총비용이 최소화되는 N_1 수준($D+E$ 최소 수준)에서 이뤄진다. 이 점에서 투표의 한계비효율성 비용은 한계의사결정 비용과 동일하게 된다. 이 이론에 따르면 과반수투표제도가 효율적인 의사결정 룰이 아니고, 단순다수결제도의 최적 인원 수 N_0와 최적다수결제도의 최적 인원 수 N_1은 일치하지 않을 수도 있다.

그림 3-8 **최적다수결제도**

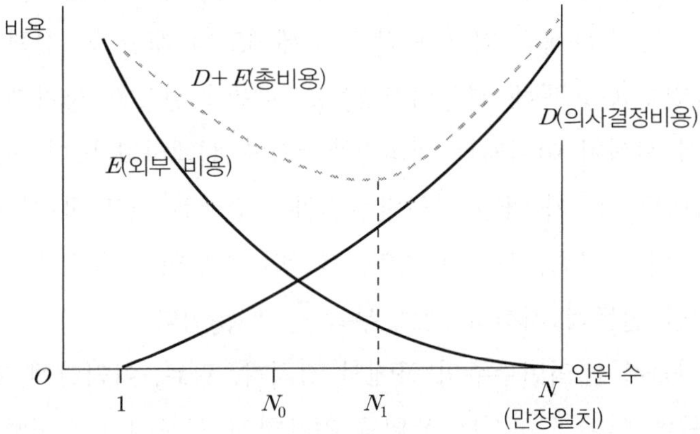

이 제도가 시사하는 바는 무엇보다 민간의 경제적 효율성과 동일한 차원에서 집단적 의사결정을 할 때에도 그 과정에서 발생하는 총비용을 극소화시키는 최적다수결제도가 사회적으로 효율적이라는 사실을 보여주고 있다는 데 있다. 이들이 보기에 만장일치제도라든가 그동안 흔히 채택되어 온 단순다수결제도는 집단적 의사결정 룰로는 적절치 않다는 것이다. 그들은 만장일치제도는 의사결정비용이 너무 높아서 그 유용성이 떨어지며, 과반수투표제의 결과는 우연한 경우에만 최적다수결의 결과와 일치할 수 있을 뿐이라고 보고 있다.

3. 대의민주주의와 공공선택

오늘날 각 국가들은 직접민주주의(direct democracy)보다 간접민주주의 또는 대의민주주의(representative democracy) 체제를 선택하고 있다. 국가적으로 중요한 정책과 제도 선택에는 국민들이 정치적 의사결정에 투표를 통해 직접 참여하지만, 일반적으로 많은 정책결정에는 국민들이 정치가와 관료와 같은 대표를 선출하고, 이들이 국민의 이익을 대표해서 정치적 의사결정을 하는 대의민주주의를 선택하고 있다. 예를 들어 정치가들인 대통령, 또는 국회의원선거, 국가 룰인 헌법의 개헌과 같은 중요한 정치적 결정에는 국민들이 투표를 통해 자신의 선호를 직접 표명하고 정치적 선택을 하게 된다. 그러나 최저임금제와 같은 경제정책의 결정, 예산 규모의 선택, 소득세의 인상과 같은 조세제도의 개선 등 정책결정은 직접민주주의에서 국민투표를 통해 결정되지 않고, 국민이 선출한 정치가 또는 관료 등에 의해 정치적 선택이 이뤄지는 대의민주주의를 선택하고 있다. 이와 같이 오늘날 사회가 직접민주주의가 아닌 대의민주주의를 선택한 것은 국민들이 일상생활에서 경제생활의 여유 부족, 시간의 제약, 복잡한 정부의 경제정책, 조세제도 또는 예산제도에 대한 전문적 지식과 정보 부족 등 때문이다.

공공선택론자들은 대의민주주의 하에서 정치가, 관료, 이익단체, 유권자들의 행동 원리와 그들에 의한 공공선택 행위를 경제학적 시각에서 설명하려고 했다. 무엇보다 이들은 전술한 바와 같이 인간은 재화시장이나 정치적 시장에서 본질적으로 모두 개인의 목표함수를 추구하는 이기적이고 합리적인 주체라는 전제에서 출발하고 있다. 그러한 전제에서 공공선택론자들은 정치가, 관료, 이익단체, 유권자들이 자신의 목표함수가 있고, 이를 극대화시키기 위한 정치적 행위를 한다고 주장했다. 이러한 공공선택론은 시장실패(market failure) 치유를 위한 정부개입이 경제문제를 해결하는 역할을 하는 것이 아니고, 오히려 경제문제를 더욱 어렵게 하며, 정치가의 부패와 정책실패 같은 정부실패(government failure)를 초래할 우려가 있다고 경고했다.

1) 정치가

정치가는 국민의 선거를 통해 선출한 정치적 주체자들이다. 국민들은 선거를 통해 대통령, 지방자치단체장 등을 선출하고 있으며, 이들 정치가는 국민의 이익을 대변해서 정치적 의사결정을 해야 하는 정치적 주체자들이다. 대의민주주의에서는 투표를 통해 선출된 정치가들이 국민의 대표로 조세제도와 예산안 등의 정부정책을 결정하고 시행한다.

신고전파 경제학자들은 정치가들이 국가의 이익을 위해 헌신하는 주체이며 사회 공동의 선(common good) 또는 공익(public interest)을 추구하는 주체자들이라고 봤다. 국가를 위해 개인이 존재하고 정부정책은 공익을 증진시키기 위한 정부활동으로 간주했다. 이와 같은 국가관과 정치가의 공익 추구 견해는 정치 현상에 대한 규범주의적 접근 시각이다. 이에 비해 공공선택론자들은 정치가들이 인간 또는 개인의 측면에서 경제적 행동의 주체로서 사익(self−interest)을 추구해 행동한다고 봤다. 뷰캐넌과 털럭은 같은 공공선택론자들은 개인으로서 정치가들이 법적 또는 조직의 제도적 제약조건과 지식과 예산 제약조건 하에서 그들 개인의 목표함수를 극대화시키는 주체자들이라고 인식했다. 이러한 공공선택론의 정치가들의 사익 추구 견해는 정치적 시장의 현실을 잘 설명할 수 있고 정치 현상에 대한 실증주의적 접근 시각이다. 현실 정부 행위에서 정책실패 또는 정부실패 현상은 공익적 접근보다 사익적 접근 시각을 선택할 때 좀 더 쉽게 설명될 수 있다.

다운스(Anthony Downs)는 1957년 그의 저서 『민주주의의 경제이론(*An Economic Theory of Democracy*)』에서 공공선택론적 시각에서 정치적 경쟁시장모형을 정립시키며 정치가의 행위를 분석했다. '다운스 모형'이라고도 불리는 그의 이론에 의하면, 정치적 시장에서 정치가와 유권자는 합리적이며 각자 자신의 목표함수 극대화를 추구하며 정치적 교환행위를 한다고 봤다. 즉, 정치가는 선거에서의 승리와 재집권을 위한 득표극대화를 목표로 하고, 유권자는 투표를 통해 당선된 정치가가 자신에게 주는 편익극대화를 목표로 추구하며 각각 정치적 행위를 한다는 것이다.

이러한 '다운스 모형'에 의한 정치가의 득표극대화 이론은 다음 그림을 통해서도 설명될 수 있다. 공공선택론자들에 의하면 정치가는 권력의 유지와 이를 위한 선거에서 득표극대화를 추구하는 개인적 이기심을 지닌 주체자들로 인식되고 있다. 즉, 대의민주주의에서 정치가들은 선거에서 승리해 재집권해야 자신의 정책과 제도를 시행할 수 있고, 이러한 권력의 유지를 위해 정치가의 목표함수는 선거에서 득표극대화에 있게 된다. [그림 3-9]에서 정치가가 득표극대화 목표함수를 달성하기 위해서는 유권자로부터 가장 많은 득표를 해야 하고, 유권자의 가장 많은 구성은 사회적 소수계층인 보수계층 또는 진보계층이 아닌 중산층 또는 중위투표자들로 구성되어 있다.

그림 3-9 정치가의 득표극대화 가설

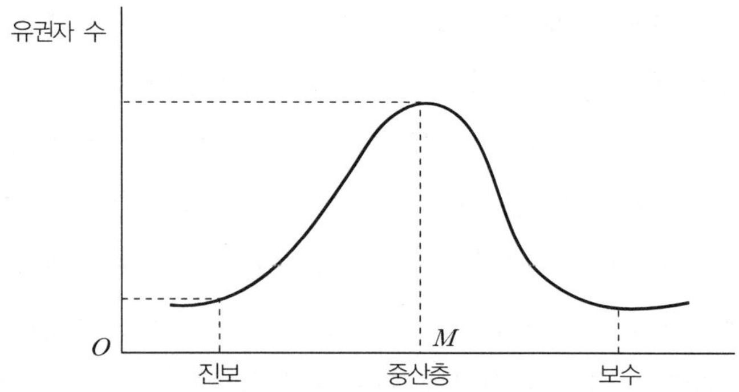

다운스 모형에서 정치가는 득표극대화를 위해 가장 많은 유권자 구성을 이루고 있는 중위투표자의 지지를 얻어야 선거에서 승리하고 재집권할 수 있다. 그림에서도 중위투표자가 상대적으로 소수를 이루고 있는 보수계층이나 급진적 진보계층보다 더 많은 구성비를 차지하고 있다. 따라서 대의민주주의에서 선거를 통해 선출된 정치가는 중위투표자의 선호를 가장 잘 반영시키는 정책을 선거공약으로 내세운 후보이다. 또한 유권자 또는 중위투표자들은 개인의 목표함수 추구를 위해 자신의 편익을 극대화시켜주는 정치가에게 투표할 것이다.

이러한 다운스가 주장한 정치가의 득표극대화 가설은 대의민주주의에서 정치가의 행위를 공공선택론적 시각에서 잘 설명한 이론으로 자주 인용되어 왔다. 그러나 다운스 모형은 몇 가지 한계점도 지니고 있다. 우선 다운스 모형은 공공재 선호가 단봉형이며 투표자들이 전략적으로 제휴하지 않고 합리적으로 행동한다고 가정했는데, 현실 정치적 시장은 중위투표자 선호가 단봉형이지 않고 투표자의 결탁과 같은 전략적 행위를 할 수도 있다. 또한 정치가는 중위투표자의 진정한 선호 체계에 대한 지식의 제한되어 있고, 유권자도 정치가에 대한 정보 부족 현상이 존재한다. 이와 같은 정치적 시장의 불완전성이 존재하면 다운스 모형은 대의민주주의에서 정치가의 득표극대화 행위를 설명하는 가설로서의 설득력은 한계를 지닐 수밖에 없다.

2) 관료

(1) 관료와 니스카넨 모형

대의민주주의의 정치적 시장에서 조세와 재정지출을 결정하는 데 영향을 미치는 주체로는 정치가와 유권자 이외에 관료들이 있다. 관료(bureaucrats)는 정치가가 정책을 결정하기 위한 정보를 제공하고 또한 예산안 및 조세제도를 구축한다. 관료는 공무원조직에서 오랜 기간 동안 근무경력이 있고 행정 경험이 풍부하며 정책을 구상하는 고위공무원 집단을 의미한다. 대의민주주의에서 정치가는 국민의 투표를 통해 선출되나, 관료는 국민의 투표를 통해 선출되지 않고 정치가에 의해 임명된 전문 공무원이라는 특성을 지니고 있다. 이러한 관료들은 정치가의 행정적 임명을 받아 공공 서비스를 효율적으로 제공하는 공공부문의 행정행위를 하는 중요한 주체들이다.

전통적으로 베버(Marx Weber) 같은 학자들은 관료를 국민의 공복(公僕, civil servant)으로 인식했다. 즉, 이상형의 관료제는 정부 행정부서의 한 조직의 구성원으로 국가의 이익과 국민을 위해 헌신하고 봉사하며 유권자의 선호를 잘 반영시키는 전문 공무원집단으로 보았다. 이에 비해 관료제의 경제학적 인식론(economic analysis of bureaucracy)을 지닌 공공선택론자들은 관료를 합리적이며 개인의 목표함수를 지닌 사익을 추구하는 주체들로 봤다. 즉, 공공선택론자들은 관료가 예산과 재정제도의 정치적 의사결정 과정에서 관료의 효용을 극대화시키는 행위를 한다는 것이다.

관료제의 행위를 공공선택론적 시각에서 분석한 대표적 이론이 '니스카넨 모형(Niskanen model)'이다. 니스카넨(William A. Niskanen)은 1968년 그의 저서 『관료제와 대의민주주의(*Bureaucracy and Representative Government*)』에서 관료들은 그들의 권력, 사회적 평판, 빠른 승진, 높은 급료, 부서의 영향력 확대 등과 같은 목표함수를 추구하는 주체자들이라고 봤다. 1960년대에 미국 행정부의 오랜 관료 경험을 했던 그는 이러한 관료의 목표변수들이 관료가 소속된 부서의 예산 규모와 직접적으로 관련이 있다고 주장했다. 따라서 효용극대화를 목표로 활동하는 관료들은 예산극대화를 목표로 행동을 한다는 것이다. 이와 같은 관료의 예산극대화 행위를 공공선택론에서는 니스카넨 모형이라고 부른다. 관료의 예산극대화 행위 가설은 관료들이 중위투표자들이 수요하는 수준 이상으로 예산 규모를 확대시키려 하고, 이러한 관료의 행위는 관료들이 예산 규모 결정과정에 중립적 주체가 아닌 공공재 공급과정에서 중요한 영향을 미치는 정치적 주체라는 것을 의미한다. 니스카넨 모형에서 관료는 예산극대화의 목표함수를 추구하는데, 이로 인해 관료제의 예산 규모는 사회적 최적수준보다 더 큰 규모를 나타나게 된다.10)

니스카넨 모형은 다음 [그림 3-10]을 통해서 더 구체적으로 설명될 수 있다. 이 그림에서 TB는 예산의 총편익곡선, TC는 예산의 총비용곡선을 나타낸다. 예산의 총편익과 총비용이 그림과 같이 주어졌으면 사회적 최적규모는 총편익 TB와 총비용 TC의 차이가 가장 큰 G^*에서 이뤄진다. 이러한 G^*점에서 총편익과 총비용의 차이가 가장 클 때 예산의 한계편익(MB)과 예산의 한계비용(MC)이 같아지며, 사회적 최적규모 예산이 편성된다. 그러나 관료는 예산편성의 편익이 비용을 초과하는 한도 내에서 예산 규모를 증대시키려고 하고 결국 관료제 하의 예산 규모는 총편익 TB과 총비용 TC이 동일해지는 G_N 수준에서 결정된다.

---

10) 이러한 니스카넨의 주장은 우리나라 정부 예산편성 과정에서도 자주 나타났던 현상이다. 즉, 거의 매년 우리나라 예산편성 과정에서 정부 각 부서의 최초 예산요구액은 최적규모보다 2배가량 많은 예산안을 제안해 왔고, 기획재정부는 2배가량 많은 각 부서의 예산요구액을 삭감해 국무회의 의결을 거쳐 매년 정부예산안으로 확정하고 국회의 심의 의결을 받는 정치적 과정을 거쳐 왔다. 우리나라 예산편성 관행에서도 나타나듯이 정부 각 부서의 관료들은 자신이 속한 부서의 영향력 증진, 조직 확대, 승진 기회 제고, 더 높은 급료 등을 받기 위해 사회적 최적규모보다 더 많은 예산을 요구해 왔다. 이는 니스카넨의 관료 예산극대화 가설이 한국의 예산편성 관행에서도 나타났다는 사례로 들 수 있다.

그림 3-10 니스카넨 모형

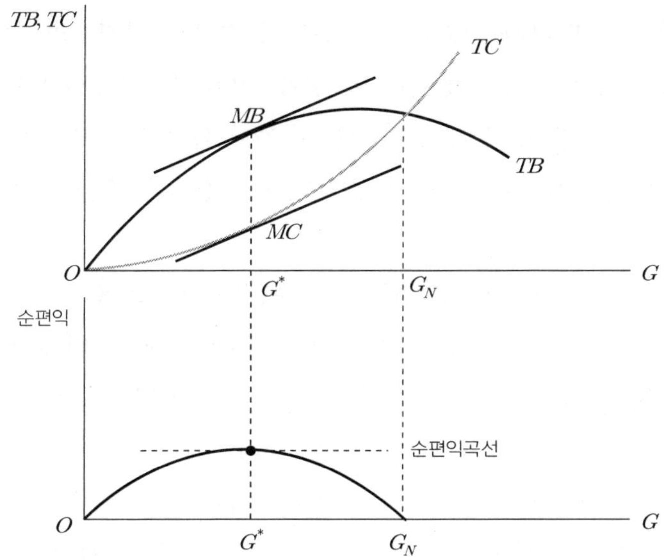

(2) 관료제의 문제점과 개혁

공공선택론자들은 관료제의 비효율성에 대해 많은 비판을 해 왔다. 이들은 관료들이 예산의 과다한 팽창과 낭비 및 낮은 생산성 등의 특성을 지니고 있기 때문에 '관리상의 X비효율(X-inefficiency)'[11]을 초래한다고 주장했다. 관료들은 과도한 인력과 낮은 생산성 등으로 인해 생산가능곡선상의 선택이 아니고 곡선 이내의 자원배분의 비효율성을 가져온다는 것이다.

이와 같이 관료제의 문제점이 발생하게 된 원인은 경제이론에서 등장하는 주인-대리인 관계(principal-agent relation)에 의해 설명될 수 있다. 대의민주주에서 주인은 국민이고 대리인은 정치가 또는 관료들이다. 그런데 주인인 국민과 대리인인 관료들 간에 정보의 비대칭성 문제(asymmetry problems of information)가 존재한다. 국민들은 공공재를 수요하는 주체이고, 관료들은 공공재를 공급하는 주체인데, 현실 정치적 시장에서 국민과 관료 간에 공공 서비스 제공에 대한 정보의 비

11) 'X 비효율성(X-inefficiency)'이란 경제 주체들의 선택행위의 왜곡으로 인한 비효율이 아니라, 인사, 조직 등 관리상의 비효율을 일컫는 개념이다. 자세한 내용은 관련 문헌을 참고하기 바란다.

대칭이 존재한다. 즉, 관료는 공공 서비스 제공의 생산함수와 비용 조건에 대해 많은 정보를 지니고 있지만, 대부분의 국민은 관료의 행동에 대한 정확한 정보를 지니고 있지 못하다. 따라서 관료들은 국민들의 정보가 불완전한 상황에서 자신의 개인적 목표함수를 추구하는 행위를 할 수가 있다. 즉, 관료의 도덕적 해이(moral hazard) 문제가 발생할 수 있게 된다. 관료들은 공복으로 주인인 국민의 후생 증진을 위해 정치적 행위를 해야 하는데, 정보의 비대칭성을 활용해 관료 개인의 이익을 증진시키는 행위를 한다는 것이다.

또한 관료들은 정책과 제도를 결정하는 권한을 지니고 있고, 그들이 지닌 독점적 권력이 기초해 지대추구행위(rent-seeking behavior)를 하게 된다. 즉, 관료의 형식주의, 행정편의주의, 경직적 공직사회, 복잡한 행정절차, 각종 인허가·규제 등을 통해 정치적 시장에서 거래비용(transaction cost)을 증가시키고 주인인 국민의 불편을 확대시키면서 대리인인 관료들에게 유리한 관료제의 구조적 문제점을 표출시키기도 했다. 또한 관료들은 위험 기피적 행위를 해서 새로운 정책을 개발해도 관료들에게 보상은 주어지지 않으며, 오히려 행정실패가 발생하면 관료의 행정적 책임이 매우 커지기 된다. 따라서 관료들은 새로운 행정 기법이나 기술혁신을 도입할 유인이 존재하지 않고, 오직 현실 안주적 행위를 하게 된다. 이러한 관료제의 속성은 경제의 비효율성을 증진시키고 자원의 낭비를 가져오게 된다.

관료제의 문제점을 해결하기 위한 관료제 개혁의 필요성이 자주 거론되어 왔으며, 최근까지 다양한 제도가 실시되어 왔다. 관료제 개혁의 근본 방향은 경쟁의 도입, 유인구조의 개선, 승진과 평가제도의 개선 등을 들 수 있다. 관료제 개혁방안에서 경쟁의 도입은 관료제 문제의 발생 원인이 정보의 비대칭성, 관료의 독점적 지대추구행위에 기인하기 때문에, 이의 해결을 위해 공공부문에 경쟁적 여건을 도입하는 것을 들 수 있다. 즉, 공공부문에 경쟁의 원리를 도입해 관료부서에서 생산되는 서비스의 비용을 인하하고 공공부문과 민간부문 간의 경쟁 또는 정부부문 내 각 부서 간 경쟁원리를 도입함으로써 관료제 경직성을 극복하려는 정책적 시도이다. 또한 관료제의 유인제도(incentive system) 개선을 위해 관료의 성과 측정과 이를 통한 급여와 승진제도의 개선 등이 자주 실시되어 왔다. 즉, 정부 각 부서의 업무성과를 측정하고 관료의 성과에 기초해서 급여와 승진을 결정하는 것이다.

3) 이익집단

공공선택 과정에서 정치적 시장에 등장하는 주체자들은 정치가, 관료, 유권자 또는 이익집단이 있다. 이때 정치가나 관료들은 공공 서비스를 제공 또는 공급하는 주체자들이고 유권자와 이익집단은 제공된 공공 서비스를 소비 또는 수요하는 주체자들이다. 공공 서비스를 수요하는 주체자들이 개별적으로 활동하면 개인적 유권자가 된다. 그러나 동일한 목표를 지닌 유권자들이 자신의 특수한 이익을 증대시키기 위해 집단을 구성해 활동할 때 특수이익집단(special interest group)이 된다.

특수이익집단은 정책적 사안에 대해 동일한 목표를 지닌 유권자들이 단체를 구성하고 정치적 의사결정 과정에 영향력을 행사하려고 하려는 조직이다. 유권자들은 개인으로 행동하는 것보다 특수이익집단을 형성하면 더 큰 정치적 영향력을 끼치게 된다. 이러한 특수이익집단의 예는 노동조합, 전국경제인연합회, 농민단체, 변호사협회, 의사협회 등 무수히 많은 예를 찾아볼 수 있다. 특수이익집단은 그들 구성원의 공통의 목표를 달성하기 위해 조직의 형성, 막대한 자금력, 투표력 등을 통해 정치가나 관료에게 로비를 하고, 대중매체를 통한 이익단체에 대한 홍보활동을 통해 그들의 사회적 영향력을 증진시키려고 한다.

이러한 특수이익집단들은 로비그룹(lobby group)을 형성해서 정치가와 관료들에게 영향력을 행사해 자기집단에 유리한 재정적 편익을 얻으려고 한다. 이익단체들은 정치가, 관료들과 정치적 결탁을 통해[12] 사회 전체의 후생 증진보다 이익단체 구성원의 후생을 증진시키기 위해 조세, 보조금, 각종 인허가와 규제 등을 자신들에게 유리하게 형성하려고 한다. 이익단체들은 사회구성원 전체의 조세 또는 비용 부담으로 이익집단에 사회적 편익을 가져다주는 재정사업을 추진하려는 로비를 하기도 한다.

재정학자들은 특수이익집단의 숫자가 증대되면 경제 발전이 저해된다고 주장했다. 우선 이익단체들이 조직의 공동 목표를 설정하고 조직 발전에 대한 유인을 갖

---

12) 이와 같은 정치적 시장에서 정치가, 관료, 이익단체의 정치적 결탁을 '철의 삼각형(iron triangle)'이라 부르기도 한다.

게 되면 그 단체 수가 많아지고, 이익단체들은 자신에게 유리한 정부정책을 수립하도록 압력을 가하거나 정부에 로비를 하기 때문에 단체의 독점적 초과이윤 확보를 위한 각종 제도와 정책을 수립하려고 한다. 그 예로 이익단체들은 자신들의 산업에 대한 각종 금융과 재정적 지원, 조세감면 등을 요구하거나 또는 진입규제 정책을 유도하며, 그들의 독점적 초과이윤 증진과 독점적 지대를 확보하려고 노력한다. 이와 같이 이익단체들이 정치적 결탁과 지대추구행위로 독점적 지위를 유지하면 경제 여건 변화에 민감하게 반응하지 못하며, 기술혁신이 정체되고 시장 상황의 변화에 민감하게 적응하지 못하기 때문에 경제성장이 저해된다는 것이다. 그밖에 이익집단들은 자신에게 유리한 보조금 확대와 조세감면 등을 요구하기 때문에 재정지출 규모의 증대와 정부의 비대화 현상을 초래하기도 한다.

요 약

1. 공공재 이론의 주요 관심 대상은 공공재의 개념과 성격, 공공재의 적정규모 이론, 공공재의 비용 부담과 조세배분 이론의 세 가지 주제였다.
2. 공공재의 적정규모 이론은 부분균형 모형과 일반균형 모형으로 구분된다. 부분균형 모형은 민간재와 공공재의 각각의 시장에서 수요, 공급과 시장균형 조건의 분석을 통한 공공재 적정규모를 설명하려는 이론이다. 이에 비해 일반균형 모형은 새뮤얼슨 이론이라고 하는데, 민간부문과 공공부문의 시장 전체의 균형조건을 통해 공공재 최적규모를 설명하려는 이론이다.
3. 정부지출 증대 이론은 거시적 모형과 미시적 모형으로 구분된다. 거시적 모형은 경제 발전에 따르는 재정지출 증대 현상을 설명하려는 것으로 와그너 법칙, 전위효과 가설이 있다. 미시적 모형은 브라운-잭슨(Brown and Jackson) 모형으로 공공재 수요, 공급조건의 변화와 재정지출 증대 현상을 설명하려는 이론이다.
4. 재정지출 증대 현상을 설명하는 보몰 가설은 공공부문과 민간부문의 생산성 격차 또는 공공부문이 지닌 낮은 생산성으로 보고 경제문제의 본질이 공공부문 비대화에 있다는 생산성 격차 모형 또는 불균형 성장 모형을 주장했다. 또한 재정환상 가설은 정치가들이 공공재 제공의 정확한 비용 부담 수준을 숨길 수 있으면 재정환상이 발생되고 재정지출 규모가 증대된다고 주장했다.

5. 공공선택론은 경제학 시각에서 재정현상을 분석하려는 학문이다. 공공선택론은 정치적 의사결정 과정에서 정치적 주체자인 정치가, 관료, 국회의원, 이익단체, 유권자들의 행동원리와 그 결과를 경제학적 인식론으로 설명하려는 학문이다. 개인의 선호를 사회적 선택으로 전달하는 제도는 직접민주주의 제도에서의 공공선택과 간접민주주의 제도에서의 공공선택 이론으로 구분된다.
6. 직접민주주의는 국민 또는 유권자들이 사회적 선택에 직접 참여해서 정치적 의사결정을 하는 제도의 형태를 지니고 있다. 직접민주주의에서 개인들의 다양한 선호를 사회적 선택으로 이끌어 내기 위해서 투표제도를 이용한다. 직접민주주의에서 투표제도는 만장일치제, 단순다수결투표제, 점수투표제, 최적다수결제도가 있다.
7. 간접(대의)민주주의에서는 유권자의 투표를 통해 선출된 정치가들이 국민의 대표로 재정제도와 정부정책을 결정한다. 공공선택론자들은 간접민주주의의 정치적 시장에서 정치가들이 득표극대화, 관료는 예산극대화, 이익단체는 독점적 지대극대화라는 개인들의 목표함수 극대화를 위해 행동한다고 봤고, 이러한 결과로 나타나는 정부실패(government failure) 현상을 강조했다.

Chapter 03

연습 문제

주관식

1. 민간재와 공공재의 적정규모 이론을 설명하라.
2. 공공재 최적규모의 일반균형 모형에 대해 설명하라.
3. 와그너 법칙을 설명하라.
4. 피콕－와이즈만의 전위효과 가설을 설명하라.
5. 보몰이론을 설명하라.
6. 재정환상 가설을 설명하라.
7. 공공선택론의 의의를 설명하라.
8. 투표제도에서 단순다수결 투표제도에 대해 설명하라.
9. 최적다수결 투표제도와 점수투표제도에 대해 설명하라.
10. 니스카넨의 관료 예산극대화 모형에 대해 설명하라.

객관식

01. 공공재의 적정규모를 설명하는 것 가운데 옳지 않은 것은?

① 공공재 시장수요곡선은 개인 수요곡선의 수직적 합계를 통해 얻을 수 있다.
② 공공재 시장균형에서 개별 주체는 가격수용자와 수량조절자로서 행동한다.
③ 순수공공재의 경우 개인은 자신의 공공재 선호에 따라 가격 지불을 한다.
④ 공공재 수요곡선을 가상수요곡선(pseudo-demand curve)이라고도 한다.
⑤ 최적규모 조건에서 두 개인의 한계편익 합계가 한계비용과 일치한다.

02. 공공재의 최적규모를 설명하는 일반균형 모형 가운데 옳지 않은 것은?

① 민간재, 공공재가 동시에 존재할 때 민간부문과 공공부문의 사장 전체 균형이 어떻

게 이뤄지는가를 설명하는 이론이다.

② 새뮤얼슨 모형이라고도 한다.

③ 민간재, 공공재 간의 최적배분 조건, 파레토 효율성을 충족시키는 조건을 구하는 데 관심을 기울였다.

④ 최적규모 조건에서 개인의 한계대체율 합계가 한계전환율과 동일하다.

⑤ 분배 개선방안에 대해서도 분석했다.

03. 와그너 법칙을 설명하는 것 가운데 옳지 않은 것은?

① 재정지출 증대 현상을 설명하는 거시적 이론이다.

② 경제 발전에 따라 국가경비의 절대적, 상대적 규모가 팽창된다는 가설이다.

③ 정부지출의 소득탄력성이 0보다 크면 와그너 가설의 타당성이 인정된다.

④ 공공재의 선호와 정치적 의사결정 과정에 대해서도 서술한 이론이다.

⑤ 국가경비 증대의 법칙이라고도 불린다.

04. 전위효과 가설을 설명하는 것 가운데 옳지 않은 것은?

① 피콕-와이즈만이 영국 재정지출의 시계열 패턴을 분석하는 데서 정립되었다.

② 제2차 세계대전과 같은 전쟁 중에 국민들의 조세부담 허용 수준이 낮아진다고 주장했다.

③ 사회적 격변기 이후 재정지출이 계단식으로 상향 이동하는 현상이다.

④ 점검효과와 집중효과가 발생하기도 한다.

⑤ 사회적 격변기의 예로 세계대전과 대불황 등을 들었다.

05. 재정지출 증대의 미시적 이론인 브라운-잭슨 이론 가운데 옳지 않은 것은?

① 공공재 수요-공급 조건의 변화에 따른 재정지출 규모 변화를 설명하려는 이론이다.

② 중위투표자의 소득이 증대되면 공공재 수요가 증가해 재정지출 규모가 증대된다.

③ 공공재 비용이 증가하면 공공재공급 곡선이 우측으로 이동하고 재정지출 규모가 감소된다.

④ 공공재 수요에 영향을 미치는 변수들은 공공재 가격, 중위투표자의 선호 등이 있다.

⑤ 공공재 공급의 결정요인은 가격, 생산비, 기술 수준 등이 있다.

06. 민간부문과 공공부문의 생산성 격차 또는 공공부문의 낮은 생산성을 주장한 이론은?

① 재정환상 가설 ② 전위효과 가설 ③ 보몰 가설

④ 점검효과 가설 ⑤ 브라운-잭슨 모형

07. **직접민주주의 투표제도를 설명하는 것 가운데 옳지 않은 것은?**

① 직접민주주의는 유권자들이 정치적 의사결정에 직접 참여하는 정치 · 사회제도이다.
② 다수결투표제도에서 다봉형 선호가 되어도 중위투표자의 선호가 사회적 선택이 된다.
③ 만장일치는 모든 투표자가 찬성하는 가장 이상적 선택이고 파레토 최적이 된다.
④ 단순다수결 투표제도의 단점을 보완하기 위해 점투표제, 최적다수결제도가 실시되었다.
⑤ 최적다수결은 의사결정비용과 외부비용 합계인 투표의 총비용을 최소화하는 투표제도이다.

08. **대의민주주의의 공공선택을 설명하는 것 가운데 옳지 않은 것은?**

① 오늘날 많은 국가에서는 정치가, 관료들을 선출하고 이들이 정치적 의사결정을 한다.
② 대의민주주의에서 정치가, 관료, 이익집단은 사익추구행위를 전제로 한다.
③ 다운스 모형에서 정치가는 선거에서 승리와 재집권을 위한 득표극대화를 목표로 한다.
④ 니스카넨 모형에서 관료는 예산의 한계편익과 한계비용이 동일한 수준의 규모를 선택한다.
⑤ 이익집단이 많아지면 재정지출 규모의 증대와 정부 비대화 현상이 초래된다.

정답 및 해설

1. ② 공공재의 경우 시장균형에서 개별 주체자들은 가격조절자이고 수량수용자이다.
2. ⑤ 공공재의 최적규모 모형에서는 주어진 분배상태에서 자원배분의 효율성 조건만을 주요 관심으로 했고 분배 개선방안에 대해서는 언급하지 않았다.
3. ④ 와그너 법칙의 한계점은 그 이론이 공공재의 선호와 정치적 의사결정 과정을 설명을 제외시킨 데 있다.
4. ② 피콕–와이즈만은 제2차 세계대전과 같은 전쟁 시에 납세자들이 더 높은 세금을 납부하는 것을 받아들

이기 때문에 조세부담 허용 수준이 더 높아지고, 그로 인해 재정지출이 급격히 증대될 수 있다고 주장했다.

5. ③ 공공재 비용이 증가하면 공공재 공급곡선이 좌측으로 이동하고 공공재 수요가 일정 수준에 주어진다면 재정지출 규모가 증대된다.

6. ③ 보몰은 경제를 진보적 부문과 비진보적 부문으로 구분하고 노동집약적이고 낮은 생산성을 지닌 비진보적 부분인 서비스업과 공공부문의 저생산성으로 재정지출 증대 현상이 나타난다고 주장했고, 이를 보몰 가설이라 한다.

7. ② 단순다수결 투표제도에서 투표자 선호가 단봉형이 되어야 하고, 다봉형 선호가 되면 투표의 역설이 발생한다.

8. ④ 니스카넨 모형에서 관료들은 예산의 총편익과 총비용이 동일한 수준의 재정 규모를 선택해서 재정지출을 방만하게 팽창시킨다.

Chapter 04

비용편익분석과 예비타당성분석*

제2부 제3장에서는 경비 부문의 이론적 측면에 대한 주요 내용을 다뤘다. 그에 비해 제4장에서는 현실적으로 정부가 공공경비 지출을 위해 공공사업을 수행하는 과정에서 어떻게 하면 공공사업을 좀 더 효율적으로 수행할 수 있는지에 대한 실천적인 내용을 다루고자 한다. 이러한 목적에 부응하는 주된 내용에 해당하는 공공사업의 '경제성 분석' 수단으로서 '비용편익분석'에 담긴 주요 내용을 다루고자 한다. 이와 더불어 공공사업 수행 여부를 결정하는 과정에 '경제성 분석' 이외에 고려되어야 할 '정책성 분석' 등을 포함한 예비타당성분석이 필요한 이유와 그 내용도 개관하고자 한다.

제 1 절 비용편익분석 개관

먼저 비용편익분석이 등장하게 된 배경을 검토하면서 그 개념과 경제적 근거를 살펴본다. 이어서 비용편익분석의 구체적인 분석방법의 내용을 소개함으로써 앞으로 논의의 기초로 삼고자 한다.

---

* 이 장에서 다루는 내용은 주로 김동건(2012), 우명동(2007a) 등의 내용을 참고해서 이 책의 취지에 맞게 서술한 것이다.

1. 도입 배경과 개념

1) 도입 배경

종전에는 재정학의 연구 대상이 조세문제를 중심으로 삼았다. 그러던 것이 1950년대 이후 '후생경제이론'의 발달에 힘입어 공공지출의 효율화 문제가 중요한 문제로 부상하면서 재정학의 연구 대상이 조세를 비롯한 수입 중심에서 공공지출 부문으로 연구 중심이 옮겨가기에 이르렀다.[1] 그에 따라 이론적 측면에서는 앞의 제1장에서 소개한 바와 같은 '자발적 교환론'이 발전되면서 공공지출의 효율적 규모에 관한 규범적 이론이 정립되고, 다른 한편에서는 '공공선택론'이 등장해 공공지출의 효율성 여부에 대한 좀 더 실증적인 논의들이 활발하게 전개되었다.

이론적 측면에서의 그와 같은 내용들이 중요한 자리를 잡아가는 다른 한편에서는 현실적으로 어떻게 하면 공공지출을 효율적으로 수행할 수 있는지에 대한 좀 더 실천적인 요구가 제기되면서, 이러한 요구를 담은 과학적 예산편성 방법의 일환으로 '계획예산제도(Planning Programming Budgeting System : PPBS)'가 도입되었다. 이 제도는 예산편성을 위해 먼저 장기적인 전망을 담은 사업의 큰 목표를 설정(planning)하고, 그러한 목표를 실현할 수 있는 중단기적인 다양한 선택대안(programming)을 제시한 다음, 각 프로그램의 경제성을 분석해서 그 결과를 비교해 그중에 더 경제성이 높은 대안을 선택해서 해마다의 예산을 편성(budgeting)하는 방법을 일컫는다. 바로 이와 같은 과학적 예산편성을 위해 다양한 선택대안들의 경제성을 분석하는 수단으로 등장한 것이 여기서 설명하고자 하는 '비용편익분석'이다.

2) 개념과 경제적 근거

(1) 개념

한마디로 '비용편익분석'은 공공사업 수행과정에서 제시되는 "다양한 선택대안

1) 그렇다고 해서 수입부문에 대한 중요성이 줄어들었다는 것이 아니라 그동안 상대적으로 소홀하게 다뤄 왔던 지출부문에 대한 관심이 늘어난 것으로 파악해야 할 것이다.

들의 장기에 걸친 비용과 편익을 측정해서 상대적으로 우수한 대안을 선택하고자 하는 분석" 방법을 일컫는다. 물론 여기에는 특정 공공사업의 시행 여부 자체를 따지기 위해 비용과 편익의 상대적인 크기를 분석하는 것도 포함한다. 말하자면, 비용편익분석은 공동의 목적을 수행할 수 있는 대체적인 공공사업들 사이에 우열을 가리는 방법일 뿐 아니라 특정 공공사업의 비용과 편익의 상대적 크기를 따져 해당 공공사업의 수행 여부를 따지는 분석방법이라 정의할 수 있다.

여기서 전자의 경우는 각 공공사업 대안들의 편익과 비용의 상대적 크기를 측정해 서로 다른 공공대안들 사이의 우열을 가림으로써 자원배분의 사회적 효율성을 확보하고자 하는 것에 해당되며, 후자는 특정 공공사업의 편익과 비용을 측정해 편익이 비용보다 더 큰지 여부를 따져 자원배분의 사회적 효율성을 따지는 것에 해당된다. 그런데 후자의 경우 공공사업 시행에 소요되는 편익이 비용보다 크다는 것은 그 사업이 민간부문에서 수행되는 경우의 편익보다 더 크다는 것을 의미하므로 그 경우 자원배분의 사회적 효율성이 확보되는 것으로 평가된다. 자세한 내용은 아래에서 설명한다.

(2) 경제적 근거

이와 같은 개념과 관련해서 비용편익분석 방법의 경제적 근거를 이해해 둘 필요가 있다. 그 과정에 '기회비용'이라는 개념이 중요한 역할을 한다. 말하자면, 먼저 공공사업들 사이의 비교라면 하나의 공공사업을 수행하는 데 들어가는 비용이라는 것은 그 사업을 수행하느라 놓쳐 버린 다른 사업의 편익과 같다. 이렇게 보면 하나의 공공사업을 기준으로 볼 때 편익이 비용보다 더 큰 사업이 우수한 사업이라고 본다는 것은 바로 다른 사업과의 비교에서 보면 해당 사업의 편익이 다른 사업의 편익보다 더 큰 사업을 우수한 사업으로 본다는 것과 마찬가지라는 것을 알 수 있다. 같은 맥락에서 특정 공공사업의 수행 여부를 판단하는 경우라면 이 문제는 민간부문과 공공부문 사이의 자원배분 문제에 해당한다고 볼 수 있다. 이 경우에는 공공사업을 통해 얻는 편익이 비용보다 더 높으면 타당하다는 평가를 한다. 이 말은 공공사업 수행에 소요되는 비용이라는 것은 기회비용 관점에서 보면 공공사업을 하느라고 놓쳐 버린 민간사업의 편익이라 할 수 있으므로 결국 공공사업을 통해서 얻는 편익이 비용보다 더 높다는 것은 곧바로 공공사업의 수행을 통해서 얻는 편익이 민간사업을 통해 얻는 편익보다 더 크기 때문이라는 사실을 알 수 있다. 바로 이러한 경제적 논리에 근거해 비용편익분석이 그 근거를 갖게 된 것이다.[2]

나아가 공공사업의 경우 이와 같은 비용편익분석의 필요성이 제기되는 이유를 공공 서비스의 특성과 관련해서 이해해 두는 것도 의미가 있다. 먼저 민간재의 경우에는 시장기능이 작용하기 때문에 별도의 비용편익분석을 수행할 필요가 없을 뿐 아니라 그 수많은 거래의 비용과 편익을 별도로 계산할 수도 없다. 말하자면 민간재의 경우는 소위 '경합성'과 '배제성'을 가지고 있어 수요자와 공급자가 끊임없이 비용과 편익을 명시적으로든 묵시적으로든 예상하거나 계산해서 수시로 거래 과정에 반영되기 때문에 그러한 거래의 성과는 저절로 효율성이 보장되는 것으로 인식되고 있다. 이것이 일반적으로 알려진 시장기능의 역할이다. 그런데 공공재의 경우는 '비경합성'과 '비배제성'[3]이라는 재화 자체가 갖는 물리적 속성으로 인해 어느 누구도 선호를 드러내어 자발적으로 대가를 지불하려 하지 않아서 원칙적으로 정부가 공급하는 재화이기 때문에 비용편익의 문제가 전면에 드러나지 않게 된다. 그 상태에서 정부가 공공사업을 수행하게 되는 관계로 공공사업의 비효율성 문제가 끊임없이 제기된 것이다. 이러한 연유로 공공사업을 효율적으로 수행하기 위해서는 의도적으로 비용과 편익을 측정하고 상대적 크기를 비교해서 경제성을 따지는 작업이 별도로 필요하게 되었다.

2. 분석방법의 유형

위와 같은 목적을 수행하는 분석방법으로는 '순편익분석' 내지 '순현재가치분석'과 '편익비용비율분석', 그리고 '내부수익률분석(Internal Rate of Return Analysis : IRR)' 등이 제시되고 있다. 이하에서는 이들에 대해 개략적으로 설명하고자 한다.

---

2) 여기서는 개괄적으로 '비용과 편익'의 상대적 크기를 가지고 설명하고 있지만, 정확하게는 '한계비용과 한계편익'의 관계로 설명된다는 점을 유념해 둘 필요가 있다. 이 부문에 대한 보충적 이해가 필요하면 경제학원론이나 미시경제학 관련 서적을 참고하기 바란다.

3) 재화가 갖는 속성으로서 '경합성'과 '비경합성', 그리고 '배제성'과 '비배제성'에 관한 좀 더 자세한 내용은 제1부 제2장의 내용을 참고하기 바란다.

1) 순편익분석

'순편익분석(net benefit analysis)'은 서로 다른 공공선택 대안들의 비용과 편익을 측정한 다음 주어진 예산의 범위에 맞춰 편익에서 비용을 차감한 '순편익'이 높은 순서로 사업을 선택하는 방법을 일컫는다. 그런데 여기서 대상이 되는 공공선택 대안들은 대부분 중장기 사업들로서 비용과 편익이 장기에 걸쳐 발생하는 것이기 때문에 측정된 비용과 편익을 모두 현재가치로 환산해 측정한다 해서 이 분석법을 '순현재가치분석(net present value : NPV)'이라 부르기도 한다. 이렇게 미래에 발생할 것으로 예상되는 비용과 편익을 현재가치로 환산하기 위해서는 미래가치를 현재가치로 바꾸는 평가 비율로서 '할인율'을 적용해 계산하게 되어 있는데, 할인율의 개념과 그것이 갖는 의미에 대해서는 후술하기로 한다.

이제 구체적인 수치 예를 <표 4-1>을 통해서 살펴보자. 표에서는 동일한 목적을 수행할 수 있는 갑과 을 두 사업을 상정해서, 각 사업의 편익과 비용을 통해 순편익과 편익비용 비율을 산출할 수 있다. 다음과 같은 수치 예를 보면서 순편익분석 내지 순현재가치분석을 통해 두 사업의 우열을 가려보자. 이제 '갑' 사업의 경우 편익이 30억 원인데 비용은 10억 원이 소요되며, '을' 사업은 편익이 100억 원인데 비용은 50억 원이 소요된다. 이 경우 순편익 기준으로 판단하면 당연히 순편익이 높은 '을' 사업이 채택될 것이다.

표 4-1 비용편익분석 수치 예

사업	편익	비용	순편익	편익/비용(비율)
갑	30억 원	10억 원	20억 원	3/1
을	100억 원	50억 원	50억 원	2/1

이 분석방법은 서로 다른 대안들의 순편익을 기준으로 우열을 가림으로써 공공사업의 효율성을 제고한다는 경제성 분석의 취지에 부합하기는 하지만, 이 기준에 따르면 순편익의 절대적인 크기가 큰 순서로 사업을 선택하는 관계로 예산이 허용하는 범위 내에서 위의 수치 예에서 나타나듯이 서로 다른 다수의 선택대안이 있

으면 규모가 큰 사업이 우선적으로 선택된다는 사실을 알 수 있다. 규모가 작은 사업은 사실상 더 효율적일지라도 받아들여지지 않을 가능성이 크다는 문제점이 나타난다는 것을 알 수 있다. 바로 이러한 문제점을 극복하는 대안으로 고안된 것이 다음에 설명할 '편익비용비율분석'이다.

2) 편익비용비율분석

위에서 설명한 순편익분석이 공공사업 대안들의 순편익의 절대 크기를 기준으로 상대적인 우열을 가리는 분석으로서 갖는 문제점을 극복하기 위해 등장한 분석방법이 '편익비용비율분석(cost benefit ratio analysis : B/C Ratio)'이다. 이 분석은 측정된 비용과 편익의 비율을 구해서 서로 다른 대안들의 효율성을 비교해서 사업을 선택하는 방법을 일컫는다.

<표 4－1>의 수치 예에서 이번에는 편익비용비율을 구해 보면 '갑'사업이 3/1, '을'사업이 2/1이어서 앞의 경우와는 달리 '갑'사업을 선택하게 된다는 것을 알 수 있다. 말하자면 앞의 순편익분석의 경우에는 순편익의 절대적 크기를 기준으로 사업이 선택되었지만, 이와 같은 편익비용비율분석에 따르면 비용 대비 편익의 상대적인 크기를 기준으로 사업의 우열을 가리기 때문에, 원래 이 분석방법의 취지대로 순편익분석이 갖는 일률적으로 규모를 기준으로 사업을 선택하게 되는 문제를 극복해 사회적 효율성을 추구할 수 있다는 장점이 있다.

그럼에도 불구하고 이 분석방법에 따르더라도 문제는 여전히 남아 있다. 무엇보다 공공사업이라는 것은 흔히 자연환경 파괴와 같은 부수적으로 발생하는 효과들이 있기 마련인데, 이러한 효과를 비용의 증가로 측정할 것인지 아니면 편익의 감소로 측정할 것인지에 따라 편익비용 비율에 의해 선택되는 대안이 달라질 수 있다는 문제점이 있다. <표 4－1>의 사례에서 만약 '갑'사업 시행과정에는 6억 원에 해당하는 주변 환경을 훼손한다고 해 보자. 이 경우 이와 같은 부수적으로 수반되는 환경훼손분을 비용에 합산해서 비율을 구해 보면 30억 원/16억 원＝1.875가 되어 여전히 '을'사업을 선택하게 된다. 그런데 이 환경훼손분은 편익의 감소로 측정할 수도 있다. 이 경우에는 24억 원/10억 원＝2.4가 되어 이번에는 거꾸로 '갑'사

업을 선택하게 된다. 이러한 사례를 일반화시켜 보면 공공사업 수행과정에서 발생하는 부수적인 비용이나 편익을 비용으로 산정하는지 아니면 편익으로 산정하는지에 따라 대안의 선택이 달라지는 문제점을 갖고 있음을 유념할 필요가 있다.

다음으로 이 기준은 편익비용 비율을 구해서 그 상대적인 우열을 따지는 것인데, 이 우열이 의미를 갖기 위해서는 선택대안들의 '규모에 대한 보수'가 일정해야 한다는 점이다. 말하자면 서울과 부산 사이의 물류비용을 줄인다는 커다란 구상 속에서 구체적인 선택대안들로 고속도로를 개설하는 방안과 KTX를 개통하는 방안을 놓고 비교할 때 고속도로의 경우가 편익비용 비율이 100억 원/50억 원이고 KTX의 경우가 250억 원/100억 원으로 측정되었다고 하자. 그러면 편익비용 비율 기준으로 당연히 KTX 개통 방안을 선택하게 될 것이다. 그러나 이 경우 비용을 100억 원을 투입하는 경우를 상정해 보면, 고속도로는 200억 원/100억 원이 되고, KTX는 250억 원/100억 원으로 측정되면 위의 판단이 그대로 유효하다. 이 경우 고속도로사업은 사업의 기술적 성격상 '규모에 대한 보수(returns to scale)'가 일정한 경우에 나타나는 현상이다. 그러나 만약 고속도로의 경우 사업의 기술적 성격상 '규모에 대한 보수'가 증가하는 사업이어서 규모를 두 배로 늘릴 때, 예를 들어 규모에 대한 보수가 세 배로 늘어나서 예를 들어 300억 원/100억 원으로 나타난다면 이제 KTX 개통 방안보다 고속도로 개설 방안이 더 효율적인 것으로 상황은 바뀌게 되는 것이다. 역으로 비용을 50억 원에 맞춰 KTX를 50억 원 들여 개통한다고 해 보자(기술적으로 가능하다고 볼 때). 그런데 만약 KTX사업은 규모에 대한 보수가 줄어드는 사업이어서 투입비용을 50억 원으로 줄일 경우 80억 원/50억 원으로 측정된다면 이 경우에도 고속도로 개설 쪽이 더 효율적인 사업이 된다. 이 간단한 사례에서 알 수 있듯이 서로 다른 사업의 편익비용 비율을 비교해서 사업의 우열을 가리기 위해서는 그 사업이 갖는 기술적 성격, 즉 "규모에 대한 보수가 일정해야 한다"는 사실을 알 수 있다. 이 밖에도 <표 4-1>의 간단한 사례에서도 짐작할 수 있듯이 앞의 순편익 기준으로 사업을 선택하는 경우에 비해 편익비용 비율 기준으로 하는 경우에는 경제성은 더 나은 사업이 선택될 수 있더라도 총순편익은 줄어드는 상황이 발생할 수도 있다는 점 또한 문제점으로 지적되기도 한다.

일반적으로 경제성 분석에서 편익비용 비율 기준을 많이 사용하는데, 이와 같은 문제점을 인식하고 활용할 필요가 있다. 예를 들어 부수적인 효과 문제에 대해서는 그러한 효과를 비용으로 처리할지 아니면 편익으로 처리할지를 미리 통일해서 상대적으로 비교하는 방법을 생각해 볼 수 있다. 그리고 규모에 대한 보수의 문제에 직면에서는 가급적 규모에 대한 보수가 유사한 사업들 중에서 상대적인 선택이 이뤄질 수 있도록 하는 방안이 도움이 될 것이다. 그뿐만 아니라 규모가 유사한 사업들 가운데 선택이라면 앞에서 설명한 순편익분석도 훌륭한 대안이 될 수 있을 것이다.

3) 내부수익률분석

먼저 '내부수익률분석' 방법이란 "공공사업 시행 결과 미래에 발생되리라 예상되는 편익과 비용의 현재가격을 동일하게 해주는 할인율을 통해 경제성을 분석하는 방법"을 일컫는다. 이 분석방법을 설명하기 위해서는 후술하는 '할인율'에 대한 이해가 필요해 구체적인 내용은 할인율 문제를 다루는 부분에서 설명하고, 앞의 분석들과의 관계도 같이 설명하고자 한다.

앞의 두 분석방법도 사실상 할인율에 대한 이해가 있어야 그 내용을 제대로 이해할 수 있다는 점에서는 마찬가지이나 위의 설명에서처럼 그 내용의 대강을 설명하는 데는 무리가 없다. 그러나 내부수익률분석 방법은 할인율이라는 개념에 대한 이해가 선행되어야 한다는 점에 차이가 있어서 구체적인 설명을 뒤로 미루기로 한다.

제 2 절 비용 · 편익의 유형

비용편익분석을 어떤 방법으로 수행하던 일단 그 분석에 필요한 비용과 편익을 측정해야 하는 문제는 피할 수 없다. 측정을 위해서는 먼저 어떤 항목들을 비용 또는 편익에 포함시킬 것인지 어떤 항목들은 제외시켜야 하는지 등에 대해 미리 살펴볼 필요가 있다. 일반적으로 비용 · 편익의 유형으로는 실질적 비용편익과 화폐적 비용 · 편익, 그리고 실질적인 비용 · 편익 중에는 직접적이고 간접적인 비용 · 편익이 있을 수 있고, 그리고 유형적 및 무형적 비용 · 편익 등이 있을 수 있다. 이제 이들 각각이 갖는 의미를 살펴보도록 하자. 이러한 이해는 다음 절의 비용 · 편익의 측정과 관련해서 중요한 의미가 있음을 유념해 두도록 하자.

1. 실질적 및 화폐적 비용 · 편익

먼저 '실질적(real)' 또는 '실물적(physical)' 비용 또는 편익과 '화폐적' 또는 '금전적(pecuniary)' 비용 또는 편익이라는 개념을 이해해 두는 것이 중요하다. 특정 공공사업을 수행함으로써 실질적으로 사회의 순후생 수준이 증가하면 실질적 또는 실물적 편익이 발생한 것으로 인식한다. 마찬가지 맥락에서 특정 공공사업을 수행하느라 그 사회의 자원의 순손실이 발생했으면 실질적 내지 실물적 비용이 발생한 것으로 본다. 말하자면 그 사업을 시행하지 않았다면 잃어 버리지 않았을 자원이 그 사업을 시행하느라 놓쳐 버린 것, 즉 순손실이 있으면 그것이 곧바로 이 사업에 소요된 실질적 또는 실물적 비용으로 산정된다는 것이다.

이에 비해 사업 시행의 결과 누군가의 후생은 늘어났는데 다른 누군가는 후생이 줄어들어 사회 전체적으로는 후생수준에 아무런 변화가 없는 경우가 있을 수 있다. 이런 경우 누군가에게 일어난 후생수준의 증가는 단순히 '화폐적' 편익이 늘어난 것으로 인식한다. 말하자면, 특정 사업으로 인해 상대가격 체계에 변화가 생겨서 유리하게 변한 누군가는 득을 보지만 다른 누군가는 손해를 봄으로써 사회 전체적으로 아무런 변화가 없는 경우를 일컫는다. 개인을 기준으로 보지 않고 개별 사업을 보더라도 어떤 사업에는 득이 되는데 다른 사업에는 그만큼 손해가 생겼다면 개별 사업 입장에서는 편익도 생기고 손실도 생긴 것으로 볼 수 있지만, 사회 전체적으로 보면 아무런 실질적인 비용이나 편익이 생긴 것으로 볼 수 없다. 이 경우에는 화폐적 편익 또는 비용이 발생한 것으로 보는 것이다.

이렇게 두 개념을 이해하고 나면 비용편익분석에서는 화폐적 비용 · 편익을 포함시켜서는 안 된다는 것을 알 수 있다. 그것은 비용편익분석이란 것 자체가 공공사업 시행으로 인해 사회 전체적으로 발생하는 사회적 자원의 순손실과 순수한 후생증가분을 비교해 공공사업들 사이의 우열을 가리거나 특정 공공사업의 수행 여부를 결정하는 분석이기 때문이다. 물론 그렇다고 해서 화폐적 비용 또는 편익의 측정이 중요하지 않다는 것은 아니다. 공공사업 수행과정에서 누군가는 득이 되고 누군가는 손해가 난다는 것은 곧바로 사회적으로 볼 때 분배상의 공평성에 영향을 주는 것으로서 이 문제 또한 공공사업 수행에 고려해야 할 중요한 사안이 될 수도 있기 때문이다. 그러나 이 말은 분배문제를 고려할 때는 화폐적 비용 또는 편익도 중요한 의미를 가진다는 뜻이지, 비용편익분석 자체에 이러한 비용 또는 편익분석이 포함된다거나 포함시켜야 한다는 것을 의미하는 것은 아님을 유념해야 한다.

2. 실질적 비용 · 편익의 유형

위에서 설명한 것처럼 비용편익분석에는 화폐적 내지 금전적 비용 또는 편익이 아니고 실질적 비용 또는 편익이면 모든 비용과 편익을 포함시켜야 한다. 그런데 한 사회의 순후생을 증가시키는 편익이나 순자원의 손실을 가져오는 비용에도 여러 가지가 있을 수 있다. 직접적인 비용 · 편익과 간접적인 비용 · 편익이 있을 수 있으며, 내부적 및 외부적 비용 · 편익과 유형적 및 무형적 비용 · 편익이 있을 수 있다. 이제 이들에 대해 살펴보자.

1) 직접적 및 간접적 비용 · 편익

한편 공공사업을 시행할 때에는 해당 공공사업을 시행하는 주된, 일차적인 목적이 있으며, 그 공공사업 수행을 위해 직접적으로 사용되어야 하는 자원의 손실이 있기 마련이다. 그뿐만 아니라 주된 목적을 가지고 사업을 수행하기는 하지만 사업 시행과정에서 부수적으로 편익이 발생할 수도 있으며, 부수적으로 수반되는 자원의 손실도 있을 수 있다. 전자를 '직접적(direct)' 편익 · 비용이라 하며, 후자를 '간접적(indirect)' 편익 · 비용이라 부른다. 이와 관련해 직접적 · 간접적 비용 · 편익의 분류와 달리 '내부적 · 외부적 비용 · 편익'을 별도로 분류하는 경우도 있다.

그러나 그 경우 '내부적 · 외부적 비용 · 편익'의 구분의 기준을 해당 공공사업 자체에 의해 발생하는 비용 · 편익인지 여부에 두고 있어서 여기서 제시하는 직접적 · 간접적 비용 · 편익의 구분과 같은 맥락의 것임을 알 수 있다.[4)]

예를 들어 새만금사업을 구상할 때 농업 소득과 관광사업 소득의 증가를 목표로 세워 다양한 자재를 들여서 사업을 시행한다고 해 보자. 이 경우 직접적인 편익으로는 이 사업으로 인해 발생할 것으로 예상되는 농업 소득과 관광사업 소득이 될 것이며, 직접적인 공사에 투입된 자재비 등 공사비가 직접적인 비용으로 산정될 것이다.

표 4-2 새만금사업 비용 · 편익 유형 사례

		편익	비용
직접	유형	농업 소득, 관광사업 소득 증가	공사자재비 등 공사비
	무형	내수면 개발	생태계 변화로 인한 손실
간접	유형	국토 확장 효과	갯벌 상실에 따른 어민 수확 감소
	무형	수질 개선	이농민의 사회 부적응

2) 유형적 및 무형적 비용 · 편익

한편 실질적인 비용 · 편익 중에는 유 · 무형의 비용 · 편익이 있을 수 있다. 여기서 '유형적(tangible) 비용 · 편익'이라 하는 것은 시장가치로 환산이 되거나 환산하기 용이한 것을 의미하며, 그와는 대조적으로 생명이나 환경가치와 같은 시장가치로 환산이 불가능하거나 어려운 비용 · 편익을 '무형적(intangible) 비용 · 편익'이라 부른다.

가령 위의 사례에서 사업 시행의 일차적인 목적을 농가 소득이나 관광 소득 증가와 내수면 개발에 두고, 공사비를 투입해 사업을 시행하면서 이 사업으로 인해 직접적으로 생태계 변화가 일어날 것이라는 것을 염두에 두고 사업을 시행했다고 하자. 이 경우 농업 소득이나 관광사업 소득 증가는 쉽게 시장가치로 측정될 수 있

4) 이러한 맥락에서 이 책에서는 두 구분을 합쳐서 '직접적, 간접적 비용 · 편익'의 구분으로 통일해 사용하고 있음을 유념해야 한다.

어서 직접적이면서 유형적인 편익 또는 비용으로 산정될 것이다. 그러나 내수면 개발을 의도하고 새만금사업을 시행했다 하더라도 내수면 개발로 인한 편익은 시장가치로 쉽게 측정하기가 어려울 것이며, 생태계 변화가 있을 것을 염두에 두고 사업을 시행했다 하더라도 실제 생태계 변화로 인한 손실을 시장가치로 측정하기란 용이하지 않을 뿐더러 심지어는 환산이 기술적으로 불가능할지도 모른다. 직접적인 비용 또는 편익 중에서 이와 같은 것을 무형적 비용·편익에 포함시키게 되는 것이다. 이 경우 이렇게 시장가치로 측정이 어렵다고 해도 이 사업 시행으로 인해 내수면 개발과 생태계 변화로 인한 손실이라는 순수한 후생의 증가와 자원의 손실이 일어난 것은 사실이기 때문에 이러한 '무형적 비용·편익'도 '실질적 비용·편익'으로서 비용편익분석에 포함시켜야 하는 것이다.

같은 맥락에서 사업 시행의 일차적인 주된 편익과 비용은 아니지만 이 사업의 성격상 부수적으로 발생하는 편익과 비용이 있다면 그것도 실질적인 것인 한, 즉 사회의 순후생 또는 순손실을 발생시키는 것이라면 비용편익분석에 포함시켜야 한다. 위의 사례에서 국토 확장 효과와 갯벌 상실에 따른 어민 수확 감소분도 시장가치로 환산이 어렵지 않기 때문에 '유형적 비용·편익'으로 분류될 수 있으며, 이에 비해 수질 개선으로 인한 편익과 어촌을 떠난 어민들의 새로운 사회에의 부적응과 같은 현상은 '무형적 비용·편익'으로 분류될 수 있다.

제 3 절 비용·편익의 측정과 분석

비용편익분석에서 어떤 내용들이 비용과 편익에 포함되어야 하는지를 비용·편익의 유형을 살펴보면서 확인했다. 이제 남은 것은 구체적으로 비용과 편익을 측정하는 작업이다. 그런데 이 비용과 편익을 측정하는 일이 간단하지 않다. 대규모 공공사업의 시행 여부를 두고 비용과 편익의 산정이 과장되었느니 아니니 하는 논란이 그치지 않는 것도 이러한 사실을 반영하는 것으로 볼 수 있다. 이하에서는 비용·편익의 측정과 관련해서 제기되는 대표적인 문제들로 흔히 제기되는 '잠재가격'과 '할인율'의 개념과 이 문제를 둘러싸고 전개되는 주요 논제들을 살펴보고자 한다.

1. 유 · 무형적 비용 · 편익과 측정

우리는 앞에서 직접적이거나 간접적이거나, 그리고 유형적이거나 무형적이거나 실질적이기만 하면 사업 시행과정에서 발생하는 모든 비용과 편익을 비용편익분석 과정에 포함시켜야 한다고 했다. 그런데 유형적 비용 · 편익은 시장가치로 나타나니까 그 측정이 용이하지만, 무형적 비용 · 편익은 쉽게 시장가치로 환산하기 힘든 것이어서 비용 · 편익의 산정이 쉽지 않다. 이렇게 시장가치로 환산하기 힘들다고 해서 비용 · 편익의 산정에서 제외시키게 되면 비용편익분석을 하는 취지가 사라져 버리기 마련이다. 특히 공공사업의 경우는 많은 경우 인간의 생명이나 자연환경과 관련된 사업이 많아서 무형의 비용 · 편익이라 하여 제외시켜 버리면 공공사업 수행 자체가 무색해지게 된다.

바로 이러한 연유로 간접적인 측정방법을 개발해서라도 무형적 비용 · 편익의 시장가치를 환산해 내어 비용편익분석을 측정해야 한다. 가령 예들 들어 댐 건설과 같은 대규모 공사를 하는 것은 전력 공급을 증가시키기 위한 것도 있지만, 다른 한편 해마다 찾아오는 홍수를 조절해서 농업활동을 보호하고자 하는 목적도 있다. 이 두 가지 편익 모두 경우에 따라서는 직접적인 편익에 해당된다고 볼 수 있다. 그런데 이 경우 전력 공급의 시장가치는 용이하게 시장가치로 환산되지만, 홍수 조절의 경제적 편익의 시장가치는 계산하기 힘들다. 그럼에도 불구하고 댐 공사 시행 여부를 결정하기 위한 비용편익분석을 위해서는 어떤 형태로라도 이 부분의 시장가치도 계산해서 편익에 포함시켜야 진정한 비용편익분석이 될 수 있다. 말하자면 사회적 효율성 여부를 측정할 수 있게 되는 것이다. 이 경우 홍수로 상실되었을 연간 수확량을 간접적으로 추정해 내어 그 수확량에 단위당 가격을 적용해서 당해 연도의 경제적 편익으로 환산해 낼 수 있을 것이다.

다른 하나는 근래에 와서 암환자가 늘어나고 있으며 연령층도 점점 젊어지는 추세라 이 질병으로 인한 사회적 손실이 커서 정부가 암 퇴치를 위한 공공 프로젝트를 시행하려고 그 타당성 여부를 확인하기 위해 비용편익분석을 한다고 하자. 이 사업의 주된 목적이 암환자를 줄이는 것이어서 이 사업의 비용편익분석을 하려면 이 사업의 시행으로 줄어드는 암환자의 생명을 편익으로 계산에 넣지 않고서는 비용편익분석을 할 수가 없다. 이 경우 이 사업 수행으로 암환자 발생 빈도를 계산해서 생명주기 연장분을 평균 예상소득을 곱해서 계산해 내는 방법을 개발할 수 있을 것이다. 이 밖에도 국민들의 생활의 질 개선을 위해 하천변 개발사업 시행 여부를 결정하고자 하는 경우 하천변 개발로 인해 얼마나 생활의 질 개선이 이뤄졌는지 경제적 가치를 측정하지 않고서는 이 사업 여부를 결정할 수 없다. 이런 경우 설문조사를 실시해서 환경 개선을 포함한 생활의 질 개선의 경제적 가치를 측정하기 위한 다양한 방법이 강구되고 있다.[5]

이러한 무형적 비용 또는 편익을 위에서 언급한 것처럼 '간접적인 측정방법'을 고안해서라도 측정해야 할 필요성이 있다. 그러나 이 방법에 의한 비용 · 편익의 추정은 정확성을 보장하기가 어려울 수밖에 없다. 여기에 비용 · 편익 측정의 어려움이 있음은 주지의 사실이다. 그러나 최근에 컴퓨터로 비롯한 과학기술의 발달로 추정 능력이 점차 높아져 가고 있어서 무형성의 정도가 심한 영역까지 그 적용 범위가 확대되는 추세에 있다. 앞으로 이렇게 무형적 비용 · 편익의 측정 영역이 점점 더 넓어져서 공공사업 시행의 사회적 효율성이 더욱 제고될 것이라 기대되지만, 아직은 여전히 그 측정이 어려운 부분이 많이 남아 있다. 이러한 상황에 따라서 공공사업의 수행 여부를 결정하는 방법의 하나로 고안된 것이 '비용효과분석(cost-effectiveness analysis)'이다. 이에 대해서는 후술하고자 한다.

이 문제를 해결한다 해도 여전히 비용 · 편익의 측정에는 많은 어려움이 내재되어 있다. 대표적인 것이 잠재가격을 찾는 일과 할인율을 설정하는 문제이다. 이하에서 이들에 대해 구체적으로 살펴보도록 하자.

---

5) 우리나라 연구자들에게도 널리 알려져 있는 소위 '조건부 가치측정법(Contingent Valuation Method : CVM)' 같은 것이 그 일례에 해당된다. 이는 주민을 대상으로 인터뷰를 통해서 환경 개선에 대한 '지불 의사(willingness to pay)' 내지 '수용 의사(willing to accept)'를 물어서 최종적으로 화폐적 가치를 찾아내고자 하는 방법을 일컫는다. 구체적인 내용은 관련 전문서적을 참고하기 바란다.

2. 잠재가격

1) 잠재가격의 개념과 의의

우리는 비용편익분석과 관련해서 '잠재가격(shadow price)'이라는 말을 자주 듣는다. 그리고 비용편익분석에는 '시장가격'이 아니라 '잠재가격'을 적용해야 한다는 말을 듣는다. 시장에는 분명히 '가격'이라는 것이 있고, 심지어 무형적 비용·편익까지도 그 시장가치를 찾아서 비용편익분석에 포함해야 한다고 했는데, 그 가격이 아니라 '잠재가격'을 사용해야 한다고 한다. 이것은 비용편익분석에서 매우 중요한 문제 중의 하나로서 여기서 '잠재가격'이란 "한 사회의 진정한 사회적 기회비용"을 일컫는다. 그렇다면 왜 비용편익분석에는 잠재가격을 적용해야 하는지를 살펴보자.

위의 개념을 다시 한번 살펴보면, 잠재가격은 무엇보다 '기회비용'을 의미한다는 점이다. 즉, 어떤 행위를 하는 과정에 소요되는 비용을 단순하게 회계적으로 지불한 금액을 의미하는 것이 아니라 그 행위를 하는 과정에 그 행위를 하지 않았다면 잃어 버리지 않아도 될 자원이 희생된 부분, 즉 기회비용을 의미한다. 말 그대로 특정 행위에 잠재되어 있는 가치를 일컫는다고 볼 수 있다. 그런데 여기서 '사회적'이라는 부분이 포함되어 있다는 점을 유념할 필요가 있다. 이 말은 어떤 사업을 수행하는 과정에 그 사업과 직접 관련된 것이든 아니든 유형이든 무형이든 관계없이 어떠한 형태로든 어느 곳에든 추가로 자원의 손실이 나타난 것이면 모두 포함시켜야 한다는 의미를 담고 있다. 그리고 '한 사회의'라는 것은 어떠한 공공사업이 발생시키는 사회적 기회비용은 어느 사회에서 시행되는 사업인가에 따라 달라진다는 의미를 내포하고 있다.

2) 잠재가격의 측정

이렇게 보면 비용편익분석 과정에 '잠재가격'을 측정해서 적용해야 한다는 것이 얼마나 어려운 일인지를 짐작할 수 있다. 그러나 우리는 흔히 사회적 조건 등을 차치하고 대표적으로 우리는 시장의 조건에서 잠재가격 여부를 구분짓는다. 말하자면 시장에서 형성된 가격이라도 그 시장이 개념상의 '완전경쟁시장'이 아니면 그 가격은 그 사회의 기회비용을 반영한 것이 못 된다고 볼 수 있다. 따라서 이 경우 그 가격으로 비용편익분석을 하게 되면 비용 또는 비용을 제대로 반영하지 못하게 되어 비용편익분석의 결과가 사회적 효율성을 반영하지 못하게 된다.

그런데 현실의 시장은 불완전경쟁 형태를 취하고 있다. 여기서 완전경쟁과 불완전경쟁의 핵심적인 차이는 완전경쟁시장에서의 비용은 그 해당 재화 생산의 기회비용을 반영하는 데 비해 불완전경쟁시장은 그러하지 못하다는 점에 있다.[6] 따라서 현실의 불완전경쟁시장에서 형성된 가격으로 비용·편익을 분석해서는 안 되며, 현실의 가격을 완전경쟁시장 하의 가격으로 환산해서 적용해야 한다. 말하자면 잠재가격을 찾아내야 하는 것이다. 이러한 과정을 '잠재가격화(shadow pricing)'라고 일컫는다. 말하자면, 잠재가격화된 가격으로 비용편익분석을 해야 진정한 사회적 기회비용이 반영되어 사회적 효율성을 따질 수 있게 되는 것이다. 이제 이러한 잠재가격화 과정을 생산물시장과 생산요소시장으로 나눠 설명해 보고자 한다. 그리고 이어서 정부의 정책적 요인에 의해 형성된 가격의 경우도 살펴본다.

(1) 불완전한 생산물시장과 잠재가격

예를 들어 전술한 새만금사업을 수행하는 데 건설자재를 단위당 100만 원에 구입한 경우 비용편익분석에서 건설자재비가 직접적인 비용으로 산정될 것이다. 그런데 확인해 보니 건설자재시장이 독점시장이라면 단위당 가격 100만 원은 기회비용을 반영하지 못한 것이 된다. 말하자면 그 건설자재가 이 사업에 쓰이지 않을 경우 우리 사회가 놓쳐 버린 편익, 즉 그 자재가 다른 데 쓰였다면 얻을 수 있었을 편익이 100만 원이 아니라는 것이다. 그 속에는 독점기업의 독점이윤이 예를 들어 20만 원이 포함되어 있다면 사실상 그 자재가 이 사업에 쓰임으로써 그 사회가 놓쳐 버린 편익은 80만 원이 되고 나머지 20만 원은 독점기업의 독점이윤으로 나간 것이다.

6) 일반적으로 교과서에서 완전경쟁시장의 조건으로 수요자와 공급자가 무수히 많을 것, 정보가 완전할 것, 재화의 질이 동질적일 것, 진입과 탈퇴가 자유로울 것 등을 들고 있으며, 이 조건이 충족되면 그 시장에서 형성된 가격은 해당 재화 생산의 기회비용을 반영하는 것으로 되어 있다.

이 경우 새만금사업의 비용편익분석을 했다면 공사자재 단위당 비용이 20만 원씩 과잉 계산된 것으로 보아야 한다는 것이다. 말하자면 20만 원은 새만금사업을 하느라 없어진 사회적 자원의 손실이 아니라는 것이다. 이 경우에는 앞에서 언급한 '잠재가격화', 즉 그 사회의 진정한 사회적 기회비용을 찾아내야 한다. 이 사례에서는 80만 원이 잠재가격인 것이다. 앞에서 우리가 완전경쟁이었다면 시장가격이 곧바로 잠재가격이라고 했던 것은 완전경쟁시장이라면 가격이 기회비용 수준에서 형성된다는 것을 의미한다. 결국 현실의 시장가격은 불완전경쟁의 정도에 따라 잠재가격으로부터 벗어나 있을 것이라는 것을 이해하고, 비용편익분석 과정에서는 그 잠재가격을 찾아내서 분석을 진행해야 한다는 것을 이해하는 것이 중요하다.

(2) 불완전한 노동시장과 잠재임금

여기서는 설명의 편의상 대표적으로 노동시장의 경우를 가지고 설명하고자 한다. 예를 들어 새만금사업을 수행하는 데 일인당 하루 10만 원의 임금을 지불하고 노동자를 고용해 공사를 진행했다고 하자.[7] 이 경우 새만금사업 비용에는 인건비 한 명당 하루 10만 원이 계상되어 비용편익분석이 이뤄질 수 있다. 그런데 문제는 이 노동자를 길거리에서 놀고 있는 실업자를 불러온 것이라고 하면 과연 새만금사업의 비용이 제대로 계산된 것일지를 생각해 볼 필요가 있다. 이 실업자는 이 사업에 고용되지 않았을 경우 실업상태에서 아무런 하는 일이 없었다고 하면, 새만금사업에 이 노동자를 사용하느라 이 사회가 놓쳐 버린 편익이 없다. 말하자면 사회적 기회비용은 영인 셈이다. 이렇게 임금의 경우 진정한 사회적 기회비용을 반영한 임금을 흔히 '잠재임금(shadow wage)'이라 하는데, 이 경우 잠재임금은 영(0)인 것이다.

그런데 앞에서 설명한 비용편익분석의 취지에 비춰 보면 위의 예에 등장하는 노동자에 대한 인건비는 영으로 산정되어야 하는 것이다. 그것은 비용편익분석에서는 잠재가격, 여기서는 잠재임금을 적용해야 하기 때문이다. 현실의 임금을 그대로 적용하면 비용편익분석에서 비용이 과다 계상되어 채택될 공공사업도 기각되는 사태가 발생할 수 있다는 점을 유념할 필요가 있다. 이것이 공공사업 비용편익분석

---

7) 엄밀하게는 노동자를 구입하는 것이 아니라 노동자의 용역을 구입한 것임을 유념해야 한다.

과정에서 현실의 임금이 아니라 잠재임금을 찾아서 대안을 선택해야 하는 이유이다. 이것을 '잠재임금화'라 부른다. 일반적으로 현실의 노동시장은 불완전경쟁 상태에 있다. 실업상태는 그중의 한 예에 지나지 않는다. 요컨대 완전경쟁시장이었다면 한 명당 시간당 임금이 얼마였을지를 찾아서, 즉 잠재임금화해서 비용편익분석을 수행해야 한다는 사실을 이해하는 것은 공공사업의 사회적 효율성을 확인하는 데 중요한 요소임을 이해하는 것이 중요하다.

그런데 앞의 실업자의 사례를 다시 보면, 이렇게 잠재임금을 적용해서 임금을 영으로 비용을 산정하게 되면 이 사업의 편익이 상대적으로 크게 산정되어 이 공공사업이 시행 쪽으로 결정될 가능성이 커지게 된다. 그리하여 실업자의 고용도 늘어나게 되는 소위 '고용효과'가 나타나는 것을 알 수 있다. 그러나 이 경우 비용편익분석이 고용효과를 보기 위해 수행된다고 이해해서는 본질을 놓칠 수 있다. 어디까지나 비용편익분석은 자원 사용의 진정한 기회비용을 계산에 넣어서 사회적 효율성을 따지는 데 그 뜻이 있는 것임을 잊어서는 안 된다. 이 경우의 고용효과는 사회적 효율성 제고 과정에서 나타나는 부수적 효과로 보아야 할 것이다.

(3) 정부의 정책적 요인과 잠재가격

현실적으로 재화와 용역의 시장가격은 부과된 조세가 반영되어 있으며, 경우에 따라서는 보조금이 지급된 상황이 반영된 경우도 있을 것이다. 그뿐만 아니라 정부는 각종 경제정책적 내지 사회정책적 차원에서 최저임금을 적용한다거나 경우에 따라서는 최고가격 또는 이중가격을 부과함으로써 가격을 규제하는 경우가 많다. 그뿐만 아니라 외국에서 자재를 사오는 경우에 국내 가격으로 환산되는 과정에서 적용되는 환율에도 정부가 공정환율이라 해서 경우에 따라서는 크게 또는 작게 개입하는 경우가 더 일반적이다.

이런 경우에 시장에 나타나는 재화 또는 용역의 가격은 그 재화 또는 용역의 진정한 사회적 기회비용을 반영한 가격이라 할 수 없다. 이 가격으로 비용편익분석에 그대로 적용하면 비용 또는 편익이 과대 또는 과소 측정되어 사회적 효율성을 상실할 수 있다. 이러한 이유를 고려해 보면 민간시장의 요인으로 왜곡된 가격의 잠재가격화에 추가해서 정부의 개입이 없었을 경우를 상정해 형성될 가격까지 찾아서 비용편익분석을 수행해야 하는 것이다.

3. 할인율

1) 할인율의 개념과 의의

앞에서 언급한 것처럼 공공사업은 비교적 장기에 걸쳐서 편익이 발생하는 사업이며, 비용도 편익만큼은 아니라 하더라도 여전히 장기에 걸쳐서 발생한다는 점에서는 마찬가지라 할 수 있다. 그런데 문제는 이러한 비용과 편익을 비교해서 지금 그 우열을 따져야 한다는 점이다. 이렇게 지금 비용과 편익을 비교하기 위해서는 해당 공공사업으로부터 발생할 것으로 예상되는 미래의 비용과 편익을 모두 현재의 가치로 바꿔 이들을 합산해서 비용편익분석을 해야 할 것이다. '할인율(discount rate)'이란 바로 이러한 맥락에서 등장한 개념으로서, "시간 선호를 반영한 현재가치와 미래가치의 중요성에 대한 평가 비율"을 일컫는다. 다시 말하면 "미래가치를 현재가치로 환산하는 평가 비율"이라 할 수 있다.

이러한 할인율을 r이라 하고, 각 연도에 발생할 것으로 예상되는 편익과 비용을 b_i, c_i라고 할 때, 좌측의 식은 할인되기 전의 각 연도의 비용과 편익을 단순히 합친 것을 나타내고, 우측의 식은 각 연도의 비용과 편익을 할인율 r을 적용해 현재가치로 환산해서 측정한 비용과 편익의 합을 보여준다.

$$B = b_1 + b_2 + \cdots + b_n \Rightarrow B = \frac{b_1}{(1+r)} + \frac{b_2}{(1+r)^2} + \cdots + \frac{b_n}{(1+r)^n}$$

$$C = c_1 + c_2 + \cdots + c_n \Rightarrow C = \frac{c_1}{(1+r)} + \frac{c_2}{(1+r)^2} + \cdots + \frac{c_n}{(1+r)^n}$$

말하자면, 단순히 이들을 합친 비용과 편익으로 비용편익분석을 해서는 안 되고, 그것을 현재가치로 환산한 값으로 분석을 해야 한다는 것이다. 그런데 위의 식을 보면 할인율 r의 크기를 달리하면 미래 일정 시기의 비용과 편익이 동일하더라도 그 현재가치가 달라진다는 사실을 알 수 있다. 할인율을 높이면 미래가치를 더 낮게(할인해서) 평가한다는 뜻이며, 그것을 낮추면 더 높게 평가한다는 것을 알 수 있다. 결국 각 시기의 예상되는 가격으로 측정된 비용편익을 사용하게 되면 자본시장의 사정에 따라 비용·편익이 과대 또는 과소 측정되어 해당 사업의 사회적 효율성을 왜곡시킬 뿐만 아니라, 같은 맥락에서 할인율을 높게 평가하거나 낮게 평가하게 해도 해당 사업의 비용편익분석이 과소 또는 과대 측정되어 사회적 효율성을 상실할 수도 있음을 인식하는 것이 중요하다.

2) 할인율의 측정

위에서 할인율을 측정하는 것은 비용편익분석 과정에서 결정적으로 중요한 요인임을 알았다. 우리가 흔히 접할 수 있는 할인율로는 '민간할인율'을 들 수 있다. 그러면서도 우리는 또 '사회적 할인율'이라는 개념도 자주 접한다. 이제 이 두 할인율이 공공사업 평가과정에서 어떠한 의미를 갖는지를 살펴보도록 하자.

(1) 민간할인율을 통한 측정

먼저 '민간할인율'이라는 것은 민간인들이 시장을 통해서 나타내는 현재가치와 미래가치에 대한 평가 비율을 가지고 공공사업의 미래가치를 현재가치로 환산하는 데 활용한다는 것이다.

이러한 민간할인율에도 '시간선호율'이라는 것과 '자본의 기회비용률'이라는 것이 있다. 먼저 '시간선호율'이라는 것은 민간인들이 현재 소비와 미래 소비 사이의 중요성을 평가하는 비율을 일컫는 것으로서 민간인들이 미래 소비를 위해 현재 소비를 희생하고자 하는 비율에 해당된다. 이는 자금 공급자 입장에서 측정된 할인율로서 저축하고자 할 때 적용되는 이자율이라 할 수 있다. 한편 '자본의 기회비용률'이라는 공급자 입장에서 민간 투자를 통해서 얻을 수 있을 것으로 예상되는 수익률을 들 수 있다. 이는 민간 투자를 통해서 형성되는 자본수익률에 해당되는 것으로서, 그 자본이 다른데 사용되지 않고 해당 사업에 사용되는 데 따른 기회비용이라는 뜻에서 그렇게 부르게 된 것이다. 말하자면 자금 수요자, 즉 기업 입장에서 측정된 할인율로 투자를 위한 자금 차입 시에 적용되는 이자율이라 할 수 있다. 그런데 자금 공급자는 저축이자율을 통해서 현재 소비와 미래 소비를 결정지을 것이며, 이에 비해 자금 수요자는 투자수익률을 통해서 투자 여부를 결정할 것이기 때문에, 개념상으로는 시장에서 자금의 수요와 공급을 일치시키는 점에서 균형이자율이 결정되는 것이다. 만약 금융시장이 완전경쟁시장이라면 이 시장이자율이 시간선호율과 투자수익률을 반영하는 이자율이 되는 것이다. 말하자면 이 이자율이 자금의 진정한 사회적 기회비용을 반영하는 것이 된다.

비용편익분석 과정에서 비용・편익의 현재가치로 환산하는 할인율로 민간할인율을 사용한다는 것은 바로 이렇게 결정된 시장이자율을 공공사업 수행 여부를 결정할 때 할인율로 적용한다는 것이다. 이 시장이자율을 적용해 비용편익분석을 해서 비용이 편익을 상회하게 되면 공공사업의 수행이 민간사업에 비해 타당하다는 결론을 내릴 수 있다.

(2) 사회적 할인율과 그 중요성

그런데 여기서 시장이자율이 완전경쟁시장에서 도출된 이자율인지 여부가 중요하다. 말하자면 앞에서 잠재가격을 설명할 때 본 바와 같이 이 이자율이 완전경쟁시장에서 도출되어 사회적 기회비용을 반영한 것이 아니면 그 이자율로 할인해서 측정한 비용편익은 과대 또는 과소 평가한 결과가 될 수 있기 때문이다. 그런데 더욱 문제는 이러한 문제가 해결된다 하더라도 이러한 민간할인율을 적용해서 공공사업의 비용・편익을 측정해도 될 것인지 여부가 남아 있다. 이런 문제로 새롭게 등장하는 개념이 '사회적 할인율'이라는 개념이다. 결론부터 말하면 '사회적 할인율'이란 "사회적 가치를 담은 공공사업을 수행할 때에는 사회적 가치를 담아서 결정된 할인율"을 일컫는다.

원래 '민간할인율'이라는 것은 민간의 의지가 반영된 이자율을 의미한다. 그런데 민간이라는 것은 원래 합리적 존재로 상정되어 있지만 자본주의 사회에서 합리적이라는 것은 사적 이익을 추구할 때 비용과 편익을 정확하게 따져서 선택행위를 한다는 점에서 합리적 존재라 부른다는 점을 상기해 볼 필요가 있다. 우리가 다소 추상적인 측면이 없지 않지만 사회적으로 바람직한 상태가 있다는 것을 상정해 놓고 보면, 민간할인율에 반영된 민간인들의 의지라는 것은 다분히 근시안적이어서 현재의 소비를 중시하고 저축의 중요성을 과소 평가하는 경향이 있다. 소비자의 시간선호율에는 이와 같은 민간인의 특성이 반영되어 상대적으로 높게 나타나는 경향이 있다. 따라서 공공사업 선택 여부를 결정할 때에는 이러한 민간할인율을 바로 적용할 것이 아니라 사회적으로 바람직하다고 판단되는 현재 소비와 미래 소비 사이의 평가 비율을 채택해야 할 것인데, 이 수준은 민간할인율이 갖는 위와 같은 성격을 고려해 볼 때 민간할인율보다 더 낮아야 한다. 이렇게 되면 편익의 현재가치는 더 높게 평가되어 해당 공공사업의 수행에 더 긍정적인 역할을 하게 될 것이다.[8)]

그뿐만 아니라 앞의 성격과 관련이 있는 것이기도 하지만, 민간인들은 공공사업이 미래 세대의 복지 수준에 미치는 영향을 거의 고려하지 않는다는 점도 고려되어야 한다. 이 점을 고려해 보더라도 공공사업의 적절성 여부를 평가하는 할인율로는 민간의 할인율이 상대적으로 높게 나타난다는 점을 알 수 있다. 미래 세대의 후생수준까지 고려해서 사업 여부를 결정하고자 하는 정부 입장에서는 민간의 할인율보다 낮은 할인율을 설정해 더 많은 공공사업이 수행될 수 있게 하는 것이 바람직할 수도 있다.

마지막으로 비용편익의 유형을 다룰 때 보았듯이 공공사업은 민간사업에 비하면 해당 사업으로부터 나오는 효과가 주변으로 확산되는 영향이 큰 것이 일반적이다. 편익의 경우 오히려 편익이 좀 더 폭넓게 확산되는 것을 예상하면서 시행하는 경우가 많다. 그러나 민간의 경우에는 이와 같은 편익 확산효과와 같은 것은 크게 신경 쓰지 않는 것이 더욱 일반적이다. 상황이 이러하다면 민간할인율을 적용해서 공공사업 수행 여부를 결정하고자 하면 할인율이 너무 높아 사업 수행이 거절되는 경우가 많아지기 쉽다.

이와 같이 민간이 갖는 특성을 고려해 볼 때 공공사업 수행 여부 결정을 위한 비용·편익의 산정과정에 적용해야 할 소위 '사회적 할인율'은 민간할인율에 비해 낮아야 한다는 것을 알 수 있다. 이제 문제는 그렇다면 사회적 할인율이 얼마나 낮

8) 비용도 현재가치로 환산되어야 한다는 점에서는 마찬가지이지만 공공사업의 경우 편익에 비해 비용은 주로 단기적으로 크게 투입되기 때문에 할인율은 편익의 측정에 더 크게 영향을 주게 된다는 점을 유념할 필요가 있다.

아져야 하는가 하는 것이다. 사회적 할인율을 상기 요인을 고려해서 낮출 필요성은 받아들이더라도 지나치게 낮추게 되면 더 많은 공공사업이 적정 사업으로 평가되어 이제 거꾸로 미래 세대 후생을 위해 현세대 납세자들의 희생이 강요되는 현상이 나타날 수도 있다는 점을 유념해야 한다. 문제는 '적정 사회적 할인율' 수준을 찾아내는 것인데, 그것은 어떤 연구자나 관료가 결정할 것이 아니라 역시 정치적 과정을 통해 결정된다는 점을 상기해 둘 필요가 있다. 이러한 정치적 과정이 투명하지 않고 민주적이지 않는 한, 사회적 할인율 측정에 자의성이 개입될 여지가 클 뿐 아니라, 정부 내 부처들 사이의 영향력에 따라 사업마다 사회적 할인율이 서로 다르게 제시되어 정부부문 내지 공공사업 간의 자원배분에 비효율성이 나타날 우려가 있다는 점도 유념해야 한다.

3) 할인율과 비용편익분석 방법

우리는 앞에서 비용편익분석 방법으로 '순편익분석' 내지 '순현재가치분석'과 '편익비용 비율분석', 그리고 '내부수익률분석' 방법이 있다는 것을 제시한 적이 있다. 그런데 이 중에서 앞의 두 분석 방법은 모두 할인율을 알아야 측정할 수 있다. 이에 비해 '내부수익률분석'은 할인율을 미리 몰라도 분석할 수 있는 방법이라는 점에서 앞의 두 분석방법과 차이가 있다. 이제 내부수익률분석을 중심으로 비용편익분석 방법과 할인율 사이의 관계를 살펴보고자 한다.

앞에서 분석방법을 소개하는 자리에서 '내부수익률분석' 방법이란 "공공사업 시행 결과 미래에 발생되리라 예상되는 편익과 비용의 현재가치를 동일하게 해주는 할인율을 통해 경제성을 분석하는 방법"을 일컫는다고 밝힌 바 있다. 여기서 공공사업 수행 전 기간에 걸쳐서 발생하는 편익과 비용의 현재가치를 동일하게 해주는, 그래서 그 차이를 영으로 되게 하는 할인율을 '내부수익률(Internal Rate of Return : IRR)'이라 일컫는다. 아래 식에서 ρ가 내부수익률에 해당된다.

$$PV = [B_0 - C_0] + [\frac{B_1 - C_1}{(1+\rho)^1}] + [\frac{B_2 - C_2}{(1+\rho)^2}] + \cdots + [\frac{B_n - C_n}{(1+\rho)^n}] = 0$$

이 할인율은 투자사업이 총비용을 회수해 최소한 '수지균형(break-even)' 상태를 유지하는 경우 예상되는 수익률을 일컫는다. 이 사실을 이해하면, 이 내부수익률이 높을수록 수익성이 높다는 것을 알 수 있다. 같은 맥락에서 여러 선택대안 사이에서는 내부수익률이 높은 쪽이 더 경제성이 높은 것으로 평가된다. 아울러 이 내부수익률이 사회적 가치를 반영해 결정된 '사회적 할인율'보다 더 크게 나오는 사업은 타당성이 있는 것으로 볼 수 있다.

이 내부수익률법은 일반적으로 순편익 기준, 즉 순현재가치 기준이나 편익비용비율 기준에 비해 더 우월한 것으로 평가되기도 한다. 그것은 이 두 방법은 평가를 위해 사회적 할인율을 미리 알고 있어야 측정할 수 있을 뿐 아니라 사회적 할인율의 크기에 따라 값이 서로 다르게 도출되는데 비해, 내부수익률은 그 계산 과정에 사회적 할인율을 사전에 모르는 상태에서도 계산이 가능하다는 점 때문이다.

그런데 위의 식을 n차 다항식으로 그 해가 여러 개 있을 수 있다. 말하자면 동일한 사업에도 내부수익률이 여러 개가 있을 수 있다는 문제점이 있다. 그뿐만 아니라 내부수익률이 높아도 예산 제약이 있으면 이 분석이 현실적 의미를 갖기 힘들다는 점이 문제점의 하나로 지적되기도 한다.

4. 비용효과분석과 민감도분석

1) 비용효과분석

앞에서 비용·편익의 유형과 그 의미를 설명할 때 유형의 비용·편익뿐만 아니라 무형의 비용·편익이 있어서 그 측정이 쉽지 않음을 지적한 바 있다. 문제는 그렇게 무형의 비용·편익의 측정이 어렵다고 해서 비용·편익 측정에 이 부분을 제외하게 되면 비용·편익의 측정이 제대로 되지 않을 뿐 아니라 공공사업 수행을 위한 기본 취지도 반영되지 못하는 우를 범하게 된다는 점을 지적한 바 있다. 그래서 다양한 방법을 동원해서 간접적으로라도 비용과 편익의 시장가치를 찾아낼 필요가 있다는 점도 지적했다.

그럼에도 불구하고 도저히 기술적으로 측정이 어려운 비용·편익이 있을 수 있다. 그뿐만 아니라 기술적으로 가능하더라도 그 측정과정에 엄청난 비용이 소요되어 오히려 측정 자체가 비효율을 불러일으키는 경우도 있을 수 있다. '비용효과분석'이라는 것은 이러한 상황에서 공공사업의 수행 여부를 결정하는 방안으로 개발된 방법이다. 말하자면 '비용효과분석(cost－effectiveness analysis)'이란 무형적 편익의 정확한 측정이 어려운 경우 무리하게 편익을 측정하려 하는 대신에 해당 공공사업을 수행해야 하는 목표를 어느 방안이 더 적은 비용으로 달성할 수 있는지를 따져서 사업의 우열을 가리는 분석방법을 일컫는다.

예를 들어 동네에 범죄가 늘어서 범죄를 줄이는 공공사업의 일환으로 CCTV를 설치하는 방안과 밝은 고성능 가로등을 설치하는 방안 중 어느 것이 더 경제성이 있는지 여부를 결정하고자 한다고 해 보자. 이 경우 범죄를 줄이는 편익이 얼마나 큰지를 측정하기란 여간 어렵지 않다. 이 경우 굳이 측정이 어렵고 부정확한 편익을 금전적으로 측정하려 하기보다는 이 사업의 목표가 범죄를 줄이는 데 있다는 점에 착안해서 범죄율을 1% 줄이는 효과를 보는 데 소요되는 비용이 어느 쪽이 덜 드는지를 확인해 사업의 채택 여부를 결정하는 방법을 택할 수 있다. 예를 들어 한 동네 CCTV 한 대를 설치하고 유지 · 보수하는 데 월 100만 원을 들여서 운영하면 한 동네 범죄율이 90% 줄어든다고 보고, 고성능 가로등을 설치해 유지 · 보수하는 데 월 50만 원 소요되는데 이 경우 범죄율이 50% 줄어든다고 해 보자. 이 경우 CCTV를 설치하면 범죄율을 90% 줄일 수 있지만 그 경우 1만 원당 0.9%의 범죄율을 줄일 수 있는데, 고성능 가로등을 운영하면 1만 원당 1%의 범죄율을 줄일 수 있다. 이 경우 고성능 가로등을 설치해 운영하는 방안이 더 경제적이라는 것을 알 수 있다. 이렇게 이 방법은 편익의 측정이 어려울 때, 무리하게 편익을 찾아내려 할 것이 아니라 같은 비용으로 더 나은 효과를 보는 방안을 찾거나 더 적은 비용을 들여서 같은 효과를 얻어 낼 수 있는 방안을 찾아내고자 하는 방법이라 할 수 있다. 이러한 분석법을 활용할 수 있는 분야는 수질 개선을 위한 공공사업이라든가 특정 지역을 방위하는 군사 대안을 찾는 등 목표가 분명하거나 적어도 유사한 목표를 설정할 수 있는 경우에 흔히 사용 가능한 방안으로 알려져 있다. 수질개선사업의 경우는 수질오염도 개선이라는 효과를 놓고 선택 가능한 몇 가지 대안을 놓고 비용과 효과를 대비시켜 보는 방안을 강구할 수 있을 것이며, 군사 대안의 경우 어느 지역을 적으로부터 방위한다는 목표(효과)를 주어진 것으로 보고 상대적으로 비용이 적게 드는 대안을 찾아내는 방안을 구상해 볼 수 있을 것이다.

이렇게 보면 이 방법을 쓰기 위해서는 목표, 즉 효과가 명확하게 제시되어야 한다는 사실을 알 수 있다. 이렇게 이 방법은 편익의 측정이 불가능하거나 어려운 경우이면서도 사회적으로 꼭 필요한 경우 경제성을 분석하는 비용편익분석의 대안으로 제시되는 방법이라는 점에서 그 의의가 크다. 그러나 역시 앞에서 다룬 '비용편익분석'이 비용과 편익의 상대적 크기를 따져 사회적 효율성을 측정하는 방법이라는 점에 비춰 보면 '비용효과분석'은 엄격하게 효율성을 따지는 방안에까지는 이르지 못한다는 한계점을 갖고 있다는 것은 사실이다.

2) 민감도분석

공공사업 수행과정에는 다양한 불확실한 요인이 내재되어 있다. 크게는 자연적 요인으로 기후 변화나 천재지변 같은 불가항력적인 요인도 있을 수 있고, 사회적·인위적 요인으로 정치적 격변이라든가 금융시장의 불안정성과 같은 요인이 항상 내재되어 있다. 이러한 요인이 변화하면 앞에서 살펴본 비용·편익의 유형과 그 측정과정에 등장하는 '잠재가격'의 산정이라든가 '사회적 할인율'의 선정과 같은 중요한 과정에 결정적인 영향을 주게 된다. 그렇게 되면 비용편익분석이 그 근본부터 흔들릴 수밖에 없게 된다. '민감도분석'은 바로 이와 같은 상황에 대응하는 과정에서 고안된 방안이다. 말하자면 '민감도분석(sensitivity analysis)'이란 비용·편익 측정과정에서 다양한 불확실성에 대해 전제했던 여러 가지 가정에 변화가 생기는 경우 사업의 경제성에 어떠한 변화가 생기는지를 밝혀서 전제의 변화에 대처할 수 있게 해주는 평가방법을 일컫는다.

대표적으로 금융시장에 대한 가정을 변경시켜 할인율을 높게 또는 낮게 변화시킬 때 비용과 편익의 상대적 크기에 어떠한 변화가 나타나는지를 보여주는 방안을 들 수 있다. 또한 자연적 재해가 발생하는 경우를 대비해서 고려할 수 있는 몇 가지 상황을 제시해 각각의 경우에 나타날 수 있는 해당 사업의 진행 속도를 변화시켜 보았을 때 나타나는 경제성의 변화 정도를 측정해 제시하는 방안도 중요한 예에 해당된다. 예전에 우리나라 고속철 건설과정에서 기간이 지연되면서 비용이 추가된 사례는 좋은 사례라 할 것이다. 이런 경우 민감도분석을 통해 미리 예상되는 대처방안 등을 강구해 둘 수도 있을 것이기 때문이다.

제 4 절 예비타당성분석

공공사업 수행을 위해서 미리 해당 공공사업을 수행하는 것이 적절한지 여부에 대해 사전적으로 타당성을 분석하는 것이 좀 더 일반적이다. 그런데 예비타당성분석을 위해서는 앞에서 본 비용편익분석을 통한 '경제성 분석'에만 의지하지 않고 공공사업을 둘러싸고 전개되는 여러 가지 환경에 대한 '정책적 분석'도 거치는 것이 사업 수행의 실행가능성을 높여준다. 이러한 맥락에서 이 절에서는 먼저 예비타당성분석의 개념과 필요성을 살펴보고, 이어서 구체적인 내용을 개관해 보고자 한다.[9)]

1. 예비타당성분석의 개념과 필요성

우리는 지금까지 공공사업의 경제적 타당성 여부를 분석하는 방법으로 '비용편익분석'의 개념 및 측정과 관련된 주요 사항에 대해 설명했다. 이제 여기서는 이 분석과 관련해 자주 거론되는 '예비타당성조사' 내지 '예비타당성분석'이라는 개념을 이해해 둘 필요가 있다. 공공사업 수행 여부를 결정할 때 흔히 활용되는 '예비타당성분석'이라는 것은 "정부가 공공사업을 수행하고자 할 때 해당 공공사업에 대한 경제적 타당성과 더불어 현실적 실행가능성 등을 종합적으로 분석해서 공공사업의 수행 여부를 결정함으로써 재정 운영의 효율성을 제고하고자 하는 조사 내지 분석"이라고 정의할 수 있다.[10)]

9) 이하 내용은 김형석(2015), 한국개발연구원(2016) 등 관련 문헌을 참고해서 서술한 것이다.
10) 우리나라는 「국가재정법」 제38조에서 "… 대규모 사업에 대한 예산을 편성하기 위하여 미리 예

앞에서 비용편익분석은 공공사업의 수행 여부를 사회적 자원의 효율적 배분이라는 경제적 측면에서의 우열을 가리는 분석이었다. 그러나 현실적으로 공공사업이라는 것은 이와 같은 순수한 경제적 측면에서의 요인만 분석해서 시행할 수 있는 성질의 것이 아니다. 무엇보다 지금 논의의 대상이 '공공사업'이기 때문에 이 문제를 다루는 '정부'가 이 사업을 수행하고자 하는 의지가 있는지, 의지가 있다 하더라도 수행할 수 있는 능력이 있는지 등의 요인 또한 현실적으로는 매우 중요하다. 흔히 이 후자와 관련된 요인을 '정책적 요인'이라 부르며, 이러한 측면에서의 적합성 여부를 분석하는 것을 '정책성 분석'이라 부른다. 이렇게 보면 정부가 특정 공공사업 수행 여부를 사전적으로 분석하는 과정, 즉 예비타당성분석 과정에서는 '경제성 분석'뿐 아니라 이와 같은 소위 '정책성 분석' 또한 동시에 필요하다는 사실을 이해할 수 있을 것이다. 이하에서는 이들 분석에 대해 좀 더 구체적으로 설명하고자 한다.

2. 예비타당성분석의 내용

이제 위와 같은 '예비타당성분석'의 개념을 이해하고 나면, 앞에서 비용편익분석은 특정 공공사업의 경제성 분석으로서 현실적으로 해당 공공사업의 수행 여부를 결정하기 위한 전반적인 '예비타당성분석'의 중요한 과정이기는 하지만 '하나의 분석과정'에 지나지 않는다는 사실을 알 수 있다. 이제 이러한 사실을 염두에 두고 예비타당성분석의 절차와 그 내용을 좀 더 구체적으로 살펴보도록 하자.

일반적으로 특정 공공사업 수행에 대한 사회적 요구가 제기되면 먼저 해당 공공사업의 수행 여부 결정을 위한 타당성분석을 해야 할 필요성이 있는지 여부 자체를 확인하는 과정을 거칠 필요가 있다. 이렇게 타당성분석을 해야 할 필요성이 있는지 여부 자체를 확인하는 과정을 예비타당성분석의 독립된 하나의 과정으로 설

비타당성조사를 실시"하도록 하고 있으며, 「2018년도 예비타당성조사 운용지침」 제3조에서 "예비타당성조사는 대규모 재정사업의 타당성에 대한 객관적이고 중립적인 조사를 통해 재정사업의 신규투자를 우선순위에 입각하여 투명하고 공정하게 결정하도록 함으로써 예산 낭비를 방지하고 재정 운영의 효율성 제고에 기여함을 목적"으로 실시한다고 규정하고 있는 것을 볼 수 있다.

명하기도 한다. 이 경우에는 이 단계에서 특정 공공사업 수행에 대한 정치, 사회, 경제적 측면에서의 필요성을 점검해 우선 해당 사업 수행을 위한 타당성 조사를 할 것인지 여부를 결정한다. 구체적으로 이 단계에서는 해당 사업이 제기된 정치, 사회, 경제적 배경과 각 측면에서 요구되거나 기대되는 효과를 파악하고, 아울러 자연적, 기술적 측면에서 해당 공공사업 수행에 문제가 없는지 등에 대한 요인을 개괄적으로 검토해서, 궁극적으로 이 과정에서 제기된 주요 쟁점을 정리해 항목별 분석과정에 넘긴다.

이렇게 일단 해당 공공사업 수행 여부에 대한 타당성분석이 필요한 것으로 결정되면, 구체적으로 경제성 분석과 정책성 분석 등 '항목별 분석' 과정을 거치게 된다. 마지막으로 이러한 항목별 분석 결과에 바탕을 두고 '종합적 평가' 과정을 거쳐 실제 사업 추진 여부에 대한 최종적인 의견이 제시된다.

1) 항목별 분석과정

구체적인 분석은 전술한 바와 같이 크게 두 가지, 즉 '경제성 분석'과 '정책성 분석'의 서로 다른 항목으로 나눠 시행한다.[11]

(1) 경제성 분석

경제성 분석을 위해서는 무엇보다 해당 사업 수행과정에서 발생하는 비용과 편익을 측정해 '비용편익분석'의 결과가 제시된다. 그 과정에서는 앞에서 설명한 바와 같이 실질적인 비용과 편익으로 확인되는 한 모든 비용요인과 편익요인을 찾아서 다양한 분석방법을 통한 측정과정을 거쳐서 비용편익분석을 수행해야 할 것이 요구된다.

그러나 앞의 설명 과정에서 봤듯이 그와 같은 비용・편익의 측정은 간단하게 하나로 답이 제시될 수 있는 성질이 아니다. 해당 사업의 사회적 비용이나 편익을 측정하기 위해서는 자연환경의 경제적 가치에 대한 사회적 평가, 미래의 가치를 측

---

11) 우리나라는 「2018년도 예비타당성조사 운용지침」 제32조에서 "경제성 분석, 정책성 분석, 지역균형발전 분석"을 종합적으로 수행하되, 정보화사업에서는 여기에 '기술성 분석'을 포함하고, 사업에 따라서는 '지역균형발전 분석'은 생략할 수 있도록 규정하고 있다.

정하기 위한 실물시장뿐 아니라 금융시장의 시장 상태에 대한 평가 등이 달라지면 비용 · 편익의 측정과정에서 중요한 요인인 '잠재적 가격'이나 '사회적 할인율'이 달라지게 되기 때문이다. 이 경우 특히 편익의 도출이 어렵다고 판단되는 경우에는 '비용효과분석'을 수행하기도 함은 앞에서 설명한 바와 같다. 그러나 어느 경우에도 유일한 하나의 분석 결과를 내놓기란 여전히 쉽지 않다. 바로 이러한 점 때문에 다양한 가능성을 전제로 한 '민감도분석' 결과가 동시에 제시되기도 한다. 물론 이 과정에서 다양한 가능성을 전제해서 분석한 이유가 명확하게 기술되어 종합적 판단 과정에 활용될 수 있도록 해야 할 것이다.

그런데 이 과정에 소위 '재무성 분석'의 결과도 경제성 분석에 포함시켜야 한다는 견해도 있다. 그러나 '재무성 분석'이라는 것은 개별 사업 실행 주체의 입장에서 수입과 비용을 추정해 사적인 수익성을 따지는 분석으로서, 공공사업의 경제성 분석이 추구하는 사회적 자원의 순증감을 따지는 '사회적 효율성' 분석수단이 아니다. 이러한 관점에서 보면 재무성 분석은 예비타당성분석에 포함시키더라도 '경제성 분석'의 내용에 포함시킬 내용은 아니라는 점을 유념할 필요가 있다.

(2) 정책성 분석

앞에서 언급한 바와 같이 위와 같은 경제성 분석과는 별도로 정책성 분석이 동시에 진행된다. 이러한 분석은 해당 공공사업 수행의 현실적 실행가능성(feasibility)을 점검한다는 점에서 그 의의가 큰 분석과정이라 할 수 있다.

이러한 '정책성 분석'을 위해서는 무엇보다 해당 공공사업이 다른 정책과 일관성이 있는지 여부를 확인하는 것이 중요하다. 이것은 정책 방향과 일치하지 않은 사업을 수행하게 되면 시행과정에서 다른 정책과의 연계성이 결여되어 궁극적으로 사업의 진행을 지연시키거나 심한 경우 중도에 멈추게 되는 경우도 있을 수 있기 때문이다. 그뿐만 아니라 해당 사업 추진상 위험요인은 없는지 여부도 분석대상이 되어야 한다. 이 분석과정에는 자연적, 공학적 요인이 주로 포함되나 정치적 · 사회적 요인도 포함될 필요가 있다. 정부가 바뀌고 정책이 바뀌어 기존에 시행 중이던 공공사업이 지연되거나 심지어 중지되는 사례도 흔히 볼 수 있다는 점을 고려해 보면 그 중요성이 충분히 짐작이 가는 일이다. 그뿐만 아니라 이 과정에서 현실적으로 해당 사업을 수행하기 위한 재원의 조달가능성이나 조달방법도 고려해야 한다. 이와 같은 문제에 대한 고려는 해당 사업의 현실적 추진가능성과 관련해서 중요한 문제가 될 수 있기 때문이다.

그런데 이와 관련해 전술한 '재무성 분석'이 정책적 결정을 위한 자료로 요구될 수도 있다. 그것은 경제성 분석의 결과가 좋게 나타나는 경우 사업성이 있는 것으로 보아 민간이 참여하고자 하는 경우나 예산상의 이유로 민간의 참여 여부를 고려할 필요가 있을 경우에 이 문제에 대한 정책적인 결정을 위한 보조적인 자료로 활용될 수 있기 때문이다. 그런데 간혹 공공사업의 수행 여부 자체를 '재무성 분석'의 결과를 가지고 결정하고자 하는 경우도 있다. 그러나 이러한 것은 비용편익분석을 통한 '경제성 분석'은 '사회 전체 차원'에서 자원배분의 사회적 효율성을 분석하는 것인데 비해, '재무성 분석'은 단순히 '민간 차원'에서 수입과 비용분석을 통한 사적 수익성 여부를 따진다는 점에서 중요한 차이가 있다는 사실을 인식하지 못한 데서 나온 견해임을 유념해 둘 필요가 있다. '재무성 분석' 과정은 전술한 비용편익분석을 통한 '경제성 분석'과는 많은 차이점이 있다. 예를 들어 경제성 분석을 위한 비용편익분석에는 잠재가격이 사용되는 데 비해 재무성 분석에서는 시장가격이 사용되며, 할인율도 경제성 분석에서는 사회적 할인율이 적용되지만 재무성 분석에서는 재원 조달과정에서 적용되는 현실의 시장이자율이 활용된다. 요컨대 재무성 분석은 사적인 이윤 창출 여부를 따지는 분석인데 비해 경제성 분석은 사회적 효율성을 따진다는 점에서 중대한 차이가 있다는 점을 인식하는 것이 중요하다.

정책성 분석을 위해서는 이 밖에도 우리나라와 같이 지역 간의 경제적 격차가 심한 경우 특정 공공사업의 수행이 지역 간 균형발전 과정에 긍정적 영향을 미치는지 아닌지 여부를 확인하는 것이 중요한 요인이 될 수 있다. 그뿐만 아니라 나라에 따라서는 각 나라마다의 특성을 고려해서 해당 사업의 수행이 사회적으로 공감대를 얻어낼 수 있는지 여부도 분석대상에 포함되어야 한다. 이러한 요인은 공공사업의 사회적 수용 여부와 관련해서 중요한 의미를 가질 수 있기 때문이다.

2) 종합적 분석

위와 같은 구체적인 분석이 마무리되면, 경제성 분석의 결과와 그 이외의 다양한 요인에 대한 정책성 분석의 결과를 종합해서 공공사업들 사이에 우열을 가리거나, 특정 공공사업의 수행 여부에 대한 종합적인 판단을 하는 과정을 거치게 된다. 일반적으로 이 과정에서는 전문 연구가집단들이 참가해서 종합적인 판단을 내리는데, 이 과정에서 주로 '계층화분석법'이 활용된다.

이 '계층화분석법'이란 '계층적 분석과정(Analytic Hierarchy Process : AHP)'이라고도 하는데, 이 분석법은 대안과 평가기준이 다수이며, 개별 평가기준에 대해 서로 다른 선호도를 가진 대안들을 체계적으로 평가할 수 있도록 지원하는 의사결정 기법의 하나로 알려져 있다. 이 분석법은 각 평가항목별 분석 결과를 토대로 한 '다기준 분석'의 일종으로, 세계은행(World Bank)과 같은 국제기구, 미국 연방정부, 우리나라의 경우 정부기관, 연구기관, 금융기관, 민간기업 등 여러 기관에서 폭넓게 활용되고 있다.[12)]

결국 위와 같은 과정을 거쳐서 최종적으로 해당 공공사업의 추진에 대한 타당성 유무라든가 투자 우선순위가 제시된다. 아울러 이 과정에서 세부적인 재원 조달 내지 분담 방안이라든가 투자 시기 및 사업기간 등 해당 공공사업의 추진과 관련된 각종 정책 제언이 포함될 수 있다.

---

12) 이 분석법에 관한 자세한 내용은 한국개발연구원(2016), 김형석(2015) 등 관련 문헌을 참고하기 바란다. 우리나라는 「2018년도 예비타당성조사 운용지침」 제37조에서 "종합평가는 평가 항목별 분석 결과를 토대로 다기준 분석의 일종인 계층화분석법(Analytic Hierarchy Process : AHP)을 활용해서 계량화된 수치로 도출"하는 것으로 되어 있다. 그리고 같은 조항에서 사업의 유형별로 '경제성', '정책성', '기술성' 등 평가항목별 가중치를 미리 제시하고 있는 것을 볼 수 있다.

요 약

1. 비용편익분석은 공공사업을 수행하는 과정에서 제기되는 다양한 선택 대안들을 장기에 걸쳐 비용과 편익을 측정해서 상대적으로 우수한 대안을 선택하는 분석방법을 의미한다.
2. 비용편익분석 방법은 서로 다른 공공선택 대안들의 비용과 편익을 측정한 후 주어진 예산범위에 맞춰 편익에서 비용을 차감한 순편익이 높은 순서대로 사업을 선택하는 순현재가치분석(순편익분석), 측정된 비용과 편익의 비율을 구한 후 대안들의 효율성을 비교해 사업을 선택하는 편익비용비율분석, 공공사업의 시행으로 미래 발생이 예상되는 편익과 비용의 현재가치를 동일하게 해주는 할인율 크기에 따라 사업을 선택하는 내부수익률분석 등이 있다.
3. 비용편익분석에서 비용과 편익 측정 시 어떤 항목들을 포함시키고 제외시키는지에 따라 유형을 구분한다. 우선 공공사업의 수행으로 실질적인 사회후생 수준이 증가하면 실질적 편익이 발생한 것이고 자원의 순손실이 발생했으면 실질적인 비용이 발생한 것이다. 특정 사업으로 인해 상대 가격 체계에 변화가 생겨 유리한 누군가는 이득을 보지만 다른 누군가 손해를 보아 사회 전체적으로는 아무런 변화가 없는 경우를 화폐적 편익이나 비용이 발생한 것으로 간주한다. 전자만 비용편익분석에서 고려하고 후자는 감안하지 않아야 한다. 아울러 공공사업의 수행을 위해 직접적인 자원의 손익과 공공사업 자체에서 발생하는 비용과 편익 및 시장가치로 환산이 가능한 유형적인 비용과 편익은 반드시 고려해야 한다.
4. 공공사업을 수행할 경우 무형의 비용과 편익을 측정하는 방법에는 '간접적인 방법으로 측정'하는 비용효과분석, 진정한 사회적 기회비용인 잠재가격을 찾는 일, 시간 선호를 반영한 현재와 미래가치의 평가 비율인 할인율 설정 등이 있다. 비용편익분석에서 '한 사회의 진정한 사회적 기회비용'을 나타내는 잠재가격을 사용해야 하는 이유는 어떤 형태든 어느 곳이든 추가로 발생하는 자원 손실은 모두 포함시켜야 하기 때문이다. 그리고 할인율은 '미래가치를 현재가치로 환산하는 평가 비율'로 민간할인율보다는 사회적 할인율을 적용하는 것이 세대간 부담과 평가를 공정하게 하는 비용편익분석 방법이다.
5. 비용편익분석 방법 중 비용효과분석은 기술적으로 측정이 어렵거나 측정과정에 많은 비용이 소요되는 경우에 공공사업의 수행 여부를 결정하는 방법이다. 즉, 무형적 편익의 정확한 측정이 어려운 경우, 공공사업의 수행에 더 적은 비용으로 목표를 달성할 수 있는지를 따져보아 사업의 우열을 가리는 분석방법을 가리킨다.

   한편 민감도분석이란 비용·편익 측정과정에서 다양한 불확실성에 대해 전제했던 여러 가정에 변화가 생기는 경우, 사업의 경제성에 어떤 변화가 생기는지 밝혀서 전체 변화에 대처할 수 있게 해주는 평가방법을 의미한다.

6. 예비타당성분석이란 정부가 공공사업을 수행하고자 할 때 해당 공공사업에 대한 경제적 타당성과 더불어 현실적 실행가능성 등을 종합적으로 분석해 공공사업의 수행 여부를 결정함으로써 재정 운영의 효율성을 제고하고자 하는 방법이다.

7. 예비타당성분석 중 정책적 분석은 공공사업의 자연적, 공학적 요인뿐만 아니라 정치적 · 사회적 요인들도 포함시킬 뿐만 아니라 다른 정책과의 연계성과 추진상의 위험요인도 분석하는 방법이다.

Chapter 04

연습 문제

주관식

1. 비용편익분석의 목적은 무엇인가?
2. 비용편익분석 방법은 어떤 것이 있는지 나열하고, 차이점을 설명하라.
3. 비용과 편익을 측정하기 위해 잠재가격과 할인율을 사용하는 이유를 설명하라.
4. 비용편익분석과 비용효과분석의 차이점을 설명하라.
5. 비용편익분석에서 민감도분석을 행하는 이유를 설명하라.
6. 비용편익분석과 예비타당성분석의 차이점은 무엇인가?
7. 경제성 분석과 정책성 분석의 차이점은 무엇인가?

객관식

01. 비용편익분석 방법의 여러 가지 선택대안 중 규모가 큰 사업이 우선적으로 선택될 우려가 높은 것은 다음 중 어느 것인가?

① 순편익분석 ② 편익비용비율분석 ③ 내부수익률분석
④ 예비타당성분석 ⑤ 민감도분석

02. 비용편익분석의 유형 중 반드시 분석에서 고려해야 하는 비용과 편익 항목은 어느 것인가?

① 실질적 편익과 비용 ② 화폐적 편익과 비용 ③ 외부 화폐적 편익과 비용
④ 간접 화폐적 편익과 비용 ⑤ 유형 화폐적 편익과 비용

03. 다음 중 비용편익분석에서 사용해야 되는 가격은 어느 것이 가장 합당한가?

① 잠재가격 ② 완전경쟁시장가격 ③ 독점가격
④ 공정가격 ⑤ 불완전경쟁가격

04. 비용편익분석 방법 중 무형적 편익의 정확한 측정이 어려운 경우, 공공사업의 수행에 어느 것이 더 적은 비용으로 목표를 달성할 수 있는지를 따져보아 사업의 우열을 가리는 분석방법은 어느 것인가?

① 비용효과분석 ② 편익비용비율분석 ③ 내부수익률분석
④ 예비타당성분석 ⑤ 민감도분석

05. 비용 · 편익 측정과정에서 다양한 불확실성에 대해 전제했던 여러 가지 가정에 변화가 생기는 경우, 사업의 경제성에 어떤 변화가 생기는지 밝혀서 전체 변화에 대처할 수 있게 해주는 평가방법은 어느 것인가?

① 민감도분석 ② 편익비용비율분석 ③ 내부수익률분석
④ 예비타당성분석 ⑤ 비용효과분석

06. 정부가 공공사업을 수행하고자 할 때 해당 공공사업에 대한 경제적 타당성과 더불어 현실적 실행가능성 등을 종합적으로 감안해서 공공사업의 수행 여부를 결정하는 분석방법은 무엇인가?

① 예비타당성분석 ② 편익비용비율분석 ③ 내부수익률분석
④ 민감도분석 ⑤ 비용효과분석

07. 예비타당성분석 방법 중 공공사업의 자연적, 공학적 요인뿐만 아니라 정치적, 사회적 요인들도 포함시킬 뿐만 아니라 다른 정책과의 연계성과 추진상의 위험 요인도 분석하는 방법은 어느 것인가?

① 정책성 분석 ② 경제성 분석 ③ 종합적 분석
④ 민감도분석 ⑤ 재무성 분석

정답 및 해설

1. ① 순편익의 크기 순서로 사업을 선택하기 때문에 사업의 효율성이나 부수적인 편익 및 편익과 비용의 현재가치를 통일하게 하는 할인율 등은 따지지 않게 된다.
2. ① 비용편익분석에서 비용과 편익항목 중 내부적이고 직접적이며 실질적인 비용과 편익항목은 반드시 포함시켜야 한다.
3. ① 비용편익분석에서 잠재가격을 사용해야 하는 이유는 잠재가격이 '한 사회의 진정한 사회적 기회비용'을 나타내는 가격이기 때문이다.

4. ① 비용편익분석 방법 중 기술적으로 측정이 어렵거나 측정과정에 많은 비용이 소요되는 경우에 공공사업의 수행 여부를 결정하는 방법이다.

5. ① 비용·편익 측정과정에서 다양한 불확실성에 대해 전제했던 여러 가지 가정에 변화가 사업의 경제성에 미치는 영향을 밝혀, 전체 변화에 대처할 수 있게 해주는 평가방법이다.

6. ① 정부가 공공사업을 수행하고자 할 때 해당 공공사업에 대한 경제적 타당성과 현실적 실행가능성 등을 종합적으로 감안해 공공사업의 수행 여부를 결정하는 분석방법이다.

7. ① 공공사업의 자연적·공학적 요인뿐만 아니라 정치적·사회적 요인들도 포함시키고, 다른 정책과의 연계성과 추진상 위험요인도 분석하는 방법이다.

Part 03

수입론

Chapter 05 | 조세의 이론

Chapter 06 | 공기업과 민영화

Chapter 07 | 재정적자와 국가채무

Chapter 05

조세의 이론

이 장에서는 인간이 살아가고 있는 사회공동체인 국가를 유지하는 데 반드시 필요한 조세에 관한 기본적인 이론을 알아보기로 한다. 순서는 먼저 1절에서는 조세부과와 관련해서 알아 두어야 할 기본적인 내용인 조세의 부과 근거, 조세의 기본구조, 조세의 유형, 조세의 원칙 등 조세의 기본 원리를 알아보기로 한다. 2절에서는 조세부과 시에 고려해야 할 중요한 원칙 중의 하나인 공평성 원칙과 관련해서 조세의 실질적인 부담이 누구에게 주어지는가를 보여주는 조세의 귀착을 중심으로 알아보기로 한다. 3절에서는 조세부과 시에 고려해야 할 또 다른 중요한 원칙인 효율성 원칙과 관련해서 조세의 부과가 초래하는 비효율을 나타내는 초과부담을 중심으로 알아보기로 한다. 4절에서는 조세부과 시에 고려해야 할 중요한 원칙인 공평성 원칙과 효율성 원칙에 기반을 두고 현실적으로 바람직한 조세가 갖춰야 할 조건을 알아보기로 한다.

제 1 절 조세의 기본 원리

이 절에서는 조세의 부과와 관련해서 기본적인 내용이라고 할 수 있는 조세부과의 근거, 조세의 기본구조, 조세의 유형, 조세의 원칙을 알아보기로 한다. 조세의 기본적인 내용 중에서 좀 더 중요한 조세부과의 원칙과 관련해서는 효율성 원칙과 공평성 원칙을 중심으로 구체적으로 알아보기로 한다.

1. 조세의 근거

조세는 민간부문의 시장기능에 의해서 자발적으로 공급되지 않지만 사회의 유지 및 발전에 필요한 자원을 공급하기 위해서 국가가 강제적으로 징수하는 재화와 화폐라고 할 수 있다. 국가에 의해서 부과되는 조세가 민간부문의 시장기능에 의해서 공급되는 자원의 공급 원리와 가장 큰 차이점은 자율성이 아닌 강제성과 비용을 지불한 당사자에게 보상이 한정되는 개별보상이 아닌 국민 모두에게 차별 없이 제공되는 일반보상의 원리라고 할 수 있다. 예를 들어 보면, 국방과 치안이라는 서비스는 국가라는 사회의 안전 및 유지에 필요한 서비스로 이는 모든 국민에게 차별 없이 제공되는 관계로 관련 비용의 부담을 회피하려는 '무임승차'의 문제를 가지고 있다. 따라서 이러한 특성을 가진 공공 서비스의 제공에 필요한 재원은 국가에 의해 강제적으로 징수되는 조세에 의해서 충당하게 된다.

이러한 조세의 징수는 강제적으로 이뤄지지만 조세의 이러한 강제 징수를 뒷받침하는 근거로는 몇 가지 주장이 있는데, 대표적으로 이익설, 의무설(희생설)이 있으며, 이 밖에도 보험료설, 법규의무설 등이 있다.

먼저 '이익설'은 국가는 국방이나 치안 등의 공공 서비스의 제공을 통해서 국민들에게 혜택을 주기 때문에 이에 대한 대가로 조세를 징수한다는 주장이다. 이에 비해 '의무설' 내지 '희생설'은 국가는 인간 사회의 발전 단계에서 최고의 형식으로, 국민들이 이러한 국가의 존립을 위해서 필요한 조세를 납부하는 것은 국가의 유기체적 성원으로서 당연한 의무이자 희생이라는 주장이다. 이 밖에도 '보험료설', '법규의무설' 등이 제시되기도 하는데, 먼저 전자는 조세는 국민들이 자신들의 생명과 재산을 보호받기 위해서 국가라는 보험회사에 지불하는 보험료라는 주장을 일컬으며, 후자 '법규의무설'은 국민들이 자신들이 만든 법률에 의해서 조세를 부담한다는 주장을 일컫는다.

2. 조세의 유형

조세의 유형은 과세주체, 과세객체, 과세표준, 과세단위, 세율구조 등에 따라 서로 다르게 분류할 수 있다. 먼저 '과세주체(subject of taxation)'란 조세를 부과하는 권리를 가진 주체를 의미하며, '과세객체(object of taxation)'란 조세의 납세의무를 발생시키는 원인이 되는 구체적인 사실 또는 행위를 일컫는데, '과세대상', '과세물건' 등으로 불리기도 한다. 한편 '과세표준(tax base)'은 과세대상이 되는 경제행위가 일어날 때 그 행위의 구체적인 수량 또는 금액을 일컬으며, '과세단위(unit of tax)' 내지 '측정단위(tax measure)'란 조세를 계산할 때 과세표준을 합산하는 기준을 개인으로 할 것인지 부부로 할 것인지 아니면 세대로 할 것인지를 일컫는 개념을 말하며, 이와는 달리 일정 금액을 기준으로 할 것인지 일정 수량을 기준으로 할 것인지를 나타내는 개념으로 쓰이기도 한다. 이제 이러한 사실을 염두에 두고 구체적인 개별 조세 내지 조세군의 여러 유형을 설명해 두고자 한다.

먼저 과세주체별로는 과세주체가 중앙정부(국가)인 조세를 국세, 지방정부(지방자치단체)인 조세를 지방세라 부른다. 예를 들어 우리나라의 경우 소득세와 부가가치세는 국세이며, 자동차세와 재산세는 지방세이다. 다음으로 과세대상별로는 과세대상이 '소득의 창출행위'인 조세는 '소득세', '소득의 지출(소비)행위'인 조세는 '소비세', 나아가 '재산의 보유 및 이전행위'에 대한 조세는 '재산세' 등으로 분류된다. 이와 아울러 과세대상의 거래지역에 따라서 국내의 과세대상에 대해 부과하는 경우를 내국세, 국가 간의 거래에 대해 부과하는 경우를 관세라 한다.[1)]

한편, 조세 유형 구분에서 조세의 전가 문제라든가 납세자와 담세자의 구분 내지 납세자의 부담능력을 조정해주는지 여부 등이 중요한 의미를 갖기도 한다. 대표적으로 '직접세'와 '간접세'의 구분이 있다. 직접세는 납세자의 담세능력을 직접 파악할 수 있어 누진 부담이 가능한 소득세, 법인세, 재산세 등의 조세를 일컫는데 비해, 간접세는 담세능력을 간접적으로밖에 파악할 수 없어서 세율구조를 비례세 형태를 취하는 소비세를 일컫는다. 직접세로 구분되는 조세 중에서도 수요 공급

---

1) 한국의 조세 종류에 관한 좀 더 구체적인 내용은 한국조세재정연구원(www.kipf.or.kr)의 조세제도 자료 등을 참조하면 된다.

상황 등으로 인해 전가되는 경우도 있어 전가 여부로 직·간접세를 구분하는 것은 현실적으로 큰 의미가 없다는 점을 유념해 둘 필요가 있다. 예를 들어 법인세가 상품가격으로 전가된다든지, 재산세가 세입자에게 전가되는 경우 등을 고려해 볼 수 있다. 아울러 '인세'와 '물세'라는 구분이 활용되기도 하는데, '인세'는 조세부과 과정에서 납세자 개인의 부담능력을 가감 조정해주는 조세로서 우리나라 종합소득세, 종합부동산세 등을 들 수 있으며, 이에 비해 '물세'는 납세자 개인의 부담능력을 조절해주지 않고 과세대상 자체를 고려해서 납세액을 결정하는 조세로서 우리나라 부가가치세, 재산세 등을 들 수 있다.

한편 '세율구조'에 따라서 세율이 적용되는 과세표준의 크기에 관계없이 단일세율이 적용되는 경우를 '비례세', 과세표준이 증가함에 따라서 세율이 증가하는 경우를 '누진세'라 한다. 예를 들어 우리나라의 경우 소득세는 누진세이며, 부가가치세는 비례세이다. 아울러 과세물건의 '측정단위'에 따라서 과세표준이 화폐가치로 환산되는 경우를 '종가세', 과세대상의 수량이나 무게 또는 인원 수 등에 따라서 측정되는 경우를 '종량세'라 한다. 예를 들어 우리나라의 경우 소득세, 부가가치세 등 대부분의 조세가 종가세이며, 주세, 유류세 등은 종량세에 해당된다. 또한 조세의 사용 용도에 따라서 사용 용도가 정해져 있는 경우를 '목적세', 그렇지 않은 경우를 '보통세'라 한다. 예를 들어 우리나라의 경우 소득세, 부가가치세 등 대부분의 조세가 보통세이며, 교육에 필요한 재원을 확보할 목적으로 부과되는 교육세는 목적세이다. 세원의 독립성 여부에 따라서 다른 조세와 관계없이 독립적인 세원을 가진 경우를 '독립세', 독립적인 세원이 없어서 다른 독립세를 과세표준으로 조세가 부과되는 경우를 '부가세(surtax)'라 한다. 예를 들어 우리나라의 경우 부가가치세, 법인세 등 대부분의 조세가 독립세이며, 교육세와 농어촌특별세 등은 부가세이다.

3. 조세의 원칙

앞서 알아본 조세부과의 근거가 조세를 국가가 강제적으로 국민들에게 부과할 수 있는 이유를 제시했다면 조세의 원칙은 조세를 국가가 어떠한 방식으로 부과하는 것이 타당한가에 대한 기준을 제시한다고 할 수 있다. 조세부과 시에 지켜야 할 원칙으로 어떤 것이 필요한가를 스스로와 국민들에게 질문한다면 가장 많은 답변이 공평하게 부과되어야 한다는 점이 지적될 것이다.

조세부과의 원칙과 관련해서는 예전부터 많은 학자에 의해 논의되어 왔으나 시대적인 흐름을 고려해서 대표적인 경우를 알아본다면 스미스(Adam Smith)와 머스그레이브(Richard A. Musgrave)의 조세 원칙을 생각할 수 있다. 스미스는 바람직한 조세가 갖춰야 할 조건으로 공평성의 원칙, 확실성의 원칙, 편의성의 원칙, 경제성의 원칙을 제시했는데, 먼저 '공평성의 원칙'은 개인의 조세부담은 자신의 능력인 수입에 비례해서 이뤄져야 한다는 의미이며, '확실성의 원칙'은 조세의 내용인 납부방법, 시기, 금액 등은 납세자를 비롯해 일반국민들이 이해할 수 있는 내용으로 제시되어야 한다는 것을 의미한다. 한편, '편의성의 원칙'은 조세 납부방법이 납세자가 납부하는 데 가장 편리한 방식으로 이뤄져야 한다는 의미이며, '경제성의 원칙'은 조세 징수와 관련한 행정비용과 조세부과로 인해 납세자의 경제활동에 주는 부담이 가장 적은 방식으로 조세가 부과되어야 한다는 의미이다.

스미스가 조세 원칙을 제시한 시기가 자본주의가 시작되던 초기였다면 이후로 산업사회의 발전을 거치면서 이뤄진 현대적인 산업사회를 고려한 조세 원칙으로는 머스그레이브의 조세 원칙을 들 수 있다. 그는 현대 산업사회에 적합한 조세 원칙으로 조세 수준이 적절하게 징수될 수 있어야 한다는 조세 수입의 적절성 원칙, 조세부담의 분배가 공평하게 이뤄져야 한다는 조세정책의 공평성 원칙, 조세가 경제의 효율성을 저해하지 않아야 한다는 조세의 중립성 원칙, 조세가 경제의 변동에 따라서 이를 안정적으로 조절할 수 있는 경기조절 기능을 가져야 한다는 조세구조의 재정정책 탄력성 원칙, 조세체계가 국민들이 쉽게 이해할 수 있도록 명확하게 구성되어야 한다는 세무행정상의 원칙, 그리고 조세 징수와 관련한 행정비용이 적어야 한다는 최소징세비의 원칙 등을 제시하고 있다.

시대적인 흐름에 따라서 다양한 학자들로부터 제시되는 조세 원칙들을 살펴보면 서로 다른 부분들을 강조함으로써 상이한 원칙들을 제시한 부분도 있지만 가장 공통적으로 언급되고 있어서 조세부과에 따른 기본적인 원칙이라고 할 수 있는 내용들을 찾아본다면 조세부담이 납세자들에게 공평하게 이뤄져야 한다는 조세부담의 공평성 원칙, 조세의 부과가 경제의 효율성을 저해하지 않아야 한다는 효율성의 원칙, 조세부과에 따른 행정비용이 최소화되어야 한다는 최소징세비의 원칙이라고 할 수 있다.

시대적인 사회환경의 변화에 따라서 바람직한 조세가 갖춰야 할 원칙으로 학자들이 제시한 이론적인 내용들은 상충되는 경우도 있어서 현실 세계에서의 적용에서는 동시에 충족이 어려운 경우가 발생할 수 있다. 예를 들어 조세의 공평성 원칙을 제고하기 위한 누진과세제도의 강화는 경제활동의 증가에 따라서 조세부담이 증가하는 관계로 경제의 효율성을 더 많이 제한하는 효과를 가지기 때문에 조세의 효율성 원칙에는 위배된다고 할 수 있다. 이러한 조세의 원칙들 중에서 가장 중요하다고 할 수 있는 효율성의 원칙과 공평성의 원칙을 좀 더 구체적으로 알아보기로 한다.

1) 효율성의 원칙

조세의 부과는 시장경제 원리에 의해서 움직이는 민간부문의 자원을 조세부과액만큼 강제적으로 정부부문으로 이전시키는 것이라고 할 수 있다. 따라서 이러한 조세의 부과는 필연적으로 개인이나 기업의 합리적인 경제활동에 영향을 주게 되어 조세가 부과되기 전에 비해서 시장 원리에 의한 민간부문의 자원배분에 변화를 주게 된다. 예를 들어 근로소득세의 부과는 개인의 근로와 여가의 선택에 영향을 주게 되며, 이자소득세의 부과는 금융자산을 비롯한 개인의 자산 선택에 영향을 주게 된다. 또한 부가가치세와 같은 소비세의 부과는 관련 제품의 가격에 영향을 주어서 개인의 상품 선택에 영향을 주게 된다. 아울러 법인세의 부과는 기업의 투자수익률에 변화를 주기 때문에 투자활동에 영향을 주게 된다. 따라서 조세부과 시에는 이에 따른 민간부문의 자원배분 변화를 검토해서 부정적인 영향을 최소화하는 방향으로 노력해야 하는 '효율성의 원칙'이 중요하다.

효율성의 측면에서 조세부과에 따라서 민간부문의 자원배분에 주는 영향은 시장 원리에 의해서 움직이는 기존의 자원배분이 어떤 상태인가에 따라서 그 효과가 달라진다. 만약 기존의 민간부문 자원배분이 효율적인 상태에 있었다면 조세부과에 따른 자원배분의 변화는 기존의 효율적인 자원배분에 부정적인 영향을 주게 된다. 그러나 기존의 민간부문 자원배분이 비효율적인 상태에 있었다면 이러한 비효율적인 자원배분을 개선하는 방향으로의 조세부과는 오히려 자원배분에 긍정적인 영향을 줄 수 있게 된다.

조세의 효율성 원칙에서 본다면 바람직한 조세는 민간부문의 자원배분이 효율적인 경우에는 조세부과가 이러한 민간부문의 자원배분 구조에 영향을 주지 않는 조세가 바람직하다고 할 수 있는데, 이러한 조세를 '중립세(neutral tax)'라 한다. 대표적인 중립세로는 '정액세(lump-sum tax: 인두세 또는 일괄세)'를 들 수 있다. 우리나라의 경우 정액세의 사례로는 거주하는 세대별로 일정하게 부과되는 주민세(균등분)를 들 수 있다.

만약 민간부문의 자원배분이 비효율적인 경우에는 이러한 비효율성을 교정하는 성격을 가지는 조세가 바람직하다고 할 수 있으며, 이러한 조세를 '교정세(corrective tax)'라고 부르고 있다. 예를 들어 교정세[2]의 사례로는 흡연에 따른 사회적 비용을 고려해서 부과되는 담배소비세 등이 있다.

2) 공평성의 원칙

조세가 부과되는 경우에 우선적으로 고려되어야 하는 원칙인 효율성의 원칙과 공평성의 원칙 중에서 납세자의 입장에서 좀 더 민감하게 지켜보는 것은 자신이 체감하기 어려운 효율성에 대한 영향보다는 조세가 사회구성원들 간에 공평하게 부과되는가라는 사실일 것이다. 이런 측면에서 공평성의 원칙이 사회통합적인 측면에서는 효율성의 원칙에 비해 상대적으로 좀 더 신중하게 다뤄질 필요가 있다.

공평성의 원칙이 지켜지기 위해 이를 좀 더 구체적으로 나타낼 필요가 있는데, 조세부담이 공평하다는 것은 조세부과에 따른 부담이 수평적 및 수직적으로 공평해야 한다는 의미이다. 이를 좀 더 풀어 보면 조세부담이 수평적으로 공평하기 위해서는 동일한 경제적 능력을 가진 경제주체들 간에는 동일한 조세부담이 주어져야 한다는 의미이다. 또한 조세부담이 수직적으로 공평하기 위해서는 더 많은 경

2) 환경오염을 배출하는 기업에게 오염 배출이 사회에 미치는 비용만큼의 조세를 부과함으로써 환경 개선을 가져오게 하는 '피구세(Pigouvian tax)'도 교정세의 일종이다.

제적 능력을 가진 경제주체가 더 많은 조세부담을 가져야 한다는 의미이다.

현실에서 조세부과 시에 '수평적 공평성'과 '수직적 공평성'이 충족되는가의 여부를 파악하기 위해서는 사회구성원들 간의 경제적 수준을 평가할 수 있는 기준이 필요하다. 현재까지 학자들 간의 논의를 통해서 일반적으로 인정되고 있는 평가기준으로는 '편익 원칙(benefit principle)'과 '능력 원칙(ability to pay principle)'이 있다.[3] 이를 좀 더 구체적으로 알아보면 다음과 같다.

(1) 편익 원칙

조세부과 시의 공평성을 평가할 수 있는 한 가지 기준인 '편익 원칙'은 조세는 기본적으로 정부가 제공하는 각종 공공 서비스에 대한 비용에 해당되므로 조세부담은 개인이 정부활동으로부터 얻는 편익에 따라서 부과하는 것이 바람직하다는 것이다. 이 경우 조세는 개인이 누리는 정부의 공공 서비스에 대한 대가로서의 가격이 되는 것이다. '조세부과' 시에 편익 원칙을 개인의 경제적 상황을 평가하는 기준으로 적용하게 되면, 수평적 공평성은 정부로부터 동일한 편익을 얻는 개인들 간에는 조세부담이 동일해야 한다는 의미이며, 수직적 공평성은 정부로부터 더 많은 편익을 얻는 개인이 더 많은 조세부담을 가져야 한다는 의미이다. 예를 들어 편익 원칙에 따라서 부과되는 조세의 유형으로는 자동차 연료인 휘발유나 경유 등에 부과되는 세금을 들 수 있는데, 이는 자동차 운전자의 도로 사용이라는 편익이 늘어남에 따라서 자동차 연료 사용량이 증가함으로써 관련 세금 부담도 증가하기 때문이다.

편익 원칙의 적용에 따른 장점으로는 정부의 공공재의 공급에 따른 가격결정이 기본적으로 소비에 따른 효용수준에 따라서 가격을 지불하는 시장 원리에 의한 자원배분과 동일하므로 정부부문의 자원배분이 효율적으로 이뤄질 수 있다. 즉, 편익 원칙에 의하면 공공 서비스의 가격이 개인이 얻는 편익에 비해 너무 높거나 낮아서 공공 서비스의 공급이 과소 또는 과다공급되는 자원배분의 비효율이 발생하는 것을 방지할 수 있다. 예를 들어 모든 의료 서비스가 무료로 제공된다면 개인들의

---

3) 조세부담의 공평성과 관련해서 편익 원칙과 능력 원칙에 관한 좀 더 구체적인 사항은 Richard A. Musgrave(1959)를 참고.

의료 서비스 이용이 필요 이상으로 증가해 관련 정부지출 또한 증가하는 비효율이 발생할 것이나 편익 원칙에 의거해 적절한 비용을 부담하게 하는 경우에는 과다 이용에 따른 자원배분의 비효율은 줄어들 것이다.

편익 원칙의 단점으로는 현실적인 적용가능성이 낮다는 점과 과세대상자의 무임승차 가능성이 크다는 점 그리고 소득재분배 효과가 낮다는 점이다. 먼저 적용가능성에서 편익 원칙을 현실에서 실현하기 위해서는 정부 서비스의 제공에 따라서 개인이 누리는 편익의 대상과 수준을 정확하게 측정할 수 있어야 하는데, 실제로 이를 객관적으로 측정하는 것은 거의 불가능하다. 다음으로 공공 서비스의 제공에 따라서 과세대상이 되는 개인은 자신이 얻게 되는 편익을 객관적으로 측정하는 것이 불가능한 경우 공공 서비스에 대한 자신의 선호를 나타내지 않거나 줄이는 등의 방법으로 조세부담을 회피하려는 무임승차자의 전략적인 행위를 하게 될 가능성이 증가하게 된다. 또한 편익 원칙에 따라서 조세를 부과하게 되면 납세자의 소득수준에 대한 고려가 없기 때문에 조세를 통한 소득재분배 효과는 없다고 할 수 있다. 예를 들어 편익 원칙이 적용되는 사례로 볼 수 있는 자동차의 연료에 부과되는 세금의 경우 소득의 차이에 관계없이 동일한 세금을 부담하기 때문에 소득재분배 효과를 기대할 수 없다.

정부가 제공하는 공공재에 편익 원칙을 적용할 수 있는 가능성은 공공재의 종류에 따라서 달라지는데, 제공되는 공공재가 공공재의 특성인 비경합성이나 비배제성이 약한 재화나 서비스로 시장의 가격 원리에 따라서 공급되는 민간재와 유사한 경우에는 편익 원칙을 적용할 수 있는 가능성이 크다. 그러나 국방이나 치안과 같은 순수공공재인 경우에는 편익의 측정에 대한 어려움과 무임승차자 등의 문제들로 인해서 편익 원칙을 적용하기는 어렵다고 할 수 있다.

(2) 능력 원칙

조세부과 시의 공평성을 평가할 수 있는 또 다른 기준인 능력 원칙은 정부가 제공하는 각종 공공 서비스로부터 개인이 얻게 되는 편익의 수준과는 관계없이 조세부담은 개인의 경제적 지불능력에 따라서 부담하는 것이 바람직하다는 것이다. 조세부과 시에 능력 원칙을 개인의 경제적 상황을 평가하는 기준으로 적용하게 되면

'수평적 공평성'은 동일한 경제적 능력을 가진 개인들 간에는 조세부담이 동일해야 한다는 의미이며, '수직적 공평성'은 개인의 경제적 능력이 더 좋은 개인이 더 많은 조세부담을 가져야 한다는 의미이다. 예를 들어 능력 원칙에 따라서 부과되는 조세의 유형으로는 개인의 소득에 따라서 부과되는 개인소득세를 들 수 있는데, 이는 개인의 경제적 능력을 나타내는 소득이 증가함에 따라서 개인이 부담하는 소득세의 크기도 증가하기 때문이다.

조세부과 시에 능력 원칙의 적용에 따른 가장 큰 장점으로는 납세자의 경제적 능력에 따라서 조세를 부과하기 때문에 세율구조의 누진성 정도에 따라서 조세를 통한 소득재분배 효과를 극대화할 수 있다는 점이다. 예를 들어 능력 원칙이 적용되는 사례로 볼 수 있는 개인소득세의 경우 세율구조의 누진성이 클수록 고소득층의 조세부담이 증가하기 때문에 소득계층 간의 소득 격차가 조세부과 전에 비해서 조세부과 후에 줄어드는 소득재분배 효과를 기대할 수 있다.

능력 원칙의 적용에 따른 단점이라고 할 수 있는 문제점으로는 두 가지를 들 수 있는데, 하나는 가장 핵심적인 요소라고 할 수 있는 개인의 경제적 능력을 어떻게 측정할 것인가의 문제이고, 다른 하나는 이렇게 측정된 경제적 능력의 차이에 따라서 조세부담의 차이를 어떻게 할 것인가의 문제라고 할 수 있다.

먼저 개인의 경제적 능력을 측정하는 문제와 관련해서는 소득이 가장 많이 사용되고 있는 지표라고 할 수 있다. 정기적인 소득이 없거나 측정이 어려운 경우에는 재산, 소비수준 등이 소득의 대리지표로 사용되기도 한다. 지금까지 소득이 개인의 경제적 능력을 나타내는 가장 좋은 지표로 활용되고 있지만, 동일한 능력을 가진 개인 간에도 조세부담의 차이를 초래하는 등의 문제점을 가지고 있다.

예를 들어 두 사람의 근로자가 있는데 임금수준을 결정할 때 적용되는 학력, 경력 등의 개인적인 능력은 동일하지만 여가에 대한 선호의 차이가 있다고 하자. 이 경우에 두 근로자는 동일한 능력을 보유하고 있기 때문에 동일한 시간으로 일하게 되면 동일한 임금을 받게 되지만 여가에 대한 선호의 차이로 인해서 근로시간에 차이가 발생하게 되고 이는 두 사람 간의 임금 차이를 초래하게 된다. 이는 개인적인 능력의 차이가 없음에도 불구하고 소득을 기준으로 조세를 부과할 경우에 여가를 좀 더 선호하는 근로자의 조세부담이 줄어드는 문제점이 발생하게 된다.

능력 원칙을 적용하는 경우에 발생하는 또 다른 문제점인 경제적 능력의 차이에 따라서 조세부담을 어떻게 할 것인가의 문제와 관련해서는 조세부담에 따른 '희생'을 기준으로 과세대상자들의 희생을 균등하게 하는 것이 수직적 공평성의 관점에서 바람직하다는 것이다. 그러나 이 경우에도 조세부담에 따른 균등한 희생을 어떻게 정의하느냐에 따라서 조세부과에 의한 실질적인 부담이 달라지는 문제점이 발생하게 된다. 조세부담에 따른 균등 희생을 정의하는 방식으로는 세 가지가 있는데, 균등 절대희생의 원칙, 균등 비례희생의 원칙, 균등 한계희생의 원칙이 그것이다.[4] 이때 희생을 측정하는 방법으로는 소득의 한계효용을 활용하는데, 소득의 한계효용은 조세부과로 인해서 소득 한 단위(1원)의 감소에 따른 효용(만족감)의 감소분을 의미한다.

소득의 한계효용은 재화의 소비 증가에 의한 한계효용이 감소하는 것처럼 소득이 증가할수록 감소하기 때문에 저소득계층의 한계효용이 고소득계층에 비해서 소득의 한계효용이 더 크다는 것을 알 수 있다. 따라서 조세의 부과에 의한 희생을 기준으로 조세부담의 공평성을 논의하는 것은 조세부과에 의한 소득의 한계효용의 변화를 어떻게 하는 것이 균등한가에 대한 문제라고 할 수 있다.

먼저 조세부과에 따른 '균등 절대희생의 원칙'은 개인은 조세 납부로 인해서 희생하는 효용의 절대량이 같도록 하는 것이다. 이 원칙에 따르면 일반적으로 소득의 증가에 따라서 소득의 한계효용이 감소하기 때문에 조세부과에 따라서 소득의 효용 감소분이 같아지기 위해서는 저소득층에 비해서 고소득층이 더 많은 규모의 조세부담을 하게 된다는 의미를 가지게 된다. 좀 더 일반적으로 이러한 균등 절대희생의 원칙에 의한 과세의 경우 소득재분배 효과를 기대하기 위해서는 소득의 증가에 따라서 소득의 한계효용이 더 빠르게 감소해야 한다.[5] 만약 소득계층 간 소득의 한계효용이 동일한 경우에는 소득의 크기에 관계없이 모든 납세자가 동일한 규모의 세금을 부담해야 한다는 의미가 되므로 조세의 누진성이 없어져서 소득재분배 효과를 기대할 수 없다.

---

4) 밀(J. S. Mill, 1948)은 *Principle of Political Economy*에서 균등 희생의 원칙(equal sacrifice rule)을 제시했다.

5) 그러나 이러한 상황은 현실의 상황과 부합한다고 할 수 없으므로 조세의 누진성 설명에는 부족하다고 할 수 있다.

다음으로 조세부과에 따른 '균등 비례희생의 원칙'은 개인은 조세 납부로 인해서 희생하는 효용의 비율이 같도록 하는 것이다. 다시 말하면, 납세자의 조세 납부 전 효용 대비 조세 납부로 감소되는 효용의 비율이 같아야 한다는 의미이다. 이 원칙에 따르면 일반적으로 소득의 증가에 따라서 소득의 한계효용이 감소하기 때문에 조세부과에 따라서 납세 전 효용 대비 납세 후의 효용 감소분 비율이 같아지기 위해서는 저소득층에 비해 고소득층이 더 많은 규모의 조세부담을 하게 된다. 이 경우 소득재분배 효과를 기대하기 위해서는 균등 절대희생의 경우와 마찬가지로 소득의 증가에 따라서 소득의 한계효용이 빠르게 감소해야 하지만 그 정도는 균등 절대희생의 경우에 비해서 낮다.[6] 이 경우는 만약 소득계층 간 소득의 한계효용이 동일한 경우에는 모든 납세자가 소득의 크기에 비례적으로 세금을 부담해야 한다는 것을 알 수 있다.

마지막으로 조세부과에 따른 '균등 한계희생의 원칙'은 개인은 조세 납부로 인해서 희생하는 한계효용이 같아야 한다는 것이다. 이는 납세자의 조세 한 단위(1원)의 납세에 따르는 한계효용이 같아야 한다는 의미로, 이렇게 되기 위해서는 납세 후의 소득이 같도록 조세부담을 해야 한다는 의미가 된다. 이 원칙에 따르면 일반적으로 소득의 증가에 따라서 소득의 한계효용이 감소하기 때문에 조세부과 후의 한계효용이 같아지도록 하기 위해서는 저소득층에 비해서 고소득층이 훨씬 더 많은 규모의 조세부담을 해야 한다. 따라서 균등 절대희생의 원칙이나 균등 비례희생의 원칙에 비해 조세의 누진성의 크다고 할 수 있으며 소득재분배 효과도 상대적으로 크게 된다. 이 균등 한계희생 원칙의 경우에 누진성의 효과를 기대하기 위해서는 소득의 한계효용이 체감하고 소득자 간 세후 소득이 동일해야 한다는 조건이 충족되어야 하는데, 시장경제 원리에 의해서 작동되는 일반적인 경제구조에서는 모든 납세자의 세후소득을 동일하게 하는 정책은 현실적으로 적용하기에는 거의 불가능하다고 할 수 있다. 만약 소득계층 간 소득의 한계효용이 동일한 경우에는 세액이 얼마로 정해지더라도 세후 한계효용이 동일하기 때문에 세액을 결정하지 못하는 문제가 발생한다.

---

6) 그러나 균등 비례희생의 경우도 한계효용이 어느 정도 이상으로 감소해야 한다는 것을 전제하므로 조세의 누진성에 대한 논리적인 설명으로는 부족하다고 할 수 있다.

제 2 절 조세와 공평성

이 절에서는 조세의 부과와 관련해 가장 중요한 원칙 중의 하나인 공평성 원칙과 관련해 조세부담이 실질적으로 누구에게 주어지는가를 보여주는 조세부담의 귀착에 대해 살펴보고자 한다. 구체적으로 조세의 귀착 유형과 효과를 중심으로 알아보기로 한다.

1. 조세부담의 귀착

1) 조세의 귀착과 조세의 전가

(1) 조세의 귀착

조세의 부과와 관련해서 사회구성원들이 가장 많은 관심을 가지는 사항은 자신에게 주어지는 조세부담이 어느 정도인가와 다른 구성원들에게 주어지는 조세부담과 비교해서 과연 공평한가라는 문제일 것이다. 이 문제에 대한 해답을 얻기 위해서는 먼저 정부에서 부과되는 조세의 부담이 실질적으로 누구에게 주어지는가라는 문제에 대한 해답을 가져야 하는데 이를 '조세의 귀착(tax incidence)'이라고 한다.

앞서 살펴본 바와 같이 조세의 과세대상으로는 재화나 서비스, 재산 또는 소비 등 사람이 아닌 대상도 포함이 되지만 최종적인 납세자로는 사람과 법적으로 제한된 범위 내에서 사람으로서의 권리능력을 인정받은 법인이 된다. 따라서 세법에서는 정부가 부과하는 조세를 납부할 납세자를 지정하고 있는데, 이런 법적인 납세자가 자신에게 부과되는 모든 세금을 실질적으로 부담하게 된다면 조세의 귀착이라는 문제가 조세부과에서 중요한 과제가 되지 않았을 것이다.

현실의 경제활동에서 인간은 기본적으로 자신의 이익을 극대화하려는 본능적인 노력을 하게 되는데, 이러한 노력은 자신에게 주어지는 조세부담이 공공 서비스의 제공이라는 정부지출에 필요한 재원조달임을 인정하는 경우에도 지속된다고 할 수 있다. 따라서 납세자들은 자신에게 주어지는 조세부담을 새로운 비용으로 인식해서 자신의 이익을 최적화하는 방향으로 경제활동을 조정하게 되는데, 이러한 과정을 통해서 자신에게 주어지는 조세부담이 다른 경제주체들에게 넘어가는 경우가 발생하게 된다. 이처럼 법적인 납세자의 조세부담이 다른 사람에게 이전되는 경우를 '조세의 전가(tax shifting)'라고 한다.

조세의 귀착에는 법적으로 납세자가 조세부담을 지는 경우를 나타내는 '법적 귀착(statutory incidence)'과 이와 구분해 실질적으로 조세부담을 지는 경우를 나타내는 '경제적 귀착(economic incidence)'으로 구분할 수 있다. 따라서 조세부담이 공평하게 주어지는가의 문제와 이를 보여주는 계층 간 소득분배를 파악하기 위해서는 조세의 법적인 귀착과 경제적 귀착이 어떻게 이뤄지고 있는가를 알아봐야 한다.

조세부과 시에 법적인 납세자에게 주어지는 조세부담이 다른 경제주체들에게 전가되는 가능성을 결정하는 핵심적인 요소는 납세자가 다른 경제주체들과 형성하고 있는 경제적 관계라고 할 수 있다. 만약 납세자와 다른 경제주체들과의 경제적 관계가 조세의 전가가 이뤄질 수 없는 구조로 이뤄져 있다면 법적인 조세부담자인 납세자가 실질적인 조세부담도 가지기 때문에 법적 귀착과 경제적 귀착은 일치하게 된다. 그러나 그렇지 않은 경우에는 상호간의 경제적 관계에 의해서 조세 전가의 정도가 결정된다.

예를 들어 자동차 완제품에 부과되는 부가가치세의 세율이 오르는 경우에 자동차 생산기업은 조세의 증가에 의한 생산비용의 증가를 반영해 생산량의 축소, 자동차 가격 인상, 근로자 임금 인하, 부품단가의 인하 등을 통해서 조세부담을 전가함으로써 기업의 이윤을 극대화하려는 노력을 하게 된다. 이 경우에 자동차 생산기업의 활동과 관련된 조직들인 노동조합, 외국 수입업체, 부품 공급업체 등과의 경제적 관계에서 기존의 계약에 따라 생산량, 임금, 가격, 부품단가 등을 조정할 수 없다면 자동차 생산기업은 조세부담을 다른 경제주체들에게 전가할 수 없게 된다.

(2) 조세의 전가 유형

앞서 알아본 바와 같이 공평한 조세부담을 위해서는 조세부담이 실질적으로 누구에게 주어지는가의 문제인 조세의 귀착이 중요한데 조세의 귀착을 결정하는 가장 중요한 요소가 조세의 전가이다. 이는 조세 전가의 유형과 정도에 따라서 조세 귀착의 방향과 규모가 결정된다는 의미이므로 조세 전가의 유형 등 조세 전가에 대해서 좀 더 구체적으로 알아볼 필요가 있다.

조세 전가의 유형으로는 크게 두 가지로 나눠 볼 수 있는데, 하나는 전방전가(forward shifting), 즉 전전(前轉)이고, 다른 하나는 후방전가(backward shifting), 후전(後轉)이다. 먼저 전전은 단어에서도 짐작할 수 있듯이 재화나 서비스가 유통되는 단계에서 납세자의 조세부담이 다음 단계의 경제주체에게 전가하는 경우를 나타낸다. 예를 들어 자동차 완제품에 대한 부가가치세가 인상된 경우에 생산기업이 자동차의 판매가격을 인상했다면 이는 생산기업에 대한 조세부담이 자동차의 유통 단계에서 다음 단계인 소비 단계의 소비자에게 전가된 경우이므로 조세의 전가 중 전방전가에 해당된다.

다음으로 후전은 납세자의 조세부담이 재화나 서비스가 유통되는 단계에서 이전 단계의 경제주체에게 전가하는 경우로, 전전과 반대 방향으로 조세부담이 이전되는 경우를 나타낸다. 예를 들어 자동차 완제품에 대한 부가가치세가 인상된 경우에 생산기업이 자동차의 부품을 공급하는 부품기업에 지불하는 부품가격을 인하했다면 이는 생산기업에 대한 조세부담이 자동차의 유통 단계에서 이전 단계인 부품 생산 단계의 생산자에게 전가된 경우이므로 조세 전가의 후방전가에 해당된다.

2) 조세의 귀착과 소득분배

조세부과 시에 정부가 고려해야 할 가장 중요한 원칙 중의 하나가 공평성의 원칙이며, 이를 제대로 지키기 위해서는 조세부담이 실질적으로 누구에게 주어지는가라는 조세의 귀착문제를 제대로 파악하는 것이 선결과제이다. 왜냐하면 조세귀착의 방향과 수준에 따라서 정부가 국민복지 수준의 향상을 위해서 관심을 가져야 하는 소득분배가 영향을 받기 때문이다. 이는 조세귀착의 유형에 따른 소득분배에 대한 효과를 체계적으로 분석할 필요가 있다는 것을 의미하며, 이때 조세귀착의 유형을 구분하는 기준은 정부가 선택하는 정책적인 수단인 조세와 정부지출을 어떻게 설정하는가이다.

먼저 정부가 소득분배에 영향을 미칠 수 있는 다른 조세와 정부지출을 고정한 상태에서 특정 조세의 부과로 인한 조세의 귀착과 이에 따른 소득분배 효과를 분석하는 경우인데, 이 경우의 조세귀착 분석을 '절대적 귀착(absolute incidence) 분석'이라고 한다. 예를 들어 다른 조세와 정부지출의 변화가 없더라도 이자소득세의 세율이 인상되면 개인의 금융소득이 감소하고 이는 총수요의 감소를 가져와서 국민소득의 감소를 초래하게 된다. 이는 금융소득자와 다른 소득자와의 소득분배에 영향을 주게 된다. 그러나 이러한 절대적 귀착의 효과를 분석하기 위해서는 조세부과가 경제 전체에 미치는 효과를 분석해야 하는 어려움이 있어서 실제 조세의 소득분배 효과분석 시에는 잘 활용되지 않고 있다.

다음은 소득분배에 영향을 미칠 수 있는 정부 전체의 조세와 정부지출을 고정한 상태에서 특정 조세를 다른 조세로 대체했을 때 나타나는 조세의 귀착과 이에 따른 소득분배 효과를 분석하는 경우인데, 이 경우의 조세귀착 분석을 '차별적 귀착(differential incidence) 분석'이라고 한다. 예를 들어 정부 전체의 조세와 정부지출에 변화가 없더라도 이자소득세를 부가가치세로 대체하게 되면 금융소득자와 개인사업자의 소득분배에 영향을 주게 된다. 이러한 조세의 차별적 귀착은 정부 전체의 조세수입 및 정부지출에 변화를 주지 않은 상태에서의 분석이므로 현실적으로 가장 많이 활용되고 있는 방법이다.

마지막으로 소득분배에 영향을 미칠 수 있는 다른 조세와 정부지출이 없다는 가정 하에 특정 조세의 부과와 이를 특정한 정부지출에 사용했을 경우의 조세의 귀착과 이에 따른 소득분배 효과를 분석하는 경우인데, 이 경우의 조세귀착 분석을 '균형예산 귀착(balanced－budget incidence) 분석'이라고 한다. 예를 들어 다른 조세와 정부지출이 없는 상태에서 이자소득세의 부과와 이에 따른 조세수입을 개인사업자들에 대한 지원 예산으로 지출하게 되면 금융소득자의 소득은 감소하는 반면 사업소득자의 소득은 증가해 소득분배에 영향을 주게 된다. 이러한 균형예산 귀착은 정부의 재정건전성 확보에는 유리한 방법이나 조세귀착의 효과가 조세수입을 정부의 어느 분야에 지출하느냐에 따라서 달라지게 된다는 점과 조세가 여러 개일 경우 분석이 어렵다는 문제점이 있다.

3) 소득분배의 측정

조세의 부과에 따른 조세의 귀착에 따라서 사회를 구성하는 개인의 소득에 미치는 영향이 서로 다르다. 따라서 국민복지 수준의 향상이라는 정부의 중요한 정책적인 목표를 달성하기 위해서는 조세의 부과가 사회의 소득분배에 미치는 영향을 분석하고 그 결과를 조세정책에 반영할 필요가 있다.

이를 위해서는 조세부과 전후 사회의 소득분배의 정도를 측정할 필요가 있다. 그런데 소득분배의 측정에서 개인별 소득수준의 측정은 투입되는 비용 대비 효과가 비효율적이며 조세부과가 유사한 소득수준의 개인에게 미치는 영향에는 큰 차이가 없다는 점을 반영해, 소득분배의 측정은 소득분배의 격차를 잘 보여줄 수 있는 '계층별 소득분배'와 경제활동의 '기능별 소득분배'를 측정하는 것이 일반적이다.

먼저 소득계층별 소득분배의 측정은 개인이 수취하는 전체 소득을 대상으로 10개 또는 5개 등의 소득집단으로 구분한 다음, 조세부과에 따라서 이들 집단의 소득 변화를 소득집단 간의 상대적 비중을 중심으로 분석하는 방법이다. 이 방법은 현재 조세부과가 국민적인 관심이 많은 소득계층 간의 소득 격차에 어떠한 영향을 주는가를 가장 잘 보여줄 수 있는 방법으로 많이 활용되고 있다.

이러한 계층별 소득분배의 변화를 가장 쉽게 보여주는 방법으로 '로렌츠 곡선(Lorenz curve)'이 있다. 로렌츠 곡선의 구성은 가로축과 세로축으로 구성되는데, 가로축은 소득계층별 비율을 0에서 100%까지 누적적으로 표시하게 되며, 세로축은 각 소득계층이 차지하는 소득의 비율을 0에서 100%까지 누적적으로 표시하고 있다.

만약 로렌츠 곡선이 원점에서 45° 비율로 직선의 형태를 가지는 경우는 각 소득계층이 차지하는 소득의 비율이 동일하다는 의미로 소득분배 상태가 완전한 평등상태에 있다는 것을 나타낸다. 따라서 저소득계층이 차지하는 소득의 비율이 낮을수록 각 소득계층이 차지하는 비율을 연결한 로렌츠 곡선은 원점에서 45° 비율로 이어지는 직선과는 거리가 멀어지게 되며 그 간격이 클수록 계층 간 소득불평등도가 크다는 것을 의미하게 된다.

로렌츠 곡선이 의미하는 소득계층 간 소득분배 상태는 시각적으로는 이해하기가 쉽지만, 국가 간 또는 지역 간의 소득분배 상태의 정도가 차이가 크지 않은 경우에는 상대적인 비교가 어렵다고 할 수 있다. 이러한 문제점을 고려해 로렌츠 곡선이 의미하는 소득분배 상태를 계량화해 상대적인 비교가 용이하도록 한 지표가 '지니계수(Gini coefficient)'이다.

지니계수는 로렌츠 곡선이 기하학적으로 표기하는 완전히 평등한 소득분배 상태를 나타내는 45°선의 로렌츠 곡선 아래 부분의 면적 대비 현실의 로렌츠 곡선과의 사이의 면적이 차지하는 상대적인 비율을 나타낸다. 따라서 지니계수가 0에 가까울수록 그 사회의 소득분배 상태는 평등도가 커진다고 할 수 있으며, 반대로 지니계수가 1에 가까울수록 그 사회의 소득분배 상태는 불평도가 커진다고 할 수 있다.

로렌츠 곡선을 보여주고 있는 [그림 5-1]에서 가로축은 소득계층의 누적 비율을 나타내고 있으며, 세로축은 각 소득계층이 차지하고 있는 소득의 누적 비율을 나타내고 있다. 따라서 OA를 연결하는 직선은 각 소득계층이 차지하는 비율만

그림 5-1 **로렌츠 곡선과 소득분배**

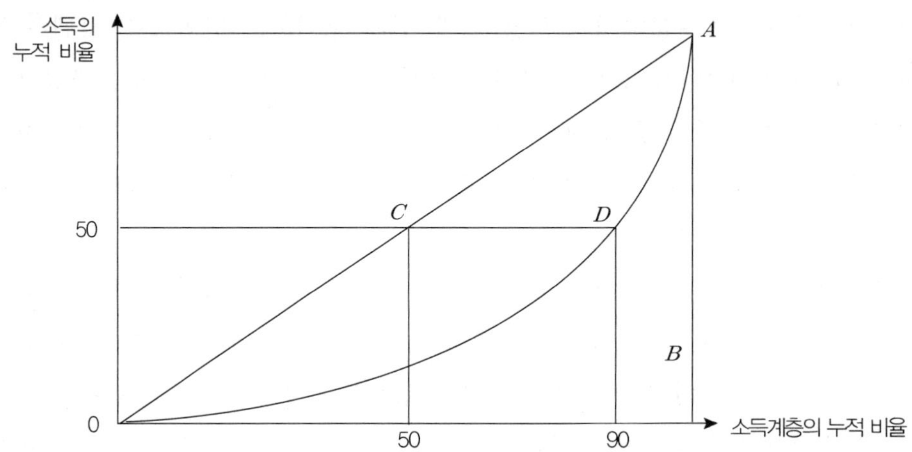

큼 소득을 차지하는 것을 의미하므로, 소득분배가 완전하게 평등하게 분배되고 있다는 것을 의미하게 된다. 또한 OA를 연결하는 선이 직선으로부터 멀어질수록 소득이 낮은 계층이 차지하는 소득의 누적 비율이 소득계층의 누적 비율보다 상대적으로 더 줄어들기 때문에 소득분배는 더 불평등하다는 것을 의미하게 된다.

예를 들어 C점에서는 소득계층의 누적 비율과 소득의 누적 비율이 모두 50%로 동일하므로 소득분배가 완전하게 평등하다는 것을 알 수 있다. 반면에 D점에서는 소득계층의 누적 비율이 90%이나 소득 누적 비율은 50%이므로 90%의 소득계층이 소득을 50%를 차지하고 나머지 10%의 고소득계층이 전체 소득의 50%를 차지하고 있어서 C점에 비해서는 소득분배가 상대적으로 불평등하다는 것을 알 수 있다.

조세부과를 통한 정부정책의 목표가 계층 간 소득분배 상태의 개선을 포함하는 경우에 이러한 정책목표의 달성 여부를 확인하는 방법으로 조세부과 전후의 지니계수를 측정하면 된다. 예를 들어 고소득층이 많이 가지고 있는 부동산 보유세의 강화와 소득세율 구조의 누진성 강화로 지니계수가 감소했다면 부동산과 고소득에 추가적인 과세로 소득분배가 개선되어 능력 기준에 의한 공평과세의 원칙이 추진되었다고 할 수 있다.

2. 조세귀착의 유형과 효과

지금까지 알아본 바와 같이 조세부과 시에 고려되어야 할 중요한 원칙인 공평성의 원칙이 지켜지기 위해서는 조세부과에 따른 실질적인 조세부담이 누구에게 어느 정도로 주어지는가라는 조세의 귀착효과를 파악하는 것이 중요하다. 조세의 귀착효과가 어떻게 나타나는가는 조세귀착이 발생하는 유형에 따라서 달라지게 된다.

조세귀착의 유형으로는 분류하는 기준에 따라서 다르게 구분되는데 앞서 정부가 조세와 정부지출을 설정하는 조건에 따라서 조세귀착의 유형을 절대적 귀착, 차별적 귀착, 균형예산 귀착으로 구분할 수 있음을 확인했다. 이 밖에도 조세귀착의 유형을 분류할 수 있는 중요한 기준들을 알아보면 다음과 같다.

먼저 조세부과 시의 효과를 조세가 부과된 특정 시장에 한정하느냐 아니면 연관된 다른 시장에 대한 효과를 포함하느냐의 기준이다. 조세의 귀착효과를 조세가 부과된 특정 시장에 한정해서 분석하는 경우를 부분균형분석이라고 하며, 조세부과 시 다른 시장에 미치는 효과를 종합해 조세의 귀착효과를 분석하는 경우를 '일반균형분석'이라 한다. 예를 들어 이자소득세의 세율이 증가하게 경우 부분균형분석에 의하면 예금소유자의 조세부담이 증가하는 소득분배 효과가 발생하지만, 일반균형분석에 의하면 예금의 대체자산인 주식이나 부동산에 대한 수요 증가로 이들 자산의 소유자들의 소득이 증가하는 소득분배 효과가 발생하게 된다.

조세귀착의 유형을 구분하는 다른 기준으로는 조세부과에 따라서 조세의 귀착효과가 발생하는 기간을 들 수 있다. 다시 말하면, 이 기준은 조세가 부과되었을 때 가격 등 다른 경제 변수들이 조정될 수 있는 기간이 주어지지 않은 경우와 충분한 기간이 주어진 경우로 구분하는 기준이다. 이 기준에 의하면, 조세부과 시 다른 경제 변수들이 조정될 수 있는 기간이 주어지지 않은 경우의 조세귀착을 '단기 조세귀착'이라고 하며, 다른 경제 변수들이 조정될 수 있는 충분한 기간이 주어진 경우의 조세귀착을 '장기 조세귀착'이라고 한다. 예를 들어 이자와 배당소득에 대한 과세를 강화하는 경우 단기 조세귀착에 의하면 예금이나 주식 등 금융자산의 소유자들의 조세부담이 증가하는 소득분배 효과가 발생하지만, 장기 조세귀착에 의하면 자본소득에 대한 과세 강화는 금융자산의 공급 감소를 통한 이자율 상승으로 민간 투자의 위축으로 경기가 후퇴해서 고용이 줄어들어 근로자의 부담이 증가하는 추가적인 소득분배 효과를 초래하게 된다.

조세의 귀착을 구분하는 또 다른 기준으로는 조세부과에 따라서 조세의 귀착이 발생하는 지역을 국내로 한정하는 경우와 그렇지 않고 개방된 경우로 구분하는 기준이다. 이 기준에 의하면 조세부과에 따라서 조세의 귀착이 나타나는 지역을 국내로 한정한 경우의 조세의 귀착을 '폐쇄경제 조세귀착'이라고 하며, 그렇지 않고 개방된 경우의 조세귀착을 '개방경제 조세귀착'이라고 한다. 개방경제 조세귀착의 경우 국가 간 자원 이동이 자유로운 경우이므로 조세의 귀착효과가 다를 수 있다. 예들 들어 이자소득에 대한 과세를 강화하는 경우 폐쇄경제 조세귀착에 의하면 예금자산의 소유자들의 조세부담이 증가하는 소득분배 효과가 발생하지만, 개방경제 조세귀착에 의하면 국내 예금자산에 대한 과세 강화는 예금자산의 국외 유출을 초래해 예금자산의 공급 감소를 통한 이자율 상승으로 예금자산 소유자들의 소득에는 영향을 주지 않고 예금자산의 이용자인 대출자들의 부담을 증가시키는 소득분배 효과가 발생하게 된다.

지금까지 조세귀착의 유형은 분류하는 기준에 따라서 서로 다르게 구분할 수 있음을 알 수 있었다. 이러한 조세귀착의 유형들 중에서 가장 기본적인 경우는 조세의 귀착효과를 가장 분명하게 파악할 수 있도록 지역은 국내를 기준으로, 부분균형분석 기준으로 조세의 귀착효과를 분석하는 경우라고 할 수 있으므로, 이러한 기준들에 의거해서 조세귀착의 좀 더 구체적인 사례를 알아보기로 한다.

1) 생산물에 대한 과세의 귀착

조세부과에 따라서 조세의 실질적 부담인 조세의 경제적 귀착이 어떻게 이뤄지는가를 파악하기 위해, 먼저 생산물에 대한 과세의 경우를 살펴보고자 한다. 구체적으로 이러한 분석에서 가장 기초적인 사례라고 할 수 있는 완전경쟁시장에서 상품 1단위당 일정한 금액의 세금이 부과되는 종량세 형태의 물품세를 살펴보기로 한다. 현재 한국의 경우 종량세 형태의 물품세로는 주세와 담배소비세 등이 있는데, 주세의 경우를 사례로 살펴보기로 한다.

예를 들어 막걸리에 물품세인 주세가 부과되기 전에 막걸리 시장에서의 가격과 판매량은 막걸리에 대한 수요곡선인 D와 공급곡선인 S가 만나는 점에서 형성되어 각각 P_0(5,000원)와 Q_0(10,000병)이라고 하자. 이 상태에서 막걸리 한 병당 t원(500원)의 물품세가 생산자에게 부과된 경우를 가정하자. 이 경우 생산자의 입장에서는 조세부과 전에 비해 자신에게 돌아오는 몫이 t원(500원)만큼 조세부과 전에 비해 줄어들기 때문에 이만큼 막걸리 가격을 인상하려고 시도하게 된다. 이는 공급곡선 S가 위쪽으로 t만큼 상승해 S_1가 되는 것을 의미하게 된다.

소비자의 입장에서는 막걸리 가격이 인상되면 막걸리에 대한 수요를 줄이기 때문에 새로운 균형은 물품세가 부과되기 전에 비해 가격은 오르고 판매량은 줄어드는 방향으로 균형이 이뤄지게 된다. 따라서 새로운 균형에서의 가격과 판매량이 각각 P_1(5,300원)과 Q_1(9,000병)이 된다. 조세가 부과된 이후의 새로운 균형 상태를 조세부과 전의 균형상태인 P_0(5,000원), Q_0(10,000병)와 비교하면 가격은 300

그림 5-2 생산자에 대한 물품세의 과세

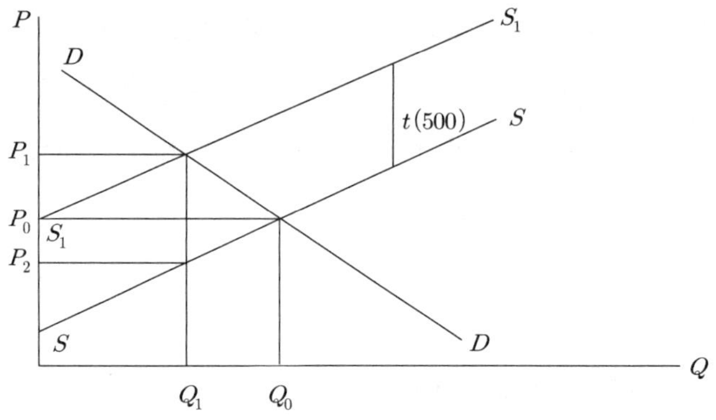

원이 오르고 판매량은 1,000병이 줄어들었음을 알 수 있다.

이제 막걸리 생산자에게 한 병당 t원(500원)만큼 부과된 조세의 실질적인 부담이 누구에게 주어졌는가를 살펴보면, 시장가격이 300원 올랐기 때문에 물품세 t원(500원) 중에서 소비자의 부담으로 300원이 주어졌다는 것을 알 수 있다. 따라서 생산자의 실질적인 조세부담은 전체 물품세 t원(500원) 중에서 소비자가 부담한 300원을 제외한 나머지 금액인 200원이 된다. 이는 법적으로 생산자에게 물품세가 부과되는 경우 생산자와 소비자 모두에게 조세부담이 주어짐으로써 법적 귀착과 경제적 귀착이 동일하지 않음을 확인할 수 있다. 따라서 조세정책을 실시하는 정부의 입장에서 조세부과 시에 과세의 공평성을 제고하기 위해서는 형식적인 의미의 법적 귀착이 아니라 실질적인 조세부담을 나타내는 경제적 귀착에 대해서 좀 더 면밀한 검토가 필요함을 알 수 있다.

물품세의 조세귀착과 관련해 물품세가 생산자에게 부과되는 경우의 경제적 귀착은 알아봤으므로 자연스럽게 이러한 물품세가 생산자가 아닌 소비자에게 부과되는 경우의 경제적 귀착은 어떻게 이뤄지는가를 알아볼 필요가 있다. 만약 동일한 규모의 물품세를 소비자에게 부과하는 경우가 생산자에게 부과하는 경우에 비해서 경제적 귀착의 결과가 공평성의 원칙에 더 부합한다면 과세대상자의 선택에 좀 더 신중할 필요가 있다.

2) 생산요소에 대한 과세의 귀착

앞에서는 생산물에 대한 과세의 경우를 보았는데, 이번에는 생산요소에 대한 과세의 귀착을 알아보고자 한다. 생산요소에 대한 과세란 생산요소의 서비스가 창출한 소득에 대한 과세라 할 수 있다. 이 점을 유의하면서 먼저 노동에 대한 과세를 살펴보자.

노동에 대한 과세란 결국 노동 서비스가 창출한 근로소득에 대한 과세를 의미한다. 이러한 노동에 대한 과세의 경우 조세귀착의 핵심적인 문제는 근로자에 대한 근로소득세의 부담을 법적 귀착자인 근로자만 부담하는가 아니면 사용자인 기업도 부담하는가이다. 그리고 후자의 경우 각각의 분담 비율은 어떻게 결정되는가에 대한 해답을 얻는 것이 중요한 문제라 할 수 있다.

노동시장에서의 임금 결정은 다른 상품시장에서의 가격결정과 마찬가지로 노동의 수요와 공급이 일치하는 점에서 노동의 시장가격인 균형임금이 결정된다. 노동에 대한 수요곡선이 D이고 공급곡선이 S인 노동시장에서 노동에 대한 과세인 근로소득세가 부과되었을 경우의 조세귀착을 알아보기로 한다. 먼저 노동에 대한 수요곡선이 D이고 공급곡선이 S인 노동시장에서 노동시간당 임금 W_0(1만 원)와 연간 노동 공급 L_0(2,000시간)에서 균형이 되어 있는 상태에서 근로소득세가 시간당 t(1,000원)만큼 부과되는 경우를 상정해 보자. 이 경우 조세 후 시간당 임금은 $W_0(1-t)$가 된다. 이때 근로소득세는 시간당 동일한 일정 금액이 부과되는 종량세가 아니라 임금의 일정 비율로 과세하는 종가세이다.

근로자의 근로소득에 대해서 t만큼의 근로소득세가 부과되면 근로자에게 주어지는 노동수요곡선은 기존의 노동수요곡선인 D가 아니라 기존의 수요곡선에서 근로소득세만큼의 임금이 줄어든 D_1이 된다. 따라서 근로자는 줄어든 임금을 고려해 노동 공급을 줄이게 되며, 노동 공급의 감소에 따라서 기업은 필요한 만큼의 노동을 확보하기 위해서 임금을 인상하게 된다. 따라서 노동시장의 새로운 균형은 기존의 균형인 W_0(1만 원), L_0(2,000시간)에 비해서 임금은 상승하고 노동시간은 줄어든 W_1(10,500원), L_1(1,800시간)에서 이뤄지게 된다.

그림 5-3 **노동에 대한 과세의 귀착**

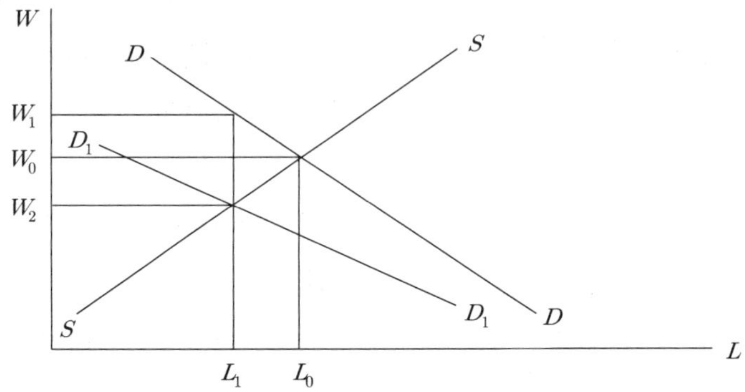

가장 대표적인 생산요소라고 할 수 있는 노동이라는 생산요소에 조세가 부과되었을 경우의 조세귀착은 조세부과 후 노동시장에서의 균형이 시장임금은 W_1 (10,500원) − W_0(10,000원) = 500원만큼 상승하고, 노동 공급은 L_0(2,000시간) − L_1(1,800시간) = 200시간만큼 감소함으로써 법적 귀착자인 근로자에게 부과된 근로소득세의 실질적인 부담은 근로자와 근로자를 고용한 기업이 나눠 부담하게 된다는 것을 알 수 있다. 이때 근로자와 기업의 분담 비율은 앞서 물품세의 조세귀착에서 알아본 바와 같이 수요와 공급의 탄력성, 즉 근로소득세의 부과로 인한 임금의 변화에 따른 근로자와 기업의 반응 정도에 따라서 각각의 부담이 결정된다는 것을 알 수 있다.

다음으로 자본에 대한 과세를 볼 수 있는데, 이 또한 자본 서비스가 가져다주는 소득에 대한 과세에 해당하므로 근로소득에 대한 앞에서의 설명을 준용해서 이해할 수 있다. 이에 대해서는 앞의 그림에서 횡축에 노동시간 대신에 자본량을 놓고 종축에 자본에 대한 시간당 임금 대신에 자본에 대한 보수율을 넣어서 이해할 수 있다.

마지막으로 토지 용역의 보수에 대한 과세를 살펴보면, 토지 용역의 경우는 토지의 공급이 고정되어 있어서 조세가 부과되면 조세부담이 현재의 소유자에게 귀착되는 결과가 발생한다. 이는 토지에 조세가 부과되면 미래에 걸쳐서 부담하게 될 조세부담의 현재가치만큼 가격이 하락하는 현상[7]이 발생해 현재의 소유자가 조세를 부담하게 되기 때문이다.

제 3 절 조세와 효율성

조세부과 시에 고려해야 할 중요한 원칙 중에서 가장 중요하다고 할 수 있는 원칙이 공평성의 원칙과 효율성의 원칙이라고 할 수 있는데, 공평성의 원칙은 앞서 알아봤으므로 여기서는 효율성의 원칙에 관해서 알아보기로 한다. 먼저 초과부담의 개념을 살펴보고, 이어서 조세 유형별 초과부담 발생 현상을 부분균형분석의 입장에서 살펴본다. 이어서 같은 현상을 일반균형분석의 입장에서 조세부과가 다양한 경제활동에 주는 영향을 이라는 관점에서 살펴보고자 한다.

1. 조세부과와 초과부담

우리들은 일상생활에서 다양한 선택행위를 하며 살아간다. 한편으로 다양한 물건을 놓고 어느 물건을 구입할 것인지를 결정하고, 나아가 일을 할 것인지 말 것인지, 나아가 지금 소비할 것인지 저축할 것인지 등 다양한 선택행위를 하면서 살아간다. 이 상태에서 국가의 공권력에 바탕을 둔 조세가 강제적으로 부과되면 납세자 입장에서는 조세 납부를 거부할 수 없다. 따라서 이렇게 조세가 부과되면 납세자는 그와 같은 국가의 조세 징수행위를 여건으로 해서 그 상태에서 각자의 선택행위를 다시금 조정해 가면서 살아갈 수밖에 없다.

그런데 우리 인간을 항상 주어진 여건 속에서 자기 이익의 극대화를 추구해 가는 합리적 인간으로 상정하고 보면, 위와 같이 조세가 부과되어도 그 상태에서 선택행위를 조정해 가면서 다시금 자기 이익의 극대화를 추구해 나갈 것이다. 이 과정에서 만약 조세가 부과되기 전에 우리들의 일상생활에서의 선택행위가 가장 바

7) 이러한 현상을 '조세의 자본화'라 일컫는다.

람직한 상태였다고 한다면, 조세가 부과되어 다시금 조정된 선택행위는 조세가 부과되기 전보다 덜 만족스러운 상태가 될 수밖에 없을 것이다. 바로 이와 같이 조세가 부과되는 경우 조세부과 이전에 비해 선택행위가 달라짐으로써 종전에 비해 만족상태가 줄어드는 현상을 '초과부담(excess burden)'이라 일컫는다. 이러한 현상을 '초과부담'이라 부르는 것은 이 부담이 납세자가 납부하는 조세부담액 자체를 넘어서서 추가로 발생한 후생손실 부분이라는 데 기인한 것임을 유념해 둘 필요가 있다.[8)]

한마디로 이와 같은 '초과부담'이란 결국 조세의 부과가 초래하는 민간부문의 자원배분 왜곡에 따른 효율성의 손실이라고 할 수 있다. 이렇게 보면, 조세부과 시에 고려해야 하는 중요한 원칙 중의 하나인 효율성의 측면에서 볼 때 이상적인 조세는 조세부과에 따른 초과부담을 최소화하는 조세라고 할 수 있다. 앞에서 언급한 바 있는 정액세(lump-sum tax)는 과세대상의 크기에 관계없이 일정 금액의 조세를 납부하는 것이었다는 점을 고려해 보면, 정액세가 부과되는 경우 납세자 입장에서는 조세 납부로 인해서 선택행위가 방해받지 않기 때문에 여기서 말하는 초과부담이 발생하지 않는다는 것을 알 수 있다. 말하자면 초과부담의 관점에서 보면 정액세는 우수한 조세임을 알 수 있다. 이와 관련된 좀 더 자세한 논의는 후술한다. 우리나라의 정액세의 사례로는 세대별로 동일한 금액을 납부하는 지방세인 주민세가 있음을 참고하기 바란다.

2. 조세 유형별 초과부담

여기서는 특정 생산물에 물품세가 부과되는 경우와 생산요소, 그중에서 노동에 대한 소득에 근로소득세가 부과되는 경우 균형에 어떠한 변화가 생겨서 후생손실이 얼마나 발생하는지를 부분균형분석의 입장에서 살펴보고자 한다.[9)]

---

8) 이를 달리 '후생손실(welfare loss)' 또는 '사중손실(死重損失, dead weight loss)' 등으로 부르기도 한다.

9) 여기서 '부분균형분석'이라 함은 특정 조세가 부과되는 경우 그로 인한 특정 재화 또는 요소가격의 변화와 균형량에 미치는 효과를 중심으로 분석하는 방법을 의미함을 참고하기 바란다.

1) 생산물에 대한 과세의 초과부담

우리는 앞에서 조세부과 시에 고려해야 할 중요한 원칙인 공평성의 원칙이 어떻게 적용되는 것이 바람직한가를 파악하기 위해 개인들의 경제활동 중에서 가장 많은 활동인 소비생활과 관련된 조세인 물품세의 사례를 통해서 조세귀착의 효과를 알아봤다. 같은 관점에서 물품세의 사례를 통해서 조세의 부과에 따른 초과 부담의 정도를 파악하기로 한다. 이하에서 부분균형분석에 의해 초과부담의 효과를 분석하고, 나아가 구체적인 계산 사례를 알아보기로 한다.

먼저 설명을 위해 물품세가 부과되는 현실 경제의 상태가 자원배분의 비효율을 발생시키지 않는 완전경쟁상태에 있으며, 물품세는 상품 1단위당 일정 금액이 부과되는 종량세의 형태로 부과되는 것으로 가정하기로 한다. 이러한 가정은 조세부과 시 공평성의 원칙을 고려하기 위해서 조세의 실질적 부담과 관련된 조세귀착이 어떻게 이뤄지는가를 파악하기 위해 설정한 가정과 동일하다. 종량세의 사례로는 현재 한국의 경우 물품세로는 주세와 담배소비세 등이 있는데, 조세귀착의 분석 시에 알아본 주세의 경우를 사례로 살펴보기로 한다.

주종의 일종인 막걸리에 물품세인 주세가 부과되기 전에 완전경쟁시장인 막걸리시장에서의 가격과 판매량은 수요곡선인 D와 공급곡선인 S가 만나는 점인 P_0(5,000원)와 Q_0(10,000병)에서 균형이 이뤄져 있다고 하자. 이 상태에서 막걸리 한 병당 t원(500원)의 물품세가 생산자에게 부과된 경우를 가정하기로 하면 생산자는 자신에게 돌아오는 몫이 t원(500원)만큼 조세부과 전에 비해서 줄어들기 때문에 이만큼 막걸리 가격을 인상하려고 시도하게 된다. 이는 공급곡선 S가 위쪽으로 t만큼 상승해 S_1가 되는 것을 의미하게 된다.

소비자는 막걸리 가격이 인상되면 막걸리에 대한 수요를 줄이기 때문에 새로운 균형은 물품세가 부과되기 전에 비해서 가격은 오르고 판매량은 줄어드는 방향으로 균형이 이뤄지게 된다. 즉, 조세부과 후의 새로운 균형은 가격과 판매량이 각각 P_1(5,300원)과 Q_1(9,000병)으로 조세부과 전의 균형상태인 P_0(5,000원), Q_0(10,000병)와 비교하면 가격은 300원이 오르고 판매량은 1,000병이 줄어들었음을 알 수 있다.

조세귀착의 사례에서 살펴봤듯이 막걸리 생산자에게 한 병당 t원(500원)만큼 부과된 조세의 실질적인 부담은 시장가격이 300원 올랐기 때문에 물품세 t원(500원) 중에서 소비자의 부담으로 300원이, 생산자의 실질적인 조세부담은 전체 물품세 t원(500원) 중에서 소비자가 부담한 300원을 제외한 나머지 금액인 200원이 되었음을 알 수 있었다.

이제 물품세의 부과로 발생하는 자원배분의 비효율로 인한 비용인 초과부담을 알아보기로 한다. 초과부담의 측정은 시장의 가격 형성에 참여하고 있는 소비자와 생산자의 후생수준의 변화를 기준으로 측정하는 것이 가장 기본적인 방법이라고 할 수 있다. 예를 들면 조세부과 전에 소비자와 생산자가 누리던 후생수준에 비해서 조세부과 후에 정부의 조세수입을 포함한 후생수준이 감소했다면 이 후생수준의 감소분이 초과부담이 되는 것이다.

먼저 수요곡선이 세로축과 만나는 점을 A, 기존의 공급곡선이 세로축과 만나는 점을 C, 기존의 수요 공급의 균형점을 E, 새로운 균형점을 E', 새로운 균형점과 새로운 균형량을 잇는 선분과 기존의 공급곡선이 만나는 점을 B라고 하자. 이러한 시장균형 하에서 소비자들이 누리던 후생수준(또는 소비자잉여)은 삼각형 $\triangle AEP_0$이며, 생산자잉여는 삼각형 $\triangle P_0EC$가 된다.10)

물품세가 부과된 이후의 새로운 시장균형인 E'에서의 소비자잉여와 생산자잉여 수준을 알아보면 소비자잉여는 삼각형 $\triangle AE'P_1$이며 생산자잉여는 삼각형 $\triangle P_2BC$가 된다. 따라서 조세부과 전과 조세부과 후의 소비자와 생산자잉여 수준을 비교하면, 소비자는 잉여수준이 면적 $P_1E'EP_0$만큼 감소했으며 생산자는 면적 P_0EBP_2만큼 잉여수준이 감소했다는 것을 알 수 있다.

조세부과에 따라서 소비자와 생산자의 후생손실을 합한 경제 전체의 후생손실이 면적 $P_1E'EP_0$와 면적 P_0EBP_2를 합한 면적 $P_1E'EBP_2$가 된다. 반면에 조세부과에 의해서 정부가 얻게 되는 조세수입이 면적 $P_1E'BP_2$만큼 증가했으므로, 조세부과에 따라서 누구도 가져가지 못하는 경제 전체의 순손실을 의미하는 초과

10) 여기서 '소비자잉여', '생산자잉여'의 크기에 대해서는 학습이 필요한 독자는 경제원론 또는 미시경제 관련 부분의 내용을 참고할 수 있다.

그림 5-4 **생산자에 대한 물품세의 초과부담**

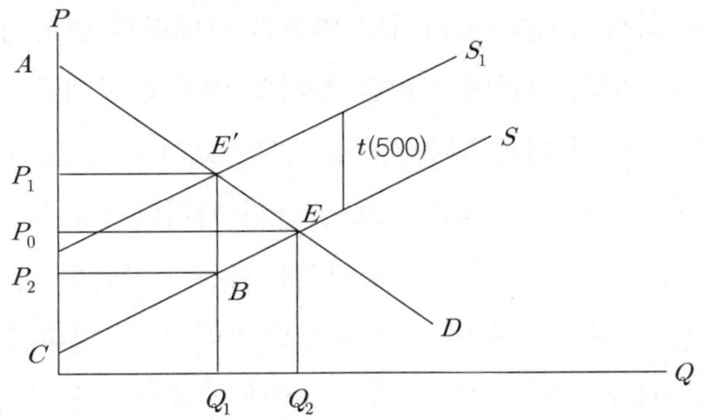

부담은 면적 $E'EB$가 된다.

조세부과에 의한 초과부담의 크기는 앞서 언급한 바와 같이 조세가 부과되는 경제상태 또는 시장조건에 대한 기준을 달리할 경우에 달라질 수 있으므로, 이러한 경우들에 대한 초과부담의 유형들에 대한 분석은 기본 유형의 사례를 참고로 분석할 수 있다.

이제 위의 설명의 이해를 돕기 위해 구체적인 계산 사례를 살펴보고자 한다. 조세부과에 의한 초과부담의 계산은 동일한 세수를 확보할 수 있는 서로 다른 유형의 조세부과가 있고, 공평성의 원칙 등 다른 조건이 일정한 경우에 국가 전체적으로는 경제의 효율성을 가장 적게 저해하는 조세를 선택할 수 있는 근거가 될 수 있으므로 구체적인 계산 사례를 살펴보는 것은 의미 있는 일이 될 것이다.

초과부담의 크기에 대한 실제적인 계산은 [그림 5-4]에서 보듯이 면적 $E'EB$이므로 관련 자료가 주어질 경우에 어렵지 않게 구할 수 있다. 앞에서 살펴본 사례인 막걸리 생산자에게 막걸리 한 병당 t원(500원)의 물품세가 부과된 경우의 초과부담을 계산해 보기로 한다. 앞서 초과부담의 크기는 $E'EB$이므로 이는 $(P_1 - P_2) \times (Q_0 - Q_1)/2$ 이므로 이를 앞서 제시한 사례의 구체적인 자료($P_1 =$ 5,300, $P_2 =$4,800, $Q_0 =$9,000, $Q_1 =$10,000))를 이용하면 초과부담의 구체적인 금액은(5,300−4,800)×(10,000−9,000)/2=250,000원이다. 그리고 물품세의 부과로 인한 정부의 조세수입은 $(P_1 - P_2) \times Q_1 = (5{,}300 - 4{,}800) \times 9{,}000 = 4{,}500{,}000$원이 된다.

조세부과에 의한 초과부담의 크기는 앞의 [그림 5-4]에서도 알 수 있는 바와 같이 조세부과에 의해 초래되는 가격의 변화와 판매량의 변화 정도에 따라 결정된다는 사실을 알 수 있다. 그런데 이러한 가격의 변화와 판매량의 변화의 정도는 수요 공급의 가격탄력성에 따라 달라진다는 점을 고려해 보면, 결국 초과부담의 크기는 초기의 균형점, 세율, 그리고 수요 공급의 가격탄력성 등에 따라 달라진다는 사실을 알 수 있다. 참고로 초과부담의 크기는 수요·공급의 가격탄력성이 클수록, 세율이 높을수록, 조세부과 전의 소비지출액(판매액)이 클수록 크게 나타난다.[11)]이것은 초과부담이라는 것은 조세 부과로 인해 선택행위가 달라지게 되어 발생하는 추가적인 손실을 의미하는 데 기인한다. 이러한 초과부담의 분석과 관련해서 얻을 수 있는 정책적인 의미는 조세부과에 의해 초래되는 자원배분의 비효율을 나타내는 초과부담을 적게 하기 위해서는 초과부담의 크기를 결정하는 구성요소들의 변화를 잘 살펴서 비효율을 가장 적게 초래하는 방향으로 조세정책을 수행할 필요가 있음을 보여주고 있다.

2) 생산요소에 대한 과세의 초과부담

앞에서 생산물에 대한 과세로서 물품세가 부과되는 경우의 초과부담에 대해 살펴봤는데, 여기서는 생산요소에 대해 조세가 부과되는 경우의 초과부담에 대해 살펴보고자 한다. 여기서는 인간이 가진 가장 기본적인 생산요소가 노동이라는 점에 착안해 노동 용역의 제공에 대한 대가인 근로소득세가 부과되는 경우의 초과부담에 대해서 알아보기로 한다. 생산요소로는 노동 이외에도 자본 등의 다른 생산요소가 있으나 과세로 인한 초과부담의 발생과 규모를 결정하는 기본적인 요소는 노동에 대한 과세의 경우와 동일하므로 이를 참고로 하면 된다.

노동시장의 수요와 공급이 일치하는 수준에서 균형임금과 균형고용량이 결정되어 있는 상태에서 근로소득세가 부과되는 경우 나타나는 효과를 보고자 한다. 노동에 대한 조세의 귀착분석에서 본 것과 같이 노동에 대한 수요곡선이 D이고 공

---

11) 구체적인 계산 산식에 대해서는 조세론 관련 전문서적을 참고할 수 있다.

급곡선이 S인 노동시장에서 노동시간당 임금 W_0(1만 원)와 연간 노동 공급 L_0(2,000시간)에서 균형이 이뤄지고 있다고 하자. 이제 이러한 균형상태 E_0에서 t(1,000원)만큼의 근로소득세가 부과되어 조세 후 임금이 $W_0(1-t)$가 되었다고 하자. 이때 근로소득세는 시간당 동일한 일정 금액이 부과되는 종량세가 아니라 임금의 일정 비율로 과세하는 종가세이다.

근로자의 노동에 근로소득세가 부과되면 근로자는 줄어든 임금을 고려해서 노동 공급을 줄이게 되며 노동 공급의 감소에 따라서 기업은 필요한 만큼의 노동을 확보하기 위해서 임금을 인상하게 된다. 근로소득세 부과 후 노동시장의 새로운 균형은 기존의 균형인 W_0(1만 원), L_0(2,000시간)에 비해서 임금은 상승하고 노동시간은 줄어든 W_1(10,500원), L_1(1,800시간)에서 이뤄지게 된다.

이제 근로소득세의 부과로 발생하는 자원배분의 비효율로 인한 비용인 초과부담을 알아보기로 한다. 초과부담의 측정은 시장의 가격인 임금 형성에 참여하고 있는 노동공급자인 근로자와 노동수요자인 기업의 후생수준의 변화를 기준으로 측정하는 것이 가장 기본적인 방법이다. 즉, 물품세의 경우처럼 조세부과 전에 근로자와 기업이 누리던 후생수준에 비해서 조세부과 후에 정부의 조세수입을 포함한 후생수준이 감소했다면 이 후생수준의 감소분이 초과부담이 된다.

먼저 다음 [그림 5-5]에서 조세부과 전의 시장균형에서 수요곡선이 세로축과 만나는 점을 A, 기존의 공급곡선이 세로축과 만나는 점을 C라고 한다. 이러한 시장균형 하에서 수요자인 기업들이 누리던 후생수준(소비자 잉여)은 삼각형 $\triangle AEW_0$이며, 근로자후생(공급자잉여)은 삼각형 $\triangle W_0EC$가 된다.

근로소득세가 부과된 이후의 새로운 시장균형인 E_1에서의 기업의 잉여와 근로자의 잉여수준을 알아보면, 기업의 잉여는 삼각형 $\triangle AE_1W_1$이며 근로자의 잉여는 삼각형 $\triangle W_2BC$가 된다. 따라서 조세부과 전과 조세부과 후의 기업과 근로자 후생수준을 비교하면, 기업은 후생수준이 면적 $W_1E_1EW_0$만큼 감소했으며, 근로자는 면적 W_0EBW_2만큼 후생수준이 감소했다는 것을 알 수 있다.

조세부과에 따라서 기업과 근로자의 후생손실을 합한 경제 전체의 후생손실은 면적 $W_1E_1EW_0$와 면적 W_0EBW_2를 합한 면적 $W_1E_1EBW_2$가 된다. 반면에 조세

그림 5-5 근로소득세의 초과부담

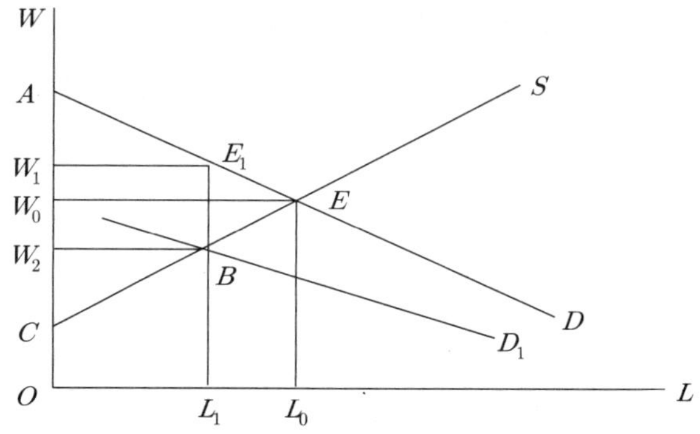

부과에 의해서 정부가 얻게 되는 조세수입이 면적 $W_1E_1BW_2$만큼 증가했으므로 조세부과에 따라서 누구도 가져가지 못하는 경제 전체의 순손실을 의미하는 초과부담은 면적 E_1EB가 된다.

조세부과에 의한 초과 부담의 크기는 물품세의 경우에서 설명한 바와 같이 조세가 부과되는 경제상태 또는 시장조건에 대한 기준을 달리할 경우에 달라질 수 있으므로 이러한 경우들에 대한 초과부담의 유형들에 대한 분석은 기본 유형의 사례를 참고로 분석할 수 있다.

이제 앞에서 알아본 구체적인 자료를 활용해서 노동이라는 생산요소에 조세가 부과되었을 경우의 초과부담을 알아보기로 한다. [그림 5-5]에서 초과부담의 크기는 E_1EB이고, 이는 $(W_1 - W_2)\times(L_0 - L_1)/2$이므로 이를 제시한 사례의 구체적인 자료($W_1 =$ 10,500, $W_2 =$9,500, $L_0 =$2,000, $L_1 =$1,800))를 이용하면 초과부담의 구체적인 금액은 $(10{,}500-9{,}500)\times(2{,}000-1{,}800)/2=100{,}000$원이다. 그리고 근로소득세의 부과로 인한 정부의 조세수입은 $(W_1 - W_2)\times L_1 =(10{,}500-9{,}500)\times 1{,}800=1{,}800{,}000$원이 된다.

이때 근로자와 기업의 후생손실의 크기는 물품세의 경우에서 알아본 바와 같이 노동의 수요와 공급의 탄력성, 즉 근로소득세의 부과로 인한 임금의 변화에 따른 근로자와 기업의 반응 정도에 따라서 각각의 후생손실이 결정된다. 일반적으로 수요와 공급의 임금탄력성이 클수록 기업과 근로자의 초과부담이 증가하게 된다.

3. 조세와 경제활동

조세가 부과되면 다양한 선택활동, 즉 경제활동이 영향을 받는다. 여기서는 그 중에서 가장 중요한 경제활동이라고 할 수 있는 현재의 소득 확보를 위한 근로활동과 미래 소득 확보를 위한 저축활동을 중심으로 알아보기로 한다. 여기서도 소득세가 부과되는 경우 발생하는 후생손실을 살펴본다는 점에서는 앞에서의 설명과 궤를 같이하나, 특히 여기서는 소득세의 부과가 여가와 노동 사이의 선택행위와 현재 소비와 미래 소비 사이의 선택행위에 어떠한 변화를 주는지에 초점을 맞춰 설명하는 일반균형분석적 입장을 택하고 있다는 점에서 차이가 있음을 유념하기 바란다.[12)]

나아가 이러한 초과부담의 맥락을 넘어서서 중요한 경제활동의 하나인 기업의 투자활동에 조세가 미치는 영향을 추가적으로 설명해 두고자 한다.

1) 소득세와 노동 공급

노동 공급의 대가인 근로소득에 조세가 부과되면 여가와 소득 사이의 상대가격에 변화를 주게 되어 변화된 가격에 따른 근로자의 경제행위에 영향을 주게 된다. 먼저 임금에 대한 조세의 부과는 실질임금의 하락을 가져오게 되고, 이는 근로자로 하여금 여가의 소비를 줄이게 하는 효과를 가지게 되는데 이를 소득효과라 한다. 소득효과에 의하면 줄어든 소득으로 인해서 여가의 소비는 줄어들고 노동 공급은 증가하게 된다. 물론 이는 여가가 소득의 증가에 따라서 소비가 증가하는 정상재의 성격을 가졌다는 전제를 하고 있다.[13)]

---

12) 여기서 '일반균형분석'이라 함은 특정 조세가 부과되는 경우 특정 재화 또는 요소의 가격과 관련되는 다른 재화 또는 요소의 가격과의 상대가격의 변화와 균형량에 미치는 효과를 중심으로 분석하는 방법을 의미함을 참고하기 바란다.

13) 여가가 소득의 증가에 따라서 소비가 감소하는 열등재의 특성을 가졌다고 가정하는 경우에는 소득효과에 의한 노동 공급은 감소하게 된다.

다음으로 임금에 대한 조세의 부과는 실질임금의 하락을 가져오게 되는데, 이는 노동과 대체 관계에 있는 여가의 가격 하락을 초래함으로써 가격이 더 낮은 상품인 여가를 더 많이 소비하게 하는 효과를 가지게 되는데 이를 대체효과라 한다. 대체효과에 의하면 여가의 소비가 늘어남으로써 상대적으로 노동의 공급은 감소하게 된다.

종합적으로 본다면 근로소득세의 부과가 노동 공급에 주는 영향을 소득효과와 대체효과의 상대적인 크기에 따라 결정된다고 할 수 있다. 즉, 소득효과가 대체 효과보다 크게 되면 근로소득세의 부과에 따라서 노동 공급은 증가하게 되고, 반대로 대체효과가 소득효과보다 크게 되면 노동 공급은 줄어들게 된다.

2) 소득세와 저축

개인의 후생 증진에 필요한 소득은 경제성장을 통해서 창출되는데, 경제성장을 좌우하는 중요한 요소가 자본이다. 그런데 자본 축적은 저축이라는 경제활동을 통해서 이뤄지므로 저축에 영향을 주는 조세의 효과는 중요한 과제이다.

현재의 소득으로 현재의 소비와 미래 소비를 위한 저축을 하고 있으며, 저축에는 일정 수준의 이자율이 주어지는 일반적인 경우를 가정하기로 한다. 이런 상태에서 저축에 대해서 소득세가 부과되면 이는 저축의 결과 발생하는 이자소득에 대한 과세로 이자소득의 감소를 의미하게 된다.

이자소득의 감소는 현재 소비의 포기에 따른 미래 소득의 증가 규모를 감소시킴으로써 현재 소비의 가격을 하락시키는 결과를 가져오게 된다. 현재 소비의 가격하락은 상대적으로 가격이 하락한 현재 소비를 늘리게 하는 대체효과와 이자소득의 감소로 인한 소득 감소로 현재 소비를 줄이는 소득효과를 가져오게 된다.

저축으로 발생하는 이자소득에 대한 과세가 저축에 주는 종합적인 영향은 소득효과와 대체효과의 상대적인 크기에 따라 결정된다고 할 수 있다. 즉, 소득효과가 대체효과보다 크게 되면 이자소득세의 부과에 따라서 현재 소비가 줄어들어 저축이 증가하게 되며 반대로 대체효과가 소득효과보다 크게 되면 현재 소비가 늘어나서 저축이 감소하게 된다. 구체적인 순효과는 사회경제적 환경에 따라서 다르게 나타날 수 있으므로 관련 정책의 수립 및 집행 시에는 관련 자료를 이용한 체계적인 검토가 필요하다.

3) 법인소득세와 투자

앞에서 조세가 현재 소비와 미래 소비, 즉 저축에 미치는 영향을 초과부담이라는 관점에서 살펴봤다. 그런데 조세의 부과는 그와 같은 초과부담이라는 맥락과는 달리 중요한 경제활동의 하나로서 기업의 투자활동에 크고 작은 영향을 미친다. 이러한 기업의 투자활동은 곧바로 자본 축적으로 이어지는 중요한 경제활동이라는 점을 고려해, 여기서는 조세부과가 기업의 투자활동에 미치는 영향을 추가적으로 살펴보고자 한다.

기업의 경우 실물자본에 대한 투자를 통해서 자본을 구입하는 이유는 추가적인 자본의 구입을 통해서 이윤을 더 확대하려고 하기 때문이다. 이때 추가적인 자본의 구입, 즉 투자를 통해서 이윤을 극대화하기 위해서는 신규자본의 1단위 투자로 발생하는 자본의 '사용자비용'인 자본의 임대료와 자본의 감가상각률의 합이 자본의 1단위 투자로 얻게 되는 자본의 한계생산물가치와 일치할 때이다. 따라서 법인기업들은 이러한 조건이 충족이 되도록 실물자본에 대한 투자를 하게 된다.

법인소득에 대한 과세가 없는 상태에서 법인기업이 이윤을 극대화하는 방향으로 실물자본에 대한 투자 규모를 결정하고 있을 때 법인소득에 대한 조세가 부과되는 경우를 상정해 보자. 이렇게 법인세가 부과되면 자본 1단위당 사용자비용은 기존의 자본의 임대료와 감각상각률에 법인소득세만큼 추가된다. 이는 자본의 사용에 따른 비용 상승을 의미하므로 자본 규모를 늘리는 투자는 줄어들게 된다.

이렇게 법인소득세에 대한 과세가 법인기업의 투자를 위축시키는 역할을 하는 반면에 자본의 사용자비용을 낮추는 투자세액공제, 가속상각 등의 공제제도[14]는 법인기업의 투자에 긍정적인 역할을 하게 된다. 흔히 법인세 정책 측면에서 법인기업에 대한 신규 과세 또는 세율 인상 시에는 법인기업의 투자에 주는 부정적인

14) 투자세액공제는 관련 조건을 충족하는 기업의 투자에 대해 투자액의 일정 비율을 법인세에서 공제하는 제도이며 가속상각은 관련 조건을 충족할 경우에 감가상각률을 높여서 기업의 비용 규모를 늘릴 수 있도록 허용하는 제도이므로 좀 더 구체적인 내용은 관련 제도를 참조하면 된다.

영향을 줄이거나 또는 상쇄하기 위해서는 투자를 촉진할 수 있는 공제제도의 활용을 고려하는 것은 바로 이러한 이유에서이다.

제 4 절 바람직한 조세제도

여기에서는 조세의 부과와 관련해 고려해야 할 두 가지 원칙인 공평성의 원칙과 효율성의 원칙을 기반으로 바람직한 조세가 갖춰야 할 조건을 살펴보고자 한다. 구체적으로 소비세와 소득세의 경우 최적 조세구조를 살펴본다.

1. 최적조세이론

국가라는 공동체의 유지 및 발전에 필요한 공공 서비스의 제공을 위해서 국가가 강제적으로 징수하는 조세가 제 기능을 하는 바람직한 조세가 되기 위한 원칙들을 앞서 알아봤다. 또한 이러한 조세의 원칙들 중에서 가장 중요하다고 할 수 있는 효율성의 원칙과 공평성의 원칙에 대해 좀 더 구체적으로 알아봤다.

그런데 조세부과 시에 고려해야 할 효율성과 공평성의 원칙들은 이론적인 측면에서 상충되는 경우가 있어서 현실 세계에서의 적용에서는 동시에 충족이 어려운 경우가 있다. 예를 들어 조세의 공평성의 원칙을 제고하기 위한 누진과세제도의 강화는 경제활동의 증가에 따라서 조세의 부담이 증가하는 관계로 자원배분의 비효율적인 배분에 따른 후생손실을 증가시키기 때문에 조세의 효율성 원칙에는 위배된다.

이러한 한계를 고려할 때 바람직한 조세제도는 정부의 조세수입 목표, 공평성의 원칙에 의거한 소득재분배 목표, 효율성 원칙에 의거한 자원의 효율적인 배분 등의 목표 중에서 서로 간의 상충 정도가 가장 낮은 조세구조라고 할 수 있다. 이러한 조세구조를 찾아가는 접근방법으로는 조세부과 시의 중요한 원칙 중에서 조세의 효율성 원칙을 우선적으로 적용해 조세부과로 인해 발생하는 자원배분의 비효율을 적게 초래하는 조세구조를 선택한 다음 다음 단계로 공평성의 원칙을 적용해 소득분배를 제고할 수 있는 조세구조를 찾는 단계적인 접근방법이 제시되곤 한다. 그러나 만약 소득분배의 목표가 우선적으로 주어지는 경우에는 공평성의 원칙에 의거해 소득분배 목표를 충족하는 조세제도 중에서 효율성의 원칙에 의거해 자원배분의 비효율을 가장 최소화하는 방식의 조세구조를 선택하는 방식도 제시될 수 있다. 이렇게 볼 때, 현실적인 의미에서의 최적조세는 정부의 조세수입 목표와 소득분배 목표를 충족하면서 조세부과에 따른 자원배분의 비효율성을 나타내는 후생손실을 최소화하는 조세구조를 의미한다고 할 수 있다.

2. 최적조세의 유형

현실의 조세구조는 과세주체, 과세대상 등에 따라서 다양한 유형으로 구분할 수 있다. 그러나 과세주체인 정부나 납세자인 국민의 입장에서 좀 더 중요한 조세는 세수 규모와 국민들의 경제활동과 더욱 밀접한 소비세와 소득세라는 이유로 조세의 귀착과 초과부담의 설명에서처럼 물품세와 근로소득세를 중심으로 살펴보는 것이 일반적이다.

1) 최적물품세와 역탄력성의 원칙

최적물품세의 의미는 소비 대상인 다양한 종류의 재화나 서비스 상품이 있을 경우에 어떠한 방법으로 물품세를 부과하는 것이 자원배분의 비효율을 나타내는 초과부담을 최소화하는 조세구조를 찾는가의 문제이다. 이는 다양한 종류의 소비세를 가지고 있는 대부분의 국가에서 정부가 소비세의 세율구조를 어떻게 설정하는 것이 바람직한가라는 정책적인 과제와 관련되어 있다.

조세의 부과에 의한 초과부담은 조세로 인한 상품 간의 상대가격 변화가 초래하는 자원배분의 효율성 손실이므로, 만약 국민들이 소비하는 여가를 포함한 모든 상품에 동일한 세율의 물품세를 부과한다면 상품 간의 상대가격에 변화가 없으므로 경제 전체의 초과부담은 발생하지 않게 된다. 그러나 현실에서는 서민생활의 안정을 위해 소비세의 부과가 어려운 생활필수품 같은 상품이 있는 등의 이유로 모든 상품에 대한 동일한 세율을 부과하는 것은 실현 가능성이 없다고 할 수 있다. 이렇게 볼 때, 최적물품세의 과제는 정부의 조세수입 목표와 소득분배 목표를 전제로, 과세에 의한 초과부담을 최소화는 물품세 구조를 선택하는 문제라고 할 수 있다.

앞서 물품세의 초과부담을 알아보는 과정에서 과세에 의한 초과부담은 수요의 가격탄력성이 클수록 과세에 따른 초과부담이 증가한다는 사실을 확인했다. 이러한 사실로부터 다양한 종류의 재화에 대한 물품세의 과세에서 초과부담을 최소화할 수 있는 방향을 유추할 수 있는데, 이는 수요의 탄력성이 클수록 초과부담이 커지므로 수요의 탄력성 크기와 반대 방향으로 세율을 설정하면 된다는 것이다. 이처럼 초과부담을 최소화하기 위해서는 수요의 가격탄력성이 높은 상품에는 낮은 세율을, 가격탄력성이 낮은 상품에는 높은 세율을 부과하는 방식으로 탄력성의 크기와 반대 방향으로 세율구조를 적용해야 한다는 사실을 '역탄력성의 원칙(inverse elasticity rule)'이라고 한다. 그런데 이와 같은 역탄력성의 원칙으로부터 "초과부담을 최소화하기 위해서는 조세부과에 따라서 줄어드는 수요량의 비율이 모든 상품에서 동일하도록 상품별 세율을 설정해야 한다"는 규칙이 유도되는데, 이 규칙을

그림 5-6 수요탄력성과 역탄력성의 원칙

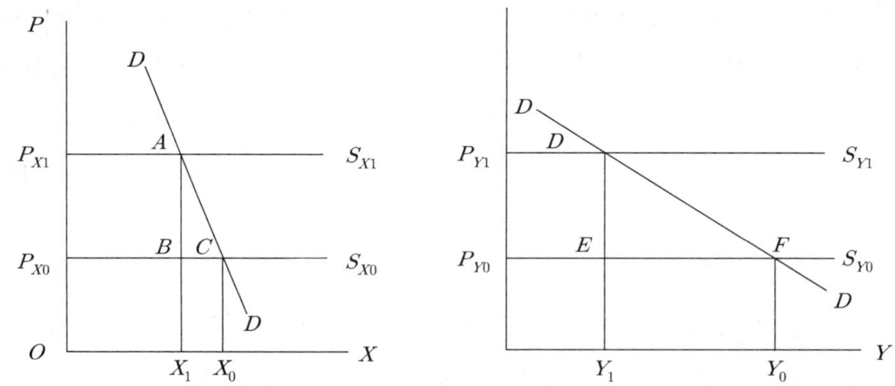

이러한 사실을 밝힌 사람의 이름을 따서 '램지 규칙(Ramsey rule)'이라 한다. 이는 역탄력성의 원칙의 다른 표현이라 할 수 있다.

[그림 5-6]에서 보면 상품 X(쌀)와 상품 Y(화장품)가 있는데 공급곡선은 한계비용이 일정한 수평선이며 수요의 가격탄력성이 X보다 Y가 크다고 가정한다. 따라서 물품세(t)가 부과되기 전의 수요와 가격이 각각 X_0, Y_0 P_{X0}, P_{Y0}인 상태에서 상품 X와 Y에 동일한 세율의 물품세(t)가 부과된 후의 수요와 가격은 각각 X_1, Y_1 P_{X1}, P_{Y1}으로 수요는 감소하고 가격은 세율만큼 증가하게 된다. 이 경우 물품세 부과에 따른 초과부담을 살펴보면 상품 X와 Y의 경우에 각각 $\triangle ABC$와 $\triangle DEF$이며 초과부담의 크기에서 수요탄력성이 큰 상품 Y의 초과부담이 더 크다는 것을 확인할 수 있다. 따라서 경제 전체의 총초과부담을 낮추기 위해서는 역탄력성의 원칙에 따라서 수요의 가격탄력성이 큰 상품 Y의 세율은 낮추고 수요의 가격탄력성이 작은 상품 X의 세율을 높이면 된다.

2) 최적소득세의 조건

소득세는 소득을 과세대상으로 하는 조세로 소득주체와 과세방식에 따라서 구분할 수 있다. 먼저 소득주체에 따라서 개인의 소득과 법인의 소득으로 구분해 개인의 소득에 대해서는 개인소득세가 그리고 법인의 소득에 대해서는 법인소득세가 부과되고 있다. 과세방식에 따라서 한국의 경우 개인의 소득은 다시 종합과세, 분류과세, 분리과세 등으로 구분할 수 있다. 종합과세는 일정 기간 내에 정기적으로 발생하는 소득은 종합해서 과세하는 방식으로 근로소득, 사업소득, 이자소득, 배당소득, 연금소득 등 대부분의 소득이 여기에 해당된다. 분류과세는 장기간에 걸쳐서 부정기적으로 발생하는 소득은 종합소득과 구분해서 과세하는 방식으로 양도소득과 퇴직소득 등이 해당된다. 이는 이들 소득을 특정 연도에 종합합산 대상 소득과 합해서 과세할 경우에 특정 기간에 조세부담이 집중되는 문제점이 발생하기 때문이다. 이제 이러한 소득 중에서 국민들의 경제활동과 직접적인 관련이 있으며 또한 관심이 많은 소득인 근로소득을 중심으로 최적소득세를 살펴보기로 한다.

소득세는 기본적으로 공평성의 원칙을 추구하는 데 좀 더 적합한 조세로 고소득자와 저소득자 사이에 차등적인 조세부담을 가지게 하는 누진세 구조를 가지고 있다. 따라서 최적소득세의 실현을 위해서는 국민들의 후생수준을 극대화하기에 적합한 누진성을 가진 세율구조를 선택한 다음 자원배분의 비효율성을 가장 적게 초래하는 조세구조를 선택하는 것이 필요하다. 말하자면 소득재분배 효과를 통한 공평성과 초과부담의 최소화를 통한 효율성의 적절한 조합이 필요하다. 이제 이러한 상황을 분석하기 위해 소득세의 종류를 누진성의 정도를 달리하는 정액세, 비례세, 선형누진세의 세 가지를 설정하기로 한다.

먼저 소득재분배 효과 측면을 보자. 우선 정액세는 소득의 크기에 관계없이 동일한 액수의 조세부담을 하는 조세이므로 소득재분배 효과는 오히려 저소득층에 불리하다고 할 수 있다. 이에 비해 비례소득세는 소득의 크기에 관계없이 동일한 비율로 조세부담을 하는 소득세(조세부담액 $T=tY$, t는 한계세율, Y는 소득)이므로 소득재분배 효과는 중립적이라고 할 수 있다. 다음으로 선형누진세의 경우는 소득의 크기에 관계없이 일정한 금액의 최저소득 보장이 있으므로 소득재분배 효과 면에서 앞의 두 유형에 비해 저소득층에 유리하다.

한편 초과부담 측면을 보면, 정액세의 경우는 모든 소득자가 동일한 금액의 조세를 부담하므로 조세부과에 따른 소득과 여가의 상대가격에 변화를 초래하지 않아서 초과부담이 발생하지 않는데 비해, 비례소득세의 경우는 동일한 비율의 조세부담 비율만큼 소득과 여가의 상대가격이 변화하므로 그에 상응하는 만큼 초과부담이 발생한다. 이에 비해 선형 누진세의 경우는 모든 소득자에게 일정한 금액의 소득을 보장해주는 음의 소득세와 일정한 세율이 동시에 적용되기 때문에 소득과 여가 사이의 상대가격의 변화를 가장 많이 초래하게 된다. 한마디로 초과부담의 경우는 선형 누진세가 가장 높은 편이며 다음으로 비례세와 정액세의 순서로 나타난다.

결국 최적소득세의 과제는 위와 같은 소득세 유형별로 달리하는 소득재분배 효과와 초과부담 효과를 고려해 국민들의 후생수준을 극대화하는 최적의 누진성을 가진 세율구조를 선택하는 문제이다. 이를 위해서는 국민들의 후생수준을 객관적으로 나타낼 수 있는 후생함수가 필요한데 현재까지 국민들의 후생수준을 객관적으로 분석할 수 있는 후생함수는 만들어지기가 어려운 것으로 평가되고 있다.[15] 또한 국민들의 가치기준이 서로 다른 관계로 사회구성원들의 소득분배 등에 대한 성향에 따라서 그리고 이를 정책에 반영하는 정부의 성격에 따라서 후생수준을 극대화시킬 수 있는 소득세율의 누진성에 대한 선택은 달라지게 된다. 이렇게 볼 때, 조세정책 연구자들이나 이와 관련된 관리들의 경우 국민들의 후생수준 극대화를 위한 소득세정책의 방향에 대한 국민들의 공감대 형성을 위한 노력이 필요하다고 할 것이다.

요 약

1. 조세는 민간부문의 시장기능에 의해 자발적으로 공급되지 않지만 사회의 유지 및 발전에 필요한 자원을 공급하기 위해서 국가가 강제적으로 징수하는 재화와 화폐라고 할 수 있으며, 조세의 유형으로는 과세주체, 과세객체, 과세표준, 과세단위, 세율구조 등에 따라 서로 다르게 분류할 수 있다.
2. 국가에 의해서 부과되는 조세가 민간부문의 시장기능에 의해 공급되는 자원의 공급 원리와 가장 큰 차이점은 자율성이 아닌 강제성과 비용을 지불한 당사자에게 보상이 한정되는 개별보상이 아닌 국민 모두에게 차별 없이 제공되는 일반보상의 원리라고 할 수 있다.
3. 조세부과에 따른 기본적인 원칙으로는 조세부담이 납세자들에게 공평하게 이뤄져야 한다는 조세부담의 공평성 원칙, 조세의 부과가 경제의 효율성을 저해하지 않아야 한다는 효율성의 원칙, 조세부과에 따른 행정비용이 최소화되어야 한다는 최소징세비의 원칙이라고 할 수 있다.
4. 조세부담이 실질적으로 누구에게 주어지는가를 의미하는 조세의 귀착에는 법적으로 납세자가 조세부담을 지는 경우를 나타내는 '법적 귀착'과 실질적으로 조세부담을 지는 경우를 나타내는 '경제적 귀착'으로 구분할 수 있다. 따라서 조세부담이 공평하게 주어지는가의 문제와 이를 보여주는 계층 간 소득분배를 파악하기 위해서는 조세의 법적 귀착과 경제적 귀착을 파악하는 것이 중요하다.
5. 조세가 부과되는 경우 조세부과 이전에 비해 선택행위가 달라짐으로써 종전에 비해 만족 상

15) 이와 관련된 좀 더 구체적인 내용은 애로(Kenneth J. Arrow)의 '불가능성 정리'를 참고할 수 있다. 이 정리에 의하면 다수 구성원으로 이뤄진 사회에서 개개인들의 후생상태를 집합해 사회적인 선호로 전환시킬 수 있는 일관된 사회후생함수는 존재할 수 없다는 것이다. 이에 대한 좀 더 자세한 논의는 후생경제학 관련 문헌을 참고하기 바란다.

태가 줄어드는 현상을 '초과부담(excess burden)'이라고 하는데, '초과부담'이란 결국 조세의 부과가 초래하는 민간부문의 자원배분 왜곡에 따른 효율성의 손실이라고 할 수 있다. 따라서 조세부과 시에 고려해야 하는 중요한 원칙 중의 하나인 효율성의 측면에서 볼 때 이상적인 조세는 조세부과에 따른 초과부담을 최소화하는 조세라고 할 수 있다.

6. 초과부담의 크기는 초기의 균형점, 세율, 그리고 수요 공급의 가격탄력성 등에 따라 달라지게 되는데, 좀 더 구체적으로 살펴보면 초과부담의 크기는 수요·공급의 가격탄력성이 클수록, 세율이 높을수록, 조세부과 전의 소비지출액(판매액)이 클수록 증가하게 된다.

7. 바람직한 조세제도는 정부의 조세수입 목표, 공평성 원칙에 의거한 소득재분배 목표, 효율성 원칙에 의거한 자원의 효율적인 배분 등의 목표들 중에서 서로간의 상충 정도가 가장 낮은 조세구조라고 할 수 있다. 이러한 조세구조에 대한 접근방법으로는 조세부과 시에 조세의 효율성 원칙을 우선적으로 적용해 조세부과에 따른 자원배분의 비효율을 적게 초래하는 조세구조를 선택한 뒤 다음 단계로 공평성 원칙을 적용해 소득재분배를 제고할 수 있는 조세구조로 나아가는 단계적인 접근방법이 있다.

Chapter 05 연습 문제

주관식

1. 조세부과와 민간부문의 시장기능에 의한 공급 원리와의 차이점을 설명하라.
2. 조세부과 시에 적용되어야 하는 원칙들에 대해 설명하라.
3. 조세부담의 공평성과 관련된 수직적 공평과 수평적 공평에 대해 설명하라.
4. 조세부담이 실질적으로 누구에게 주어지는가를 의미하는 조세의 귀착에서 법적 귀착과 경제적 귀착의 차이를 설명하라.
5. 조세부과에 따른 소득분배 상태의 변화를 파악할 수 있는 지표인 지니계수의 크기와 소득분배 상태와의 관계를 설명하라.
6. 조세부과 시에 민간부문에 발생하는 후생손실인 초과부담의 크기를 결정하는 요인들에 대해 설명하라.
7. 바람직한 조세제도의 조건과 이를 실현할 수 있는 방법을 설명하라.

객관식

01. 애덤 스미스가 제시한 바람직한 조세가 갖춰야 할 조건이 아닌 것은?

① 확실성의 원칙　② 경제성의 원칙　③ 공평성의 원칙
④ 적절성의 원칙　⑤ 편의성의 원칙

02. 조세부과 시에 사회구성원들 간의 경제적 수준을 평가할 수 있는 기준으로 적합한 두 가지 원칙은?

① 능력 원칙　② 효율성 원칙　③ 공평성 원칙
④ 최소징세비 원칙　⑤ 편익 원칙

03. **조세귀착의 유형들 중에서 소득분배에 영향을 미칠 수 있는 정부 전체의 조세와 정부 지출을 고정한 상태에서 특정 조세를 다른 조세로 대체했을 때 나타나는 조세귀착과 이에 따른 소득분배 효과를 분석하는 경우를 의미하는 것은?**

① 균형예산 귀착분석 ② 차별적 귀착분석 ③ 절대적 귀착분석
④ 전방전가 귀착분석 ⑤ 후방전가 귀착분석

04. **조세부과에 따라서 민간부문에 발생하는 후생손실인 초과부담의 크기에 관한 설명 중 옳지 않은 것은?**

① 초과부담의 크기는 수요탄력성이 클수록 증가한다.
② 초과부담의 크기는 공급탄력성이 작을수록 증가한다.
③ 초과부담의 크기는 세율이 높을수록 증가한다.
④ 초과부담의 크기는 조세 부과 전의 소비지출액이 클수록 증가한다.
⑤ 초과부담의 크기는 조세수입이 클수록 증가한다.

05. **다음 우리나라 조세 중에서 초과부담이 가장 적은 조세는?**

① 소득세 ② 부가가치세 ③ 주민세
④ 법인세 ⑤ 재산세

06. **조세부과로 지니계수가 상승한 경우에 대한 설명으로 적합한 것은?**

① 소득분배가 개선되었다.
② 소득분배가 악화되었다.
③ 소득분배가 변하지 않았다.
④ 저소득층의 소득 비중이 증가했다.
⑤ 로렌츠 곡선이 원점에서 45° 비율로 연결한 직선과의 거리가 가까워졌다.

07. **생산자에 대한 물품세 부과 시의 조세귀착에 관한 설명으로 옳은 것은?**

① 공급의 가격탄력성이 수요의 가격탄력성보다 클 경우 생산자의 부담이 소비자의 부담보다 크게 된다.
② 생산자에 대한 물품세 부과는 생산자만 부담하게 된다.
③ 수요의 가격탄력성이 공급의 가격탄력성보다 클 경우 소비자의 부담이 생산자의 부담보다 적게 된다.
④ 생산자의 물품세 부담의 크기는 수요와 공급의 가격탄력성과는 관계가 없다.
⑤ 조세수입의 크기는 수요와 공급의 가격탄력성과 관계가 없다.

08. **소득분배가 악화되는 경우에 바람직한 조세를 선택하는 방법으로 좀 더 적합한 것은?**

① 정부수입 목표를 충족하면서 초과부담이 적은 조세들 중에서 소득분배에 유리한 조세를 선택한다.

② 정부수입 목표를 충족하면서 소득분배에 유리한 조세만 선택한다.

③ 정부수입 목표를 충족하면서 조세수입의 확보에 유리한 조세를 우선적으로 선택한다.

④ 정부수입 목표를 충족하면서 경제성장에 유리한 조세를 우선적으로 선택한다.

⑤ 정부수입 목표를 충족하면서 소득분배에 유리한 조세들 중에서 초과부담이 적은 조세를 선택한다.

정답 및 해설

1. ④ : ④는 애덤 스미스가 아닌 머스그레이브가 제시한 조세 원칙들 중의 하나이다.

2. ①⑤ : ②③④는 조세부과 시의 기본적인 원칙들이다.

3. ⑤ 절대적 조세귀착은 정부가 소득분배에 영향을 미칠 수 있는 다른 조세와 정부지출을 고정한 상태에서 특정 조세의 부과로 인한 조세귀착을 분석하는 경우이며, 균형예산 조세귀착은 정부가 소득분배에 영향을 미칠 수 있는 다른 조세와 정부지출을 고정한 상태에서 특정 조세의 부과와 이를 특정한 정부지출에 사용했을 경우의 조세귀착을 분석하는 경우이다. 전방전가 조세귀착과 후방전가 조세귀착은 조세귀착의 방향을 의미한다.

4. ② 초과부담의 크기는 공급의 가격탄력성이 클수록 증가한다.

5. ③ 초과부담이 없는 조세는 정액세인데 우리나라 조세 중에서는 주민 1인당 동일한 금액이 부과되는 주민세가 이에 해당된다.

6. ② 지니계수의 상승은 저소득계층의 소득 비율이 낮아질 때 나타나므로 소득분배가 악화되었다는 것을 의미한다.

7. ③ 생산자에 대한 물품세 부과 시의 생산자와 소비자의 조세부담의 크기는 공급과 수요의 가격탄력성과 관련이 있다. 수요의 가격탄력성이 공급의 가격탄력성보다 큰 경우에는 소비자의 부담이, 공급의 가격탄력성이 수요의 가격탄력성보다 큰 경우에는 생산자의 상대적인 조세부담이 줄어들게 된다. 조세수입은 수요와 공급의 가격탄력성이 클수록 조세부과에 따른 가격 상승으로 판매량이 더 많이 감소하기 때문에 수요와 공급의 가격탄력성과 관련이 있다.

8. ⑤ 소득분배가 악화되는 경우 바람직한 조세는 정부수입 목표와 소득분배 목표를 충족하면서 조세부과에 따른 자원배분의 비효율성을 나타내는 후생손실인 초과부담을 최소화하는 조세라고 할 수 있다.

Chapter 06

공기업과 민영화

이 장에서는 정부가 소유·경영하는 공기업과 관련한 내용들을 다룬다. 먼저, 특정 재화 또는 서비스를 공기업으로 공급해야 하는 근거를 살펴본다. 이어서 공공요금결정이론과 관련된 내용을 살펴보고, 마지막으로 공기업 민영화와 관련한 다양한 논의들을 검토해 본다.

제 1 절 공기업의 성격과 경제적 근거

먼저 제1절에서는 공기업의 개념과 그 개념 속에 담겨 있는 공기업의 경제적 성격을 공공성과 기업성으로 나눠 살펴본다. 이어서 특정 재화 또는 서비스를 민간이 아니라 정부가 공기업으로 공급해야 하는 이유를 그 성격에 상응하게 효율성 제고와 공공성 확보라는 관점으로 나눠 설명하고자 한다.

1. 공기업의 개념과 성격

1) 개념

'공기업'은 "국가가 소유·경영하는 기업"을 일컫는다. 이제 공기업의 개념을 '국가'와 '소유 · 경영' 방식에 초점을 맞춰 좀 더 구체적으로 살펴보자. 먼저 소유 · 경영의 주체로서 '국가'는 현실적으로 중앙정부와 지방정부로 구분되는 것이 일반적이다. 이러한 구분에 따라 공기업은 중앙정부가 소유 · 경영하는 공기업과 지방정부가 소유 · 경영하는 지방공기업으로 구분하기도 한다.

다음으로 아울러 소유 · 경영하는 방식에 따라 국가가 '직접' 소유 및 경영하는 직영기업과 '간접' 경영하는 정부투자기관, 출자기관 등으로 구분하기도 한다.[1] 그런데 어느 경우든 원칙적으로 이와 같은 '공기업의 경영'은 '독립채산제'를 경영 원칙으로 하고 있다. 여기서 독립채산제 경영이라 하는 것은 기업이 필요로 하는 지출은 원칙적으로 스스로의 수입에 의해 충당해야 한다는 '수지 적합' 내지 '원가 보상'의 원칙과 공기업 운영에 필요한 자본을 스스로 조달한다는 '자본의 자기 조달', 공기업 운영의 성과를 공기업 자신의 목적을 위해 임의적으로 처분할 수 있어야 한다는 '이익금의 자주적 처분' 등을 원칙으로 해서 운영하는 경영방식을 의미한다. 공기업이 이렇게 원칙적으로 독립채산의 원칙을 취하는 것은 이렇게 운영할 때 비로소 정부의 예산상 제약으로부터 독립적인 운영이 가능해서 정부나 의회의 간섭으로부터 벗어나 기업의 자주성을 확보해 낼 수 있는 데 기인한 것으로 이해된다. 이와 같은 공기업의 경영 원칙의 특성은 후술하는 공기업의 경제적 성격을 보면 좀 더 분명해진다.

다른 한편 공기업은 그 공기업이 수행하는 역할에 따라 '자본'의 기능을 수행하는 공기업, 사회보장적 기능 또는 문화적 기능을 수행하는 공기업 등으로 분류할 수도 있다. 전자의 예로는 철도, 전력, 항만 등의 재화 또는 서비스를 공급하는 공기업을 들 수 있으며, 후자의 예로는 연금 내지 건강관리를 담당하는 기관이라든가 문화 내지 인권 진흥을 위한 기관 등을 들 수 있다.

---

1) 우리나라에서는 「공공기관의 운영에 관한 법률」에 따라 해마다 '공공기관'을 지정해 공기업을 운영하는데, 이 공공기관을 '공기업'과 '준정부기관', 그리고 '기타 공공기관' 등으로 구분하고 있다. 구체적으로 '공기업'은 자체수입이 총수입에서 차지하는 비중에 따라 '시장형 공기업'과 '준시장형 공기업'으로 분류하고 있으며, '준정부기관'은 '기금관리형'과 '위탁집행형'으로 구분하고 있다.

2) 공기업의 경제적 성격

이제 이러한 공기업이 갖는 경제적 성격을 살펴보도록 하자. 공기업의 성격은 공기업이 공급하는 재화 또는 서비스의 경제적 성격으로부터 유추해 볼 수 있다. 원칙적으로 공기업이 제공하는 서비스는 '준공공재적 재화' 또는 서비스에 해당한다. 여기서 준공공재라는 것은 공공재와 민간재의 성격을 동시에 가지고 있는 재화나 서비스를 일컫는 것으로서, 구체적으로 일정한 범위 내에서 '비경합성'을 띠고 있으나 기술적으로 '배제 가능한 재화'를 일컫는다.[2)]

바로 이와 같은 재화가 갖는 성격으로부터 공기업의 성격을 유추해 볼 수 있다. 먼저 '비경합성'이라는 것은 특정 재화를 하나의 소비자가 소비하고 있어도 다른 소비자도 같이 소비할 수 있는 성질로서 '집단소비' 또는 '공동소비'의 성격을 띤다고 한다. 바로 해당 재화의 이러한 집단소비 내지 공동소비적 성격으로부터 공기업의 '공공성'이 도출된다. 그런데 이러한 성격이 갖는 '일정한 범위'를 기준에 따라 일정한 지역적 범위 내에서 집단소비적 성격을 띠기도 하고 전국적 범위에서 그러한 성격을 띠기도 한다. 한편 '배제성'이라는 것은 대가를 지불하지 아니한 경우에는 해당 재화의 소비로부터 배제할 수 있는 성질을 일컫는다. 이 재화가 갖는 바로 이러한 성질로부터 공기업은 '기업성' 내지 '경제성'을 가지게 되는 것이다. 한마디로 공기업은 공기업이 공급하는 재화 내지 서비스가 갖는 위와 같은 물적 성격으로 인해 '공공성'과 '기업성'을 동시에 가지고 있음을 알 수 있다.

앞의 공기업 개념에서 설명한 공기업 경영 원칙으로서 '수지 적합' 내지 '원가 보상' 원칙이라는 것도 바로 이와 같이 공기업이 '기업성'을 갖고 있어서 독자적인 경영활동을 하지만 '공공성'도 또한 더불어 가지고 있기 때문에 이윤극대화를 추구하는 것은 아니지만 최소한 원가는 보상될 것을 요구하는 것으로 이해할 수 있을 것이다. 바로 이러한 점 때문에 공기업 경영에서 독립채산제를 지나치게 강조하는 경우 오히려 공공성을 저해할 우려가 있다는 지적을 받기도 한다.

---

2) 이에 비해 전형적으로 '경합성'과 '배제성'을 동시에 가지고 있는 재화는 '민간재'로서 민간시장에서 공급되고, '비경합성'과 '비배제성'을 동시에 가지고 있는 재화는 '공공재'로 분류되어 정부를 통해 공급된다. 물론 이러한 구분은 재화가 갖는 물리적 속성의 구분에 따른 것이고, 현실적으로는 사회와 시대에 따라 서로 다른 공급방식이 택해질 수 있다는 점을 유념해 둘 필요가 있다.

2. 공기업의 경제적 근거

여기서는 특정 재화 또는 서비스를 공기업으로 운영해서 공급해야 하는 경제적 근거를 살펴보고자 한다.

무엇보다 순수경제학적 근거로 흔히 제시되는 것으로는 크게 비용체감산업의 경우 민간에 맡겨 두면 자연독점적 성격을 띠게 되어 자원배분에 비효율성이 초래된다는 점을 든다. 그뿐만 아니라 적극적 산업지원정책상의 필요성을 들기도 하고, 더 나아가 공공성 확보 차원에서의 필요성 등을 들기도 한다. 이제 이들에 대해 좀 더 자세하게 살펴보도록 하자.

1) 효율성 제고

국가의 기간산업으로서 한 나라의 전체 산업활동을 고려했을 때 꼭 필요한 산업인데도 민간자본이 충분히 형성되어 있지 않거나 경영상 큰 위험이 수반되어 민간이 진입을 꺼리는 경우, 그뿐만 아니라 산업들 간에 파급효과가 큰 산업으로서 한 나라 전체 산업활동을 지원하는 데 필요하다고 정부가 인정하는 경우에는 공기업으로 운영할 수 있다. 한편 경제학적 효율성의 관점에서 공기업의 필요성이 제시되는 것은 대표적으로 비용체감산업을 든다. 이하에서는 이에 대해 구체적으로 공기업이 필요한 이유를 살펴보고자 한다.

재화에는 민간재의 성격을 띠고 있으면서도 재화의 성격상 '요소의 불가분성' 등으로 일시에 막대한 투하자본을 필요로 하지만 생산량이 늘어남에 따라 '규모의 경제'가 나타나서 장기적으로 평균비용과 한계비용이 체감하는 산업이 있을 수 있다. 이러한 산업을 '비용체감산업'이라 하는데, 이러한 산업은 그냥 민간에 맡겨 두게 되면 비용상의 우위에 바탕을 두고 '자연독점'적 성격을 띠게 된다.

이제 이러한 산업을 민간에 맡겨 둘 경우 균형과 그 균형이 갖는 경제적 성격을 [그림 6-1]을 통해 파악해 보도록 하자. 그림은 비용체감산업이 갖는 비용상의 성격에 따라 한계비용과 평균비용이 모두 체감하는 형태로 그려져 있다. 이 기업도 다른 기업과 마찬가지로 한계비용과 한계수입이 일치하는 점에서 균형을 이룰 때 이윤극대화를 실현할 수 있게 된다. 그림에서 보면 이러한 균형에서 균형 수량은 X_m으로 나타나고, 균형가격은 한계비용과 한계수입이 일치하는 점에 위로 수요곡선상의 점에 상응하는 P_m으로 나타나며, 이러한 균형에서 독점이윤은 사각형 $P_mE_maP_a$로 나타나고 있음을 알 수 있다. 그런데 이 산업이 이와 같은 독점기업이 아니고 완전경쟁상태에서 운영되었다면, 수요곡선(D)과 공급곡선(MC)이 일치하는 점에서 균형을 이루고, 그 경우 균형 수량은 X_c이고, 균형가격은 P_c로 나타나게 될 것이다. 이 점에서의 균형이 사회적 효율성이 보장되는 상태라고 볼 수 있는데, 이에 비춰 보면 독점적 운영의 결과 얻어지는 균형은 사회적 효율성을 보장하지 못함을 알 수 있다.

이제 이 경우 정부가 나라 전체적으로 보아 '사회적 효율성'을 확보하기 위해 가격과 수량을 P_c와 X_c로 규제하는 정책을 쓰고자 한다고 해 보자. 이러한 규제를 받은 기업이 규제에 따르게 되면 단위당 가격은 P_c를 받아야 하는데, 단위당 평균비용은 P_d로 오히려 높은 상태여서 결국 규제에 따르는 경우 $P_ddE_cP_c$만큼 손해를 보는 상황이 발생하게 된다. 이렇게 되면 합리적 기업이라면 손실을 입으면서 해당 사업을 지속할 이유가 없어서 이 산업으로부터 이탈하게 된다. 문제는 그런데

그림 6-1 비용체감산업과 공기업

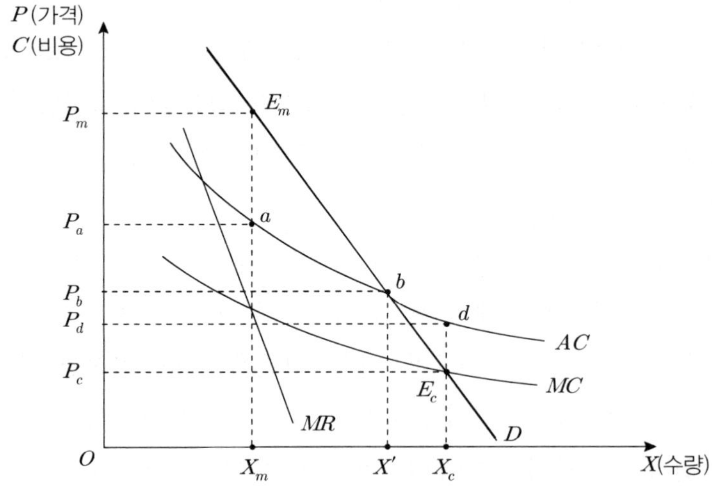

도 이 재화가 철도라든가 항만, 전력과 같은 기간산업으로서 그 나라 민간기업의 생산활동에 필수적인 재화나 서비스라면 그냥 버려둘 수도 없어서 국가가 이 사업을 운영하는 방안을 택하게 되는 것이다. 이것이 바로 경제적 효율성을 근거로 공기업을 설립하게 된 배경이라는 점을 이해해 두기 바란다.

이 경우 사회적 효율성 확보라는 관점에서 공기업으로의 운영이 요구는 되지만, 역시 기업으로서의 경제성도 요구되기 마련이다. 바로 이러한 공기업의 이중적 성격 때문에 공기업 서비스의 요금 결정의 특수성이 나타나게 되는데, 공기업 요금 결정에 관해서는 후술하기로 한다.

2) 공공성 확보

공기업으로 운영해야 할 필요성은 위와 같은 효율성의 관점에서만 제시되는 것은 아니다. 대표적으로 사회정책적 차원에서 필요한 공공 서비스 공급을 위해 공기업을 운영하는 경우를 들 수 있다. 예를 들어 의료 서비스라든가 최소한의 문화서비스 공급을 위한 공기업 활동을 들 수 있다. 이러한 서비스는 주로 사회적 취약계층의 최소한의 생활을 지원하는 차원에서 공급될 것이 요구되는 것들이다.

다른 한편 경제 주권 내지 안보적 차원에서 공기업을 운영해야 할 필요성이 제시된다. 예를 들면 군수산업이나 전력산업 같은 경우를 들 수 있는데, 이러한 서비스의 경우 민간기업의 운영에 맡기게 되면 경우에 따라서는 경제 주권이 상실되거나 안보를 위태롭게 할 우려가 있기 때문이다.

이 밖에도 한 나라 전체 경제활동에서 혈관과 같은 역할을 하는 통화 공급 내지 금융부문의 안정성 확보를 위해 금융 서비스를 공기업으로 운영할 것이 요구되는 경우가 있다.

위와 같이 공공성 측면에서 공기업 운영을 필요로 하는 경우에도 정부의 행정서비스 형태가 아닌 기업 형태로 운영하는 한 전술한 바와 같이 해당 사업 운영을 위한 원가 보상이 요구된다는 점에서 기업적 내지 경제적 성격을 갖는다는 점을 유념할 필요가 있다.

제2절 공공요금 결정이론

제2절에서는 먼저 공공요금의 개념과 유형을 다루고, 이어서 공공요금 결정과 관련해서 원가주의, 가치주의, 사회적 원칙 등 요금결정 원칙에 대해 논의한다. 마지막으로 공공요금의 결정원리로서 한계비용 원리, 평균비용 원리, 이부요금제도 등이 갖는 성격을 설명한다.

1. 공공요금의 개념과 유형

공공요금은 정부나 공기업이 제공하는 공공 서비스에 대해 사용자가 지불하는 가격, 즉 '사용자 가격(user price)'을 말한다. 전기요금, 수도요금, 철도요금, 고속도로 통행료, 쓰레기봉투 가격 등이 공공요금의 예이다.

사용자 가격을 적용하면 정부나 공기업이 제공하는 공공 서비스의 공급에서 자원배분의 효율을 기할 수 있다. 만약 수돗물을 공짜로 공급한다면, 수도꼭지를 달 필요가 없이 수돗물을 펑펑 쓰게 될 것이다. 가격을 매겨 대가를 지불하게 하면, 필요한 경우에만 수돗물을 쓰고 물 관리도 좀 더 잘 하게 된다. 이와 같이 자연독점적 성격의 공공재나 서비스에 대해 가격을 적용함으로써 자원의 효율적 이용을 유도하는 것이 공공요금을 두는 목적이다.

한편, 정부나 공기업이 제공하는 공공 서비스의 성격에 따라 공공요금의 수준도 달라지게 된다. 정부가 반드시 제공해야 하는 공공성이 강한 공공 서비스라면, 개인들의 이용요금은 낮아야 할 것이다. 반대로 공공성이 약한 공공 서비스라면, 가격 기능이 작용하도록 해야 하고, 그 결과 개인들의 이용요금이 다소 비싼 것도 감수해야 한다. 한마디로 공공요금의 수준을 어느 정도로 할 것인가는 해당 공공 서비스의 성격과 정부의 재원 사정 등을 종합적으로 고려해서 결정할 일이다.

2. 공공요금의 결정원칙

공공요금을 결정하는 데서 지향해야 할 기본 목표를 정리해 보자.[3]

첫째, 공공요금은 경제적 자원의 효율적 배분을 유도하는 것이어야 한다. 공공요금이 경제적 자원의 효율적 배분을 유도할 수 있으려면, 그 자체가 해당 서비스 생산의 진정한 경제적 비용을 반영하는 가격이 되어야 한다는 것을 의미한다.

둘째, 공공요금은 공평해야 한다. 여기에서 공평이란 소비자들이 사용량에 따라 생산비용을 분담하는 것을 의미한다. 지나치게 싸게 공급되는 수돗물을 고소득자가 자기 집 수영장을 채우는 데 펑펑 쓰고 있다면, 자칫 저소득자에게서 고소득자로의 소득이전을 초래하게 될 것이다. 공평한 공공요금이 되기 위해서는 소득수준에 맞는 적절한 분담구조를 갖춰야 할 것이다.[4]

셋째, 공공요금은 기업에 충분한 수입을 보장해줌으로써 생산을 지속할 수 있는 수준이어야 한다. 공기업이 지나친 초과이윤을 얻는 것은 지양해야 하지만, 재투자를 할 수 있는 수준의 정상이윤은 보장되어야 할 것이다.

이상의 기본요건들을 충족시키기 위한 공공요금의 결정원칙은 다음과 같다.

1) 원가주의 원칙

'원가주의 원칙(cost of service principle)'은 공공요금이 공공 서비스 제공에 소요되는 원가를 반영해야 한다는 원칙이다. 이때 원가를 평균비용을 충족시키는 정도로 볼 것인가, 한계비용을 충족시키는 정도로 볼 것인가에 따라 요금수준이 다르게 나타난다. 특히, 자연독점 기업인 경우 한계비용과 평균비용의 두 비용 중 어떤 것을 기준으로 하느냐는 매우 중요하다.

2) 가치주의 원칙

'가치주의 원칙(value of service principle)'이란 공공요금은 소비자들이 해당 서

3) 이하 내용은 김동건 · 원윤희(2012)를 주로 참고한 것이다.
4) 공평한 공공요금을 소비자들의 사용량에 따른 비용 분담을 의미하는 것으로 볼 수도 있으나, 더 나아가 소득 대비 누진적으로 비용을 부담하게 하는 구조를 공평한 요금으로 해석할 수도 있다.

비스에 대해 내리는 평가(가치) 즉, 느끼는 혜택(효용)의 크기에 따라 결정되어야 한다는 것이다. 대도시의 전화시설은 통화의 범위가 소도시에 비해 훨씬 넓기 때문에, 대도시에서의 통화가 소도시의 통화보다 더 높은 가치를 갖는다고 할 수 있다. 다만, 소비자가 서비스에 부여하는 가치의 측정이 어렵다는 점에서 적용에 어려움이 있다.

3) 사회적 원칙

'사회적 원칙(social principle)'은 공공요금은 경제적 원리뿐만 아니라 정치적 영향을 함께 고려해서 결정되어야 한다는 것이다. 즉, 사회적 규범 등 가치관에 따라 원가 이하 혹은 이상으로 제공될 수 있음을 의미한다. 또한 소비자의 소득수준에 따라서 요금을 달리할 수 있음을 의미한다.

크게 부담력주의와 사회복지 확산주의로 나눌 수 있다. 부담력주의란 이용자의 부담력을 고려해 사회정책적 관점에서 요금을 결정하는 방식이다. 사회복지 확산주의란 공공 서비스를 소비하는 자들이 얻게 될 전체적인 사회적 가치를 극대화할 수 있도록 요금을 결정하는 방식이다.

3. 공공요금의 결정원리

위에 언급한 몇 가지 공공요금 결정원칙 중에서 원가주의가 비교적 합리적이고 공평한 원칙으로 널리 사용되고 있다. 원가주의 원칙에 입각해서 다음과 같은 원리들을 적용해 공공요금을 책정할 수 있을 것이다.[5]

1) 한계비용 가격원리

일반적으로 외부효과가 작용하지 않고 시장이 경쟁적이라면, 재화나 서비스의 효율적 배분을 위해서는 단위당 가격을 한계비용과 같게 하는 것이 바람직하다.

---

5) 이하 설명은 이재기(1992), 우명동(2007a) 등의 내용을 주로 참고한 것이다.

이런 맥락에서 공기업의 공공 서비스 공급에서도 '한계비용 가격원리(marginal cost pricing)'를 적용하는 것이 자원배분의 효율을 제고하는 방법이 된다.

그런데 자연독점 상태의 재화를 공기업이 맡더라도 사회적 효율성을 제고할 수 있는 한계비용 가격수준에서 요금을 결정하면 [그림 6-1]에서 본 것처럼 한계비용이 평균비용보다 낮은 수준에서 균형을 이루게 된다. 말하자면 한계비용 원리를 적용하면 가격이 평균비용보다 낮은 상황에서 생산을 하게 되므로, 매 단위당 $E_c d$, 즉 $P_d P_c$만큼의 손해를 보게 된다. 전체적으로는 $P_d d E_c P_c$만큼의 손실을 보게 된다. 결국 사회적 효율성을 극대화하는 수준에서 공공요금을 결정하게 되면 기업으로서는 손실을 면하기 어렵게 된다는 사실을 알 수 있다.

이 경우 손실을 조세로 보전해줄 수도 있을 것이나, 해당 공공 서비스를 사용하는 사람과 일반 납세자들 사이에 부담과 편익의 괴리로 인해 부담의 불공평 문제가 발생한다. 따라서 일반재정에 의해 특정 소비자의 손실을 보전함으로써 생기는 소득재분배의 문제에 대해서도 충분한 검토가 필요하다.

2) 평균비용 가격원리

한계비용 가격원리가 갖는 위와 같은 문제를 고려해서 공공 서비스를 공급하는 공기업은 평균비용을 가격으로 설정함으로써 수지균형을 맞출 수 있다. 위에서 본 것처럼 전기, 철도 등과 같이 비용체감산업의 경우 한계비용과 평균비용이 체감하는 산업이므로 한계비용을 요금으로 할 경우 필연적으로 적자가 발생하게 되므로, 대안으로서 '평균비용 가격원리(average cost pricing)'가 제시된다. [그림 6-1]에서 보는 것처럼 평균비용 수준에서 단위당 가격 $X'b$, 즉 P_b 수준에서 요금을 결정하는 방안이다. 이 방안을 택하게 되면 요금으로 평균비용이 회수되어 기업은 초과이윤이나 손실을 보지 않고, 사업을 계속 영위할 만한 정상이윤을 누리게 된다.

그러나 이 균형에서는 생산량이 X' 수준에서 결정되어 최적생산량 수준인 X_c에 비해서는 다소 자원배분 면의 비효율을 감수해야 한다. 또한 평균비용에 고정비용을 충분히 반영할 것인지, 아니면 기존 설비를 사용해서 공급하는 경우 추가적 비용만을 평균비용으로 회수할 것인지에 따라 평균비용의 크기가 크게 달라질 수 있다는 점도 유의해야 한다. 현실적으로 평균비용 원리를 적용해서 가격을 책정할 경우 향후 발생할 것으로 예상되는 비용을 기초로 할 것인데, 이렇게 책정된 가격이 실제로 투입된 생산비를 회수할 만한 수준인지는 사후적으로 확인할 수밖에 없다. 평균비용 가격 원리를 적용한다면, 예를 들어 전력의 경우 주거용, 상업용, 공업용 등의 수요 종별로 단위비용을 산정해야 할 것인데, 총비용을 어떤 기준으로 각 수요 종별로 완전하게 배분할 것인지 하는 비용의 귀속문제도 해결해야 할 것이다.[6]

3) 이부요금제

위에서 한계비용 가격원리에서는 공기업 운영상 손실이 발생한다는 점, 만약 그것을 일반재정에서 보전해주는 경우 해당 공공 서비스 사용자와 일반 납세자 사이에 부담과 편익의 불공평 문제가 발생한다는 점, 그리고 평균비용 가격원리에서는 그러한 문제는 해소해주지만 자원배분의 사회적 효율성을 보장하지 못한다는 점 등의 문제가 발생한다는 것을 보았다. '이부요금제'라는 것은 바로 이와 같은 문제들을 동시에 극복할 수 있는 요금 결정원리로 대두된 제도이다.

'이부요금제(two-part tariff)'는 이름 그대로 2개 부분으로 나뉘어 있는 요금인데, 구체적으로 앞의 한계비용 가격원리에 따라 자원배분의 사회적 효율성을 확보하기 위해 먼저 단위당 가격을 '한계비용' 수준으로 결정한다는 점에서는 마찬가지이다. 그러나 그 경우 발생하는 손실분은 그냥 공기업이 떠안는 것이 아니라 이를 '고정요금'으로 인식해서 해당 공공재 사용자들에게 '기본요금'으로 나눠 부담하게 하는 방법이다. 이렇게 요금을 구체적으로 두 단계로 나누고 이를 합쳐서 해당 공공재에 대한 소비자가격으로 제시하는 방법이다. 여기서 '고정요금'에 해당하는 '기본요금'은 '고정비용'을 충당하기 위한 것이고, '변동요금' 내지 '종량요금'은 '한계비용'을 충당하기 위한 것이다.

---

6) 평균비용 가격 설정이 안고 있는 이와 같은 문제들 때문에 현실에서는 '총괄원가주의'를 사용하기도 한다. 여기서 총괄원가란 생산에 소요되는 총비용에 일정한 이윤을 포함하는 개념인데, 이 방식을 택하게 되면 평균비용 가격 설정원리에서 제기된 평균비용 측정과 관련된 문제들을 극복할 수 있다는 차원에서 제시되는 방식이다.

전화나 전기, 철도요금 등에서 이런 요금체계를 적용하고 있는 것을 볼 수 있다. 한편 현실적으로 이 제도를 응용한 사례로 분주한 시간(peak time)에 더 높은 비용을 받고 한가한 시간(off peak time)에 낮은 비용을 받는 요금제도를 들 수 있다. 나아가 이부요금제의 변형으로 '3부요금제'와 같은 '다부요금제도'를 적용하는 경우도 상정해 볼 수 있다. 예를 들어 물 소비에 따른 한계비용을 보전하기 위한 요금에 상수도시설을 이용하기 위한 관로 연결 수수료 등의 정액부담금을 부과하고, 여기에 지역별로 특별부과금이나 개발부담금 등의 형태로 다른 부담금을 배분하는 등의 형태를 고려해 볼 수 있다.

이렇게 하면 궁극적으로 공기업 측으로서는 이 재화 공급에 소요된 모든 비용을 모두 회수해 '원가보상 원칙'에도 부응하고, 산출량 면에서도 '사회적 효율성'을 보장할 수 있게 되는 것이다. 말하자면 원가가 회수되어 지속적인 경영에 문제가 없으면서도 사회적 효율성을 달성할 수 있어서 전술한 두 방법이 갖는 문제점을 모두 극복하게 되는 장점이 있다. 그럼에도 불구하고 이 방안에도 문제점이 없는 것은 아니라는 점도 유념해 둘 필요가 있다.[7)]

4) 차별요금제

한계비용 원리를 적용해 가격을 책정하면 손실을 보게 되는데, 가격기구를 이용해 손실을 보전하는 하나의 방법으로 '차별요금제(discriminatory price)'가 있다. 공기업이 동일한 서비스를 서로 다른 지역 혹은 서로 다른 수요군에 공급하는 경우 서로 다른 요금, 즉 차별요금을 부과하는 것이다. 수요의 가격탄력성이 큰 그룹에는 낮은 요금을 부과하고, 수요의 가격탄력성이 작은 그룹에는 높은 요금을 부과함으로써 손실을 피하고 사회적 후생을 극대화한다.

차별요금의 부과는 독점요금을 부과하는 경우에 비해 산출량이 커지는 효과가 있으나 자원배분의 효율을 달성하는지는 불분명하다. 그뿐만 아니라 차별요금을

7) 다소 이론적인 내용이기는 하지만 수요 공급의 균형가격에 의해 가격을 지불하는 경우 소비자는 소비자잉여를 누릴 수 있는데, 이 방법을 써서 수요공급 균형가격이 넘는 부분의 일정 부분을 요금으로 회수해 감으로써 소비자잉여가 줄어들게 되는 문제점이 있다는 사실이 문제점으로 지적된다.

부과하기 위해서는 시장이 가격탄력성이 큰 그룹과 작은 그룹으로 명확하게 분리되어야 하고, 시장 간 재화의 전매가 불가능해야 하는 등의 제약조건이 충족되어야 한다.

제 3 절 공기업 민영화

제3절에서는 공기업 민영화의 개념과 유형을 다루고, 이어서 공기업으로 운영해 오던 것을 민영화해야 하는 경제적 근거가 어디에 있는지를 검토해 본다. 마지막으로 지금까지의 논의를 종합해 공기업을 민영화하는 과정에서 고려해야 하는 주요 사항들을 검토하고자 한다.

1. 민영화의 개념과 유형

공기업 민영화라는 말을 많이 들을 수 있다. 민영화란 무엇을 의미하는가? 앞에서 공기업을 정의할 때 국가가 소유·경영하는 기업이라 했다. 그러고 보면 민영화는 이렇게 공기업으로 운영되고 있던 기업을 후술하는 여러 이유로 민간이 소유·경영하는 기업으로 바꾸는 현상을 의미한다고 할 수 있다. 좀 더 구체적으로 소유권을 이전하기도 하고 경영권을 이전하기도 하며, 전부 이전하기도 하고 부분적으로 이전하기도 한다. 그뿐만 아니라 기능별로 공공 서비스 생산 기능을 이전하기도 하고, 공급(제공) 기능을 이전하기도 한다.[8] 이 모든 것을 포괄적으로 공기업의 '민영화'라 일컫는다.

8) 이와 관련해 머스그레이브(Musgrave, 1959) 이래로 공공 서비스의 '생산(production)'과 '공급(provision)'을 구분해 이해하는 것이 중요함을 인식할 필요가 있다. 말하자면 일반적으로 정부가 '생산'해 정부가 '공급'하는 것이지만, 경우에 따라서는 민간이 '생산'해 정부가 '공급'할 수도 있다. 또는 공적 목적을 띠는 것 중에서 민간이 '생산'해 '공급'하게 하면서 정부가 생산과 공급의 내용에 대해 공적 규제를 가하는 경우도 있을 수 있다. 이렇게 생산과 공급을 구분해서 이해하는 것은 공기업과 민영화를 이해하는 데 중요한 의미를 지님을 유념할 필요가 있다.

이와 같은 개념을 보면 민영화의 유형이 다양하리라는 것은 충분히 짐작할 수 있다. 먼저 소유권과 경영권의 구분을 통해서 정부가 가지고 있던 소유권을 민간부문에 이전하는 것을 민유화(民有化), 정부가 행사하던 경영권을 민간부문에 이전하는 것을 민영화(民營化)라 하여 구분해서 이해하기도 하며, 민유화를 수반한 민영화와 민유화를 수반하지 않는 민영화, 완전민영화와 부분민영화 등으로 구분할 수 있다. 그러나 일반적으로 이들을 모두 포괄해서 민영화라 부른다. 한편 이와 관련해 완전 매각 후 공적 규제를 가하는 경우나 민간에의 위탁경영 등의 경우까지 민영화의 일종으로 파악하기도 한다.

다른 한편 정부가 갖고 있던 주식을 매각하는 방식에 따라 국내에 매각하는 방식과 해외에 매각하는 방식, 국내외에 동시 매각하는 방식 등이 있을 수 있으며, 특정 기업군에 독점적으로 매각하는 방식과 분할해서 매각하는 방식, 그리고 경우에 따라서는 일반 개인에게 주식을 보유하게 하는 소위 '국민주 방식'도 있을 수 있다. 그리고 매각과정에서 공익성을 보전하기 위해 정부가 민영화된 기업의 특별주를 일정 기간 보유하는 소위 '황금주 방식(특별주 방식: golden share)' 등이 있을 수 있다.

2. 공기업 민영화의 경제적 근거

우리는 앞에서 특정 재화나 서비스를 공기업으로 운영하는 이유를 크게 효율성 제고와 공공성 확보라는 측면으로 나눠 살펴봤다. 이제 그러한 중요한 이유를 갖고 설립된 공기업을 다시 민영화하자는 주장이 제기되는 이유를 살펴보고자 한다. 주요한 이유는 공기업으로 운영해야 할 필요성에서 제시되었던 바로 그 효율성 때문이다. 이제 좀 더 구체적으로 살펴보자.

1) 효율성 제고

앞서 공기업의 근거를 설명하는 자리에서 '비용체감산업'의 경우 민간에게 맡길 경우 자연독점적 성격을 띠어 비효율이 발생하므로 정부가 공기업으로 공급해서 사회적 효율성을 확보하고자 한다고 했다.

그 산업은 '규모의 경제'가 작용해 비용체감산업으로서의 성격을 지니며, 그 경우 앞의 [그림 6－1]에서 본 바와 같이 한계비용과 평균비용이 모두 체감하며, 그렇게 비용이 체감하는 구간에서 수요곡선이 통과하는 것을 볼 수 있었다. 그 경우 해당 공공 서비스를 민간에게 공급하게 하면서 사회적 효율을 보장하는 생산량 수준, 즉 수요(D)와 공급(MC)이 일치하는 수준에서 가격과 공급량을 결정하도록 정부가 규제를 하게 되면 민간기업으로서는 평균비용과 한계비용의 차이만큼 손실이 발생해서 민간기업이 해당 사업에서 이탈하게 되어 해당 서비스를 사회적 효율성이 보장되는 수준에서 공급하기 위해서는 공기업으로 운영할 수밖에 없다고 했다.

그런데 경제 발전과정에서 그림에서 본 비용 조건과 수요 조건에 변화가 발생할 수 있다. 말하자면 경제 발전과정에서 기술수준이 제고되어 단위당 비용이 줄어들 수 있어서 비용곡선이 아래로 하방 이동하게 된다. 한편 그에 상응하게 경제 발전과정에서 사회구성원들의 소득수준이 높아지면서 수요곡선 자체가 상향 이동(shift)할 수 있게 된다. 상황이 이렇게 바뀌게 되면 산업의 성격 자체가 비용체감산업에서 '비용체증산업'으로 바뀌게 되어 이러한 재화는 민간시장에 맡겨도 사회적 효율성을 달성하는 수준에서 민간기업이 이윤극대화를 추구할 수 있게 된다.[9] 이렇게 민간시장의 경제 상황이 바뀌게 되면 오히려 민간기업이 운영하는 것이 더 사회적 효율성을 보장할 수 있게 되어 그동안 공기업으로 운영되어 오던 사업에 대한 민영화 요구가 제기된 것이다.

그런데 효율성 제고를 위해 민영화가 요구되는 것은 위와 같은 의미의 '효율성' 제고를 위해서만이 아니다. 소위 공기업으로 운영됨으로 인해 관료적 경영이 자리를 잡으면서 그로 인해 소위 '주인 없는 기업' 내지 '복대리인(複代理人)'의 문제로

---

9) 이러한 상황은 경제학 관련 교과서에서 일반적으로 만날 수 있는 U자형 비용곡선과 수요곡선을 보면서 비용체감산업의 상황을 생각해 보면 이해하기 쉽다. 즉, 비용체감산업의 경우 U자형 비용곡선 중에서 비용이 체감하는 구간에 수요곡선이 통과하는 상황이었는데, 이제 비용 조건이 좋아져서 비용곡선이 아래로 내려가고, 그에 비해 소득수준이 높아져서 수요곡선이 위로 올라가게 되면 비용 체증 구간에서 수요곡선이 통과하는 일반적인 상황으로 바뀌게 됨을 알 수 있다. 이 경우는 민간기업에 맡겨 둬도 기업이 사회적 효율성을 달성하는 이윤극대화를 달성할 수 있게 되는 것을 알 수 있다.

발생되는 비효율의 문제가 많이 제기되어 온 것은 주지의 사실이다.[10] 이와 관련해 민간기업의 경우를 보면, 주인이 주주이고 대리인이 경영자이며 주인이 주주총회 등을 통해 언제든지 대리인을 감시 감독하는 체제가 구축되어 있어 기업 경영에 효율성이 보장되는 것으로 인식되고 있다. 이에 비해, 공기업은 주인이 국민이며 대리인은 공기업 관리자, 그리고 그 관리자를 임명하는 정부관료 등으로 여러 단계가 있어서 국민으로서는 대리인을 감시・감독하기가 어려워 공기업 경영에서 비효율이 발생한다고 보는 것이다. 말하자면 주인이 국민이라지만 대리인을 감시・감독할 수 있는 주인이 사실상 없다는 데서 공기업 비효율의 원인이 내재되어 있다고 보는 것이다.[11]

상황을 이렇게 인식하게 되면 국민들이 필요로 하는 재화 또는 서비스를 공기업에 맡겨 두게 되면 효율성이 떨어져서 국민들의 생활의 질을 떨어뜨리게 된다는 것이다. 이것이 '관리상의 효율성' 제고를 위해 제시되는 공기업 민영화의 이유인 것이다.

2) 기타 근거들

상술한 효율성 제고 차원뿐 아니라 민영화를 주장하는 다른 이유도 있다. 참여자본주의 체제 구축이라든가, 소비자 선택권의 확대, 노동조합 세력의 약화, 자본시장 저변 확대 등 다양한 근거들이 제시되기도 한다.

먼저 주식 소유를 범국민적으로 분산해서 한 나라 생산활동 과정에 국민들의 참여 폭을 증대시킬 필요가 있다는 주장이 있다. 흔히 일컫는 참여자본주의 체제 구축과정이 필요하다는 주장이 그것이다. 그뿐만 아니라 공기업 경영이 가져다준 소

---

10) 이 경우의 효율성은 인사 내지 조직 등 관리상의 이유로 발생되는 효율성 문제로 인식해 '관리상의 효율성' 또는 '경영상의 효율성'이라 해서 흔히 앞에서 설명한 '효율성'과 구분해 이해한다. 앞에서의 효율성은 수요와 공급과의 관계에서 발생하는 효율성이라 해서 '경제적 효율성'이라 부른다.

11) 물론 모두가 상황을 이렇게 파악하고 있는 것은 아님을 유념할 필요가 있다. 말하자면 민간기업, 특히 독점 재벌기업의 경우 주주들이 제대로 경영자를 감시감독 못하는 사례를 흔히 볼 수 있을 뿐 아니라, 공기업의 경우 각종 시민단체, 정부의 감독기관 등이 작용하면 반드시 경영상의 비효율이 발생한다고 볼 수만도 없다는 비판이 그것이다.

비자 선택권의 제약을 풀어서 경제적 자유를 제고할 필요가 있다는 점에서 민영화를 주장하기도 한다.

이 밖에도 공기업을 둘러싼 강력한 공무원 노조활동이 한 나라 전체의 경제활동에 장애가 되고 있다는 판단에서 공무원노조의 세력을 약화시킬 필요가 있다는 점을 들어 민영화를 주장하는 견해도 있다. 이들은 1980년대 영국의 대처(M. H. Thatcher) 수상의 사례를 많이 활용하는 것을 볼 수 있다. 한편 자본시장의 저변확대는 민간기업의 자본 조달을 위해 필수적인데, 기존의 공기업을 민영화해서 이러한 요구를 충족시켜줄 필요가 있다는 점을 이유로 드는 경우도 있다.

3. 공기업 민영화 과정에서 고려사항

공기업의 민영화라는 주제에 대해서는 다양한 시각에서 좀 더 근본적인 논의가 필요하다. 공공부문은 민간부문에 비해 효율적이지 못할 것이라는 것이 일반적인 인식이다. 민간기업에 비해 이윤 동기가 약하기 때문에 비용 절감 노력을 게을리하고, 적자를 보는 경우도 많다. 그러한 상황에 직면해서 우리는 공기업을 민영화해 효율성을 높이는 것이 바람직한지, 말하자면 공기업 운영상 흑자를 내는 것이 바람직한지 여부를 재고해 볼 필요가 있다.

공기업의 민영화에 대해 다루기 위해서는 공기업의 설립 이유나 목적에 대해 근본적으로 검토해 볼 필요가 있다. 공기업 민영화 문제에서 다음의 두 가지가 중요한 기준이 될 수 있다. 첫째, 공기업의 적자를 어떻게 인식할 것인지의 문제이다. 이 문제는 전술한 공기업의 원가를 어떻게 인식할 것인지의 문제와 연결된 것이다. 둘째, 공공부문의 민간부문에 대한 간여를 어느 수준까지 해야 하는가 하는 좀 더 본질적인 문제가 그것이다.

1) 공기업 적자에 대한 인식

한국전력은 민간에 맡기면 독점화될 수밖에 없는 자연독점 성격의 산업이다. 민간에 맡기면 독점기업이 될 것이고, 독점력을 무기 삼아 높은 요금을 받을 가능성이 많다. 따라서 공기업으로 운영함으로써 지나친 독점이윤을 획득하는 것을 막고자 해서 많은 국가가 전력산업을 공기업으로 운영한다. 그리고 그 요금은 정부가 관리하는 것이다. 한국전력은 전기요금을 높여서 언제든지 흑자를 낼 수 있다. 그러나 한국전력이 흑자를 시현하는 것이 바람직한지는 그리 간단히 판단할 문제가 아니다. 싼 요금을 유지하면서 국민들이 전기를 충분히 사용할 수 있게 해주는 것이 좋은지, 아니면 그렇게 하는 경우 국민들이 전기를 지나치게 많이 쓰게 되고 결국은 자원 낭비라는 결과를 초래하는 것은 아닌지, 그런 상황을 극복하기 위해 국민들의 필요에 부응하면서도 최소한 원가는 보상되어야 하는 것은 아닌지 등의 문제가 고려되어야 한다. 그러나 이 경우에도 원가수준은 어떤 수준으로 해야 할지의 문제가 남게 된다. 전술한 바와 같이 원가수준의 산정에서 거대한 자본설비를 위해 조달한 채권이나 차입원리금을 포함해야 할 것인지의 여부도 중요한 문제로 남는다.

공기업의 적자에 대해서 지나치게 민감할 필요는 없다. 공립병원이 적자를 보는 것이 당연한 것으로 볼 수도 있다. 그것은 원래 공립병원을 운영하는 목적이 민간병원을 제대로 이용하지 못하는 사람들에게 좀 더 싸게 의료 서비스를 공급하기 위해 세운 것이기 때문이다. 그런 병원이 흑자를 낸다면, 당초 설립 목적에 어긋나게 잘못 운영한 것으로 볼 수도 있다. 만약 공립병원을 이용해야 하는 취약계층이 없어졌다면 당연히 공립병원의 설립 취지가 사라졌으므로 민영화하거나 없어져도 좋을 것이다. 물론 그러한 공립병원을 방만하게 경영해 적자가 시현되었다면 시정해야 하겠지만, 경영상의 적자가 위와 같은 설립 취지에 부응해 설정된 낮은 의료서비스 가격 때문에 난 적자라면 문제될 것이 없다. 오히려 그것은 당연한 것으로서 그러한 적자는 일반재정을 통해 보전되어야 할 성질의 것으로 파악할 수도 있을 것이다.

공공 서비스가 국민생활에 필수불가결한 것이면, 그것이 비배제성이 적용되는 사용재적 성격을 갖고 있다 하더라도, 충분한 재화 소비를 보장하는 차원에서 적자를 공공자금으로 보전해야 한다. 공공성이 강한 서비스를 제공하는 공기업의 손실을 보전하기 위해 민영화를 추진하는 것은 그야말로 본말이 전도된, 잘못된 방향이라고 할 수 있다.

2) 공공부문과 민간부문의 관계

공공부문이 민간부문에 어느 정도 수준으로 간여하는 것이 바람직할 것인지는 공공부문을 다루는 경우에 피할 수 없는 본질적인 내용이라 할 것이다. 가령 면사무소가 있는 면소재지에 5백 명이 산다고 하자. 대다수가 노인인구인 이 지역에 노인복지를 위해 공공목욕탕을 만들자고 한다. 대중목욕탕은 민간이 공급할 서비스이므로 정부가 개입할 필요가 없다. 그러나 채산성이 없어서 민간이 공급하지 않는 경우가 생긴다면 국민건강 차원에서 공공 부문이 개입해야 하는 것으로 판단할 수도 있을 것이다.

이 경우에도 여러 방안을 고려해 볼 수 있다. 공공 서비스로 대중목욕탕을 새로 짓는 것보다는 대중목욕탕이 있는 읍내까지 운송 서비스를 제공하는 것이 더 나을 수도 있다. 어느 수준까지 정부가 개입해야 하는 것인지는 일률적으로 판단하기 힘든 문제이다. 민간이 제공할 수 없는 서비스로서 그 사회 주민들의 생활에 꼭 필요한 서비스라면 공적으로 공급하는 것이 바람직할 것이다. 목욕 서비스처럼 공중위생과 관련이 있는 서비스와 같이 생활에 꼭 필요한 서비스라면 정부가 공급하는 것이 바람직할 수도 있다. 그것이 사회 전체적으로 비용을 줄이는, 말하자면 사회적 효율성을 제고하는 방안이 될 수도 있기 때문이다.

물론 인구 과소 지역 내지 취약지역이라 해서 목욕탕, 체육관, 도서관 등과 같은 생활 관련 서비스를 모두 제공할 수는 없을 것이다. 대중이 원하는 대로 모든 것을 다 해주는 정부는 존재하기 어렵다. 모든 것을 회비로 처리해주는 모임을 유지하려면 회비도 많이 들지만 관리를 위해서도 비용이 추가로 발생할 수 있다. 누구나가 더 나은 상태를 만들고자 하는 사적 유인이 작동하는 민간부문의 존재는 언제든지 필요한 것이다.

요컨대, 민간부문의 고유한 영역이 존재할 수 있으며, 공공부문이 수행해야 하는 역할도 분명히 존재한다는 점을 인정해야 할 것이다. 민간부문이 반드시 좋고 공공부문이 반드시 나쁘다는 선입견을 가져서는 안 된다. 중요한 것은 한 사회가 유지되는 데 어떤 부문 또는 어느 정도는 민간 영역이 담당하고 또 어떤 영역은 공공부문이 담당하는 것이 적절할지의 문제를 결정해야 한다. 그것은 사회와 시대에 따라 서로 다르게 판단될 문제라는 사실을 인식하는 것이 중요하다. 그리고 그 결정은 그 사회가 개발해 낸 민주적 정치적 의사결정 과정을 거쳐서 결정되어야 할 것이라는 사실을 인식하는 것도 중요하다.

요 약

1. '공기업'은 "국가가 소유·경영하는 기업"을 일컫는다. 공기업은 소유·경영하는 방식에 따라 국가가 '직접' 소유 및 경영하는 직영기업과 '간접' 경영하는 정부투자기관, 출자기관 등으로 구분되기도 한다. 공기업은 '독립채산제'를 경영원칙으로 하고 있다.
2. 공기업은 그 공기업이 수행하는 역할에 따라 '자본'의 기능을 수행하는 공기업, 사회보장적 기능 또는 문화적 기능을 수행하는 공기업 등으로 분류될 수도 있다. 전자의 예로는 철도, 전력, 항만 등의 재화 또는 서비스를 공급하는 공기업을 들 수 있으며, 후자의 예로는 연금 내지 건강관리를 담당하는 기관이라든가 문화 내지 인권 진흥을 위한 기관 등을 들 수 있다.
3. 국가의 기간산업으로서 한 나라 전체 산업활동을 고려했을 때 꼭 필요한 산업인데도 민간자본이 충분히 형성되어 있지 않거나 경영상 큰 위험이 수반되어 민간이 진입을 꺼리는 경우, 그뿐만 아니라 산업들 간에 파급효과가 큰 산업으로서 한 나라 전체 산업활동을 지원하는 데 필요하다고 정부가 인정하는 경우에는 공기업으로 운영할 수 있다.
4. 경제학적 효율성의 관점에서 공기업의 필요성이 제시되는 것은 대표적으로 비용체감산업을 든다. 공기업으로 운영해야 할 필요성은 효율성의 관점에서만 제시되는 것은 아니다. 대표적으로 사회정책적 차원에서 필요한 공공 서비스 공급을 위해 공기업을 운영하는 경우를 들 수 있다. 예를 들어 의료 서비스라든가 최소한의 문화 서비스 공급을 위한 공기업 활동을 들 수 있다. 이러한 서비스는 주로 사회적 취약계층의 최소한의 생활을 지원하는 차원에서 공급될 것이 요구되는 것들이다.
5. 공공요금은 정부나 공기업이 제공하는 공공 서비스에 대해 사용자가 지불하는 가격, 즉 '사용자가격(user price)'을 말한다. 전기요금, 수도요금, 철도요금, 고속도로 통행료, 쓰레기 봉투 가격 등이 공공요금의 예이다,
6. 공공요금을 결정하는 데 지향해야 할 기본 목표를 정리하면, 첫째, 공공요금은 경제적 자원의 효율적 배분을 유도하는 것이어야 한다. 둘째, 공공요금은 공평해야 한다. 셋째, 공공요

금은 기업에 충분한 수입을 보장해 줌으로써 생산을 지속할 수 있는 수준이어야 한다.

7. 공공요금 결정원칙 중에서 원가주의가 비교적 합리적이고 공평한 원칙으로 널리 사용되고 있다. 원가주의 원칙에 입각해 다음과 같은 원리들을 적용해 공공요금을 책정할 수 있다. (1) 한계비용 가격원리, (2) 평균비용 가격원리, (3) 이부요금제, (4) 차별요금제.

8. 공기업으로 운영함으로써 지나친 독점이윤을 획득하는 것을 막고자 해서 많은 국가가 전력산업을 공기업으로 운영한다. 그리고 그 요금은 정부가 관리하는 것이다.

9. 공기업의 적자에 대해서 지나치게 민감할 필요는 없다. 공립병원이 적자를 보는 것을 당연한 것으로 볼 수도 있다. 그것은 원래 공립병원을 운영하는 목적이 민간병원을 제대로 이용하지 못하는 사람들에게 좀 더 싸게 의료 서비스를 공급하기 위해 세운 것이기 때문이다. 그런 병원이 흑자를 낸다면, 당초 설립 목적에 어긋나게 잘못 운영한 것으로 볼 수도 있다.

Chapter 06

연습 문제

주관식

1. 공기업이란 무엇인가?
2. 비용체감산업과 공기업은 어떤 관련성이 있는가?
3. 수도요금을 공짜로 한다면, 자원배분과 소득분배의 관점에서 어떤 문제가 있을까?
4. 공공요금 결정에서 한계비용 원리란 무엇인가?
5. 공공요금 결정원리 중 평균비용 원리란 무엇인가?
6. 이부요금제란 무엇인가?
7. 공기업을 민영화하는 데 적용해야 할 기준으로서 어떤 것들이 있을까?
8. 공기업의 적자는 자원배분 면에서 어떤 의미를 가질까?

객관식

01. 공기업의 성격에 대한 설명으로 옳지 않은 것은?

① 공기업은 국가가 소유 경영하는 기업이다.
② 공기업의 경영은 독립채산제를 원칙으로 한다.
③ 철도, 전력, 항만 등의 서비스를 공급하는 공기업을 자본의 기능을 수행하는 공기업이라고 한다.
④ 공기업이 제공하는 서비스는 경합성이 매우 큰 재화라는 특징을 갖는다.
⑤ 자연독점산업은 공기업으로 해야 할 당위성이 크다.

02. 규모에 대한 수확 체증인 공공 서비스 공급에서 한계비용과 가격을 같도록 설정함으로써 발생하는 손실을 해결하기 위한 방안으로 옳지 않은 것은?

① 조세수입으로 손실을 충당한다.
② 가격을 공공 서비스 생산의 평균비용과 같은 수준으로 한다.

③ 공공 서비스의 가격을 기본요금과 추가요금으로 나눠 매긴다.
④ 한계수입과 한계비용이 같아지는 값을 가격으로 삼는다.
⑤ 성수기 요금과 비수기 요금을 다르게 매긴다.

03. 공공요금에 관한 설명으로 옳지 않은 것은?

① 한계비용이 지속적으로 하락하는 자연독점산업은 독점이 일어날 가능성이 크다.
② 평균비용이 우하향하는 경우 한계비용가격 설정은 공기업의 손실을 초래한다.
③ 공기업의 공공요금을 정부가 관리하는 이유는 공기업의 독점적 성격 때문이다.
④ 공기업이 손실을 보지 않으려면, 평균비용가격 설정이 하나의 대안이 될 수 있다.
⑤ 규모의 경제가 발생하는 단계에서는 평균비용보다는 한계비용가격 설정이 손실을 최소화하는 방안이다.

04. 다음 중 옳지 않은 서술은?

① 국민들이 납부하는 전기세, 수도세 등은 소비과세의 일종이다.
② 사용자가격을 적용하면 정부나 공기업이 제공하는 공공 서비스의 공급에서 자원배분상의 효율성 증진을 기대할 수 있다.
③ 공공요금 책정에서 원가주의 원칙은 공공 서비스 제공에 소요되는 원가를 충족시키는 수준의 요금이 적정하다는 원칙이다.
④ 사회적 규범 등 가치관에 따라 원가 이하 혹은 이상으로 공공 서비스를 제공할 수 있다는 원칙을 사회적 원칙이라고 한다.
⑤ 소비자들이 해당 서비스에 대해 내리는 평가의 크기에 따라 공공요금이 결정되어야 한다는 원칙을 가치주의 원칙이라고 한다.

05. 이부요금제와 차별요금제에 대한 설명으로 옳지 않은 것은?

① 선로나 관로 등의 시설비용을 충당하기 위해서 전화나 전기요금 등에 기본요금을 따로 두고 있는 요금 체계가 이부요금제이다.
② 이부요금제에서는 가격을 한계비용과 같아지도록 설정함으로써 자원배분의 효율을 달성하면서도 고정요금 징수를 통해 적자를 방지한다.
③ 이부요금제에서 기본요금은 한계비용을 충당하기 위한 것이고, 종량요금은 고정비용을 충당하기 위한 것이다.
④ 동일한 서비스를 서로 다른 지역이나 서로 다른 수요군에 공급하는 경우, 각각의 그룹에 서로 다른 요금을 적용하는 것을 차별요금이라 한다.
⑤ 차별요금제에서는 수요의 가격탄력성이 큰 그룹에 낮은 요금을 적용하고, 수요의 가격탄력성이 작은 그룹에는 높은 요금을 부과함으로써 손실을 최소화한다.

06. 공기업 민영화에 대한 설명으로 옳지 않은 것은?

① 정부가 행사하던 경영권을 민간에 이전하는 것을 민유화, 정부가 가진 소유권을 민간에 이전하는 것을 민영화라고 구분하기도 한다.

② 공기업의 관료적 경영, 주인 없는 기업으로서의 한계 등을 극복하기 위한 방안으로서 민영화가 거론되고 있다.

③ 1980년대 영국의 대처 수상은 공무원노조 세력의 약화를 위해 민영화를 주장하기도 했다.

④ 자연독점산업을 민영화하면, 요금의 지나친 인상, 생산량의 제한 등 독점화에 따른 부작용이 우려된다.

⑤ 공립병원을 운영하는 목적이 저소득층의 의료 서비스 수혜폭을 넓히기 위한 것이라면, 적자를 시현하는 현상을 부정적으로 봐서는 안 된다.

07. 공공 서비스 가격결정이론에 관한 설명 중 옳지 않은 것은?

① 자연독점의 경우 평균비용 가격 설정을 하면, 이윤은 0이 된다.

② 규모의 경제가 존재할 때 한계비용 가격 설정을 할 경우 결손이 발생한다.

③ 규모의 경제가 존재할 때, 평균비용 가격 설정을 하면 자원의 효율적 배분을 달성하기 어렵다.

④ 규모의 경제가 존재할 때 한계비용 가격 설정을 하면 손실이 발생해서 자원배분의 효율성이 달성되지 않는다.

⑤ 이부가격제도에서 독점적 생산자가 소비자잉여의 크기를 미리 예상해 이를 가입비로 받고 사용료는 한계비용으로 책정한다.

08. 공기업에 대한 설명으로 옳지 않은 것은?

① 공기업이 제공하는 서비스를 공공재라고 한다.

② 이부요금제란 기본요금과 종량요금으로 구성되는 요금제를 말한다.

③ 비용체감산업은 독점화하기 쉽기 때문에 정부가 공기업으로 운영하는 경우가 많다.

④ 공기업의 경영은 독립채산제를 원칙으로 한다.

⑤ 정부나 공기업이 제공하는 공공 서비스에 대해 사용자가 지불하는 가격을 '사용자 가격'이라고 부른다.

정답 및 해설

1. ④ 공기업이 제공하는 서비스는 비경합적 성격을 갖는 재화가 많다.
2. ④ 한계수입과 한계비용이 같아지는 값은 언제나 평균비용보다 낮은 값이어서 손실을 해결할 수 없다.
3. ⑤ 규모의 경제가 발생하는 단계에서는 평균비용가격 설정이 한계비용가격 설정보다는 손실을 더 줄이는 방안이다.
4. ① 전기세, 수도세 등은 조세가 아니라 사용자요금이며, 전기요금, 수도요금이 옳은 용어이다.
5. ③ 기본요금은 고정비용을 충당하기 위한 것이고, 종량요금은 한계비용을 충당하기 위한 것이다.
6. ① 정부로부터 민간으로 경영권의 이전을 민영화, 소유권의 이전을 민유화라고 한다.
7. ④ 한계비용가격 설정을 하면 손실이 발생하나, 자원배분의 효율은 달성된다.
8. ① 공기업이 제공하는 서비스는 공공 서비스이지 공공재는 아니다. 비경합성과 비배제성을 갖는 서비스를 공공재라 칭한다.

Chapter 07 재정적자와 국가채무

이 장에서는 재정적자, 국가채무와 관련된 주요 내용을 설명한다. 먼저 공채 발행의 경제적 근거를 제시하고, 나아가 그러한 목적을 갖고 발행된 공채가 민간의 경제에 미치는 효과를 검토한다. 이어서 공채 부담의 세대 간 이전에 담긴 다양한 견해를 검토한다.

제 1 절 개념과 경제적 근거

제1절에서는 먼저 공채의 개념과 다양한 분류를 소개하면서 공채에 대한 논의를 출발한다. 이어서 재정적자와 국가채무와의 관계를 설명하고, 마지막으로 공채 발행의 경제적 근거를 살펴본다.

1. 공채의 개념과 분류

넓은 의미로 '공채' 또는 '국가채무'란 공공부문이 부담하는 금전적 채무 전반을 의미한다. 모두 같이 공채 내지 국가채무라 하더라도 분류기준에 따라서 다양한 분류가 가능하다.

먼저 발행 주체별로 중앙정부가 기채를 하는 경우를 '국채', 지방정부가 발생시키는 채무를 '지방채'라 해서 구분한다. 내용 면에서 먼저 발행 목적별로 보면 넓은 의미의 국가채무 중에서 공공경비를 조달하기 위해 발행한 채무를 '재정공채'라 일컫는 데 비해, 재원조달 이외의 목적을 위해 부담하는 채무를 '행정공채'라 부르기도 한다. 후자의 공채는 공적연금 등 사회보험기여금, 우편저금, 공공사업 과정에서의 입찰보증금 등 일반적인 정부활동 이외의 활동에 수반해 발생하는 채무로서 일반적으로 재정학상 공채의 범주에 포함시키지 않는다.

그뿐만 아니라 공채는 해당 채무의 성질에 초점을 맞춰 '적자성 채무'와 '금융성 채무'로 구분하기도 한다. '적자성 채무'는 '지출성 채무'라고도 하는데, 이는 해당 채무에 대응하는 자산이 없어 향후 조세 등 실질적 국민 부담으로 상환해야 하는 채무로서의 성격을 지닌다. 이에 비해, '금융성 채무'는 '융자성 채무'라고도 하는데, 이 채무는 추후 회수해서 자체 상환할 수 있는 상환재원, 즉 대응자산을 보유하고 있는 채무라는 점에서 전자와 그 성격을 달리한다.

다음으로 경제적 관점에서 중요한 의미를 갖는 분류로 '세입보전공채'와 '사업공채'의 구분이 있다. 전자는 국가 예산상의 세입 부족분을 보전하기 위해 발행하는 공채로서 '적자공채'라 부르기도 한다. 이에 비해 사업공채는 특정 사업을 위한 재원을 충당하기 위해 발생하는 공채를 일컫는 것으로서 건설공채 등이 그 예에 해당된다. 이 중에서 세입보전공채는 경상적인 재정적자를 보전하기 위해 발행되는 공채로서 이러한 공채는 그 재원이 미래 생산력을 증가시키는 데 사용되지 않을 뿐 아니라 인플레이션을 유발하기 쉬운 점 등을 들어 그 발행에 신중을 요하는 것으로 알려져 있다. 경제적 측면에서 중요한 의미를 갖는 또 하나의 구분으로는 인수 주체별 구분이 있는데, '민간인수공채'와 '중앙은행인수공채'가 그것이다. '민간인수공채'는 민간기관이 인수하는 경우와 일반 민간인이 인수하는 경우가 있는데, 이러한 공채를 '공모공채'라 부르기도 한다. 이에 비해 중앙은행 인수공채는 본원적 통화 공급의 성격을 갖는다. 이러한 성격의 차이는 공채의 경제적 효과 측면에서 서로 다른 효과를 갖게 되는데, 이에 대해서는 후술한다.

이 밖에도 상환기간의 장단에 따라 '단기채'와 '중장기채'로 구분되기도 하고, 공채 소화의 강제성 여부에 초점을 맞춰 '임의공채'와 '강제공채'로 구분되기도 한다.

강제공채는 흔히 '첨가공채' 형태를 띠어 일정한 공공부문의 활동 과정에 첨가해서 공채 부분을 포함시켜 발행하는 경우에 해당된다. 이들 구분 이외에도 다양한 구분이 활용되는 경우도 있으나 자세한 내용은 필요에 따라 관련 서적을 참고하고 여기서는 생략하기로 한다.

2. 재정적자와 국가채무의 관계

'재정수지'는 재정지출과 재정수입의 차이를 일컫는다. 이때 재정수입보다 재정지출이 더 크면 '재정적자'라 하고, 재정수입이 재정지출보다 많으면 '재정흑자'라 하는 것은 주지의 사실이다.[1] 그리고 '재정적자'가 나타나는 경우 부족한 재원을 충당하기 위해 차입을 하게 되는데, 이때의 차입이 바로 국가채무의 원인이 되는 것이다.

여기서 국가채무는 일정 시점을 기준으로 그때까지 발생한 재정적자의 총합을 일컫는 것으로, 재정적자가 발생하면 차입이 늘어서 국가채무 규모는 증가하고, 재정흑자가 발생하면 국가채무 규모는 줄어들게 된다. 국가채무 잔액은 재정적자 누적액에서 그동안 이미 상환한 부분을 차감한 금액이 된다.

이렇게 재정적자가 발생하는 경우 그 보전은 국내재원으로 이뤄지기도 하고 해외재원으로 이뤄지기도 하는데, 전자의 국내 재원에 의한 주된 보전수단이 차입 또는 공채 발행이 되는 것이다. 한편 재정흑자가 발생하면 '세계잉여금(歲計剩餘金)'으로 나타나게 되어 채무 상환의 재원으로 활용되기도 한다.[2]

---

1) '재정적자'는 유사하게 불리는 '적자재정'과는 다른 개념으로 인식해야 함을 주의할 필요가 있다. '재정적자'는 위에서 설명한 것처럼 재정활동의 결과 재정지출이 재정수입보다 더 큰 상태를 일컫는 개념인데 비해, '적자재정'은 정부가 경기조절의 필요에 따라 정책적으로 재정지출을 재정수입보다 크게 하는 인위적 상태를 일컫는 것으로서 정책수단의 하나를 가리키는 서로 다른 개념임을 유념하기 바란다.

2) 물론 '세계잉여금'은 채무 상환뿐 아니라 근로자의 세 부담 경감 등 다른 긴급한 용도에 사용되기도 한다.

3. 공채 발행의 경제적 근거

애초에 공채를 발행하는 목적은 상술한 바와 같이 일시적으로 정부활동 수행과정에서 발생한 경상적인 재정적자를 메우기 위해서 발행하는 것으로 인식되었다. 말하자면 공채 발행의 좀 더 근원적인 목적은 정부활동 과정에서 발생하는 재원을 조달하는 데 있었다. 그러나 자본주의 경제 발전과정에서 크고 작은 많은 경제문제들이 발생되면서 이제 공채 발행이 이와 같은 재정적자를 메운다는 소극적인 의미에 그치지 아니하고 좀 더 적극적으로 정책적 목적을 담기에 이르렀다. 대표적인 것이 소위 정부의 자원배분 기능, 소득분배 기능을 수행하고, 더 나아가 경제의 안정 성장을 지원한다는 정책적 목적에 부응하게 공채를 발행할 것이 요구되고 있다. 이하에서는 이에 대해 살펴보고자 한다.

1) 경제안정 기능

무엇보다 공채를 발행하는 경제학적 근거로는 총수요와 총공급이 만나는 데서 주어지는 한 나라의 거시경제 균형을 위해서 공채를 발행해야 한다는 주장이 있다. 말하자면, 케인스 이전의 고전파의 세계에서는 한 나라 전체의 균형은 총공급 능력에 따라 이뤄지는 것으로 인식되고 있었는데, 1930년대 경제대공황을 겪으면서 한 나라의 경제는 오히려 총수요의 크기에 의해서 한 나라 전체의 경제 균형이 이뤄지게 된다는 사실이 밝혀졌다. 이 후자의 상황에서는 한 나라 전체의 공급능력은 여력이 있는데, 그 나라 기업들의 생산물에 대한 총수요가 부족해서 경제 전체의 균형이 부족한 총수요 수준에 맞춰 이뤄지게 되며, 그렇게 되면 그 나라 경제는 불황으로 인해 생산력이 저하되고 궁극적으로 경제 규모가 축소재생산 과정에 빠져들게 되어 국민들의 생활은 불안정해지게 되는 것이다. 바로 일찍이 바로 이러한 상황을 목격한 케인스는 이와 같은 한 나라 전체의 민간시장에서 총수요 부족으로 인한 불황상태에 빠지는 경우 정부가 나서서 총수요를 증가시켜주어야 할 필요성이 제기되는 것으로 인식하게 된 것이다.[3]

---

3) 이렇게 총공급 능력을 주어진 것으로 보면 궁극적으로 주기적 순환 변동을 조절하는 것은 총수요

이와 같은 상황에서 정부 입장에서 총수요를 증가시키고자 정부지출을 늘리려 하는데 세입 능력이 그에 상응하지 못하는 경우 공채 발행을 통해서라도 정부지출을 증가시켜 총수요를 증가시킴으로써 경제를 안정시키는 역할을 수행하기에 이른 것이다. 바로 이것이 경제안정 기능의 관점에서 공채 발행이 요구된 배경이다. 공채 발행을 통해 정부지출을 증가시키면 1차적으로 민간의 구매력이 늘어나게 되며, 그로 인해 소득이 증가하고, 나아가 이로 인해 늘어난 소득 중에서 소비성향에 상응하는 만큼 추가적인 소비가 늘어나고 이렇게 늘어난 소비는 다시금 추가적인 생산활동을 불러와서 추가로 소득이 증가하는 등의 누적적 과정이 진행되어 궁극적으로 초기에 투입된 정부지출의 승수 배만큼의 총수요 증가를 가져오게 되어 한 나라의 불황 국면을 타개하게 되는 것으로 인식되고 있다. 물론 이뿐만 아니라, 정부가 공채자금으로 이처럼 직접 총수요 증가에 기여하는 대신에 투자활동 등 민간의 총수요 증가활동을 간접적으로 지원하는 역할을 수행하기도 한다.

2) 자원배분 기능

한편 정부가 대규모 공공사업을 수행하는 경우를 상정해 보면, 일반적으로 대규모 공공사업의 경우 비용은 상대적으로 일시적으로 투입되지만, 그 편익은 장기적으로 여러 세대를 걸쳐서 나타나는 사업들이다. 이러한 사업 수행 재원을 해마다의 조세에서 조달하게 되면 해당 사업에 소요되는 재원은 조세를 납부하는 현세대 주민들이 부담하게 되는 데 비해, 그 편익은 현재 조세를 납부하지 않는 미래 세대 주민들이 향수하는 일이 발생하게 된다. 철도, 전력, 항만 등 대규모 공공사업의 경우 대부분이 이러한 성질을 가지고 있다. 이렇게 되면 해당 공공사업과 관련해서 비용 부담과 편익 수혜가 상응하게 연계되지 못해 자금 배분상의 비효율이 발생하게 되고, 이는 궁극적으로 자원배분의 비효율로 이어지게 된다.

공채 발행은 바로 이러한 상황에서 편익이 미래에 장기적으로 발생되는 공공사업의 자금 조달을 현세대가 부담하는 조세 대신에 그 사업의 편익을 향수하는 미

크기의 조절에 있다 할 것이다. 이러한 맥락에서 경제안정을 위한 정부정책을 '총수요관리정책'이라 부르기도 한다. 경제안정 기능에 대한 자세한 내용은 제2장 재정의 기능에서 좀 더 자세하게 설명하고 있으니 참고하기 바란다.

래 세대가 장기에 걸쳐 부담하게 하는 장치의 일환으로서 요구되는 것이다. 이렇게 되면 공채자금의 원리금 상환 부담을 해당 공공사업의 편익을 향수하는 미래 세대로 연기시킴으로써 비용 부담과 편익 수혜를 세대 간에 일치시킬 수 있게 된다. 이렇게 공공 서비스의 편익을 보는 세대가 비용을 부담하게 하는 것을 '이용 시 지불의 원칙(pay-as-you-use principle)'이라 부른다. 요컨대 공공사업 수행을 위한 비용을 공채 발행을 통해 조달함으로써 이와 같은 '이용 시 지불의 원칙'이 지켜지게 되어 궁극적으로 자원배분의 효율성을 달성할 수 있게 되는 것이다. 이런 이유로 현실적으로 많은 경우 대규모 공공사업 수행을 위한 자금은 공채 발행을 통해서 조달하고 있는 것이다.

3) 소득재분배 기능

원래 공채는 전술한 바와 같이 주기적인 경기순환 변동의 진폭을 조절해주기 위해서 발행하는 것을 주된 목적으로 삼고 있다. 다시 말하면, 공채는 소득재분배 기능을 수행하기 위해 발행되는 것은 원칙적으로 적절하지 않은 것으로 인식되고 있다.

그러나 저소득자 주택 지원이라든가 서민 자녀들의 생활을 지원하기 위한 도서관 내지 문화시설 등을 지원하는 자금의 조달을 위해 공채를 발행하는 경우도 있을 수 있다. 이러한 사업이 직접적으로 소득을 재분배하는 것은 아니라 하더라도 서민들의 생활을 지원해줌으로써 간접적인 소득재분배에 기여하는 측면이 있는 것은 부정할 수 없다.

그럼에도 불구하고 원래 공채 발행의 주된 기능은 전술한 경제안정에 있다는 사실을 유념해 둘 필요가 있다. 그러나 최근 이와 같은 국민들의 보편적인 생활 지원 사업을 위한 지출도 일종의 투자로 인식해서 그 투자재원을 공채 발행에 의지하는 경우 소위 사회적 자본의 축적에 기여하는 것으로 인식하는 견해도 있다.

제 2 절 공채의 경제적 효과

앞에서는 공채를 발행하는 이유를 경제적 관점에서 설명했다. 그에 비해 여기서는 공채를 발행하는 경우 그 공채 발행을 위한 자금의 조달과 공채재원에 의한 정부지출 과정을 통해서 결과적으로 국민경제에 파급효과를 미칠 것이라는 데 초점을 맞춰, 공채 발행이 경제에 미치는 효과를 살펴보고자 한다. 근거를 설명할 때와 같이 정부의 3대 기능에 초점을 맞춰 설명해 보고자 한다.[4]

1. 경제안정 효과

공채 발행의 목적이 경제안정화에 두어지고 있었다는 점을 고려해서, 그러한 목적으로 공채를 발행한 경우 경제안정에 어떠한 효과를 미치는지를 살펴보고자 한다.

설명을 위해 먼저 전술한 바와 같이 한 나라의 경제는 총수요와 총공급에 의해 균형을 유지하고 그 상대적인 크기의 변화에 따라 한 나라의 경제가 주기적으로 순환변동을 한다는 사실을 다시 염두에 둘 필요가 있다. 그런데 앞에서 본 바와 같이 총공급 능력을 주어진 것으로 볼 때 궁극적으로 주기적 순환변동을 조절하는 것은 총수요 크기의 조절에 있다 할 것이다. 이러한 맥락에서 보면 공채 발행이 경제안정에 미치는 효과는 결국 한 나라의 총수요에 미치는 효과가 될 것이다.

구체적으로 이러한 공채 발행이 총수요에 미치는 효과는 공채로 조달된 재원을 지출함으로써 총수요를 증대시키는 효과와 공채재원의 조달방법을 달리함에 따라 나타나는 총수요 증대 측면으로 나눠 살펴볼 필요가 있다. 전자의 효과를 '재정적 효과'라 하고, 후자의 효과를 '금융적 효과'라 하는데, 설명의 편의상 이 둘을 나눠서 설명해 보고자 한다.

---

4) 이 절의 내용은 우명동(2007a), 임봉욱(2009) 등의 내용을 주로 참고한 것이다.

1) 재정적 효과

재정적 효과 측면에서 먼저 공채로 조달된 재원으로 공공투자를 통해 정부지출을 늘리는 경우를 보자. 이러한 방식으로 정부지출이 늘어나면 노동자는 임금을 받고, 이 임금을 기반으로 다른 기업들이 만든 상품을 소비하며, 이때 팔린 물건을 만든 기업의 종업원들이 임금을 받아서 다시 다른 상품을 소비하고, 이런 방식으로 연쇄적으로 최초 정부지출의 몇 배 크기로 소득을 늘리게 되는 '승수효과'를 발휘하게 된다.

물론 정부가 공공투자 대신 이전지출을 해서 총수요를 늘리는 방법을 쓸 수도 있다. 그러나 정부가 공공투자를 하는 경우는 애초의 투자액만큼 바로 민간의 생산활동을 유발해 그만큼의 수요측의 소득을 증가시키는 효과가 있으나, 이전지출의 경우에는 정부가 이전지출을 늘리더라도 민간의 소비성향에 따라 초기에 민간의 생산활동을 유발시키는 정도가 다르게 나타나게 되므로 수요측의 국민소득을 증가시키는 정도에 차이가 있게 된다.

2) 금융적 효과

한편 상술한 공채재원을 어디에서 조달하느냐에 따라서도 총수요에 미치는 효과가 달라진다. 이러한 '금융적 효과'는 크게 '유동성 효과(liquidity effect)'와 '부(富)의 효과' 또는 '자산효과(wealth effect)'로 나눠 파악된다. 먼저 전자는 공채자금 조달과정에서 금융자산의 수요 공급에 영향을 주고 나아가 이자율을 변화시켜 궁극적으로 총수요를 변화시키는 효과를 일컫고, 후자는 공채자금 조달과정에서 민간인들의 금융자산 잔액에 영향을 주어 총수요를 변화시키는 효과를 일컫는다.

이 중에서 '유동성 효과'를 보면 공채자금을 중앙은행이 인수하는지 민간 또는 민간은행이 인수하는지에 따라 그 효과가 다르게 나타난다. 먼저 중앙은행이 인수하는 경우에는 본원 통화 공급량이 늘어나고 이에 따라 시중은행의 예금 창조에 의해 파생통화가 늘어나 결국 총통화가 늘어난다. 이 경우 화폐 수요가 일정하다면 이자율이 내려가서 민간투자가 늘어나고, 결국 총수요를 늘리는 효과를 나타내게 된다. 한편 민간이 인수하는 경우에는 민간자금시장에 여유가 있는 경우가 아니라면 공채 소화과정에서 민간은 현금을 감소시키거나 여타 증권을 매각해서 공채를 구입하게 된다. 이 경우에는 민간의 자금시장을 경색시켜 결국 이자율이 올라가서 민간투자가 줄어들고 궁극적으로 총수요는 줄어드는 결과를 낳게 된다. 이러한 효과가 나타나게 되면 앞에서 공채자금의 지출을 통해 늘어난 총수요를 민간투자의 구축으로 인해 다시 줄이는 결과를 낳게 된다. 이러한 현상은 소위 '구축효과(crowding out effect)'라 불리는 것인데, 결국 공채 발행을 통해 총수요가 얼마나 늘어나는지는 이와 같은 구축효과가 어느 정도인지에 달려 있다고 볼 수 있다. 공채 발행을 통한 정부지출의 총수요 확대효과는 케인스주의자들이 주로 공감하고 있는 내용인데, 이들에 대해 상반된 생각을 가진 통화론자들은 바로 이와 같은 '구축효과'를 언급하며 부정적으로 평가하고 있다.

그런데 공채와 관련해서 이와 같은 구축 효과의 작용과는 다른 논리로 정부지출의 총수요 확대효과가 무력하다는 것을 설명하는 견해도 있다. 다름이 아니라 정부가 공채재원으로 재정지출을 증가시키게 되면 국민들이 미래에 해당 공채의 원리금을 상환해야 하는데, 그 원리금의 현재가치가 현재 공채발행액과 완전히 동일하기 때문에 정부가 지금 조세와 공채 중 어느 수단을 사용하든 자신의 경제적 선택을 변경시킬 이유가 전혀 없다고 보는 견해가 그것이다. 이 견해가 잘 알려져 있는 '리카도 등가 정리(Ricardian equivalence theorem)'인데, 이 정리에 의하면 공채의 발행이 민간의 총수요에 전혀 영향을 줄 수 없다고 보게 된다. 이 정리는 납세자를 완전히 합리적인 경제주체로 가정해서 유도한 것인데, 이러한 가정과 이 정리가 주장하는 바가 현실적으로도 사실인지의 문제는 별개임을 유의해야 한다.

한편, 공채재원을 민간으로부터 조달하는 경우 민간이 현금을 감소시켜 공채를 구입한다고 볼 때 민간의 공채 보유 잔액이 증가하게 된다. 이런 상황이 나타나게 되면 민간은 금융자산 잔액이 증가한 것으로 인식해서 가처분소득이 동일한 경우에도 자산이 증대되었다는 심리적 효과가 발생해 소비지출을 늘리는 효과가 발생할 수 있다. 이러한 효과를 '부의 효과' 또는 '자산효과'라 일컫는 것으로서 공채재원을 민간으로부터 조달하는 경우에 이러한 효과가 나타나서 총수요를 늘리게 된다는 것이다. 그러나 이러한 효과에 대해서는 공채가 자산으로 인식되는 것은 일종의 환상에 지나지 않기 때문에 이와 같은 자산효과로 인한 총수요 증대효과는 나타나지 않는다는 부정적 견해도 있다. 이 견해를 취하는 논자들은 공채 보유 잔액이라는 것은 국민경제 전체로 보면 장래에 그에 상응하는 원리금을 지불해야 하는 의무가 있기 때문에 결코 공채 보유 증가가 순자산의 증가로 나타나지 않는다고 하며, 만약 공채에 자산효과가 있다고 본다면 그것은 단순히 '공채착각(public debt illusion)'이 존재하기 때문인 것으로 보고 있다.[5)]

아울러 공채 발행은 무역수지와 자본수지에도 영향을 미치게 된다. 공채를 발행해서 총수요를 증가시키게 되면 궁극적으로 개방경제에서는 수입도 증가시킬 수 있게 된다. 물론 구축효과로 인해 투자가 감소해 경쟁력이 약화되고 수출이 감소할 가능성도 있다. 이 경우 공채 발행은 무역수지를 악화시키는 작용을 할 수도 있다. 그러나 공채 발행으로 이자율이 오르면 해외로부터 자본 유입이 활발해져서 자본수지는 개선되는 효과도 발생할 수 있다.

궁극적으로 공채 발행을 통해 정부지출이 늘어날 때, 구축효과도 함께 일어날지, 일어난다고 하더라도 정부지출의 크기를 상쇄할 정도로 크게 일어날지 여부는 한 나라가 처해 있는 경제 상황에 따라 달라질 문제이다.

2. 자원배분 효과

공공부문과 관련해서 자원배분이란 한 나라 전체 입장에서 공공부문과 민간부문의 상대적 비중을 일컫는 것이라 할 수 있다. 이렇게 보면 공채 발행이 미치는 자원배분 효과란 공채 발행으로 공공부문과 민간부문의 상대적 비중에 어떠한 영향을 미치는가 하는 문제라 할 수 있다.

공채 발행을 통한 자원배분 효과는 공채 발행을 통한 자금의 조달과정과 이렇게 모인 공채자금으로 재정지출 활동을 하는 과정에서 공공부문과 민간부문의 상대적 비중이 어떻게 달라지는가 하는 문제가 될 것이다. 우선 공채자금 조달과정과 관련해서 보면, 공채자금 조달방법에 따라 달라질 것인 바, 먼저 민간인수공채, 즉 공모공채를 통해 공채를 발행하는 경우에는 민간의 자원이 공공부문으로 이전되는

5) 이러한 견해는 배로(Robert J. Barro) 등 소위 '합리적 기대론자'들의 견해에 해당된다.

효과가 나타나게 될 것이며, 중앙은행 인수공채, 즉 본원적 통화 공급의 경우는 파생통화 공급까지 늘려 결국 총통화 공급을 늘리게 되며, 그리하여 이자율을 떨어뜨림으로써 민간의 투자활동을 촉진시켜 민간부문의 이용 자원이 더욱 커질 가능성이 있다. 물론 구체적인 크기는 민간의 경제 사정에 따라 달라질 것이다.

다음으로 그렇게 마련된 공채자금의 지출과정을 통해서 다시금 공공부문과 민간부문의 상대적 비중에 영향을 미치게 될 것이다. 예를 들어 정부가 민간의 재화 또는 용역의 구입에 공채자금을 사용하게 되면 일차적으로 민간의 자원이 공공부문을 늘리는 데 기여하게 되나, 국민경제 순환과정에서 그만큼 바로 민간 생산물 시장에 총수요를 유발하고 소득을 증가시키는 연쇄적 과정을 통해 민간부문의 상대적 규모도 늘리는 효과를 보이게 된다. 만약 정부가 그 재원을 민간의 재화 또는 용역의 구입에 사용하지 않고 이전지출에 사용한다면 공공부문에는 영향을 주지 않으면서 민간이 이전지출된 자금을 어떻게 사용하느냐에 따라 민간부문을 늘리는 데 사용되는 양이 결정될 것이고, 궁극적으로 공공부문과 민간부문의 상대적 비중에 서로 다른 영향을 미치게 될 것이다.

위에서 설명한 내용은 공채자금 조달과정과 그렇게 조달된 재원의 지출과정에서 나타날 수 있는 공공부문과 민간부문의 상대적 비중에 대한 논리적 사실을 기술한 것에 지나지 않는다. 현실적으로 어떠한 영향을 줄 것인지는 그 나라 경제가 처해 있는 상황, 그 사회구성원들의 지출성향 등에 따라 정해질 것이다.

3. 소득재분배 효과

반면에 소득재분배 효과라는 것은 적자재정 정책을 시행할 때 지게 되는 부채를 결과적으로 누가 부담하는가의 문제이다. 다시 말하면, 공채를 발행해 재정 부족분을 충당하고 그 원리금을 상환할 때 그것을 결국 누가 부담하는가의 문제가 바로 공채의 소득재분배 효과에 해당한다 할 것이다.

공채원리금의 상환 재원은 궁극적으로 조세이므로, 공채 발행의 부담은 결국 납세자인 일반국민과 공채 보유자, 즉 공채원리금 수령자 사이에 소득의 재분배 현상이 발생한다. 이 문제는 흔히 화폐적 부담과 실물적 부담으로 나눠 분석이 이뤄진다. 먼저 화폐적 관점에서 보면, 원리금을 상환하는 계층은 조세납부자들인데 그 원리금을 수령하는 것은 공채소유자이다. 이때 만약 공채원리금을 지불하는 만큼 원리금을 지불받는다면 양 계층 간에 부담과 원리금의 수령에 대응관계가 형성되어 소득재분배는 일어나지 않을 수 있다. 그러나 현실적으로 납세자 계층과 공채원리금을 수령하는 계층에는 차이가 나기 때문에, 이런 관점에서 보면 공채 발행과 그 상환과정에서 소득재분배 현상이 나타나는 것은 피할 수 없는 상황이라 볼 수 있다. 결국 공채 발행과 그 원리금 상환과정에서 발생하는 소득재분배는 공채소유자 계층과 납세자계층 간의 소득분포 상태 및 조세체계의 누진성 등에 따라 결정된다고 할 수 있다.

한편 실물적 관점에서 보면 조세 납부와 원리금 수령 후에 두 계층의 실질적인 경제재의 소비상태에 따라 소득재분배 여부가 다르게 나타나게 된다. 말하자면 원리금 상환을 위한 조세 납부로 인해 납세자들의 소비 가능한 경제재가 감소하게 되며, 그러한 공채 발행으로 조달된 자금으로 경제재가 만들어지는 경우 공채원리금 수령자가 그 재화를 얼마나 소비하는가에 따라서 실물 측면에서 소득재분배 효과가 나타날 수 있다. 말하자면 원리금 상환을 위해 조세를 납부한 계층의 줄어든 경제재의 분포와 공채원리금 상환자금으로 재화를 소비하는 계층의 늘어난 경제재의 분포 사이에 대응관계가 무너지게 되면 실물 측면에서 소득재분배 효과가 나타나게 되는 것이다. 이 또한 공채 발행 및 그 원리금 상환으로 인한 소득재분배는 공채소유자층과 납세자층 간의 소득분포 상태, 조세의 누진성 여부, 나아가서 공채재원의 사용방법 등에 따라 다르게 나타나게 된다고 볼 수 있다.

제 3 절 공채 부담의 세대 간 이전

공채 발행을 통해 공공지출의 재원을 조달하는 경우 그 부담을 현재 세대가 지는지 미래 세대가 지는지에 대한 문제를 '공채 부담의 세대 간 이전'의 문제라 한다. 이 문제에 대해서는 다양한 논자들에 의해 서로 다른 견해가 제시되어 왔는데,

이들의 논의의 초점은 결국 부담문제를 개인적 효용, 즉 미시적 차원에서 접근하는지 아니면 경제 전체, 즉 거시적 차원에서 접근하는지에 따라 달라지며, 또한 실물적 차원에서 다루는지 화폐적 차원에서 다루는지에 따라 달라진다는 점에 착안해서 이들의 구분에 따라 설명하고자 한다.

1. 실물적, 거시적 차원에서의 접근

부담의 문제를 실물적, 거시적 차원에서 접근하는 논자들의 견해에 따르면, 공채구입자가 소비 수요를 줄여서 공채를 구입하는 경우와 다른 한편 저축을 줄여서 공채를 구입하는 경우로 나눠 설명하고 있는 것을 볼 수 있다.

먼저 공채구입자가 '소비 수요'를 줄여서 공채를 구입한다고 보는 경우에는 공채구입자들이 소비 수요를 줄여서 공채를 구입하기 때문에 현재 시점에서 민간재화의 산출이 줄어들어 소득이 줄어들고 따라서 공채 발행과 정부지출의 부담은 현시점, 즉 현세대가 지는 것으로 파악된다.[6] 이에 비해 미래 세대는 공채원리금 상환을 위해서 조세를 납부하는 계층이기도 하지만 그 원리금을 수령하는 세대이기도 하기 때문에 공채의 부담은 결국 미래 세대 사이에 일어나는 이전일 뿐 순부담이 미래 세대에 추가되는 것은 아니라고 본다. 이 견해는 주로 케인스(J. M. Keynes)와 러너(A. P. Lerner) 등 그를 따르는 논자들의 견해로서 이들은 정부활동을 생산적인 것으로 인식하는 입장을 취한다.

이 견해는 '내부채무'와 '외부채무'인지에 따라 설명이 보완되기도 한다. 앞에서의 설명은 공채자금을 국내에서 조달하는 소위 '내부채무(internal debt)'를 전제로 한 것인데, 만약 공채를 외국에서 소화시키는 '외부채무'의 경우에는 국내 소비지출이 감소되지 않는 상태에서 정부지출이 늘어나게 되므로 국내 현세대의 부담이 늘어나지 않을 수 있다. 그러나 원리금의 상환 시점에서는 미래 세대로부터 조세를 거둬서 해외의 공채보유자에게 상환하게 되므로 그 부담은 국내의 미래 세대가 부담하는 것으로 이해할 수 있다. 그러나 이 경우에도 외부채무로 조달된 재원이

6) 이 경우 민간의 소비는 감소하지만 공채자금으로 정부지출이 확대되어 그러한 민간의 소비 감소를 상쇄하기 때문에 현세대는 이 측면에서도 부담이 추가되는 것은 아니라고 본다.

투자자금으로 사용되고 그 과실이 미래 세대에 발생하게 된다면, 공채 발행의 부담과 혜택 모두 미래 세대에 귀착되는 것이어서 미래 세대에 부담이 귀착된다고 보지 않을 수 있다.

이에 비해 공채구입자가 '저축'을 줄여서 공채를 구입한다고 보는 견해가 있는데, 이 입장에서는 공채 구입을 위해서 저축을 줄임으로써 민간투자가 줄어들고 그리하여 미래 세대가 물려받을 실질적인 생산자본이 줄어들어 궁극적으로 미래 세대의 산출물이 줄어들고 미래 세대의 소득수준이 떨어지는 것으로 본다. 결국 공채 발행의 부담은 미래 시점, 즉 미래 세대가 지게 되는 것으로 본다. 이 입장에서는 현세대는 소비를 희생시키지 않았기 때문에 부담이 없는 것으로 파악한다. 이 견해는 소위 고전학파 내지 신고전학파의 견해로서 이들은 정부활동을 비생산적인 것으로 인식한다.

2. 화폐적, 미시적 차원에서의 접근

다음으로 공채 부담을 화폐적 관점, 개인적 효용의 관점에서 파악하는 견해가 있다. 이들은 현재 공채구입자들이 화폐를 지불해 공채를 구입하는 것은 그를 위해 현재 소비를 줄임으로써 현재 자원의 사용권을 포기하는 것이기는 하지만, 그것은 어디까지나 공채증서를 획득함으로써 미래에서의 원리금 상환과 교환하는 자발적인 선택행위라고 본다. 그리고 이와 같은 현세대의 자발적 선택행위는 전혀 부담을 가져다주는 것이 아니라고 보고 있다. 이에 비해 미래 세대는 공채원리금 상환을 위해 조세를 납부해야 하는데, 미래 세대는 이러한 강제적인 조세 납부를 위해서는 자기 소득을 희생해야 하므로 결국 실질적인 부담을 지는 것으로 파악한다. 이 견해는 뷰캐넌(J. M. Buchanan) 등의 자유주의적 논자들에 의해 제시되고 있는 견해이다.

물론 이 경우 공채는 구입 여부를 자발적으로 결정할 수 있는 임의공채를 의미하는 것으로 봐야 한다. 그러나 만약 이 경우 공채가 의무적으로 구입해야 하는 강제공채라면 현세대에게 공채 구입에 관한 선택권이 없어지므로 결국 현세대도 부담을 지게 되는 것으로 본다.

종합컨대 공채 부담의 세대 간 이전에 관해 견해가 다양하게 제시되고 있는데, 그것은 본질적인 차이라기보다는 '부담'을 어떻게 정의하느냐의 차이라고 볼 수 있다. 그러나 현실적으로 공채 부담이 현세대가 지는지 미래 세대가 지는지의 문제는 공채의 1차적인 부담만 다룰 것이 아니라 공채 지출에 의해 파급될 유무형의 효과가 미래 세대에 얼마나 베풀어지는지에 대한 효과를 분석하지 않고는 섣불리 결론을 내리기 어렵다.

요 약

1. 중앙정부가 기채를 하는 경우를 '국채', 지방정부가 발생시키는 채무를 '지방채'라 한다. 발행 목적별로 보면 넓은 의미의 국가채무 중에서 공공경비를 조달하기 위해 발행한 채무를 재정공채라 하고, 재원조달 이외의 목적을 위해 부담하는 채무를 '행정공채'라 부르기도 한다.
2. 재정지출과 재정수입의 차이를 '재정수지'라 일컫는다. 재정수입보다 재정지출이 더 크면 '재정적자'라 하는데, 이때 부족한 재원을 충당하기 위해 정부가 차입을 하면, 이것이 바로 국가채무이다.
3. 자본주의 경제 발전과정에서 크고 작은 많은 경제문제들이 발생되면서 이제 공채 발행은 재정적자를 메운다는 소극적인 의미에 그치지 않고, 자원배분 기능, 소득분배 기능, 안정적 경제성장을 지원한다는 정책적 목적에 맞춰 좀 더 적극적으로 시행되기도 한다.
4. 공채 발행이 총수요에 미치는 효과는 공채로 조달된 재원을 지출함으로써 총수요를 증대시키는 효과인 '재정적 효과'와 공채재원의 조달방법을 달리함에 따라 나타나는 총수요 증대효과인 '금융적 효과'로 나뉜다.
5. 공채로 조달된 재원으로 공공투자를 통해 정부지출을 늘리면, 노동자는 임금을 받고, 이 임금을 기반으로 다른 기업의 상품을 소비하고, 이때 팔린 물건을 만든 기업의 종업원들이 임금을 받아서 다시 다른 상품을 소비함으로써, 연쇄적으로 최초 정부지출의 몇 배 크기로 소득을 늘리게 되는 '승수효과'를 발휘하게 된다. 이를 재정적 효과라 한다.
6. 금융적 효과는 크게 '유동성 효과(liquidity effect)'와 '부(富)의 효과' 또는 '자산효과(wealth effect)'로 나뉜다. 유동성 효과는 공채자금 조달과정에서 금융자산의 수요 공급에

영향을 주고 나아가 이자율을 변화시켜 궁극적으로 총수요를 변화시키는 효과를 말한다. 부의 효과는 공채자금 조달과정에서 민간인들의 금융자산 잔액에 영향을 주어 총수요를 변화시키는 효과를 일컫는다.

7. 공채자금 조달방법에 따라 자원배분 효과가 달라지는데, 먼저 민간인수공채, 즉 공모공채를 통해 공채를 발행하는 경우에는 민간의 자원이 공공부문으로 이전되는 효과가 나타나게 될 것이다. 중앙은행 인수공채, 즉 본원적 통화 공급의 경우는 파생통화 공급까지 늘려 결국 총통화 공급을 늘리게 되고, 이자율 하락을 통해 민간의 투자활동을 촉진시켜 민간부문의 자원 이용이 더욱 많아질 가능성이 있다.

8. 공채구입자가 '소비 수요'를 줄여서 공채를 구입한다고 보는 경우, 현재 시점에서 민간재화의 산출이 줄고 소득이 줄어들게 되므로, 공채 발행과 정부지출의 부담은 현시점, 즉 현세대가 지는 것으로 파악된다. 미래 세대는 공채원리금 상환을 위해서 조세를 납부하는 계층이기도 하지만 그 원리금을 수령하는 세대이기도 하기 때문에 공채의 부담은 결국 미래 세대 사이에 일어나는 이전일 뿐 순부담이 미래 세대에 추가되는 것은 아니라고 본다.

9. 공채구입자가 '저축'을 줄여서 공채를 구입한다고 보는 경우, 저축을 줄임으로써 민간투자가 줄어들고, 그 영향으로 미래 세대가 물려받을 실질적인 생산자본이 줄어들어 궁극적으로는 미래 세대의 산출물과 소득수준이 떨어지는 것으로 본다. 결국 공채 발행의 부담은 미래 시점, 즉 미래 세대가 지게 되는 것이다. 현세대는 소비를 희생시키지 않았기 때문에 부담이 없는 것으로 파악한다.

Chapter 07

연습 문제

주관식

1. 공채의 종류에 대해 설명하라.
2. 적자성 채무와 지출성 채무는 어떻게 다른가?
3. 공채의 경제적 기능에 대해 설명해 보라.
4. 공채 발행의 재정적 효과란 무엇인가?
5. 공채 발행의 금융적 효과란 무엇을 말하는가?
6. 공채의 부담이 미래 세대에 귀착되는지에 대해 논해 보라.

객관식

01. 조세와 공채의 차이에 대한 설명으로 옳지 않은 것은?

① 조세를 징수하면 민간의 가처분소득이 감소하므로 민간 소비가 감소하나, 국채는 자발적으로 구입하는 것이므로 민간 소비에 영향을 미치지 않는다.

② 조세는 과세요건을 충족한 사람에게 반대급부 없이 징수되지만 국채는 원금과 이자의 지급을 전제로 발행된다.

③ 조세는 납부 시점이 정해져 있으므로 조세를 통해서 일시에 많은 자금을 조달하기 어려우나 국채 발행을 통해서는 단기간에 많은 자금을 조달할 수 있다.

④ 조세는 자발적 교환원리에 의해 조달되나 국채는 당사자의 의사와는 상관없이 조달된다.

⑤ 조세는 부담이 과세 시점에 발생하는 데 반해 국채는 부담이 장기간에 걸쳐 분산된다.

02. **이자율과 채권가격 간의 관계에 대한 설명으로 옳지 않은 것은?**

① 채권의 종류는 이자 지급 방식에 따라 이표채, 할인채, 영구채로 구분한다.

② 이표채는 일정 기간마다 이자와 원금을 분할해서 지급하는 채권이다.

③ 할인채는 액면 금액보다 할인해서 판매하되 이자 지급 없이 만기에 원금을 지급하는 채권을 말한다.

④ 액면 금액 100만 원인 채권을 90만 원에 사면, 1년 동안 90만 원 빌려주고, 10만 원의 이자를 받는 것이나 마찬가지이므로 이자율은 대략 11%이다.

⑤ 일정 기간 후에 일정 금액을 지급받는 채권을 높은 가격에 구입하면 그만큼 이자가 적어지므로 채권가격과 이자율은 역의 관계에 있다.

03. **공채가 미치는 경제적 효과에 대한 서술 중 옳지 않은 것은?**

① 케인스학파에 의하면, 정부지출이 고정된 상태에서 국채를 발행함에 따라 조세가 감면되면 처분가능소득이 증가하고, 이에 따라 소비가 증가하므로 총수요가 증가한다.

② 케인스학파에 의하면, 국공채가 발행되면 대부자금에 대한 공급이 감소하므로 이자율이 상승하고, 민간투자는 감소하는 구축효과가 발생한다.

③ 통화주의자들은 국채 발행으로 조세가 감면되면 처분가능소득 증가로 소비가 증가하나 국채 발행에 따른 이자율 상승으로 민간투자가 감소하는 구축효과가 크게 나타나는 것으로 본다.

④ 리카도의 등가 정리에 따르면, 정부지출이 고정된 상태에서 조세를 감면하고 국채 발행을 통해 지출재원을 조달하더라도 경제의 실질 변수에는 아무런 영향을 미칠 수 없다.

⑤ 공채중립성 정리에 따르면, 합리적인 소비자들은 국채를 자산이 아니라 부채로 인식하기 때문에 국채가 발행되더라도 소비를 증가시키지 않는다.

04. **공채의 부담에 관한 설명으로 옳지 않은 것은?**

① 뷰캐넌(James M. Buchanan)은 개인들은 여러 가지 저축수단 중에서 합리적으로 공채 구입을 선택할 것이므로 공채가 발행되더라도 공채를 구입한 현재 세대에게 어떠한 실질 부담도 없다고 본다.

② 뷰캐넌은 미래 세대는 자신의 자발적 의사와는 별개로 공채 상환을 위한 조세부담으로 자신의 소득 소비의 희생이 불가피하다는 점에서 공채 부담은 미래 세대에 귀착된다고 본다.

③ 보웬-데이비스-코프(William Bowen-Richard Davis-David Kopf)는 현재 세대가 근로 시기에 국공채를 매입하고, 은퇴 후에 이를 상환받아 생활한다면, 공채 상환

을 위한 조세부담은 미래 세대에 귀착된다고 본다.

④ 모딜리아니(Franco Modigliani)는 조세는 민간 소비를 감소시키는 효과가 큰 데 비해 공채는 민간투자를 위축시키는 효과가 더 크다고 하면서 공채의 미래 세대 부담을 주장했다.

⑤ 배로(Robert J. Barro)는 현 시점에서의 공채 발행은 민간자본 형성의 위축을 통해 경제 성장을 저해하고 미래 소득을 위축시키므로 그 부담을 미래 세대에게 전가하게 된다고 본다.

05. 공채에 대한 각 학파의 인식으로서 옳지 않은 것은?

① 고전학파는 공채 발행이 민간부문에서 생산적인 용도에 사용될 자금을 비생산적인 정부부문으로 이전시키므로 자본 형성과 경제성장을 저해하는 결과를 초래한다고 본다.

② 와그너(Adolf Wagner)는 모든 정부지출이 낭비적인 것은 아니며, 공공투자재원 조달을 위한 공채 발행은 인정될 수 있다고 했다.

③ 케인스(John M. Keynes)는 유효수요이론에 근거해 적자재정을 통한 정부의 적극적인 경기안정화 정책을 주장했고, 그 이후 공채 발행은 재정정책의 주요 수단으로서 부각되었다.

④ 통화주의학파는 공채 발행으로 대부자금에 대한 공급이 감소하므로 이자율이 상승하고, 민간투자가 감소하는 구축효과가 발생할 것으로 보았다.

⑤ 리카도(David Ricardo)는 정부지출이 고정된 상태에서 조세를 감면하고 공채를 발행함으로써 총수요를 증가시키는 효과를 기대할 수 있다고 보았다.

06. 다음 문장의 (　　) 안에 들어갈 낱말을 순서대로 적은 것은?

> 공채구입자가 (A)을(를) 줄여서 공채를 구입한다고 보는 견해가 있는데, 이 입장에서는 공채 구입을 위해서 (A)을(를) 줄임으로써 (B)가 줄어들고, 궁극적으로 (C)의 산출물이 줄어들고 (D)의 소득수준이 떨어지는 것으로 본다. 결국 공채 발행의 부담은 즉 (D)가 지게 되는 것으로 본다.
>
> 이 입장에서는 (E)는 소비를 희생시키지 않았기 때문에 부담이 없는 것으로 파악한다. 이 견해는 소위 고전학파 내지 신고전학파의 견해로서 이들은 정부활동을 비생산적인 것으로 인식한다.

	A	B	C	D	E
①	저축	민간투자	미래 시점	미래 세대	현세대
②	소비 수요	민간소비	미래 시점	미래 세대	현세대
③	저축	민간투자	미래 시점	미래 세대	미래 세대
④	소비 수요	민간투자	현재 시점	현세대	미래 세대
⑤	저축	민간소비	현재 시점	현세대	현세대

07. **공채의 경제적 효과에 대한 설명이다. 옳지 않은 것은?**

① 재정적 효과란 공채로 조달된 재원으로 정부지출을 늘리면, 노동자는 임금을 받고, 이 임금에 기반해서 소비가 증가하고, 기업 수입이 증가하는 등의 승수효과를 말한다.

② 유동성 효과란 공채자금 조달과정에서 금융자산의 수요 공급에 영향을 주고, 나아가 이자율을 변화시켜 궁극적으로 총수요를 변화시키는 효과를 말한다.

③ 자산효과란 공채자금 조달과정에서 민간인들의 금융자산 잔액에 영향을 주어 총수요를 변화시키는 효과를 말한다.

④ 공채를 중앙은행이 인수하는 경우, 본원 통화 공급량이 늘어나고, 시중은행에 의해 파생통화가 늘어나 결국 총통화가 늘어난다.

⑤ 공채를 민간이 인수하는 경우, 이자율은 하락하고, 민간투자는 늘어나게 된다.

정답 및 해설

1. ④ 국채는 자발적 교환원리에 의해 조달되나 조세는 당사자의 의사와 상관없이 과세당국이 부과, 징수한다.

2. ② 이표채는 일정 기간마다 이자를 지급하고, 만기에 원금을 지급하는 채권이다.

3. ② 구축효과가 발생한다는 것은 통화주의학파의 주장이다.

4. ⑤ 배로는 리카도 등가 정리를 들어 현재 세대가 부담한다고 주장한다.

5. ⑤ 리카도는 공채 발행과 조세감면을 통해 처분가능소득이 증가하더라도 미래의 조세 증가를 예상한 경제주체들이 저축을 증가시킴으로써 총수요의 증가가 어렵다고 봤다.

6. ① 고전학파의 공채관에 대한 설명이다.

7. ⑤ 공채를 민간이 인수하는 경우, 현금의 감소 혹은 여타 증권의 매각 후 확보된 현금으로 공채를 인수함에 따라 이자율이 상승해 민간투자는 감소한다.

Part 04

정부 간 재정관계와 지방재정

Chapter 08

재정분권과 정부 간 재정관계

한 나라 안에서 공공 서비스를 공급하는 기능은 '정부'가 담당한다. 그러나 '정부'라 하더라도 하나의 정부만 존재하는 것이 아니라 중앙정부와 지방정부가 있고, 지방정부 속에서 상위 지방정부와 하위 지방정부가 동시에 존재한다. 우리나라 역시, 중앙정부와 지방자치단체로 구분되고, 지방자치단체는 광역자치단체와 기초자치단체로 구분되어 있다.

중앙정부와 지방정부 간 관계는 크게 중앙집권형과 지방분권형으로 구분된다. 그런데 중앙집권형과 지방분권형은 장점과 단점을 모두 지니고 있기 때문에 어떤 제도가 더 우월하다고 확언하기에는 무리가 있다. 이러한 이유로 대부분의 국가는 중앙집권과 지방분권을 혼합한 형태를 채택함으로써 중앙집권의 장점과 지방분권의 장점을 모두 활용하고 있다. 이제 이러한 맥락에서 이 장에서는 먼저 재정분권의 개념과 재정을 분권적으로 운영해야 할 당위적 근거를 살펴보고, 나아가 그렇다면 중앙과 지방의 재정관계 틀은 어떻게 운영해 나가는 것이 바람직한지에 대해 살펴보고자 한다.

제 1 절 재정분권의 개념과 필요성

이 절에서는 재정분권의 개념을 세입분권과 세출분권으로 구분해 설명하고자 한다. 이어서 이와 같은 재정분권이 필요한 이유를 살펴보고자 한다.

1. 재정분권의 개념

'재정분권'의 개념은 '지방자치'로부터 출발한다. '지방자치(local autonomy)'는 일정한 지역에 거주하고 있는 주민이 특정 지방자치단체를 구성하고, 해당 지방자치단체의 사무와 사무 수행을 위한 재원을 스스로 결정함으로써, 궁극적으로 주민이 주인이 되어 주민을 위해 해당 지방자치단체의 권력을 행사하는 체제를 일컫는다. 민주주의가 성숙해 감에 따라 지방자치가 필연적이라는 뜻에서 지방자치를 '풀뿌리 민주주의(grass-roots democracy)'라 부르기도 한다.

결국 '재정분권'이란 이와 같은 지방자치의 이념에 바탕을 두고 지방정부가 관할 지역의 재정활동을 지방정부의 책임하에 운영해 나가는 것을 의미한다고 볼 수 있다. 그러기 위해서 지방정부는 중앙정부와 재정활동에 관한 권한을 나눠 가져야 한다.

구체적으로 재정분권이라 하면 재정활동의 두 측면에 초점을 맞춰 '세입분권'과 '세출분권'으로 구분된다. 여기서 '세입분권(fiscal decentralization in revenue)'은 지방자치단체가 사무를 수행하는 데 필요한 재원을 스스로 조달할 수 있는 상태를 의미하며, '세출분권(fiscal decentralization in expenditure)'은 지방자치단체가 스스로 책임질 수 있는 사무에 대해 지출할 수 있는 상태를 의미한다. 즉, 세출의 자율성을 세출분권, 세입의 조달 가능성을 세입분권이라 한다. 일반적으로 세출분권은 일반정부지출 중에서 지방정부의 지출이 차지하는 비중으로 측정하고, 세입분권은 조세 중에서 지방세가 차지하는 비중으로 측정한다.

2. 재정분권의 필요성

상술한 바와 같이 한 나라의 정부구조는 중앙정부와 여러 단계의 지방정부로 구성되어 있다. 그런데 한 나라의 정부구조를 그와 같이 중앙정부와 서로 다른 단계의 지방정부로 구성해 각급 정부에 서로 다른 기능을 수행토록 하고 그에 상응하는 재원을 조달토록 할 때 전체적으로 재정 기능을 좀 더 바람직하게 수행할 수 있다는 사실이 주장되고 있는데, 재정학 내지 지방재정학에서는 이러한 주장을 하는 이론을 '재정연방주의(fiscal federalism)'라 부른다. 이 재정연방주의론은 일찍이 티부(C. M. Tiebout, 1956), 머스그레이브(R. A. Musgrave, 1959), 오츠(W. E. Oates, 1972) 등에 의해 그 이론적 틀이 제시되어 왔다. 말하자면 이들의 재정연방주의론에 바탕을 두고 한 나라의 재정의 기능은 중앙정부와 지방정부가 서로 나눠 담당하는 것에 대한 논리가 주어진 셈이다. 그러고 보면 바로 이러한 재정연방주의론이 바로 재정분권의 이론적 기초 역할을 해 왔으며 지금도 상당 부분 유효한 것으로 인정받고 있다. 그리고 이러한 재정연방주의론의 이론적 틀에 근거를 두고 후술하는 현실의 정부 간 재정관계 틀이 분권적으로 운영되어 오고 있는 것이다.[1)]

그 이론적 틀로는 무엇보다 머스그레이브의 '재정의 3대 기능' 접근법에 바탕을 둔 설명을 들 수 있다. 그는 재정의 기능을 크게 자원배분 기능, 소득분배 기능, 그리고 경제안정 기능으로 유형화해 설명했는데,[2)] 그중에서 소득분배 기능과 경제안정 기능은 중앙정부가 수행하고 자원배분 기능은 중앙정부와 지방정부가 나눠 수행하는 것이 전반적으로 사회후생을 증가시킬 수 있다는 사실을 주장함으로써 재

1) '재정연방주의론'이라 하더라도 여기서 제시하고 있는 티부, 머스그레이브, 오츠 등이 주장하는 내용을 '제1세대 재정연방주의론'이라 부르고 있으며, 그동안 현실의 정부 간 재정관계 틀의 구상은 이 이론에 이론적 근거를 두고 행해져 왔다. 그러나 현실적으로 이들 이론에 따른 정부간 재정관계 운영과정에서 지방재정의 위기 현상이 확산되면서, 그 원인에 대한 진단에 바탕을 두고 이들의 내용을 비판적으로 극복해서 새로운 이론 틀을 제시하고 있는 소위 와인가스트(B.R. Weingast, 1995) 등에 의한 '제2세대 재정연방주의론'이 1990년대 이후에 제시되어 확산되고 있음을 유념해 두기 바란다. 이들에 대한 구체적인 내용은 지방재정학 관련 전문서적이나 관련 논문을 참고할 수 있다.

2) 머스그레이브(Musgrave, 1959)는 재정의 기능을 '자원배분 기능', '소득분배 기능', '경제안정 기능' 등으로 크게 세 가지로 유형화해 설명하는 틀을 최초로 제시한 것으로 유명하다.

정의 분권적 운영에 관한 논리적 틀을 제시한 바 있다. 그리고 이러한 사실은 오츠에게서도 그대로 수용되고 더 정교하게 다듬어 제시됨으로써 재정의 분권적 운영의 이론적 근거 구실을 해 오고 있다. 아울러 티부는 유사한 내용을 자유주의적 관점에서 제시함으로써 재정의 분권적 운영의 필요성을 강력하게 제시한 바 있다. 여기서는 이 중에서 대표적으로 오츠 '분권화 정리'와 티부의 '발에 의한 투표 모형'을 살펴보면서 재정분권의 논리적 근거를 검토해 보고자 한다.

1) '완전대응성의 원칙'과 '분권화 정리'

오츠는 '분권화 정리(decentralization theorem)'를 통해 지방분권의 필요성을 언급했다. 분권화 정리를 설명하기 위해서 먼저 '완전대응성의 원칙(perfect correspondence)'을 이해해 둘 필요가 있다(Oates, 1972). 이 원칙을 이해하기 위해서는 먼저 공공재마다 특정 공공재의 소비로부터 편익이 확산되는 특정 인구집합을 관할하는 특정 단계의 정부가 존재하는 다단계 복수의 정부구조가 존재하는 것으로 가정한다. 이러한 가정이 주어지는 경우 각 공공재의 공급에 소요되는 비용을 관할 지역주민들로부터 징수하게 되면 관할 지역주민의 입장에서는 각각의 공공재 산출 수준에서 주민들의 편익과 비용이 완전하게 상응해,[3] 사회 전체적으로 최적 효율성을 달성하게 된다는 것이다.

이제 이러한 맥락에서 '분권화 정리'를 이해할 수 있다(Oates, 1972). '분권화 정리'란 공공재를 제공하는 데 중앙정부가 공급하나 지방정부가 공급하나 어느 경우나 비용이 동일하다면, 중앙정부가 제공하는 것보다 지방정부가 각자 관할 영역에서 '완전대응성'이 보장되는 공공재를 공급하는 것이 더욱 효율적이라는 것을 일컫는다. 말하자면 공공재 공급에 '규모의 경제'가 존재하지 않으며 어느 단계의 정부가 공급하나 비용이 동일하다면,[4] 중앙정부가 획일적인 수준의 공공재를 공급하기

3) 물론 엄밀하게 경제학적으로 말하면 특정 지역적 범주 내에서 공공재의 한계편익과 한계비용이 일치하도록 공공재 공급지역과 공급 수준을 결정할 때 가장 효율적인 공급 수준을 달성할 수 있게 되는 것이다.

4) 이러한 오츠의 분권화 정리에 의한 분권의 경제적 근거는 후일 '규모의 경제'가 존재하더라도 분권적인 공급이 더 효율적이라는 논리로 이어져 왔다. 자세한 논의는 '최적 지방정부 규모'에 관한 지방재정 관련 문헌을 참고하기 바란다.

보다는 지방정부가 관할 지역주민의 선호에 부응하도록 공공재를 공급하는 것이 사회 전체적으로 효율성을 보장하게 된다는 것이다.

이는 지방자치단체가 해당 지역주민의 공공재에 대한 선호를 더 잘 파악하고 있어 중앙정부보다 공공재의 적절한 양을 결정할 수 있기 때문에 가능한 것이다. 이처럼 분권화 정리는 중앙정부가 공공재를 제공할 경우 지방자치단체별 주민에게 적합한 수요에 부응하지 못하는 획일적인 공급이 될 가능성이 크기 때문에 이로 인해 비효율성이 발생할 수 있음을 지적한다. 이러한 오츠의 '분권화 정리'는 재정분권의 경제적 근거로 제시되는 대표적인 정리로 활용되고 있다.

2) 티부 가설

티부(Tiebout, 1956)는 '발에 의한 투표(voting with the feet)'를 통해 지방분권의 의의를 지적했다. 흔히 '티부 가설(Tiebout hypothesis)'이라 불리는 모형을 통해 그는 각급의 지방정부는 관할지역에서 공공재 공급 활동을 통해 주민들에게 줄 수 있는 재정편익과 부과해야 할 비용 부담을 담은 재정묶음(package)을 제시하고 주민들은 그와 같은 재정묶음을 보고 어느 지방정부에 거주할지를 스스로 자유롭게 선택해 내게 되면 최적 지방정부의 규모와 공공재 공급의 수준이 가장 만족스럽게 결정될 수 있다는 사실을 제시했다. 이러한 모형을 주민들이 자신의 입지를 이주를 통해서 결정한다고 하여 '발에 의한 투표 모형'이라 부르기도 한다. 그의 설명에 따르면 결국 공공재의 공급과 세금부과에 대해 결정을 내리는 지방분권은 지방정부 간 경쟁을 야기해서 파레토 효율적일 수 있다는 것이다. 즉, 지역주민들은 그들이 원하는 수준의 공공재를 제공하지 않거나 조세정책을 마련하지 않을 경우 해당 지역을 떠날 수 있는 이른바 발에 의한 투표가 가능하기 때문에, (지방정부에 의한) 지방 공공재의 배분이 효율적이라는 것이다.

이와 같은 '티부 가설'을 이해하기 위해서는 이 가설에 제시하고 있는 가정을 이해해 두는 것이 도움이 된다. 첫째, 주민의 이동이 자유로워야 한다는 것이다. 이 말은 주민들이 자신의 선호체계가 가장 만족스럽게 제시되고 있는 지방자치단체로 자유롭게 이동할 수 있어야 한다는 것을 의미한다. 이 가정이 바로 '발에 의한 투표'로 불리는 것이다. 둘째, 지역들 사이에는 어떠한 외부경제나 외부불경제도 발생하지 않는다고 가정한다. 셋째, 주민들은 각 정부의 공공 서비스와 조세부담에 관해 완전한 정보를 가지고 있다는 가정이다. 말하자면 주민은 다양한 지방정부들이 제시하고 있는 세입과 세출 패턴의 차이를 완벽하게 알고 있어 그 차이에 따라 완전하게 반응한다는 것을 의미한다. 이어서 넷째, 주민들이 자신들의 선호에 부응하는 정부를 선택할 수 있을 만큼 충분한 서로 다른 정부들이 존재해야 한다. 다섯째, 모든 지방정부는 공공재를 최저의 평균비용을 생산할 수 있는 최적의 지역(인구) 규모를 추구한다고 가정한다. 여섯째, 각 지방정부가 제공하는 공공재의 비용은 오로지 재산가치에 비례적인 재산세에 의해 조달하는 것으로 가정한다. 이 경우 재산세율은 지방정부마다 다를 수 있다고 가정하는 것은 물론이다.

이와 같은 엄격한 가정 하에서 티부모형은 특정 지역공공재 공급을 위한 최적 지방정부 규모는 정부의 인위적인 구상에 의하지 아니하고 주민들의 '발에 의한 투표', 즉 지역 선택과정을 통해서 자유롭게 결정될 수 있다는 사실을 보임으로써 공공재의 분권적 공급에 대한 이론적 기초를 구축한 것으로 평가받고 있다. 아울러 이 모형은 머스그레이브나 오츠 등이 정치적 과정을 통한 분권적 정부 간 재정관계 틀을 제시하고 있는 것과 대조적으로 시장적 해결책을 제시하고 있다는 점에서 차별성을 보이고 있는 것으로 평가받고 있다.

제 2 절 정부 간 재정관계

이 절에서는 재정분권을 현실적으로 이뤄 내는 제도적 틀이 정부 간 재정관계라는 사실을 살펴보고, 나아가서 이와 같은 정부 간 재정관계라는 개념이 법적 내지 정치적으로 사용될 때와 경제적으로 사용될 때 그 의미를 달리한다는 점을 이해하고자 한다. 이러한 사실은 이 책에서는 논의의 초점을 이해하는 데 중요한 의미를 갖는다.

1. 재정분권과 정부 간 재정관계

앞에서 우리는 재정연방주의론에 의해 재정 기능을 집권적으로 하나의 중앙정부가 담당하는 것보다 중앙정부와 지방정부가 나눠서 분권적으로 수행하는 것이 경제적으로 바람직하다는 사실을 확인했다. 그렇게 재정분권이 필요하다면 이제 남은 문제는 현실적으로 그러한 재정분권을 실현해 내는 제도적 틀은 어떻게 되어 있는가 하는 문제이다. 이렇게 재정분권을 현실적으로 구체화해 내는 제도적 장치가 바로 '정부 간 재정관계'에 해당된다고 할 수 있다.

현실적으로 정부의 공공 서비스 공급 기능은 중앙정부와 지방정부가 나눠 수행하며, 그러기 위해 재정지출 활동 또한 중앙정부와 지방정부가 나눠 수행되고 있다. 나아가 그러한 재정지출을 위한 재원 또한 중앙정부와 지방정부가 나눠 징수하고 관리하고 있는 것이 일반적이다. 이렇게 공공 서비스 공급 과정에서 중앙정부와 지방정부 간의 기능 및 세출배분, 그리고 그를 위한 재원배분을 '정부 간 재정관계'라 일컬으며, 그러한 제도적 장치를 정부 간 재정관계 틀이라 일컫는다. 물론 지방정부라 하더라도 상위의 지방정부와 하위의 지방정부가 존재하기 때문에 좀 더 포괄적으로 정부 간 재정관계라 하면 중앙정부와 각급의 지방정부들 사이의 재정관계를 의미한다는 사실을 유념해 둬야 할 것이다. 이러한 정부 간 재정관계 논의에서 핵심적인 관심 사항은 현실적으로 정부 간 기능 및 세출배분과 재원배분이 어떻게 이뤄지고 있는가 하는 것과 나아가 어떻게 운영될 때 사회 전체적으로 사회적 후생이 제고될 수 있느냐 하는 데 있다 할 것이다. 이론적으로는 앞에서 언급한 '재정연방주의론'이 정부 간 재정관계 틀의 구상과정에 근거를 제시해 오고 있다는 사실을 유념할 필요가 있다.

한 걸음 더 나아가 중앙정부와 지방정부 사이에 기능 및 세출배분에 상응하게 재원을 배분할 수 없는 상황이 발생할 수 있다는 사실을 고려해 둘 필요가 있다. 예를 들어 중앙정부와 지방정부 사이에 기능배분에 상응하게 재원이 배분되지 못하는 경우 또는 같은 단계의 지방정부들 사이에 주어진 재정 기능 수행에 필요한 재원 능력에 차이가 나타는 경우도 있을 수 있다. 또한 서로 다른 지방정부 관할 영역들 사이에 공공 서비스의 비용 내지 편익이 유입 또는 유출되는 소위 '확산 현상(spill over effect)'이 발생하기도 한다. 이러한 경우 엄격하게 중앙정부와 지방정부 사이 또는 동급의 지방정부들 사이에 기능 배분에 상응하는 재원배분을 연계시키는 정부 간 재정관계 틀을 고집하게 되면 오히려 전체적으로 사회적 후생수준이 저하되는 현상이 나타날 수도 있다. 이것이 정부들 사이에 재정조정이 필요해지는 이유이다. 여기서 논의하는 '정부 간 재정관계 틀'은 바로 이와 같은 현상에 직면해서 나타나는 '정부 간 재정조정'의 문제까지 포함하는 포괄적인 틀로 이해해야 한다는 사실을 유념해 둘 필요가 있다. 이에 대한 자세한 논의는 제10장의 '정부 간 재정조정' 부분에서 다루게 될 것이다.

2. 법적 · 정치적 개념과 경제적 개념

전술한 바와 같이 재정연방주의론에 근거를 두고 정부 간에 재정 기능과 세출 및 재원을 분권적으로 나눠 수행하는 것이 바람직하다고는 하나, 현실적으로 이러한 정부 간 재정관계 틀과 그 운영은 나라에 따라 그 형태를 달리할 수밖에 없다. 특히 '연방제국가'와 '단일제국가'의 경우 그 틀은 크게 다르게 나타날 것임은 오히려 당연하다 할 것이다. 그것은 연방제국가는 헌법적 틀에 근거를 두고 서로 다른 법적 권한과 정치적 권한을 가지고 중앙정부와 지방정부의 재정적 권한이 나뉘어 있기 때문이다. 이러한 관점에서 보면 헌법적으로 주권을 각급 정부가 나눠 갖고 있는 연방제국가의 정부 간 재정관계와 주권을 중앙정부가 전적으로 갖고 있는 단일제국가의 정부 간 재정관계는 다른 양상을 띨 수밖에 없다. 말하자면 연방제국가는 정부 간 재정관계 틀이 분권적으로 이뤄져 있는데 비해, 단일제국가의 정부 간 재정관계 틀은 집권적으로 이뤄져 있기 마련이다.

그러나 단일제 국가라 해서 모든 기능과 세출 및 재원을 중앙정부가 전적으로 맡아서 일방적으로 공공 서비스를 공급하고 있는 것은 아니다. 여기서 우리가 주의해야 할 것은 앞에서 언급한 재정연방주의에 바탕을 둔 정부 간 재정관계라 하는 것은 이와 같은 정부 간에 법적 내지 정치적 권한의 배분을 의미하는 것이 아니라 기능과 세출 및 재원을 정부 간에 나눠 공급하는 것이 경제적으로 더 바람직하다는 사실을 바탕을 두고 제시되고 있는 것이라는 사실을 인식하는 것이다. 말하자면 '재정연방주의'는 헌법적 내지 법적 개념이 아니라 재정적 내지 경제적 개념이라는 사실을 인식할 필요가 있다는 것이다.[5] 이렇게 보면 헌법적으로나 법적으로는 연방제적 정부 간 재정관계 틀을 갖추고 있지 않더라도, 재정적 내지 경제적 관점에서는 각급 정부 간에 서로 다른 기능 및 세출과 재원을 나눠 갖는 분권적 정부 간 재정관계 틀을 갖추고 있는 경우가 있을 수 있다는 사실을 알 수 있다. 우리들이 지금 논의하고 있는 정부 간 재정관계 틀도 바로 이와 같은 경제적 가치에 초점을 맞춰 논의되고 있다는 사실을 유념해 둘 필요가 있다.

그러나 현실적으로는 정부 간 기능배분과 세출배분 및 재원배분이 경제적 합리성에 의지해서 결정되기보다는 정치적인 역학관계에 의해서 결정되는 경향을 갖고 있는 것이 사실이다. 이러한 사실을 고려해 보면 정부 간 재정관계 틀을 경제적 기준에 의해서만 논의될 수 있는 성질은 아님은 물론이다. 그러나 이 책에서는 일단 재정연방주의에 바탕을 두고 경제적 기준에 의해 정부 간 재정관계 틀의 운영원리를 해명하는 데 초점을 맞추고 있음을 유념하기 바란다.

요 약

1. 재정분권은 지방자치의 이념에 바탕을 두고 지방정부가 관할지역의 재정활동을 지방정부의 책임 하에 운영해 나가는 것을 의미하며, 세입분권과 세출분권으로 구분된다.
2. 티부, 머스그레이브, 오츠 등에 의해 주장된 재정연방주의(fiscal federalism)에 따르면, 한 나라의 정부구조를 중앙정부와 여러 단계의 지방정부로 구성해 각급 정부에 서로 다른 기능을 수행하도록 그에 상응하는 재원을 조달해야 국가 전체적으로 재정 기능을 좀 더 바람직하게 수행할 수 있다.
3. 완전대응성의 원칙(perfect correspondence)은 각 공공재의 공급에 소요되는 비용을 해당 지역 주민들로부터 징수할 경우, 공공재에 대한 비용과 편익이 일치해 사회 전체적으로 최적 효율성이 달성된다는 것이다.
4. 오츠가 주장하는 분권화 정리(decentralization theorem)는 해당 주민에게 공공재를 제공

5) 이러한 사실은 일찍이 오츠(Oates, 1972: 14-20)에서 강조하고 있는 사실임을 유념할 필요가 있다.

하는 데 중앙정부와 지방정부의 비용이 동일하다면, 지방정부가 제공하는 것이 중앙정부가 제공하는 것보다 지역주민의 선호에 더 부응해서 공공재를 제공할 수 있기 때문에 사회 전체적으로 후생이 크다는 것이다.

5. 티부의 '발에 의한 투표(voting with the feet)' 모형은 지역주민들은 그들이 원하는 수준의 공공재를 제공하지 않거나 조세정책을 마련하지 않을 경우 해당 지역을 떠날 수 있는 발에 의한 투표가 가능하기 때문에 지방정부가 제공하는 공공재의 배분이 효율적이라는 것이다.
6. 정부 간 재정관계는 공공 서비스 공급 과정에서 중앙정부와 지방정부 간의 기능 및 세출배분과 이를 위한 재원배분을 의미한다.
7. 재정연방주의는 헌법적 내지 법적 개념이 아니라 재정적 내지 경제적 개념이기 때문에, 재정연방주의에 따르면 단일제국가의 경우에도 정부 간 서로 다른 기능 및 세출과 재원을 나눠 갖는 분권적 정부 간 재정관계의 틀을 갖출 수 있다.

Chapter 08

연습 문제

주관식

1. 재정분권에 대해 설명하라.
2. 재정연방주의와 재정분권의 관계를 설명하라.
3. 세출분권과 세입분권에 대해 설명하라
4. 오츠가 주장한 분권화 정리의 의의에 대해 설명하라.
5. 티부가 주장한 발에 의한 투표에 대해 설명하라.
6. 완전대응성의 원칙에 대해 설명하라.
7. 재정분권과 정부 간 재정관계에 대해 설명하라.
8. 재정연방주의는 법적·정치적으로 접근하기보다는 경제적 내지 재정적으로 접근하고 있다. 이러한 시각에서 재정분권으로 설명하라.

객관식

01. 다음 중 재정분권과 관련 없는 것은?

① 세입분권　② 세출분권　③ 지방자치
④ 세출의 자율성　⑤ 이전재원

02. 다음 중 재정연방주의와 관련 없는 것은?

① 경제안정 기능　② 분권화 정리　③ 발에 의한 투표
④ 완전대응성의 원칙　⑤ 재정분권

03. 공공재를 공급하는 데 지방정부가 중앙정부보다 해당 지역주민의 선호를 잘 반영하기 때문에 사회 전체적으로 최적 효율성이 달성된다고 주장한 이론은?

① 재정연방주의 ② 발에 의한 투표 ③ 분권화 정리
④ 끈끈이 효과 ⑤ 연성예산제약

04. 지역 주민은 해당 지방정부가 제공하는 공공 서비스를 보고 만족하지 않을 경우 지역 주민을 만족시키는 다른 지방정부로 이주할 수 있기 때문에 사회 전체적으로 최적 효율성이 가능하다고 주장한 이론은?

① 재정연방주의 ② 발에 의한 투표 ③ 분권화 정리
④ 끈끈이 효과 ⑤ 연성예산제약

05. 다음 중 성격이 다른 하나는?

① 재정자립도 ② 조세 중 지방세 비중 ③ 지방세외수입
④ 보조금 ⑤ 지방세수입

06. 다음 중 티부의 발에 의한 투표와 관련이 없는 것은?

① 지역주민 이동의 자유 ② 외부성 존재 ③ 완전한 정보
④ 서로 다른 정부의 존재 ⑤ 공공재의 비용은 오로지 재산세에 의해 조달

정답 및 해설

1. ⑤ 이전재원은 중앙정부로부터 지방정부, 또는 상위 지방정부로부터 하위 지방정부로 이전되는 재원을 의미하기 때문에 세입에 대한 의존성과 관련되어 있다.

2. ① 재정연방주의는 재정분권의 이론적 기초 역할을 수행했으며, 머스그레이브의 3대 기능 중 소득분배 기능과 경제안정 기능은 중앙정부의 역할이므로 재정분권과 관련 없는 것은 경제안정 기능이다.

3. ③ 오츠의 분권화 정리를 설명한 것으로, 공공재를 제공하는 데 중앙정부와 지방정부의 비용이 동일하다면, 지방정부가 중앙정부보다 해당 지역주민의 선호를 더 잘 반영하기 때문에 사회 전체적으로 후생이 증가한다는 것이다.

4. ② 티부가 주장하고 있는 발에 의한 투표로, 지역주민이 거주해야 하는 지방정부를 선택할 수 있는 자유가 있다면 지역주민의 선호를 충족시키기 위해 지방정부 간 경쟁을 야기해서 파레토 효율적일 수 있다는 것이다.

5. ④ 재정자립도, 조세 중 지방세 비중, 지방세외수입, 지방세수입은 모두 세입분권과 관련되어 있는 것이지만, 보조금은 이전재원과 관련되어 있어 세입분권과는 거리가 멀다.

6. ② 티부의 발에 의한 투표 모형의 가정을 설명한 것으로 외부경제와 외부불경제, 즉 외부성이 존재하지 않아야 한다는 가정이 있다.

Chapter 09

정부 간 기능배분과 재원배분

제 1 절 정부 간 기능 및 세출배분

정부가 수행하는 재정 기능을 중앙정부와 지방정부 사이에 어떻게 나누는 것이 바람직한지에 대한 논의는 무엇보다 전통적으로 전술한 재정연방주의론자들에 의해서 큰 윤곽이 제시되어 왔다. 그러나 그 틀은 그들의 논의가 전제하고 있는 가정의 비현실성에다 1990년대 이후 더욱 거세지고 있는 세계화 과정에서 지역의 중요성이 크게 부상되면서 새로운 변화가 요구되고 있는 실정이다. 이하에서는 전자를 전통적 견해로, 그리고 후자를 '다른 견해'로 구분해 설명하고자 한다.[1]

1. 전통적 견해

일반적으로 정부가 재정을 통해서 수행하는 기능으로는 머스그레이브(Musgrave, 1959) 이래로 자원배분 기능, 소득분배 기능, 그리고 경제안정 기능의 3대 기능으로 정형화되어 있음은 주지의 사실이다. 이제 여기서는 중앙정부와 지방정부의 복수 단계로 구성되어 있는 정부구조 속에서 이와 같은 기능을 어떻게 나눠 수행하는 것이 사회적 후생의 제고에 기여하는 것으로 평가할 수 있는지의 문제를 다루

1) 이하 서술 내용은 주로 우명동(2017a)을 참고한 것임을 밝혀 둔다.

고자 한다. 이 문제는 앞에서 언급한 바 있는 전통적인 재정연방주의의 주요 주제이기도 하다.

1) 자원배분 기능의 배분

일반적으로 정부가 자원배분 기능을 수행한다는 것은 자원배분 기능을 민간에게 맡길 수 없거나 민간에 맡기는 경우 바람직한 해결을 보장할 수 없는 경우에 정부가 개입해 이러한 문제를 보완함으로써 사회 전체적으로 자원배분이 좀 더 효율적으로 이뤄질 수 있게 한다는 것을 의미한다. 말하자면 시장에 맡길 경우 바람직하게 경제문제가 해결되지 못하는 소위 시장실패(market failure) 현상이 발생하는 경우 그러한 실패를 보정하기 위해 재정을 통해 정부가 이 문제의 해결에 나선다는 것을 의미한다. 특히 여기서는 시장실패 중에서도 '공공재'의 경우를 중심으로 설명하고자 한다.

공공재라 하는 것은 이 책 총론 부분에서 다루고 있듯이 여러 소비자가 집단적으로 소비할 수 있다는 '비경합성(non-rivaly)'과 대가를 지불하지 아니한 소비자를 소비로부터 배제할 수 없다는 '비배제성(non-excludability)'을 띠고 있는 재화를 일컫는다. 이러한 재화의 경우에는 소비자들이 대가를 지불하지 않아도 소비로부터 배제당하지 않기 때문에 자신의 선호를 나타내려 하지 않고 소비하려는 소위 '무임승차(free rider)'의 문제가 발생해 시장을 통해서는 공급될 수 없게 된다. 그럼에도 불구하고 이 재화가 사회구성원들의 소비생활이나 생산활동에 꼭 필요한 재화라 판단되는 경우 정부는 재정을 통해 공급을 담당하게 되는 것이다.

그런데 여기서 문제는 이와 같은 공공재가 갖는 일반적 성질에 바탕을 두되, 그것이 갖는 공간적 성격을 동시에 고려하고자 한다. 말하자면 어떤 공공재는 그 편익이 미치는 범위가 전국적인 성격을 띠는 경우도 있지만, 또 다른 공공재는 특정 지역적 범위 안에서만 공공재적 성격을 갖는 경우가 있을 수 있다는 사실이다. 앞의 것을 '전국적 공공재(national public goods)', 후자를 '지역적 공공재(local public goods)'라 일컫는다. 전자의 예로는 국방과 외교 같은 경우를 들 수 있으며, 후자의 예로는 소방시설이라든가 하수처리시설 등과 같은 경우를 들 수 있다.

이제 중앙정부와 지방정부와 같은 다 단계의 복수구조로 되어 있는 정부구조 하에서는 공공재의 편익이 미치는 범위가 전국적인 범위에 걸치는 국방이라든가 외교와 같은 서비스는 중앙정부가 공급을 담당하게 되며, 이에 비해 경찰이나 교육과 같은 재화라든가 더 좁게는 소방시설이라든가 상하수도시설과 같은 경우는 지방정부가 그 공급을 담당하는 것이 바람직한 것으로 이해된다. 여기서 바람직하다는 것은 경제학적인 관점에서 볼 때 해당 재화가 미치는 관할 범위 내의 주민들이 비용을 조달해서 해당 재화를 공급해 해당 주민들이 공동으로 해당 재화를 소비하게 함으로써 지리적 차원에서 볼 때 비용과 편익의 대응이 이뤄져서 소위 말하는 효율적인 공공재의 공급이 이뤄지게 된다는 것을 의미한다. 이러한 사실을 고려해 보면 지역공공재라 하더라도 그 편익이 미치는 범위가 광역 차원의 것이 있을 수 있고 또 어떤 공공재는 기초 차원의 것이 있을 수 있다. 전술한 교육이라든가 경찰과 같은 서비스는 광역 차원의 공공재로 볼 수 있는 반면에 소방이라든가 상하수시설, 가로등 시설 같은 경우는 기초 차원의 지방정부가 담당할 성질의 공공재라 할 수 있다. 그러나 이러한 구분은 기술 발전의 정도라든가 해당 사회가 같은 공공재 선호의 이질성 등에 따라 서로 다르게 평가될 수 있다는 사실도 유념해 둘 필요가 있다.

이 내용은 논리적으로는 앞에서 분권의 경제적 근거를 설명할 때 제시했던 '완전대응성의 원칙'과 '분권화 정리'에 의해 주어진다는 사실을 다시금 상기해 둘 필요가 있다. 말하자면 특정 공공재의 공급 수준을 결정하는 정부가 해당 공공재를 소비하는 개인들을 자기 정부 관할 내에 정확하게 포함시키는 정부구조가 주어진다고 보면, 각 공공재의 편익이 미치는 범위를 관할하는 정부가 해당 지역주민들로부터 조세를 징수해 관할지역에 공급하게 되면 각 공공재의 편익과 비용이 일치하게 되어 공공재 공급이 가장 효율적으로 이뤄지게 되는 것이다. 이러한 사실을 소위 '완전대응성의 원칙'이라 불렀던 것이다. 말하자면, 기초 단계의 지방정부, 광역 단계의 지방정부, 그리고 전국적인 차원의 중앙정부가 완전대응성의 원칙에 부응하게 관할지역의 공공재를 공급하게 되면 사회 전체적으로 최적 효율성이 달성된다는 것을 의미한다.

자원배분 기능의 정부 간 배분의 타당성을 설명하는 논리적 근거로 위에서 설명한 완전대응성의 원칙과 분권화 정리 이외에도 다양하게 제시되고 있음도 유의할 만하다. 흔히 일컫는 지역공공재를 지방정부가 공급할 때 소위 '실험실적 효과'와 그로 인한 '혁신효과'가 발생해 서로 간에 경쟁 압력이 작용하게 되어 전체적으로 후생수준의 제고에 기여할 수 있게 된다는 설명이 그것이다. 또한 특정 지역공공재를 지방정부가 공급하는 경우 주민의 습관과 태도 등에서 지역적 또는 지방적 가치라든가 지역적 문화가 수용되어 지역주민들의 만족 수준을 제고할 수 있다는 설명이 제시되기도 한다. 그뿐만 아니라 특정 지역공공재를 지방정부가 공급하게 되면 지방정부와 지역주민의 입장에서 좀 더 큰 자유와 그에 상응하는 책임성을 획득하게 되는 이점이 있다는 지적도 있다.

2) 소득분배 기능의 배분

위에서 살펴본 바와 같이 자원배분 기능의 수행 시에는 중앙정부와 지방정부가 서로 나눠 공급하는 것이 바람직한 것으로 인정되어 왔으나, 소득분배 기능은 중앙정부가 주된 기능을 떠맡는 것이 바람직한 것으로 인식되고 있다. 물론 언뜻 보면 각 지방정부가 소득분배에 관한 관할지역 주민들의 선호를 수용해 분배 기능을 수행할 수 있을 것으로 볼 수도 있다. 말하자면 더 높은 분배를 원하는 지역을 관할하는 지방정부는 그러한 주민들의 선호에 부응하게 분배를 위한 전형적인 재정수단으로서 '누진소득세제도'와 '이전지출제도'를 채택하고, 그와 같은 분배를 원하지 않는 지역을 관할하는 다른 지방정부는 마찬가지로 그와 같은 자기 관할지역 주민들의 선호를 수용해 그러한 재정수단을 활용하지 않으면 될 것으로 볼 수 있다. 이러한 성격에 비춰 볼 때 한 나라 전체의 분권적 또는 집권적 성향에 따라 소득분배정책 수행에 대한 지역적 범주에 차이가 날 수 있다는 사실도 이해될 수 있다. 말하자면, 분권적 성격이 강한 나라의 특정 지역주민들의 경우에는 전국적 차원에서의 소득분배 구조보다는 그들 자신이 소속해 있는 지역 차원에서의 소득분배에 더욱 강한 관심을 가지게 될 것이다. 그러나 집권적 성격이 강한 나라의 경우에는 지역적 차원에서보다는 전국적인 차원에서의 소득분배 구조를 더 선호하는 경향을 보일 것으로 추론해 볼 수 있다.

그러나 한 나라 안의 각 지방정부 관할지역들 사이에는 인구를 포함한 각종 자원의 이동성이 매우 큰 것으로 볼 수 있다. 이러한 사실이 전제되면 앞에서 설명한 높은 분배를 원하는 지역 관할 지방정부, 가령 A 지방정부에서 관할 지역사회의 선호를 반영해 높은 분배를 위한 재정수단을 채택하는 경우, A 지방정부 관할 지역에 거주하는 고소득자들은 높은 누진적 조세부담을 피하기 위해 분배 요구가 낮은 다른 지방정부로 옮겨감으로써 조세부담 수준을 낮추고자 하는 합리적 선택을 하게 될 가능성이 크다. 한편 소득분배 요구가 낮은 지역의 저소득자들은 높은 분배 혜택을 보기 위해 A 지방정부 관할지역으로 이주해 가게 될 것이며, 결국에는 A지방정부에는 가난한 주민들이 모여들고 부유한 주민들은 주변으로 이주해 나감으로써 종국적으로는 처음에 의도했던 높은 분배정책을 수행할 수 없는 상태에 이르게 될 가능성이 크다. 이렇게 보면, 결국 재정에 의한 소득분배 기능의 수행은 각종 요인에 의한 입지 조건과 같은 비재정적 요인에 의해 주민들의 이동성이 저지되지 않는 한 지방정부로서는 담당하기 힘들다는 사실을 알 수 있다. 이러한 맥락에서 전통적인 재정연방주의론자들은 재정의 소득분배 기능은 중앙정부가 수행해야 하는 고유한 기능으로 인정되고 있다.

물론 위와 같은 결론은 다양한 요인에 의해 주민들의 이동성이 완전하지 못한 경우를 상정하게 되면 타당하지 않게 된다는 사실을 유념해 둘 필요가 있다. 이에 대해서는 후술하고자 한다.

3) 경제안정 기능의 배분

또 하나의 중요한 재정 기능으로는 흔히 '경제안정 기능'을 든다. 이제 문제는 이 기능을 중앙정부가 수행하는 것이 더 적절한지 지방정부가 더 잘 수행할 수 있는지, 아니면 자원배분 기능처럼 중앙정부와 지방정부가 나눠서 수행하는 영역이 따로 있는지 등을 확인해 보는 것이다.

일반적으로 한 나라 경제는 총수요와 총공급이 균형을 이루면서 안정적으로 성장해 가는 것을 바람직한 것으로 인식한다. 그런데 현실에서는 총수요가 총공급을 넘어서거나 아니면 그 역의 상황이 발생해 경제 전체로 볼 때 초과수요 현상이나 초과공급 현상이 나타나 호황과 불황을 겪으면서 불안정하게 변동해 가는 것이 좀 더 일반적이다. 이러한 상황이 나타나서 소비자들의 생활이나 생산자들의 생산활동이 불안정해지면 결국 정부가 재정수단을 동원해 경기변동 폭을 줄여서 경제를 안정적으로 성장해 나갈 수 있도록 정책적 개입을 하게 된다. 그런데 일반적으로 정부의 이와 같은 경제안정 기능은 공급능력에 문제가 없는 경우를 상정해 총수요 조절 기능으로 인식되고 있다. 여기서도 이러한 관점에서 경제안정 기능을 총수요 조절 기능으로 이해해서, 중앙정부와 지방정부 중 어느 단계의 정부가 더 적절히 수행해 낼 수 있는지를 살펴보고자 한다.

민간의 총수요는 크게 보면 소비와 투자로 나눌 수 있다. 설명을 위해 지금 한 나라의 총수요가 총공급 능력에 못 미쳐서 불황상태를 드러내고 있다고 하자. 이 경우 정부가 조세를 삭감하거나 정부지출을 증가시킴으로써 민간의 소비를 늘리거나 투자를 늘림으로써 불황상태를 완화하거나 극복해 내고자 할 것이다. 그것은 조세를 삭감할 경우 민간의 가처분소득을 증가시켜 한계소비성향만큼 소비를 늘리거나 또는 기업의 자금 이용 가능성을 높여서 한계투자성향만큼 투자를 늘림으로써 전체적으로 총수요를 늘려 불황 극복의 계기로 삼을 수 있기 때문이다. 그뿐만 아니라 정부가 지출을 증가시켜 총수요를 늘리는 방안이 있을 수 있는데, 이 경우 정부지출이 경상적 지출로 이뤄지는지 투자적 지출로 이뤄지는지에 따라 그 효과에 차이가 있다. 경상적 지출은 민간인에 대한 무상 지원이라든가 아니면 소비적 지출을 의미하는데, 이 경우 해당 정부지출 수혜자의 한계소비성향만큼의 구매력이 새롭게 창출되어 궁극적으로 총수요를 늘리는 데 기여하게 된다. 이에 비해 투자적 지출은 정부가 사회간접자본 형성을 위한 설비, 시설 등에 대한 구매행위를 일컫는데, 이 경우에는 초기 지출분만큼 민간의 생산물시장에 새로운 수요가 창출됨으로써 국민경제 순환과정에 주는 충격이 더 크게 나타나게 된다. 물론 이들 경우 궁극적인 총수요 증가는 초기의 정부지출 증가분이 국민경제의 순환과정에 주입되면서 초기 정부지출의 승수 배만큼 크게 늘어남으로써 총수요 조절에 기여해 궁극적으로 경제 전체의 안정이라는 정책 목표를 달성하게 되는 것으로 인식되고 있다.

그런데 이제 이러한 과정을 염두에 두고 이와 같은 재정의 경제안정 기능을 중앙정부가 아니라 지방정부가 담당한다고 생각해 보자. 언뜻 보아 특정 지방정부가 조세를 삭감하거나 재정지출을 증가시킴으로써 해당 지방정부 관할지역에 총수요가 증가할 것으로 기대되지만, 지역경제는 고도로 개방된 경제이기 때문에 조세 삭감이나 정부지출 증가로 늘어난 주민들의 구매력이 모두 관할지역에서 생산한 재화 또는 서비스만 구입하는 것이 아니라 다른 지역으로부터 구입할 수 있는 상황이 전개된다. 말하자면 정부개입으로 인해 늘어난 구매력이 다른 지방정부 관할지역으로 누출되는 상황이 나타날 수 있다는 것이다. 이러한 상황이 나타나게 되면 앞에서 살펴본 승수효과의 크기가 그러한 누출분에 상응하는 만큼 줄어들기 마련이다. 말하자면 이러한 상황을 고려해 보면 어느 지방정부도 재정수단을 통한 총수요 증가의 혜택을 독차지할 수는 없다는 사실을 알 수 있다. 이렇게 보면, 총수요 조절을 위한 재정 기능은 지역과 지역들 사이의 누출 현상이 문제되지 않는 차원의 정부, 즉 중앙정부가 수행해야만 애초에 의도했던 정책효과를 달성할 수 있게 되는 것이다.[2]

한편 여기서 논하는 재정수단이 아닌 금융수단을 활용하는 경우를 상정해 볼 수도 있다. 금융정책이라는 것은 화폐의 공급과 수요를 조절함으로써 이자율 수준에 영향을 주어 민간의 투자 수준에 영향을 줌으로써 궁극적으로 총수요를 조절하고자 하는 정책을 일컫는다. 이렇게 볼 때 우선 지방정부는 발권력이 주어져 있지 못하기 때문에 금융정책을 통한 경제안정 기능도 발권력을 가진 중앙정부가 수행하는 것이 적절한 것으로 평가되고 있음을 유념할 필요가 있다. 물론 그러한 발권력이 주어지더라도 그로 인해 늘어나게 될 총수요 증대효과는 앞의 재정수단을 활용하는 경우에서처럼 다른 지역으로 누출되는 것은 마찬가지라 할 수 있다. 종합컨대, 지방정부가 관할하는 지역들 사이에는 시장이 서로 연결되어 있고 자원의 이동성이 높기 때문에 경제안정을 위한 정책을 수행하더라도 지역들 사이에 정책효

2) 물론 세계화, 개방화가 진전되면 인적·물적 자원이 국가와 국가 사이에도 이동성이 지속적으로 높아지고 있기 때문에 중앙정부 차원에서 수행되는 경제안정 기능도 지방정부가 수행하는 경우만큼은 아니더라도 다른 나라로 누출되는 현상이 나타날 수 있다는 사실을 유념해 둘 만하다. 그러나 국가와 국가 사이에 자원의 이동성이 높아지고는 있다고 하더라도 여전히 지역과 지역 사이의 이동성에는 못 미친다는 점을 고려해 보면 여전히 이 기능은 지방정부에 비해서 중앙정부가 수행하는 것이 더욱 적절한 것으로 평가되고 있다.

과가 누출됨으로써 지방재정 차원에서는 실업이나 인플레이션과 같은 경제불안정 현상에 대응하는 것은 힘든 것으로 인식되고 있다.

2. 다른 견해와 평가

위에서 살펴본 재정 기능의 정부 간 배분 틀을 보면, 소득분배 기능과 경제안정 기능은 중앙정부가 전적으로 수행하고, 자원배분 기능은 중앙정부와 지방정부가 좀 더 효율적으로 공급할 수 있는 공공재를 나눠서 공급하는 것이 바람직하다는 것이었다. 그런데 위와 같은 재정 기능의 정부 간 배분 틀이 정립된 데에는 앞에서 본 바와 같이 생산요소나 생산물이 지역 간에 완전히 자유롭게 이동할 수 있다고 가정한 것이 중요한 역할을 했다.

그러나 현실적으로는 한 나라 안의 지역이라 하더라도 각 지역이 갖는 인적·자연적·산업적 특성에 이질성이 존재하고, 더 나아가 각 지역이 갖는 문화적·역사적 특성에 차이가 있기 때문에 그와 같은 자원이 이동성이 그리 자유롭기만 한 것이 아니다. 이렇게 자원의 지역 간 이동이 단순하게 조세나 재정지출과 같은 재정적 요인에 의해서만 주어지는 것이 아니라면 위에서 정리한 내용에는 일정한 수정이 불가피해질 수밖에 없다. 말하자면 지방정부도 일정 정도 소득분배 기능도 수행할 수 있으며, 경제안정 기능을 수행할 여지도 있는 것으로 볼 수 있다.

먼저 소득분배 기능을 보면 지역의 문화나 역사적 요인을 반영해 지역주민의 생활과 밀착되어 있는 민생 안정을 위한 구호활동이라든가 지역복지정책은 중앙정부보다 지방정부가 좀 더 원활하게 수행할 수도 있는 것이다. 그뿐만 아니라 지역 내 부유층들이 모두 지역복지 증진과정에 추가되는 부담을 회피한다고만 볼 수 있는 것도 아니다. 요컨대 일정 부분 지방정부에 의한 소득분배 기능의 수행이 가능할 수 있다는 사실을 염두에 둘 필요가 있다. 나아가 경제안정 기능의 경우를 보더라도 한편으로는 이처럼 자원의 이동성이 완전하지도 않을 뿐 아니라 경제안정 기능 수행을 위한 재원 조달과정에서 지역에서 활동하는 지역 차원의 금융기관의 도움을 받을 수도 있을 것이기 때문에 지방정부라 해서 경제안정 기능을 전혀 수행하지 못하는 것으로 봐서는 안 된다.

한편 세계화 과정에서 경제활동에서 시장 영역이 범세계적 차원으로 확산되면서 종전에 국가와 국가 간에 이뤄진 각종 경제활동이 이제는 지역 대 지역 차원으로 세계 구석구석까지 확대되어 가는 경향을 가속화시켜 가고 있다. 이에 따라 어느 나라나 지역이 세계 경제의 흐름과 변동에 크게 영향을 받으면서 지역 경제의 안정성이 더욱 취약해졌다. 이러한 상황에 직면해 지역주민들의 생활이나 지역기업들의 활동과 관련해 '지역'의 중요성이 더욱 커지고, 이에 부응해서 지방정부의 역할이 더욱 중요하게 부상되었다.[3] 말하자면 자원배분 기능 면에서도 종전에 전국적 차원에서 중앙정부가 관할해야 하는 것으로 인정되어 왔던 적지 않는 부분들이 지방정부에 의해서 수행되는 것이 변화되는 추세에 부응해 좀 더 신축적으로 대응해 낼 수 있는 것으로 인정받는 경우가 늘어나고 있다. 예를 들어 심지어 지역 경제활동에 대한 지원과정에서 외국 내지 외국의 특정 지역과의 외국의 중앙정부 또는 지방정부와의 접촉이 필요한 상황이 발생하면서 전통적으로 중앙정부의 고유한 기능으로 인정받아 왔던 기능의 일부가 지방정부에 의해 수행되고 있거나 그렇게 될 것이 요구되고 있음은 참고할 만하다. 이러한 지방정부의 기능 확대는 경찰이라든가 나아가 사법 서비스의 일부로까지 확대될 것이 요구되기 하고 있음도 또한 사실이다. 더구나 상술한 세계화 과정에서 지역주민들의 생활의 불안 정도가 높아지면서 지역 특유의 복지정책에 대한 요구가 더욱 커지고 있는 실정임도 주지하는 바와 같다. 말하자면 전국적인 차원에서 중앙정부가 '전국적 최저한(national minimum)'의 생활을 지원한다면, 지역 차원에서 지방정부가 지역에 따라 서로 다른 지역 특유의 '지역적 최저한(local minimum)'의 생활 지원 역할을 떠맡을 것이 요구되고 있다는 것이다. 마지막으로 경제안정 기능과 관련해서도 전술한 자원의 이동 가능성 문제뿐만 아니라 지금 논의하고 있는 세계화 과정이 가져온 생산 방법의 변화가 지방정부의 더 큰 역할을 요구하고 있다. 말하자면 세계화 과정에 수반되고 있는 오늘날 기업의 생산방식이 종전의 소품종 대량생산에서 다품종 소량생산 내지 주문식 생산방식으로 변화해 온 것을 고려해 보면 이제 전국적 차원의 산업지원정책이 아니라 지역 차원, 더 나아가 개인 차원의 산업활동을 지원하고

3) 이러한 현상을 반영해 오늘의 이러한 변화 추세를 '세방화(glocalization)'라 일컫는 경우도 있다.

경제 상황의 변화에 좀 더 즉각적으로 대처해 나갈 필요성이 더 커지고 있다. 이렇게 보면 흔히 일컫는 지역고용정책 내지 지역산업정책의 중요성이 더욱 크게 부상할 수밖에 없으며 그 과정에서 지역경제안정화를 위한 지방정부의 역할은 더욱 커질 수밖에 없는 상황이라는 사실을 인식할 필요가 있다.

지금까지 지방정부의 기능 확대 현상을 설명했으며, 그 과정에서 자연스럽게 지방재정의 역할이 더 커질 것으로 예상될 수 있다. 그러나 여기서 논의하는 지방재정의 기능 확대 현상은 어디까지나 나라마다 지역사회마다, 더 나아가 시대에 따라 서로 다른 양상을 띨 수밖에 없으며 또 서로 달라야 하는 것이 오히려 지방분권의 본질에 더 충실하다는 사실을 유념해 둘 필요가 있다.

제 2 절 정부 간 재원배분

앞에서 살펴본 바와 같이 정부의 기능은 나라와 사회에 따라 구체적인 모습에는 차이가 나타날 수 있지만 여러 요인에 따라 중앙정부와 지방정부가 나눠 수행하는 것이 바람직한 것으로 인식되고 있다. 그렇다면 이제 그와 같이 재정의 기능을 정부 간에 서로 나눠 수행한다면, 그러한 기능 수행을 위한 재원 또한 중앙정부와 지방정부가 나눠 조달할 수 있어야 할 것은 당연한 논리라 할 것이다. 이제 여기에서는 중앙정부와 지방정부가 재원을 어떠한 원리에 따라 서로 나눠 조달하는지에 담겨 있는 일반적인 논리를 살펴보고자 한다.

1. 정부 간 재원배분의 유형과 성격

위와 같은 맥락에서 공공 서비스 공급을 위한 재원은 일정한 원칙에 따라 중앙정부와 지방정부에 나눠 배분되고 있다. 이처럼 재원 또한 중앙정부와 지방정부 사이에 나눠진다는 점을 유념하면서 지방정부의 재원 구성을 살펴보고자 한다.[4]

4) 일반적으로 정부 간 재원배분 문제는 중앙정부와 지방정부 사이의 문제일 뿐만 아니라 상위 지방

1) 자체재원과 이전재원 유형과 성격

지방정부의 재원은 크게 '자체재원'과 '이전재원'으로 구성된다. 먼저 '자체재원'이란 지방정부가 중앙정부와의 관계에서 지방정부 스스로 징수할 수 있는 재원을 말하는데, 구체적으로는 지방세와 지방세외수입 등으로 나뉜다. 지방세는 지방공공 서비스 공급에 대한 일반적 보상이라 한다면, 지방정부의 세외수입은 특정 공공 서비스에 대한 개별적 보상이라는 점에서 차이가 있다. 구체적으로 지방세외수입으로는 사용료 수입, 수수료 수입 등으로 구성되는 사용자 부담금과 재산매각수입, 과태료 등의 기타 세외수입, 나아가 상하수도사업, 공영개발사업 등 공기업수입을 들 수 있다. 이 중에서 지방세수입은 자체재원에서 주종을 차지하면서 지방정부가 자율적인 지방재정 활동을 위한 중요한 수입원이라는 점에서 큰 의미를 가진다. 이러한 맥락에서 여기에서는 지방세를 중심으로 중앙정부의 국세와의 관계를 고려하면서 지방세가 갖는 특징을 검토하고자 한다. 한편 세외수입은 일정한 지리적 범역 안에서 일정한 활동의 대가를 징수한다는 점에서 지방재정 수입에서 논리적으로나 현실적으로 갖는 의미가 적지 않은 것으로 인식되고 있다. 그러나 여기에서는 지방재정의 핵심을 소개하고자 하는 이 책의 취지에 맞춰 지방정부 재원의 근간을 이루는 지방세에 초점을 맞춰 설명하고자 한다.[5)]

다른 한편 지방정부 재원 구성에는 중앙정부의 재원의 경우에는 찾아볼 수 없는 '이전재원'이라는 것이 있는데, 이 재원은 나라에 따라서 다소 차이는 있기는 해도 지방정부 재원에서 차지하는 비중이 작지 않다. 이러한 '이전재원'은 말 그대로 지방정부 활동에 소요되는 재원 중에서 중앙정부로부터 이전되는 재원을 말한다. 이 재원은 중앙정부로부터 이전받아 사용하는 재원이기 때문에 그 재원을 사용할 때 중앙정부의 의지에 종속되는 측면이 있다 해서 '의존재원'이라 부르기도 한다. 이러한 재원이 존재하는 이유는 한 나라 안에 있는 지방정부라 하더라도 그 관할지

정부와 하위 지방정부 사이의 문제이기도 하나, 여기서는 그 큰 틀을 설명한다는 의미에서 중앙정부와 지방정부 사이의 재원배분의 문제에 초점을 맞춰 설명하고 있음을 유념하기 바란다.

5) 후술하는 바와 같이 지방세에도 국세에 비하면 상대적으로 '응익적 요소'가 크게 반영되어 있는 조세이기 때문에, 이러한 조세의 정부 간 배분문제를 이해하게 되면, 이에 유추해 개별적 보상 성격의 세외수입의 정부 간 배분에 담겨 있는 논리를 이해하는 데도 크게 어려움이 없을 것이라는 판단에 따른 것임을 유념하기 바란다.

역의 인적, 자연적, 경제적 제반 여건의 차이에 따라 재정수입에 차이가 클 뿐만 아니라 지역들 사이에는 크고 작은 편익과 부담을 나눠 가지는 소위 '확산효과'가 발생하는 경우 등 지방정부 스스로 해결하기 힘든 문제를 해결하는 데 도움을 주기 위해 존재하는 재원이라 할 수 있다. 구체적인 근거에 대해서는 후술하기로 한다. 이러한 이전재원은 구체적으로 일반보조금과 특정보조금, 그리고 포괄보조금으로 나뉘는데, 이에 대해서도 후술하기로 한다.

한편 위와 같은 자체재원과 이전재원 이외에도 지방채 발행으로부터 얻어지는 지방채 수입이 추가된다. 그런데 이 지방채 수입은 그 기채권자가 지방정부라는 점을 중시해 자체재원에 포함시키기도 하나, 부채라는 점을 중시해 별도로 구분해 파악하기도 한다.

2) 자체재원과 이전재원의 관계

이제 여기서 자체재원과 이전재원의 관계를 설명해 둘 필요가 있다. 자체재원은 무엇보다 지방정부의 재정활동에 소요되는 재원 중에서 지방정부 스스로 징수하는 수입이기 때문에 지방재정 운용에서 자율성이 보장된다는 특성을 지닌 재원이다. 이에 비해 중앙정부로부터 주어지는 재원인 '이전재원'은 그 재원을 배분하거나 사용할 때 중앙정부의 의지에 종속되는 측면이 내재되어 있는 '의존재원'으로서의 성격을 지닌 재원이다. 물론 이전재원도 재원 이전의 방식과 그 취지에 따라 지방정부가 자율성으로 사용할 수 있는 재원도 포함되어 있다. 말하자면 이전재원 중에서 '일반보조금'은 미리 정해진 일정한 틀에 따라 지방정부에 자율성이 보장된 재원으로서 일종의 '자주재원'으로 파악되기도 한다. 그에 비해 이전재원 중에서 '특정보조금'은 사용 용도가 정해져 있어서 지방정부로서는 사용할 때 자율성이 주어지지 않는 '특정재원'이라는 특성을 갖고 있다. 그러나 일반재원의 경우도 그 배분방식을 누가 어떻게 정하느냐에 따라서 의존재원으로서의 성격을 갖기도 한다는 점을 유념할 필요가 있다. 자세한 내용은 후술하기로 한다.

한편 자체재원과 이전재원과의 관계에서 전체적으로 두 재원이 갖는 '상충적(trade off) 성격'을 이해해 둘 필요가 있다. 무엇보다 자체재원을 배분하는 이유는 지방정부의 자율성을 존중해 지방정부 스스로 지역사회의 의지를 수용해 지방세를 징수하고 그 재원을 사용할 때도 지방정부가 지역사회의 의지를 수용해 지출 용도를 결정하게 하는 데 그 뜻이 있다. 이렇게 보면 자체재원의 비중이 높을수록 지방재정이 추구하는 본질적인 취지, 즉 지방정부가 지역사회의 의지를 수용해 지방재정을 운용함으로써 궁극적으로 지역주민들의 생활의 질을 제고할 가능성이 커지게 되는 것이다. 다른 한편 이전재원을 배분하는 이유는 지역 간의 재정력을 균등화시켜 주거나 지역들 사이에 서로 확산되는 비용이나 편익을 조정해주는 역할을 하는 데 있는데, 이러한 역할은 주로 중앙정부가 수행하는 것이 일반적이다.

그런데 위와 같은 성격의 자체재원의 비중이 높아지면 지방정부의 재정 운영상 자율성이 제고되기는 하지만 애초에 부존자원이 취약한 지방정부의 경우에는 다른 지방정부에 비해 재정력은 상대적으로 더욱 취약해지는 경향이 나타나게 된다. 말하자면 지역 간의 재정력의 격차가 커지는 경향이 있다. 한편 지역 간의 재정력을 조정해주거나 지역 간의 확산효과 등을 조정해주는 역할을 수행하기 위해서는 중앙정부에 상대적으로 더 많은 재원을 배분해줄 필요가 있는데, 그렇게 되면 지방정부에 자체재원으로 배분해줄 수 있는 재원의 비중이 더 줄어들게 되어 궁극적으로 지방정부의 자율성은 취약해지는 경향이 나타나기 마련이다. 결국 자체재원의 비중을 높여주면 지방정부의 자율성은 높아질 수 있으나 지방정부 간의 재정력 격차는 더욱 커지는 경향을 보이게 된다. 한편 반대로 이전재원의 비중을 높여주면 지방정부 간의 재정력 격차를 줄이는 역할은 더 많이 수행할 수 있게 되지만, 그러기 위해서는 중앙정부의 재원이 상대적으로 더 많아지게 됨으로써 지방정부의 자체재원의 비중이 줄어들게 되어 지방정부의 재정 운용상 자율성은 저하되는 경향을 보이게 된다. 이 문제는 현상적으로 볼 때 지방재정의 재원구조가 갖는 '상충적 현상'으로서, 한 나라의 특성에 맞게 조화로운 운영을 필요로 하는 문제라 할 것이다.

2. 정부 간 세원배분

정부 간 세원배분의 문제란 여러 과세대상 중에서 중앙정부와 지방정부가 어떻게 나눠 갖는가 하는 문제를 일컫는다.[6] 좀 더 엄밀하게 말하면, 여러 과세대상을 중앙정부와 지방정부 사이에 어떻게 배분하는 것이 각급 정부에 주어진 기능을 좀 더 효율적이고 공평하게 수행할 수 있는가 하는 문제를 일컫는다. 한마디로 정부 간 세원배분은 각급 정부에 부여된 기능에 상응하게 세원을 배분하는 것이라 할 수 있다.

그런데 한 나라의 세원배분은 중앙정부와 지방정부가 각각 별도의 세원을 독립적으로 배분받아 과세권을 행사하는 '세원 분리 방식'과 이와는 달리 일정한 세원을 중앙정부와 지방정부가 서로 공유하는 '세원 공동이용 방식'으로 나뉜다. 이제 이하에서 이 두 방식을 기준으로 정부 간 세원배분의 문제를 설명하고자 한다.

1) 세원의 분리 방식: 지방세 원칙과 지방세 체계

'세원의 분리 방식'은 중앙정부와 지방정부가 세원을 각각 독립적으로 나눠 갖는 방식으로서, 구체적으로 말하면 일정한 과세대상에 대해 중앙정부와 지방정부 중 어느 한 단계의 정부만이 해당 과세대상에 대한 과세권을 행사하는 방식을 일컫는다. 결국 이 방식에서 관심의 초점은 어떻게 나눠 가지는 것이 바람직한가 하는 데 있다. 이하에서는 왜 어떤 조세는 중앙정부의 조세로 배정이 되고, 다른 어떤 조세는 지방정부의 조세, 즉 지방세로 배분되는지를 살펴보고자 한다. 최소한 논리적으로는 이러한 조세의 정부 간 배분에 담겨 있는 일정한 규범적 규칙이 존재한다. 이러한 논리를 이해하는 것은 현실의 지방세를 이해하기 위한 전제가 된다는 점에서 이하에서는 지방세로 배분되기 위해 갖춰져야 하는 중요한 성질을 설명하고자 한다.[7]

6) '세원(source of taxation)'이란 "조세가 지불되는 원천"으로서 소득, 재산 또는 자본을 일컫는데 비해, '과세대상(object of taxation)'이란 주어진 세원을 배경으로 해서 행해지는 "구체적으로 조세 납부의무를 발생시키는 행위나 사실", 예를 들어 소득의 창출행위, 소득의 지출(소비)행위, 재산의 보유행위, 그 이전행위 등을 일컫는다. 후자는 흔히 조세객체, 과세물건 등으로 불리기도 한다. 이렇게 보면 '세원배분'이라는 것은 구체적으로는 과세대상을 중앙정부와 지방정부 사이에 어떻게 나누느냐 하는 문제를 일컫는 것으로 엄밀하게 보면 '과세대상의 배분'이라 할 수 있으나 일반적으로 세원배분이라 부르고 있다는 점을 유념하기 바란다.

7) 앞의 조세론 부분에서 언급한 것처럼 그동안 여러 사람에 의해서 국세와 지방세의 구분을 넘어서는 좀 더 일반적인 관점에서 조세가 지녀야 할 바람직한 원칙이 제시되어 왔다. 흔히 일컫는 '효

(1) 지방세 원칙

이제 이러한 일반적인 조세 원칙에 기반을 두고 특히 특정 세원을 중앙정부의 국세와 지방정부의 지방세로 나누는 기준으로는 어떤 것들이 있는지 여부를 확인해 보고자 한다. 국세와 지방세로 과세대상을 배분할 때 그중에서 전통적으로 지방세로 배분되기 위한 조건으로는 크게 주민 부담의 측면에서 응익 원칙과 부담분임 원칙, 세수 측면에서 세수의 안정성 원칙, 지역적 보편성 원칙, 조세객체의 정착성 내지 국지성 등을 들고 있다. 아울러 세무행정상의 원칙과 지방자치의 원칙 등이 추가되고 있다.[8] 이러한 전통적인 원칙은 세계화가 가속화되는 오늘날의 시대적 상황을 반영해 지역의 중요성이 더해지면서 지방정부의 역할이 강화되고 그에 부응해 지방분권화의 요구가 커지면서 일정한 변화 양상을 보이고 있다. 아래에서는 이러한 상황을 고려해서 먼저 전통적인 원칙을 설명하고, 이어서 새로운 변화 추세를 살펴보고자 한다.

① 전통적인 원칙

가. 주민 부담상의 원칙

주민 부담상의 원칙으로 무엇보다 '응익 원칙'을 든다. 일반적으로 지방정부의 공공 서비스와 주민 부담과의 관계는 중앙정부의 경우에 비해 상대적으로 개별적인 보상의 성격을 더 많이 내포하고 있다. 그것은 지방정부가 공급하는 공공 서비스는 일정한 지리적 범위를 상정하고 있어 그러한 특정 공간적 범위 내에 거주하는 특정 주민들을 위한 서비스의 성격을 띠는 데 기인한다. 이 경우에는 해당 지역 내에 거주하는 주민들로 하여금 자신들이 받는 편익에 상응하게 비용을 부담한다는 차원에서 수익자 부담의 형태로 이용자에게 부담하는 것이 경제적 논리상 타당

율성의 원칙', '공평성의 원칙', 그리고 '조세행정상의 원칙' 등이 그것이다. 개략적으로 '효율성의 원칙'이란 정부가 조세를 부과할 때는 재정지출로부터 납세자가 얻는 편익에 상응하게 조세를 부과해야 한다는 원칙을 일컫는다. 다른 한편 '공평성의 원칙'이란 조세부담의 배분이 해당 사회가 바라볼 때 바람직하다고 판단되는 나눠지도록 조세가 부과되어야 한다는 원칙을 일컫는다. 이와 관련된 좀 더 구체적인 내용은 전술한 제3부 제5장 조세의 이론 부분을 참고하기 바란다.

8) 본문 서술 과정에서 등장하는 '과세대상', '조세객체'는 같은 의미로 사용되는 것임을 유념하기 바란다. 그 구체적인 의미는 "조세 납부의 원인이 되는 구체적인 사실 또는 행위"를 의미하는데, 예를 들어 소득창출행위를 '과세대상'으로 하는 소득세, 소득의 지출행위를 '과세대상'으로 하는 소비세 등에서 '과세대상'은 '조세객체'와 같은 개념으로 사용된다.

한 것으로 볼 수 있다. 이렇게 응익 원칙에 상응하게 조세를 부과하게 되면 이와 같은 조세에 의해 재원을 조달하는 경우 한 국가 내의 지역들 사이의 생산 입지를 방해하지 않고 교역활동에도 중립적으로 작용하게 될 것이다. 이러한 이유로 '응익 원칙'을 적용시키기 용이한 조세는 지방세로 배분되는 것이 타당한 것으로 인식되고 있다.

한편 또 하나의 주민 부담상의 원칙으로는 바로 위와 같은 이유로 특정 지역 내에 공급되는 서비스를 공급하는 데 소요되는 재원은 해당 지역 내에 거주하는 주민들이 서로 나눠 부담하는 것이 바람직하다는 '부담 분임의 원칙'을 들기도 한다. 이러한 부담 분임의 원칙은 특정 지역의 사무를 관할 지역주민들의 책임 하에 다뤄 나간다는 측면에서 지방자치의 기본적인 이념에 부응한다는 평가를 받는다. 그러나 이 원칙에 엄격하게 따를 경우 능력이 미치지 못하는 주민에게도 부과해야 한다는 점에서 공평성을 훼손한다는 비판을 받기도 한다.

나. 세수상의 원칙

지방정부는 일반적으로 상하수도, 보건, 위생, 교통 등과 같이 주민의 생활과 관련되는 공공 서비스를 공급하는 소위 '생활정부'이기 때문에 해당 공공 서비스를 안정적으로 공급하는 것이 중요하다. 바로 이러한 맥락에서 지방공공 서비스 공급을 위해 징수하는 지방세는 안정적으로 징수될 수 있는 과세대상을 배정하는 것이 바람직하다.[9] 이러한 사실을 일컬어 '세수의 안정성 원칙'이라 한다.

한편 지방정부는 일정한 지역을 관할하는 정부이다. 그런데 한 나라 안의 각 지역에는 인적·물적 자원이 서로 다르게 분포되어 있기 때문에 과세대상의 분포에도 차이가 있기 마련이다. 그런데 이런 점을 고려해 볼 때 어느 특정 지역에는 있는데 다른 지역에는 없거나 지역마다 분포에 큰 차이가 있는 과세대상을 지방세로 배분하게 되면 지역에 따라서는 주민들의 생활에 필요한 공공 서비스를 공급하지 못하는 상황이 발생할 수도 있다. 바로 이러한 연유로 해서 특정 과세대상이 지방세로 배분되기 위해서는 각 지방정부에 상대적으로 고르게 분포되어 있을 필요가

9) 이에 비해 국세는 탄력성이 크고 신장성이 큰 과세대상을 배분하는 것이 바람직한 것으로 인식되고 있다.

있다. 이러한 원칙을 '과세대상의 지역적 보편성'이라 일컫는다.

여기에 더해 '조세객체의 정착성'이라는 원칙이 있다. 만약 지역들 사이에 자유롭게 이동하는 과세대상, 즉 조세객체를 지방세로 배분하게 되면 지방정부로서는 조세를 부과하기가 어려워질 뿐 아니라 조세부과로 인해 지역 간에 자원의 이동이 일어나서 한 나라 전체적으로 보면 자원배분의 효율성을 떨어뜨리는 문제가 발생할 수 있다. 이에 비해 이런 과세대상을 지방세가 아니라 국세로 배분하게 되면 다른 지역으로 옮겨가더라도 정해진 과세를 할 수 있게 되어 자원의 이동은 조세와는 관계없이 효율적인 관점에서 일어날 수 있게 될 것이다. 이러한 이유로 해서 지방세가 되기 위한 과세대상은 어느 하나의 지역에 정착되어 있어야 한다는 소위 '조세객체의 정착성' 내지 '국지성'이 요구되는 것이다. 이에 비해 조세객체가 전국에 걸쳐 일어나는 것이면 국세로 배분하는 것이 바람직하다.

다. 세무행정상의 원칙

상술한 원칙 이외에도 '세무행정상의 원칙'을 들기도 하는데, 여기서 지방세에 적합한 '세무행정상의 원칙'이란 해당 세목이 지방 단위의 세무행정에 적합한 것이어야 한다는 원칙을 일컫는다.[10] 예를 들어 납세자의 거주지가 아닌 다른 지역에서 행해지는 과세대상에 대한 과세권을 거주지의 과세당국에 주는 경우 세무행정 기술상 과세가 용이하지 아니하므로 그와 같은 과세대상에 대한 조세는 지방세로서는 적절하지 않다는 것이다.

② 새로운 추세

전술한 정부 간 기능배분에서 이미 기술한 바와 같이 세계화와 지방화의 범세계적 추세 속에서 정부 간의 전통적인 기능배분 틀에 변화가 나타나고 있다.[11] 말하

10) 아울러 지방세의 원칙으로 '지방자치의 원칙'을 들기도 하나, 이는 엄밀하게 말하면 지방세로의 배분의 원칙이라기보다는 지방자치를 제고하기 위해서는 지방으로 배분된 과세대상에 대해 운영상 과세자주권을 제고해줄 필요가 있다는 의미로 이해하는 것이 타당하다고 판단된다. 이런 관점에서 법외세제도, 선택세(임의세)제도, 탄력세율제도 등의 활용이 요구되고 있다. 이러한 제도들의 구체적인 내용이나 활용 사례들에 대해서는 지방재정에 관한 전문서적을 참고하기 바란다.

11) 앞에서 정부 간 기능배분 틀은 기존의 전통적 견해가 갖고 있는 가정의 비현실성뿐 아니라 오늘날 확산되고 있는 세계화와 지방화 추세 속에서 좀 더 많은 기능이 지방으로 배분되고 있는 실정이다. 이에 대한 좀 더 구체적인 내용은 앞에서 서술한 이 장 제1절의 정부 간 기능배분에 대한

자면 기존에 중앙정부와 지방정부가 특정 공공 서비스가 미치는 편익과 비용을 중심으로 서로 나눠 담당하던 자원배분 기능 면에서도 지방정부가 담당하는 비중이 높아지고 있다. 그뿐만 아니라 중앙정부에 전적으로 배분되고 있던 소득분배 기능과 경제안정 기능 중에서 지역 특성에 맞는 지역밀착형 복지 서비스 공급 등을 포함한 소득분배 기능이라든가 지역일자리 내지 지역산업정책 지원 등을 위한 경제안정 기능도 지방정부에 맡겨지는 경향을 보이고 있다.

이렇게 지방정부가 수행해야 할 경제적 역할이 점점 커지면서 중앙정부와 지방정부 사이의 세원배분 틀에도 일정한 변화가 간파되고 있다. 기존에는 전술한 바와 같이 응익 원칙을 적용하는 데 적절하고, 세수 면에서 안정성, 과세대상의 지역적 보편성, 정착성 등에 부응한 조세 종목은 지방세로 배분하고, 그에 비해 경기변화에 탄력적이고 신장성이 높은 조세 종목은 국세로 배분하는 것이 원칙이었다. 그러나 이제 늘어나는 지방정부의 수요에 부응할 수 있게 하기 위해 지방세에도 탄력성과 신장성이 높은 과세대상을 배분할 것이 요구되기에 이르렀으며, 현실적으로도 그와 같은 과세대상에 대한 조세가 지방세에서 차지하는 비중이 점점 높아지는 추세를 보이고 있다.

(2) 지방세 체계

원래 조세체계의 문제는 여러 가지 조세 종목과 세율을 어떻게 배합함으로써 조세에 부여된 기능과 부담수준을 적절한 수준으로 유지할 수 있는지의 문제를 다룬다. 이러한 맥락에서 볼 때 지방세 체계는 한나라 전체의 조세 종목들을 놓고 중앙정부와 지방정부 사이에 어떠한 원칙에 따라 배분하고 조화를 이뤄 운영할 것인가 하는 문제를 다룬다.[12] 말하자면 지방세 체계 문제라는 것은 달리 말하면 정부 간 세원배분 틀을 일컫는 것으로 볼 수도 있다.

다른 견해와 평가를 참고하기 바란다.

12) 원래 이와 같은 지방세 체계의 문제는 이와 같은 중앙정부와 지방정부 사이의 조세 조화문제만을 다루는 것이 아니라 지방정부들 사이의 소위 수평적 조화문제도 다룬다. 말하자면 지방정부들 사이에 서로 다른 조세를 채택할 때 나타나는 선택상의 왜곡 현상을 최소화할 수 있는 조화의 문제를 다루기도 한다. 그러나 여기서는 지방세 체계의 전형적인 문제라 할 수 있는 중앙정부와 지방정부 사이의 조세 조화문제에 초점을 맞춰 설명하고자 한다.

이렇게 볼 때 바람직한 지방세 체계란, 다시 말하면 정부 간 세원배분 틀은 전통적으로 보면 전술한 주민 부담상의 원칙, 세수상의 원칙 등을 상대적으로 더 잘 충족시킬 수 있는 토지, 주택 등 재산 관련 조세로 구성된 지방세 체계를 일컫는 것으로 볼 수 있다. 말하자면, 토지나 주택 등 재산 관련 조세는 세원이 지역적으로 분할되어 있으며, 상대적으로 지역적 보편성도 가지고 있을 뿐 아니라 토지 및 주택의 소유자는 지방정부가 제공하는 공공 서비스로부터 얻는 편익과 그에 대한 반대급부로서의 조세부담이 좀 더 긴밀하게 연결되어 있어 응익 원칙에 더 적합하다는 점 등 지방세가 요구하는 조건을 두루 충족하기 때문에 지방세 체계의 중심을 구성하게 된다. 이와는 대조적으로 국세는 탄력성과 신축성 등을 상대적으로 더 많이 갖고 있는 소득세, 소비세 등으로 구성하는 것이 바람직하다. 이러한 정부 간 세원배분 방식을 전술한 바와 같이 '세원의 분리 방식'이라 부르며, 이렇게 볼 때 이 경우의 지방세 체계는 엄밀하게 말하면 세원의 분리 방식에 따른 지방세 체계라 부를 수 있다.

이러한 세원의 분리 방식을 택하게 되면 서로 다른 단계의 정부가 같은 과세대상에 대해 중복과세하는 일이 없어 동일한 과세대상에 대한 이중 과세에서 오는 부담감을 줄일 수 있을 뿐 아니라, 각 단계의 정부는 각자 독자적인 자신만의 수입원을 가짐으로써 다른 단계 정부의 수입원을 침해하는 일이 없으며, 세원의 관리가 단순하고 책임소재가 분명하다는 장점이 있다. 아울러 이 방식에 따라 지방세원이 배분되면 지방정부의 과세자 주권이 보장된다는 점에서도 선호된다. 그러나 이 방식에 의해 중앙정부와 지방정부가 세원을 독립적으로 나눠 갖게 되면 세입이 탄력성과 신장성이 높은 세원은 주로 중앙정부 또는 상위정부가 가져가고 지방정부는 영세한 세수를 가져다주는 세원만이 배정될 우려가 크다는 단점이 있다. 그뿐만 아니라 이 방식에 의해 세원이 정부 간에 분리되는 경우 지역 간의 재정력 불균등 현상이 심화될 수 있다는 비판도 받고 있다.

그런데 앞에서 지적한 바와 같이 세계화 내지 지역화가 심화되면서 분권에 대한 요구가 커지고, 그에 따라 지방정부가 수행해야 할 경제적 역할이 점점 커지면서 중앙정부와 지방정부 사이의 세원배분의 원칙에도 일정한 변화가 나타나고 있다. 나아가 이러한 세원배분의 원칙의 변화에 상응해 지방세에도 전통적인 재산과세뿐만 아니라 탄력성과 신장성이 높은 소득세나 소비세와 같은 조세 종목을 나눠 가질 것이 요구되는 상황에 직면하고 있다.

이러한 변화 추세에 부응해 탄력성과 신장성이 높은 소득세와 소비세와 같은 주요 조세 종목을 중앙정부와 지방정부가 나눠 공동으로 활용하는 방식이 채택되기에 이르렀다. 근래에 와서 많은 나라에서 소득세와 소비세와 같은 주요 세원을 중앙정부와 지방정부가 나눠 활용하고 있으며, 그 결과 지방세에서 소득세와 소비세가 차지하는 종목이나 세수 비중이 현실적으로도 높아지고 있는 추세를 보인다. 이와 같이 동일한 세원을 중앙정부와 지방정부가 나눠 공동으로 이용하는 방식을 '세원의 공동이용 방식'이라 한다. 이하에서는 세원의 공동 이용 방식에 대해 상론하고자 한다.

2) 세원의 공동이용 방식

(1) 세원의 공동이용 방식과 지방세 체계

'세원의 공동이용 방식'이란 전술한 바와 같은 이유로 중앙정부와 지방정부가 일정한 범위 내에서 동일한 세원, 좀 더 구체적으로 과세대상을 공동으로 이용하는 방식을 말한다.

이와 같이 중앙정부와 지방정부가 세원을 공동으로 이용할 수 있게 하면, 탄력성 내지 신장성이 개인소득세, 법인소득세, 그리고 소비세 등과 같은 주요 과세대상을 중앙정부와 지방정부가 나눠 과세하게 됨으로써 특히 지방정부 입장에서는 세수 확보가 좀 더 용이해진다는 장점이 있다. 그뿐만 아니라 나라 전체적으로 볼 때도 각 세목에 부과되는 경제적 기능을 좀 더 원활하게 수행할 수 있다는 점도 장점으로 제시된다. 그러나 다른 한편 동일한 과세대상에 대해 중앙정부와 지방정부가 동시에 독자적으로 과세권을 행사하는 경우 징세절차가 복잡해지고 불필요한 징세비가 소요된다는 점에서 문제가 있는 것으로 지적된다. 그뿐만 아니라 동일한 과세대상에 대해 여러 번 과세됨으로써 납세자 입장에서 중복과세로 인해 부담감이 가중될 수 있다는 점에서 비판을 받기도 한다.

(2) 공동이용으로 인한 중복과세 조정 방식

세원의 공동이용 방식은 위에서 제시한 바와 같이 당위적 필요성에도 불구하고 행정비용의 증가나 중복 과세로 인한 부담감의 가중이라는 문제점이 제기되고 있다. 이에 공동이용 방식의 문제점을 극복하면서 장점을 활용할 수 있는 몇 가지 방안이 제시되고 현실적으로도 활용되기도 하고 있는데, 그 방안에 대해 소개해 두고자 한다.

① 부가세 방식

이 방식은 하나의 과세대상에 대해 중앙정부가 사용한 과세표준에 지방정부 몫을 일정 비율 부가해서 징수하는 방식을 일컫는다. 이 방식을 채택하면 동일한 과세대상을 중앙정부와 지방정부가 공동으로 이용하면서도 징세비가 절약되고 세무행정이 용이하다는 장점이 있다.

그러나 이 방식은 지방세의 과세표준과 세액이 전적으로 본세에 대한 중앙정부의 결정에 따라야 하기 때문에 지방정부 입장에서는 과세의 자주성이 약화될 소지가 있다는 문제점이 있다. 그뿐만 아니라 지방정부 입장에서는 지방세에 대한 책임감이 저하되어 지방정부 자체의 새로운 수입원을 개발하고자 하는 노력이 약화된다는 문제점이 지적된다.

② 공동세 방식

이 방식은 위의 부가세 방식과는 달리 중앙정부 또는 지방정부의 구분을 두지 않고 일시에 과세를 한 후에 그 세수를 중앙정부와 지방정부가 일정한 원칙에 따라 정한 비율에 따라 나눠 갖는 방안을 일컫는다. 대표적으로 독일의 소득세, 법인세 및 부가가치세에 대해 연방과 주가 이러한 방식으로 세수를 나눠 갖는 것을 들 수 있다.

이 방식은 중앙정부와 지방정부가 서로 간에 세수를 나누는 원칙을 누가 어떠한 과정을 거쳐 결정하느냐에 따라 안정적인 운영 여부가 달라진다는 점을 유념할 필요가 있다. 말하자면 중앙정부와 지방정부가 상호 대등한 관계에서 협의를 통해 각급 정부 간에 배분되어 있는 기능 수행에 상응하게 나눠 가질 수 있는지 여부가 제도 성공의 관건이라 하겠다.

③ 공제 방식

이 밖에도 중앙정부와 지방정부가 과세표준을 동일하게 한 상태에서 한 단계에서 과세할 때 다른 단계에서 부담한 부분을 공제해줌으로써 조세부담 수준을 합리적으로 조정하는 방식이 있을 수 있다. 이 방식에도 중앙정부에서 조세부과액을 산정할 때 지방정부에 이미 납부한 조세액을 이미 산정되어 있는 중앙정부의 조세부과액 자체에서 가감 조정해주는 '세액공제 방식'과 지방정부에 납부한 조세액을 중앙정부 조세부과액 산정을 위한 과세표준에서 공제해주는 방식 '소득공제 방식'으로 나누기도 한다.

요 약

1. 머스그레이브는 재정의 3대 기능으로 자원배분 기능, 소득분배 기능 그리고 경제안정 기능을 정하고 있으며, 이들 기능을 중앙정부와 지방정부 간 어떻게 나눠 수행하는 것이 사회후생을 증가시킬 수 있는지는 재정연방주의의 주요 주제이다.
2. 시장실패는 자원배분의 효율성에 문제를 야기하기 때문에, 정부가 개입해서 자원배분의 효율성을 제고하는 자원배분 기능을 수행해야 하는 가장 큰 원인이 된다.
3. 공공재는 소비에서 경합이 없는 비경합성(non-rivaly)과 대가를 지불하지 아니한 소비자를 배제할 수 없는 비배제성(non-excludability)이라는 특징 때문에 가격이 존재하지 않고, 이는 무임승차(free-rider)의 문제를 야기해 자원배분의 효율성을 떨어뜨린다.
4. 공공재 중에서 그 편익이 전국적으로 미치는 것을 전국적 공공재(national public goods), 그 편익이 특정 지역적 범위 안에 미치는 것을 지역적 공공재(local public goods)라고 한다.
5. 전통적인 재정연방주의론자들은 소득분배 기능은 지방정부보다는 중앙정부가 수행해야 하는 고유한 기능으로 인정하고 있다.
6. 지방정부가 관할하는 지역들은 자원의 이동이 자유롭기 때문에 경제안정을 위한 정책을 수행할 경우, 정책효과가 누출될 가능성이 크기 때문에 이와 같은 점에서는 지방정부보다는 중앙정부가 수행할 필요성이 있다.
7. 지방정부의 재원은 지방정부 스스로 징수할 수 있는 재원인 자체재원과 중앙정부로부터 이전되는 재원인 이전재원, 지방채 발행으로부터 얻어지는 지방채 수입으로 구성된다.

8. 세원의 분리 방식은 중아정부와 지방정부가 세원을 독립적으로 나눠 갖는 방식으로서, 중앙정부와 지방정부 중 하나의 정부만이 해당 과세대상에 대한 과세권을 행사하는 방식을 의미한다.
9. 지방세 원칙이란 주민 부담의 측면에서의 응익 원칙과 부담분임 원칙, 세수 측면에서의 세수 안정성 원칙, 지역적 보편성 원칙, 조세객체 정착성 내지 국지성 원칙 그리고 세무행정상 원칙과 지방자치의 원칙을 포함한다.
10. 세원의 공동이용 방식은 중앙정부와 지방정부가 일정한 범위 내에서 동일한 과세대상을 공동으로 이용하는 방식이지만 행정비용 증가와 중복과세의 문제점이 제기되어, 이와 같은 문제점을 해결하기 위해 부가세 방식, 공동세 방식, 공제 방식이 제시되고 있다.

Chapter 09

연습 문제

주관식

1. 머스그레이브가 소개한 재정의 3대 기능을 열거하고, 각각의 기능에 대해 설명하라.
2. 공공재가 자원배분의 효율성을 하락시키는 이유를 설명하고, 이와 관련해서 정부가 공급해야 하는 근거를 설명하라.
3. 자체재원과 이전재원의 유형을 나열하고, 자체재원과 이전재원의 관계를 설명하라.
4. 지방세 원칙 중 주민 부담상의 원칙을 설명하라.
5. 지방세 원칙 중 세수상의 원칙을 설명하라.
6. 세원의 공동이용 방식의 문제점을 설명하고, 이를 위해 도입된 부가세 방식, 공동세 방식, 공제 방식에 대해 설명하라.
7. 바람직한 지방세 체계에 대해 설명하라.

객관식

01. 머스그레이브가 주장하는 정부의 3대 기능이 바르게 짝지어진 것은?

① 자원배분 기능, 소득분배 기능, 경제안정 기능
② 자원배분 기능, 소득분배 기능, 공공재 공급 기능
③ 자원배분 기능, 공공재 공급 기능, 경제안정 기능
④ 공공재 공급 기능, 소득분배 기능, 경제안정 기능
⑤ 공공재 공급 기능, 외부성 교정 기능, 경제안정 기능

02. 다음 중 공공재와 관련 없는 것은?

① 비경합성 ② 무임승차 ③ 발에 의한 투표
④ 비배제성 ⑤ 새뮤얼슨 조건

03. **세원의 공동이용 방식은 행정비용 증가나 중복과세의 문제점이 제기되어 이를 해결하기 위한 방안이 제시되었다. 다음 중 이와 관련되어 바르게 짝지어진 것은?**

① 부가세 방식, 세원 분리 방식
② 독립세 방식, 공동세 방식
③ 독립세 방식, 공제 방식
④ 공동세 방식, 세원 분리 방식
⑤ 부가세 방식, 공동세 방식

04. **다음 중 지방세 원칙이 아닌 것은?**

① 세수 안정성 원칙 ② 지역적 보편성 원칙 ③ 응능 원칙
④ 조세객체의 정착성 원칙 ⑤ 부담분임 원칙

05. **다음 중 응익 원칙에 부합하는 지방세 원칙은?**

① 주민 부담상의 원칙 ② 안정성 원칙 ③ 지역적 보편성 원칙
④ 지방자치의 원칙 ⑤ 충분성 원칙

06. **다음에서 설명하는 지방세 원칙은?**

"세원이 각 지역에 고르게 분포되어 지방정부 간 세입 불균형을 최소화해야 한다."

① 안정성의 원칙 ② 충분성의 원칙 ③ 보편성의 원칙
④ 신장성의 원칙 ⑤ 정착성의 원칙

07. **다음 중 옳지 않은 것은?**

① 최근 시대적 변화에 부응해 탄력성과 신장성이 높은 소비세와 증여세와 같은 주요 조세 종목을 중앙정부와 지방정부가 나눠 공동으로 활용하고 있다.
② 바람직한 지방세 체계란 주민 부담상의 원칙, 세수상의 원칙 등을 상대적으로 잘 충족시킬 수 있는 과세대상으로 구성된 지방세 체계를 의미한다.
③ 세원의 공동이용 방식은 중앙정부와 지방정부가 일정한 범위 내에서 동일한 세원을 공동으로 이용하는 방식이다.
④ 공동세 방식은 중앙정부와 또는 지방정부의 구분을 두지 않고, 일시에 과세를 한 후 그 세수를 중앙정부와 지방정부가 일정한 원칙에 따라 정한 비율에 따라 나눠 갖는 방안이다.
⑤ 부가세 방식은 하나의 과세대상에 중앙정부가 사용한 과세표준에 지방정부 몫을 일정 비율 부가해서 징수하는 방식이다.

정답 및 해설

1. ① 머스그레이브는 정부의 3대 기능으로 자원배분 기능, 소득분배 기능, 경제안정 기능을 주장했다.

2. ③ 공공재의 특징은 비경합성, 비배제성으로 인해 가격이 존재하지 않고 이 때문에 무임승차의 문제가 발생한다. 이러한 이유로 시장 수요함수는 개별 수요함수를 양을 기준으로 수직으로 합치고, 이 때문에 새뮤얼슨은 공공재의 최적공급 수준을 개별 한계대체율의 합과 시장 한계대체율이 같고, 이는 한계변환율과 같을 때라는 새뮤얼슨 조건을 도출했다.

3. ⑤ 세원 공동이용 방식의 이와 같은 문제점을 해결하기 위해 부가세 방식, 공동세 방식, 공제 방식이 제기되었다.

4. ③ 응능 원칙은 조세를 부담할 때 능력에 따라 부담해야 한다는 것이며, 응익 원칙은 편익이 발생한 경제주체가 조세를 부담해야 한다는 것이다. 따라서 지방세 원칙에 부합하는 것은 응능 원칙이 아니라 응익 원칙이다.

5. ① 응익 원칙과 부담분임 원칙은 주민 부담상의 원칙이다.

6. ③ 세원이 고르게 분포되어야 한다는 것은 지방세의 보편성 원칙이다.

7. ① 탄력성과 신장성이 높은 세목은 증여세가 아니라 소득세와 소비세이며, 증여세는 중앙정부와 지방정부가 공동으로 활용하고 있지 않다.

Chapter 10

정부 간 재정조정

제 1 절 지방재정조정제도의 개념과 유형

1. 지방재정조정제도의 개념

우리는 앞에서 재정연방주의론의 이론적 틀 속에서 중앙정부와 지방정부는 각각에 부여된 기능에 상응하는 재원을 배분받아 각자에 부여된 기능을 수행함으로써 전체적으로 사회후생을 제고할 수 있음을 보았다. 그런데 지방정부는 특정 지역을 관할하는 정부로서 해당 지역이 갖는 인적·물적 자원 등 부존자원의 차이로 인해 지방정부들의 재정력에 차이가 날 수밖에 없다. 이러한 사정으로 인해 지역에 따라서는 지방정부에 배분된 재원으로 주어진 기능을 원활하게 수행해 내지 못하는 지방정부가 있을 수도 있고, 심한 경우에는 기본적인 행정 서비스마저 공급하지 못하는 지방정부가 있을 수도 있다. 이러한 경우를 상정해 보면 정부 간에 기능의 배분에 상응하게 재원을 배분한다고 해도 반드시 사회후생을 제고하지 못하는 경우도 있을 수 있다는 사실을 알 수 있다.

지방재정조정제도라는 것은 바로 이러한 상황에 대처하기 위해 고안된 제도이다. 한마디로 '지방재정조정제도'란 지역주민에게 제공해야 하는 최소한의 행정 수준을 유지하는 데 필요한 재원을 보장해주고, 나아가 지방정부 간 재정력 격차를 조정해주기 위해 중앙정부와 지방정부 또는 지방정부 상호간에 재원을 이전해주는 제도를 일컫는다. 일반적으로 지방재정조정제도의 개념은 이와 같이 정의하고 있지만, 논리적으로나 현실적으로 지방재정조정제도를 도입하는 이유는 이와 같은 부족 재원의 보장과 재정력 격차 조정 이외에 다른 이유들이 제시되기도 하는데, 이에 대해서는 다음 절에서 다루기로 하고, 여기서는 이 제도의 유형과 그 특성을 개관하고자 한다.

2. 지방재정조정제도의 유형

위와 같은 취지에 부응하게 만들어진 지방재정조정제도는 크게 일반보조금과 특정보조금, 그리고 두 가지 특성을 혼합한 형태인 포괄보조금 등 세 가지 유형으로 나뉜다. 이들 서로 다른 보조금제도는 개념 정의 과정에서 언급한 제도의 취지 중에서 서로 다른 목적을 구현하는 데 활용되고 있는데, 이에 대해서는 후술하는 역할 부분에서 살펴보기로 하고, 여기서는 이들 각 유형의 개념과 특성을 살펴보고자 한다.

1) 일반보조금

'일반보조금(general grant)'은 중앙정부가 지방정부에 자금의 사용에 대해서는 아무런 제약을 가하지 않고 이전시켜주는 보조금을 일컫는다. 이 보조금은 자금 사용의 용도에 대해 아무런 제약이 없다는 의미에서 '무조건부 보조금(unconditional grant)'이라 부르기도 한다.

우리나라 지방재정 문제를 다룰 때 흔히 말하는 '지방교부세' 또는 '지방교부금'이라 부르는 것이 개념상으로는 여기서 일컫는 '일반보조금'에 해당된다.[1] 여기서 굳이 '개념상'이라는 표현을 쓴 것은 지방교부세도 현실적으로는 특정 목적에 활용

1) 우리나라에서는 '지방교부세'라 부르기도 하고 경우에 따라서는 '지방교부금'이라 부르기도 한다. 전자는 지방세와 유사하게 지방의 몫을 중앙이 대신 징수해서 지방으로 되돌려주는 일종의 간접 과징 형태의 지방세라는 의미를 내포하고 있는데 비해, 후자의 용어에는 원래 중앙정부의 재원을 지방정부에 나눠 준다는 의미를 내포하고 있다.

되는 경우도 있을 수 있다는 점을 고려한 데 기인함을 유념하기 바란다.

2) 특정보조금

한편 '특정보조금(specific grant; earmarked grant)'은 중앙정부가 자금의 용도를 지정해 지방정부에 이전하는 보조금을 일컫는다. 이 보조금은 이렇게 자금의 사용에 조건이 부여되어 있다는 의미에서 '조건부 보조금(conditional grant)'이라 불리기도 한다.

우리나라에서는 이와 같은 특정보조금을 일반적으로 '국고보조금'이라 부르며, 경우에 따라서는 그냥 '보조금'이라 부르기도 한다. 그런가 하면 또 다른 경우에는 '국고부담금' 또는 그냥 '부담금'이라 부르기도 한다는 사실을 유념해 두기 바란다.

한편, 이러한 특정보조금은 보조를 주는 방식에 따라 '정률보조금'과 '정액보조금'으로 구분하기도 한다. 이제 이들에 대해 좀 더 구체적으로 살펴보자.

(1) 정률보조금

'정률보조금'은 '대응보조금(matching grant)'이라고도 하는데, 중앙정부가 지방정부에 특정 목적의 자금을 이전시킬 때 지방정부가 해당 목적을 달성하는 과정에서 지방정부도 해당 목적사업에 필요한 전체 자금 중에서 일정한 비율을 부담하게 하는 보조금제도를 말한다. 이 보조금의 경우에는 보조금을 수령하는 지방정부가 중앙정부의 요구에 상응하는 대응자금을 조달할 능력이 없는 경우에는 해당 자금을 보조받지 못하게 된다.

이러한 정률보조금은 다시 '고정적 정률보조금'과 '가변적 정률보조금'으로 나뉘기도 한다. 먼저 '고정적 정률보조금 또는 대응보조금(uniform matching grant)'은 모든 지방정부과 모든 종류의 보조 대상 서비스에 대해 동일한 비율로 보조해주는 제도를 일컫는다. 이에 비해 '가변적 정률보조금 또는 대응보조금(variable matching grant)'은 지방정부와 보조 대상 서비스의 종류에 따라 보조 비율을 달리하는 보조금을 일컫는다.

다른 한편 정률보조금은 다시 '무제한적 정률보조금'과 '제한적 정률보조금'으로 나뉘기도 한다. 먼저 '무제한적 정률보조금(open-ended matching grant)'은 중앙정부가 보조를 해줄 때 보조 대상 서비스에 해당되기만 하면 상한선 없이 무제한적으로 이전해주는 보조금을 일컫는다. 이에 비해 '제한적 정률보조금(closed-ended matching grant)'은 중앙정부가 보조를 해줄 때 보조 대상 서비스에 해당되더라도 상한선을 정해서 그 범위 안에서만 이전해주는 보조금을 일컫는다.

(2) 정액보조금

'정액보조금'은 '비대응보조금(nonmatching grant)'이라고도 일컫는데, 이는 중앙정부가 보조를 해줄 때 특정 사업 또는 서비스에 사용할 것을 정해서 일정 금액을 이전시켜 주되, 보조받는 지방정부가 해당 용도에 사용하기만 하면 의무적인 대응 지출을 요구하지 않는 보조금을 일컫는다.

3) 포괄보조금

마지막으로 '포괄보조금(block grant)'이란 앞에서 살펴본 일반보조금과 특정보조금의 중간 형태라 할 수 있다. 말하자면 이 보조금은 중앙정부가 지방정부에 보조금을 줄 때 어디에 얼마만큼 쓰라고 용도를 지정해주기는 하는데, 그 용도 지정이 개별적이고 구체적이지 아니하고 포괄적으로 주어진다는 것을 의미한다. 말하자면 도로확장사업에 사용할 것을 포괄적으로 요구하면서 특히 어느 지역에 어떠한 도로확장사업에 쓰라는 구체적인 용도 지정은 하지 않는다는 것을 의미한다. 말하자면 이 보조금은 구체적인 용도의 지정이 없다는 점에서 일반보조금의 성격을 띠고 있으면서, 그러나 포괄적으로라도 용도가 지정되어 있다는 점에서 특정보조금의 성격을 동시에 띠고 있는 제도이다.

이러한 포괄보조금제도의 장점은 일정한 방향은 유도하면서도 구체적인 사용방법은 지방정부가 정할 수 있게 해줌으로써 특정보조금의 한계를 극복하고 있다는 점이라 할 수 있다. 이 점이 바로 보조금제도를 특정보조금보다 포괄보조금으로 바꾸자는 주장이 나오게 된 배경이라 할 것이다. 이에 비해 단점으로는 여전히 비록 포괄적이지만 중앙정부로부터 자금 사용을 제한받고 있다는 점을 들 수 있다. 말하자면 해당 지방정부는 지방세수가 충분하기만 하면 굳이 중앙정부의 제한을 받지 않고 자신들이 사용하고자 하는 방향으로 자금을 지출할 수 있다는 점을 고려해 보면 포괄보조금은 여전히 지방재정 활동을 규제하는 수단으로 활용될 수 있다는 점을 유념할 필요가 있다.

제 2 절 지방재정조정제도의 경제적 근거

지방재정조정제도를 실시하는 경제적 근거는 개념 정의에서 언급한 최소한의 재원 보장과 더불어 지역 간의 재정력 불균등을 해소하는 역할이 중심을 이루지만, 그와 더불어 지역 간의 확산효과를 해소하는 중요한 임무를 띠기도 한다. 이하에서는 이들에 대해 좀 더 자세하게 설명하고자 한다.[2)]

1. 재정력 불균등의 해소

전술한 바와 같이 지방재정조정제도를 실시하는 목적은 현실적으로 각 지역의 부존자원의 차이로 인해 주어진 기능을 주어진 재원으로 공급하지 못하는 지방정부에 대해 최소한의 재원을 보장해줌으로써 지방정부들이 기본적인 행정 서비스를 공급할 수 있게 해주는 데 있다. 그러나 이러한 최저한의 재원 보장 기능을 넘어서는 경우에도 지역 간의 경제력 격차로 인해 나타나는 재정력 격차문제를 해소해서 한 나라 안의 서로 다른 지역의 주민들이 일정 수준의 공공 서비스를 공급받을 수 있도록 재원을 이전해주는 데 그 뜻이 있다. 이 경우 다 같이 재정력 격차라 하더

---

2) 이 밖에도 지방정부가 지역주민의 선호를 받아들여 공급하는 일정한 공공 서비스에 대해 중앙정부가 사회 전체적으로 바람직하지 못하다고 판단되는 경우 바람직하다고 판단되는 수준으로 공급을 유도하기 위해 중앙정부가 개입하는 수단으로 사용되기도 한다. 이 내용은 머스그레이브(Musgrave, 1989: 460－461)가 자신이 고안한 '가치재' 개념을 지역공공 서비스로까지 확대해서 해석한 것인데, 여기서는 구체적인 내용을 생략한다. 관심 있는 독자들은 지방재정 관련 서적을 참고하기 바란다.

라도 지방정부들 사이에서 재정력 격차를 의미하기도 하고, 또 경우에 따라서는 서로 다른 지역에 거주하는 주민들 사이의 재정력 격차를 의미하기도 한다. 이제 이 두 경우를 상정해 지방재정조정이 필요한 이유를 설명해 보고자 한다.

1) 지방정부 간 재정력 불균등의 해소

지역에 따라서는 전술한 바와 같이 경제력의 격차로 인해 재정력에 격차가 발생할 수 있다. 일반적으로 '재정력(fiscal capacity)'이란 지방정부에 주어진 기능을 각 지방정부 차원에서 수행하는 데 소요되는 '재정수요(fiscal need)'를 주어진 세원으로 징수되는 조세수입으로 충당할 수 있는 능력, 즉 '조세부담능력(taxable capacity)'을 의미한다.

지방정부들 사이에 이러한 재정력에 격차가 발생한다는 것은 어느 지방은 동일한 기능을 수행하더라도 재정수요가 덜 소요될 수 있고 주어진 세원으로 더 많은 조세수입이 징수될 수 있지만 그 역의 경우도 발생할 수 있기 때문이다. 전자의 간단한 예로는 동일한 길이의 도로를 만들더라도 평야지대에 도로를 만드는 경우와 산악지대에 도로를 만드는 경우에 소요되는 비용에 차이가 있을 수 있다는 점만 생각해 봐도 충분히 이해할 수 있을 것이다. 후자의 경우는 말 그대로 똑같은 재산세가 지방세로 배분되더라도 재산세 과세대상이 많이 분포되어 있는 지역과 그러하지 못한 지역 사이에는 조세수입의 크기에 차이가 나기 마련이다.

이 경우 많은 나라가 일정한 기준을 설정해 전술한 무조건부 일반보조금을 이전시켜 줌으로써 위와 같은 연유로 발생하는 지역 간의 재정력을 균등화시켜 주고자 노력하게 된다. 이러한 보조금을 이전해주는 기본적인 취지는 상대적으로 부족한 과세대상을 가지고 있거나 필요한 서비스를 공급하는 데 좀 더 높은 비용이 소요되는 재정적으로 불리한 지방정부를 재정적으로 지원해주고자 하는 데 있다. 이와 같이 지역 간에 재정력을 균등화시켜 주고자 하는 취지에서 지원해주는 보조금은 일반적으로 주어진 재정 기능을 좀 더 원활하게 수행할 수 있게 어떠한 조건도 부여하지 않은 일반보조금 형태의 지원을 해주는 것이 일반적이다.

2) 개인 간 재정력 불균등의 해소

상술한 지방정부 간의 재정력에 차이가 발생하는 경우와는 달리 서로 다른 지방정부에 거주하는 개인을 중심으로 보는 경우에도 재정력에 차이가 발생할 수 있다는 사실을 알 수 있다. 주민은 누구나 일정한 지역에 거주하기 마련이며, 따라서 중앙정부에 조세를 납부하는 동시에 자기 거주지역 관할 지방정부에도 조세를 납부한다. 이때 중앙정부에 납부하는 국세는 개인의 부담능력에 따라 어느 지역에 거주하나 동일하지만 지방정부에 납부하는 지방세는 개인의 부담능력이 동일하더라도 어느 지역에 거주하는지에 따라 달라질 수 있다. 말하자면 모든 지역이 일정한 공공 서비스를 공급한다고 볼 때 부유한 지역 관할 정부는 더 낮은 세율로 지방세를 징수해 해당 서비스를 공급할 수 있는데 비해, 가난한 지역 관할 정부는 더 높은 세율로 지방세를 징수해야만 동일한 서비스를 공급할 수 있다. 이 경우 동일한 능력을 가진 주민이라면 부유한 지역에 살고 있는 경우 총조세 부담(국세 부담과 지방세 부담을 합친 조세부담)은 가난한 지역에 살고 있는 경우에 비해 상대적으로 더 낮을 수 있다. 그뿐만 아니라 이러한 상황은 전반적으로 소득분배 상태를 왜곡시키게 된다. 결과적으로 실물 자원의 분배상태가 소득의 분배상태와 달라지게 된다. 이러한 불균등은 더 나아가 자원배분의 비효율성을 유발하게 된다. 뷰캐넌(J. M. Buchanan, 1950)은 이러한 상황에서 개인적 차원에서 국세와 지방세를 합친 총조세에서 중앙정부와 지방정부의 공공 서비스로 얻는 총편익을 공제한 크기로 측정된 '재정잉여(fiscal residuum)' 어느 지역에 살고 있는지에 따라 차이가 난다는 사실을 중시했다. 그에 의하면 바로 이와 같은 재정잉여를 균등화해줄 필요가 있으며 이것이 바로 지방재정조정을 필요로 하게 되는 것으로 파악하고 있다.

이런 상황에 대처하는 방법으로 우선 생각할 수 있는 것은 중앙정부가 징수하는 국세인 소득세를 지역별로 차등을 하는 방안을 고려해 볼 수 있다. 이 방안은 부유한 지역의 주민들에게는 상대적으로 더 높은 세율을 부과하고 가난한 지역의 주민들에게는 낮은 세율을 부과함으로써 일정한 소득 수준을 가진 주민이라면 어느 지역에 살더라도 동일한 공공 서비스 수혜에 대한 총조세부담 수준을 동일하게 만드는 방안이다. 이렇게 되면 가난한 지역에 거주하고 있는 주민은 그들이 납부하는 더 높은 지방세 부담을 상대적으로 낮은 국세 부담으로 상쇄할 수 있게 된다. 이와는 다른 방안으로 중앙정부가 가난한 지역 관할 정부에게 무조건부 일반보조금을 이전시켜 줌으로써 지방정부들의 재정력을 균등화시키는 방안을 들 수 있다. 이렇게 함으로써 가난한 지방정부는 부유한 지방정부와 동일한 지방세 세율을 부과하더라도 부유한 지방정부와 동일한 재정수입을 확보할 수 있게 되는 것이다. 그러나 전자의 방법은 동일한 국세 세목을 운영할 때 지역마다 세율에 차등을 내는 것이 정치적으로나 법적으로 힘들기 때문에 현실성이 있는 방안으로 보기 힘들다. 이런 이유로 개인 간의 재정잉여 균등화를 위해서도 중앙정부에 의한 일반보조금에 의지하는 방안이 바람직한 것으로 평가되고 있다.[3]

2. 지역 간 확산효과의 해소

한 나라 안에는 여러 지역이 공존하기 때문에 특정 지방정부가 제공하는 공공재의 경우 그 편익이나 비용이 주변의 다른 지역으로 파급되는 소위 '확산효과(spillover effect)'가 발생할 수 있다. 말하자면 특정 지역에서 공급하는 공공 서비스의 편익이 인접 다른 지역으로 확산될 수도 있고, 해당 지역에서 공공재를 공급하는 과정에서 공해라든가 폐수 등이 다른 지역으로 흘러들어갈 수도 있는 것이다. 말하자면 외부적인 편익과 비용이 발생하는 경우가 생길 수 있다. 이러한 상황이 나타나면 해당 지역 관할 정부 입장에서 보면 해당 공공 서비스를 공급하는 데 소요되는 한계비용과 한계편익이 일치하지 않을 수 있다. 그런데 사회 전체적으로 한계비용과 한계편익이 일치할 때 경제적 효율성이 가장 높은 상태가 달성된다는 점을 고려해 보면 지역 내에서 발생하는 한계비용과 지역 내에 귀착되는 한계편익만으로 공급 수준을 결정해서는 효율성을 보장할 수 없다. 말하자면, 전자의 경우는 해당 공공재 공급으로부터 관할 지역주민이 받는 편익과 그들이 부담하고자 하는 비용만을 고려해 해당 공공재 공급 수준을 결정하게 되면 과소공급 상태에 직

---

3) 이렇게 개인 간의 '재정잉여 균등화'의 차원에서 재정조정의 필요성이 제기되고 있기는 하지만, 원래 지방재정조정이라는 것은 정부 간의 재정상태 조정을 목표로 한 것이기 때문에 현실적으로는 전술한 정부 간 재정력 격차가 주된 근거로 제시되고 있음을 유념해 둘 필요가 있다.

면하게 될 것이다. 반면 후자의 경우에는 해당 공공재 공급으로 인한 편익은 관할지역 주민이 다 보는데 그 비용은 관할지역 주민이 자기들이 받는 편익만큼 부담함으로써 사실상 그 공공재 공급 과정에 발생하는 비용을 다 부담하지 않게 되어 과잉공급 상태가 이르게 된다.

이러한 상황에 직면하면 지방정부 자체로써는 관할지역 밖에서 발생되는 상황이라 통제하기 힘들다. 이 경우 소위 중앙정부가 조세－보조금 방법을 통해 이 문제를 해소시켜 주는 방안을 활용할 수 있다. 먼저 외부편익을 발생시키는 경우를 들어보면, 중앙정부가 특정 공공 서비스 공급과정에서 외부편익을 발생시키는 지방정부에 대해 외부편익을 발생시키는 비율만큼의 '정률보조금'의 형태로 보조를 해주는 방안을 택할 수 있다. 이 방안을 택하게 되면 해당 지방정부로서는 자기 관할지역 내에서 발생하는 편익과 외부적인 편익 모두를 보상받게 되기 때문에 해당 공공 서비스를 사회적 효율성이 보장되는 수준에서 공급할 수 있게 된다. 반면 외부비용을 발생시키는 경우를 들어 보면, 위의 경우와는 대조적으로 외부비용을 발생시키는 비율에 상응하는 조세를 부과하는 방안을 고려해 볼 수 있다. 그렇게 되면 해당 지방정부로서는 해당 공공 서비스 공급과정에 소요되는 비용 모두를 사실상 부담하는 격이 되어 궁극적으로 사회적 효율성이 보장되는 수준에서 공급할 수 있게 된다.

물론 이와 같은 문제가 있다고 해서 조세－보조금의 방법으로만 해결될 수 있는 것은 아니다. 또 다른 가능한 방법으로서는 확산 효과를 발생시키고 받는 지역 전체를 관할하는 광역의 지방정부로 하여금 해당 공공재를 공급하게 하는 방안을 고려해 볼 수도 있다. 그뿐만 아니라 그와 같은 정부 간 기능배분의 차원을 택하지 않는다면 확산효과를 발생시키고 받는 동급의 지방정부들끼리 자발적 거래를 통해 해결할 수 있는 제도적 장치를 만들어주는 방안을 고려해 볼 수도 있다. 그러나 전자의 방안은 행정구역의 개편 내지 기능재배분의 문제가 내재되어 있으며, 후자의 경우는 정부들 사이의 문제는 외부성을 발생시키고 받는 민간시장에서의 문제와는 차원을 달리한다는 점에서 실행상의 어려움이 있을 수 있다. 이러한 점들로 인해 앞에서 설명한 조세－보조금 방안이 좀 더 현실적인 방안으로 권고되고 있다는 사실을 유념해 둘 필요가 있다.

제3절 지방재정조정제도의 경제적 효과

이제 지금까지 살펴본 지방재정조정제도의 경제적 효과를 일반보조금과 특별보조금으로 나눠 살펴보고자 한다.

1. 일반보조금의 효과

보조금의 경제적 파급효과를 살펴보기 위해서는 우리가 흔히 접하는 경제학에서는 개별 경제주체들은 주어진 여건 하에 자신의 만족의 극대화를 추구하는 합리적 경제인으로 전제하고 있다는 사실을 미리 염두에 둘 필요가 있다. 그뿐만 아니라 이러한 개별 경제주체의 행동 원리는 정부관료들의 행동에도 그대로 적용되어 모든 정부는 사회적 만족의 극대화를 위해 행동하는 합리적 경제주체로 전제하고 있다. 이러한 가정은 중앙정부뿐만 아니라 지방정부에도 그대로 적용되며 모든 지방정부가 그러한 점에서 동등한 것으로 전제하고 있다.

이하에서는 이러한 점을 염두에 두고 중앙정부의 보조금이 이전되기 전의 지역사회와 지방정부의 공공재와 민간재 사이의 선택과 보조금이 이전된 후의 공공재와 민간재 사이의 선택의 차이를 살펴보면서 보조금의 경제적 효과를 파악해 보고자 한다. 설명을 위해 지방정부는 공공재와 민간재에 대한 지역사회의 선호를 그대로 반영해 관할 지역사회의 후생극대화를 추구하는 합리적 경제주체로 전제되어 있다는 사실을 유념해 둘 필요가 있다.

[그림 10-1]에서 횡축은 지방정부가 공급하는 공공재의 수량(X)을, 종축은 해당 지방정부 관할지역 주민들의 전체 소득 중에서 지역주민들이 소비하는 민간재 소비량(Y)을 나타낸다. 저축이 없다는 전제 하에서 지역주민들이 소비하지 않는 양은 모두 세금으로 납부한다고 가정한다. 그리고 무차별곡선은 공공재와 민간재의 소비로부터 얻어지는 만족 상태를 나타내는 곡선을 나타낸다. 이 경우 공공재와 민간재 사이의 선택에 대한 지역사회의 균형은 보조금이 부과되기 이전에는 예산선 AB와 두 재화의 소비에 대한 무차별곡선 i_1이 접하는 E_1에서 균형을 이루

그림 10-1 **일반보조금의 효과**

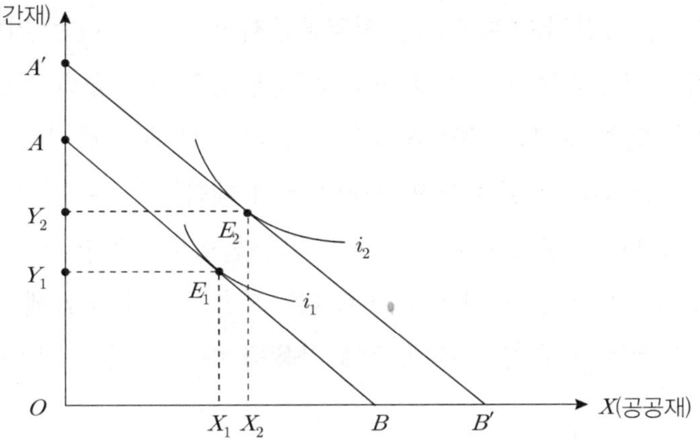

면서, 주어진 예산 하에서 최대의 만족을 얻고 있다.[4] 즉, 이 지역사회는 균형점 E_1에서 주어진 소득 OA 중에서 민간재 OY_1을 소비하고, 나머지 AY_1은 조세를 납부해 그 세금으로 공공재 OX_1을 소비함으로써 최대의 만족을 얻고 있다. 이때 전체 소득 OA 중에서 OX_1만큼의 공공재 소비를 위해 납부하는 조세액, 즉 포기한 민간재의 양 AY_1이 차지하는 비율, AY_1/OA이 이 지역사회에 부과되는 세율 수준이 된다.

그런데 이때 중앙정부에서 민간재 기준으로 AA'만큼, 공공재 기준으로 BB'만큼의 일반보조금을 이전시켜주면 지역사회 입장에서는 일종의 소득이 증가된 경우와 같은 효과가 나타나서 예산선이 종전의 AB에서 $A'B'$로 우측으로 평행 이동하게 된다. 이 경우 지방정부 입장에서는 그만큼을 모두 민간에게 세금을 줄여줄 수도 있고 또 모두 공공재 공급에 사용할 수도 있다. 만약 모두 세금을 줄여주면 민간재의 최대 소비 가능 수준은 종전의 OA에서 OA'수준으로 늘어나고, 모두 공공재 공급을 늘리는 데 사용하면 공공재 최대 소비 가능 수준은 종전의 OB에서 OB'로 늘어나게 된다. 결국 결국 보조금 이전 후의 이 지역사회의 균형점은 새로

4) 이 지역사회의 균형은 위에서 지방정부가 지역사회의 선호를 그대로 반영하고 있다는 전제 위에서 보면 바로 지방정부가 추구하는 균형이 된다는 사실을 유념할 필요가 있다.

운 예산선과 새로운 무차별곡선 i_2가 접하는 E_2에서 이뤄지게 된다.

이 균형을 종전의 균형상태와 비교해 보면, 중앙정부가 특정한 조건을 달지 않고 지방정부에 이전해준 보조금은 지역공공재 공급을 늘리는 데만 사용하지 않고 지방정부가 지역주민들의 선호를 반영해 일정 금액은 공공재 공급을 늘리는 데 사용하고, 다른 일정 부분은 민간재 소비를 늘리는 데 사용된 것을 알 수 있다. 그러나 보조금 이전 후의 공공재와 민간재의 최적 배합점은 무차별곡선의 형태에 반영된 해당 지역사회의 공공재와 민간재에 대한 선호체계에 따라 서로 다르게 나타날 수 있으며, 극단적인 경우 이 일반보조금은 전액 공공재 공급에 사용될 수도 있고, 또 다른 경우에는 모두 민간재 공급에 사용될 수도 있다는 사실을 유념할 필요가 있다.[5)]

2. 특정보조금의 효과

다음으로 중앙정부가 지방정부에 보조를 주면서 용도를 지정해주는 특정보조금의 효과를 살펴보고자 한다. 특정보조금도 전술한 바와 같이 정률로 보조해주는 대응보조금과 정액으로 보조해주는 비대응보조금으로 나뉘는데, 여기서 그 효과도 이 둘을 나눠 설명하고자 한다.

1) 대응보조금의 효과

먼저 '대응보조금', 즉 '정률의 특정보조금'이 이전되는 경우 지역사회에 미치는 경제적 효과를 살펴보자. 다른 조건은 상술한 일반보조금 이전의 경우와 동일하고 단지 보조금의 종류만 바뀌어 공공재 X 생산에 소요되는 비용의 일정 비율을 정부가 보조해주는 것만 다르다고 하자. 그러면 보조금이 지급되기 이전에 이 지역사회는 민간재 OY_1을 소비하고 민간재 기준으로 AY_1만큼을 세금을 납부해 공공재 OX_1만큼 소비해 E_1점에서 균형을 이뤄 i_1만큼의 만족 수준을 향유하고 있다.

5) 이러한 상황에 대해서는 독자들 스스로 보조금 이전 이후의 이 지역사회의 무차별곡선을 이동시켜 가면서 균형이 변화되는 상황을 확인해 보면 이해할 수 있으리라 판단된다.

그림 10-2 **대응보조금의 효과**

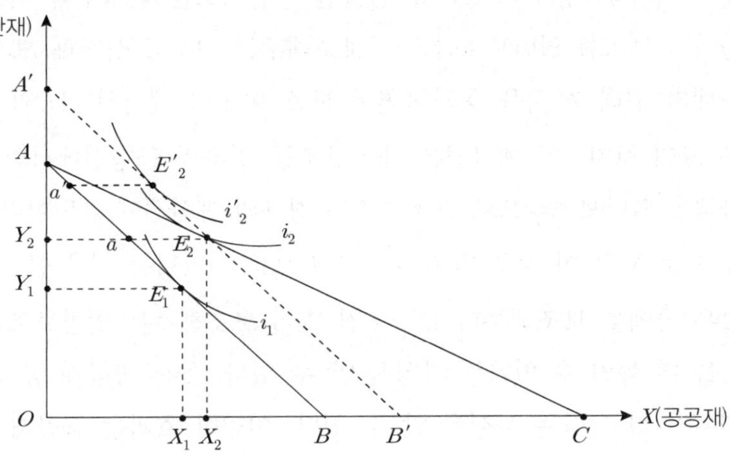

이때 세율 수준은 AY_1/OA이었다.

이제 이러한 상태에서 중앙정부가 지방정부의 공공재 공급에 소요되는 비용의 일정 비율을 보조해주면 해당 지역사회에 공공재에 대한 가격보조금을 제공한 것과 마찬가지여서, 이 지역사회의 공공재 공급을 위한 (민간재 대비) 상대가격이 보조 비율만큼 줄어들게 되어 예산선이 AB에서 가령 AC로 바뀌게 된다. 이렇게 되면 궁극적으로 균형점은 E_2에서 이뤄지게 되며, 이 새로운 균형점에서는 민간재 소비량은 OY_1에서 OY_2로 늘어나고, 공공재 소비량은 OX_1에서 OX_2로 늘어나게 되며, 이 경우 세율은 전체 소득 OA 중에서 조세납부액 AY_2의 비율, 즉 AY_2/OA가 되어 종전의 AY_1/OA에 비해 낮아졌음을 알 수 있다.

이제 이 균형상태를 종전의 균형상태와 비교해 보면, 이 지역사회는 정률의 보조금을 이전받은 경우에도 앞에서 본 일반보조금의 경우와 마찬가지로 공공재 소비량도 늘었지만 민간재 소비량도 늘었음을 알 수 있다. 말하자면, 이 지방정부는 이 정률의 보조금을 일부는 공공재 공급을 위해 사용하면서도 일부는 조세부담을 줄여주어 민간재 소비도 동시에 늘어난 것을 알 수 있다. 그뿐만 아니라 이 경우도 전술한 일반보조금의 경우와 마찬가지로 해당 지역사회의 민간재와 공공재에 대한 선호체계가 달라지면 더 많은 부분이 공공재 공급에 사용될 수도 있고 또 다른 경우에는 더 많은 부분이 민간재 공급에 사용될 수도 있음은 물론이다.

이제 이 경우의 경제적 효과를 전술한 일반보조금의 경우와 비교해 보기 위해 같은 금액의 보조를 일반보조금으로 보조해주는 경우를 상정해 보자. 이러한 상황을 나타내기 위해 E_2점을 통과하면서 보조 이전의 예산선 AB와 평행인 예산선 $A^{'}B^{'}$을 그려 보자. 이 예산선은 대응보조금 경우의 균형점에서의 보조액 aE_2와 같은 금액을 일반보조금으로 보조해주는 경우의 예산선에 해당한다. 이 경우 균형점은 $E_2^{'}$으로 되고 이 경우 만족 수준은 $i_2^{'}$으로 나타나는 것을 볼 수 있다. 이렇게 보면 같은 금액을 보조해주더라도 조건 없이 보조해주는 일반보조금의 경우가 만족 수준을 더 높일 수 있다는 사실을 알 수 있다. 물론 공공재 공급량은 대응보조금의 경우가 더 크다는 사실을 알 수 있다. 이러한 효과는 공공재 공급을 전제로 보조해주는 특정보조금의 성격에서 연유하는 것으로 볼 수 있다.

2) 비대응보조금의 효과

다음으로 비대응보조금, 즉 정액의 특정보조금이 이전되는 경우 지역사회에 나타나는 경제적 효과를 살펴보자. 이 경우도 보조금이 이전되기 전의 지역사회에서의 공공재와 민간재 사이의 균형과 세율 등은 앞의 경우와 마찬가지이다.

이 상태에서 이제 공공재 소비에 반드시 AF만큼을 사용할 것을 조건으로 보조해주는 경우를 상정해 보자. 이러한 보조금을 받고 나면 지역사회 입장에서는 공공재 기준으로 AF만큼의 소득 보조를 받은 것이나 마찬가지이지만 민간재와 공공재의 상대 가격에는 변화가 없기 때문에 기울기에는 변화가 없으면서 예산선의 위치만 AB에서 $A^{'}B^{'}$으로 오른쪽으로 이동하게 된다. 이렇게 보면 일반보조금 보조의 경우와 새로운 예산선이 동일하게 된다. 그러나 일반보조금의 경우에는 동일한 금액이 보조되더라도 그 보조금의 사용에 아무런 조건이 없었지만, 이번에는 AF만큼은 반드시 공공재 공급에 사용해야 한다는 조건이 부과되어 있기 때문에 새로운 예산선상의 $A^{'}F$ 구간은 예산선으로서의 구실을 하지 못한다. 따라서 이 경우의 새로운 예산은 $AFB^{'}$로 꺾인 선의 형태로 나타나게 된다.

이러한 변화가 나타난 상태에서 더 높은 만족 수준을 추구하는 지역사회의 입장

그림 10-3 **비대응보조금의 효과**

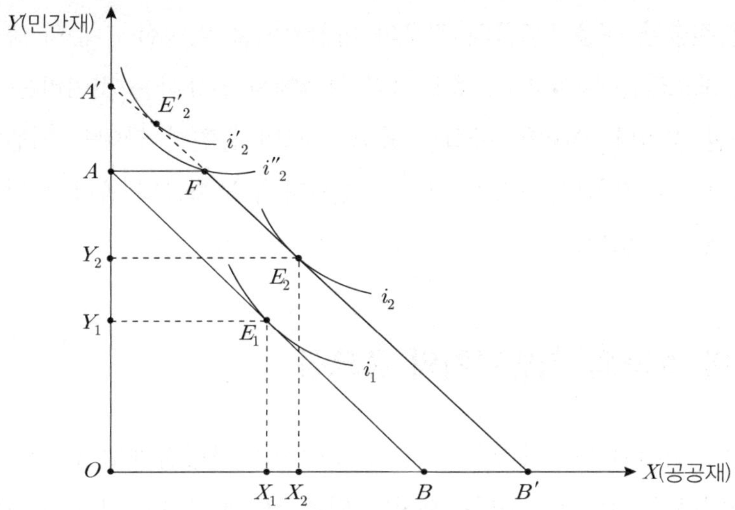

에서는 E_2에서 새로운 균형을 이루게 되며, 이 경우 공공재 소비는 X_1X_2만큼 늘어나고 민간재 소비는 Y_1Y_2만큼 늘어나게 된다. 이 경우도 무차별곡선의 위치에 따라 균형상태가 달라짐은 물론이다.

그러나 만약 지역사회의 선호를 반영한 무차별곡선이 i_2'와 같이 나타나는 경우를 상정해 보면 새로운 균형이 E_2'에서 일어나야 할 것이다. 그러나 중앙정부 정액보조의 조건이 반드시 공공재는 AF만큼은 공급해야 하는 것이기 때문에 균형이 E_2'에서 일어나지 못한다. 이 경우에는 AF만큼은 공급해야 한다는 조건을 충족시키느라 최적 균형점은 찾지 못하고 여러 무차별곡선 중에서 F점을 통과하는 무차별곡선만큼의 만족, 즉 i_2'' 수준을 택하는 소위 불완전 균형을 찾게 된다. 이 점에서 민간재는 OA만큼 소비하고 공공재는 AF만큼 소비하는 점을 택할 수밖에 없게 된다는 점을 유념할 필요가 있다. 만약 이 경우 중앙정부로부터의 보조금이 정액의 특정보조금이 아니고 같은 금액의 일반보조금이었다면, 균형은 E_2'에서 일어나게 됨으로써 비대응보조금의 경우보다 만족은 높게 나타나며 공공재 소비는 오히려 적게 나타나게 된다는 것을 알 수 있다. 이 두 경우를 비교해 보면 같은 보조금을 보조하더라도 일반보조금의 경우는 지역사회의 만족 수준을 더 높여줄 수 있다는 사실을 알 수 있다. 그리고 비대응보조금의 경우 공공재 소비가 더 크게 나타나는 것은 전술한 대응보조금의 경우와 마찬가지로 일정한 수준의 공공재 공급이 전제가 된 보조라는 특정보조금으로서의 성격에서 연유하는 것이라는 점에서는 마찬가지라 할 것이다. 이러한 사실을 종합해 보면 동일한 금액을 지원하더라도 중앙정부의 보조금 지원의 목적이 어디에 있느냐에 보조금의 종류가 달라져야 한다는 사실을 알 수 있다.

3. '끈끈이 효과'와 지방자치의 중요성

[그림 10-1]에서 보인 일반보조금 보조 이전의 균형점과 보조 이후의 균형점의 이동은 지역사회 주민들이 모두 자신의 만족극대화 과정에서 공공재와 민간재의 조합을 선택하며, 그 과정에서 지방정부 또한 그와 같은 지역주민들의 선호를 그대로 수용해 지역사회의 만족극대화를 추구한다는 가정 하에서 유도된 것이었음은 앞에서 이미 지적한 바와 같다. 사실이 이러하다면 중앙정부가 앞에서처럼 지방정부에 일반보조금을 보조해주는 경우나 같은 금액을 지역주민들에게 소득 보조를 해주는 경우 모두 공공재와 민간재의 선택 조합은 동일해야 할 것이다. 그것은 두 경우 모두 [그림 10-1]에서 보면 예산선이 보조를 받기 전의 AB에서 보조를 받고 난 이후에는 $A'B'$로 동일한 크기만큼 우측으로 평행 이동하며, 공공재와 민간재 사이의 지역사회의 선호는 동일하기 때문에 균형점 또한 똑같이 E_1에서 E_2로 이동한다는 점에서는 동일하기 때문이다.

그런데 현실에서는 동일한 금액을 보조해주더라도 지방정부에 일반보조금을 보조해주는 경우가 지역주민들에게 보조해주는 경우보다 공공재 소비를 더 많이 하는 것으로 알려져 있다. 이러한 현상을 똑같은 보조금을 주더라도 지방정부에 보조를 주는 방식을 택하면 그것이 지방정부의 선호에 맞춰 민간재보다는 공공재의 소비를 더 늘린다 하여, 흔히 '끈끈이 효과(flypaper effect)'라 부른다.

지방재정 문제에 관심을 갖고 있는 많은 사람이 그동안 밝혀낸 원인 중 대표적인 것으로 공공선택론자들의 설명이 있다. 공공선택론자들은 앞의 설명에서 전제한 바와 달리 지방정부 관료들이 지역주민들의 선호를 수용하기보다는 자신들의 사적 이익을 더 추구하는 것으로 보고 있다. 공공선택론자들은 관료에 대한 자신들의 이러한 인식에 바탕을 두고 지방정부 관료들이 자신들의 권력이나 권위를 높이기 위해 예산극대화를 도모하며, 그 결과 공공재 공급을 늘리고 균형점에서 공공재 소비가 더 높게 나타나게 된 것으로 보고 있다. 이 밖에도 이러한 현상이 일어나게 된 이유로 지역주민들이 중앙정부가 보조하는 일반보조금을 정률보조금으로 착각해 공공재에 대한 상대가격을 줄여준 것으로 인식을 하거나 지방정부 관료가 그러한 인식을 조장해 공공재 소비가 더 늘어나게 된 것으로 보는 견해도 있다. 다른 한편 사실상 이러한 현상은 나타나지 않는데, 만일 그렇게 보인다면 그것은 통계상의 오류나 분석상의 오류에 지나지 않는다고 보는 견해도 있다.

지금까지 어느 견해가 맞는지 단정적으로 밝혀진 견해는 없다. 단지 지방정부가 독점적 성격이 강해서 지역주민들의 선호를 제대로 수용하지 못하는 경우는 위와 같은 효과가 실제로 일어나는 경향을 띠는 것으로 볼 수 있을 것이다. 그러나 그와는 대조적으로 지방정부들 사이에 경쟁이 존재해 지방정부들이 관할 지역사회에 대해 책임성을 갖고 주민들의 선호를 수용하기 위해 노력한다면 위와 같은 효과는 실제로 일어날 가능성은 크지 않을 것이다. 이렇게 보면 '끈끈이 효과'에 관한 논의는 지방정부가 지역사회에 대한 책임성을 갖고 지역주민들의 의사를 수용해서 지방공공 서비스 공급을 위해 노력하는 실질적 지방자치가 중요하다는 사실을 새롭게 인식하는 데 기여하는 측면이 있다.

요 약

1. 지방재정조정제도는 지역주민에게 제공해야 하는 최소한의 행정 수준을 유지하는 데 필요한 재원을 보장해주고, 지방정부 간 재정력 격차를 조정해주기 위해 중앙정부와 지방정부 또는 지방정부 상호간에 재원을 이전해주는 제도를 의미한다.

2. 지방재정조정제도는 용도 제약이 없는 일반보조금(general grants), 용도 제약이 지정되는 특정보조금(specific grants), 용도 제약이 포괄적인 포괄보조금(block grants)으로 구분된다.
3. 일반보조금은 무조건부 보조금(non-conditional grants)으로 불리기도 하며, 한국의 경우 지방교부세, 지방교부금 등이 포함된다.
4. 특정보조금은 조건부 보조금(conditional grants)으로 불리기도 하며, 정률보조금과 정액보조금으로 구분된다.
5. 정률보조금은 중앙정부가 지방정부에 특정 용도의 자금을 이전시킬 때 지방정부 역시 일정한 비율을 부담하는 것으로 대응교부금(matching grants)으로 불리기도 하고, 정액보조금은 지방정부의 부담이 필요 없는 것으로 비대응교부금(non-matching grants)으로 불린다.
6. 포괄보조금은 용도 제약이 정해져 있지만, 지정된 용도가 개별적이고 구체적이지 않고 포괄적이어서 일반보조금과 특정보조금의 중간 형태라고 할 수 있다.
7. 지방재정조정제도는 지방정부 간 재정력 불균등을 해소하고, 개인 간 재정력 불균등을 해소하며, 지역 간 확산효과를 해소하는 역할을 한다.
8. 일반보조금과 정률보조금을 비교하면, 일반보조금이 정률보조금에 비해 개인의 효용 수준을 더 큰 반면 공공재에 대한 소비량은 더 적다.
9. 지역주민에게 공공 서비스를 제공하는 데 중앙정부로부터의 이전재원을 비용으로 충당할 경우가 자체세입을 비용으로 충당하는 경우가 비용이 더 많이 드는 현상을 끈끈이 효과(flypaper effect)라고 한다.

Chapter 10

연습 문제

주관식

1. 지방재정조정제도의 개념을 설명하라.
2. 지방재정조정제도의 유형 중 일반보조금과 특정보조금의 차이에 대해 설명하라.
3. 특정보조금 중 정률보조금과 정액보조금의 차이에 대해 설명하라.
4. 지방자치단체는 특정보조금보다 포괄보조금을 더 선호한다. 포괄보조금이 특정보조금에 비해 가지는 장점에 대해 설명하라.
5. 중앙정부와 지방정부 간 수직적 재정불균형을 해소하고 지방정부 간 수평적 재정불균형을 해소하기 위해 지방재정조정제도를 활용한다. 이와 같은 지방재정조정제도의 타당성을 경제적 측면에서 설명하라.
6. 일반보조금, 정률보조금, 정액보조금 중 공공재의 소비를 진작시키는 데 더 유용한 보조금은 무엇인지 설명하라.
7. 일반보조금, 정률보조금, 정액보조금 중 지역주민의 후생수준을 더 많이 개선시키는 보조금은 무엇인지 설명하라.
8. 지방재정조정제도가 개인 간 재정력 불균등을 어떻게 해소시키는지 설명하라.
9. 지역주민에게 공공 서비스를 제공하는 데 그 재원을 중앙정부의 재원으로 하느냐 아니면 지방정부의 재원으로 하느냐에 따라 지출의 비효율성이 야기되는 끈끈이 효과가 발생한다. 이러한 측면에서 끈끈이 효과를 설명하라.

객관식

01. 다음의 지방재정조정제도 중 바르게 연결되지 않은 것은?

① 특정보조금 - 조건부 교부금　　② 일반보조금 - 지방교부세

③ 정액보조금 - 비대응 교부금　　④ 포괄보조금 - 국고보조금

⑤ 정률보조금 - 대응교부금

02. **지역주민에게 제공해야 하는 최소한의 행정 수준을 유지하는 데 필요한 재원을 보장해주고, 지방정부 간 재정력 격차를 해소하기 위해 중앙정부와 지방정부 간 또는 지방정부 간에 재원을 이전해주는 제도는?**

① 지방재정조정제도 ② 지방재정관리제도 ③ 지방자치제도
④ 중앙집권제도 ⑤ 사회보장제도

03. **다음 중 한국의 지방교부세와 관련되어 있는 지방재정조정제도의 유형은?**

① 대응교부금 ② 포괄보조금 ③ 무조건부 교부금
④ 정액보조금 ⑤ 정률보조금

04. **다음 중 한국의 국고보조금과 관련되어 있는 지방재정조정제도의 유형은?**

① 비대응교부금 ② 포괄보조금 ③ 무조건부 교부금
④ 일반보조금 ⑤ 정률보조금

05. **다음 중 지방재정조정제도의 기능이 아닌 것은?**

① 지방정부 간 재정력 불균등 개선
② 지방정부와 중앙정부 간 재정력 불균등 개선
③ 개인 간 재정력 불균등 개선
④ 지역 간 확산효과 개선
⑤ 자원배분의 비효율성 개선

06. **지역주민에게 동일한 양과 질의 공공 서비스를 제공하는 데 필요한 재원은 자체세입으로 조달하는 것보다 이전재원으로 조달할 때 더 많이 필요하기 때문에 지출의 비효율성을 야기한다는 주장과 관련되어 있는 것은?**

① 끈끈이 효과 ② 연성예산제약 ③ 분권화 정리
④ 코스(Coase)의 정리 ⑤ 외부 효과

07. **다음 중 보조금 유형별 효과가 바르게 짝지어진 것은?**

① 공공재의 소비수준은 일반보조금이 정률보조금보다 크다
② 지역주민의 효용수준은 일반보조금이 정률보조금보다 크다.
③ 지역주민의 효용수준은 정률보조금이 정액보조금보다 크다.
④ 공공재의 소비수준은 일반보조금이 정액보조금보다 크다.
⑤ 공공재의 소비수준과 효용수준 변화는 보조금 유형과 관계 없다.

정답 및 해설

1. ④ 일반보조금은 무조건부 교부금이라고도 불리며, 한국의 지방교부세가 포함된다.

2. ① 지방재정조정제도는 지역주민에게 제공해야 하는 최소한의 행정 수준을 유지하는 데 필요한 재원을 보장해주고, 지방정부 간 재정력 격차를 조정해주기 위해 중앙정부와 지방정부 또는 지방정부 상호간에 재원을 이전해주는 제도를 의미한다.

3. ① 한국의 지방교부세는 일반교부금에 포함되며, 일반교부금은 무조건부 교부금으로 불린다.

4. ⑤ 한국의 국고보조금은 정률보조금에 포함되며, 정률보조금은 대응교부금으로 불린다.

5. ⑤ 지방재정조정제도는 재정불균형 해소와 관련되어 있으므로 자원배분의 효율성 개선과는 관련이 없다.

6. ① 끈끈이 효과를 설명하고 있다. 끈끈이 효과는 지역주민에게 공공 서비스를 제공하는 데 중앙정부로부터의 이전재원을 비용으로 충당할 경우가 자체세입을 비용으로 충당하는 경우가 비용이 더 많이 소요되는 현상을 의미한다.

7. ② 보조금 유형에 따라 지역주민의 공공재에 대한 소비수준과 효용수준은 다르다. 우선, 공공재의 소비수준은 일반보조금(Z')<정액보조금(Z'')<정률보조금(Z''') 순이다. 다음으로 지역주민의 효용수준은 일반보조금(I')>정액보조금(I'')>정률보조금(I''') 순이다.

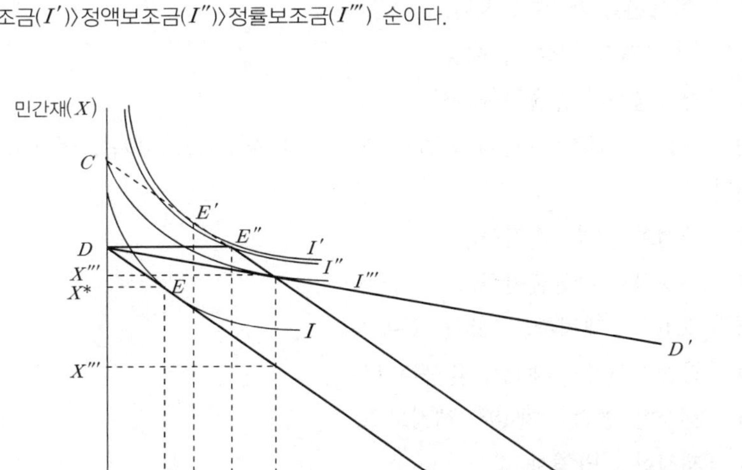

참고 문헌

[국내 문헌]

강윤호 · 민기 · 전상경(2015). 『현대지방재정론』, 제4판, 박영사.

김동건(2012). 『비용 · 편익분석』, 제4판, 박영사.

김동건 · 원윤희(2012). 『현대재정학』, 제6판, 박영사.

김성준 · 오정일(2012). 『비용 · 편익분석의 이해』, 경북대학교출판부.

김의섭(2018). "재정지출 역사적 진화 현상과 이론", 『한국재정정책학회 2018년 하계학술대회 발표논문집』.

김종웅(1995). 『동태적 일반균형모형에 의한 재정정책의 효율성 분석』, 연세대학교출판부.

______(2014). 『세무입문과 절세』, 피엔씨미디어.

김형석(2015). "예비타당성조사에서의 AHP분석 및 이해", KDI 공공투자관리센터.

나성린 · 전영섭(2001). 『공공경제학』, 박영사.

박환재(2013). 『정석 재정학』, 비엔앰북스.

우명동(2005). 『국가론: 재정이론 차별성의 근원』, 해남.

______(2007a). 『재정학』, 해남.

______(2007b) 『조세론』, 개정판, 해남.

______(2017c). 『지방재정학개론』, 해남.

이만우(2004). 『공공경제학』, 율곡출판사.

이영 · 전영준 · 이철인 · 김진영 편역(2011). 『Rosen의 재정학』, 제9판, 맥그로힐에듀케이션코리아.

이재기(1992). 『재정학』, 형설출판사.

이준구(1998). 『재정학』, 다산출판사.

이준구 · 조명환(2016). 『재정학』, 제5판, 문우사.

임봉욱(2009). 『공공경제학』, 제4판, 율곡출판사.

정병열(2014). 『재정학 연습』, 제4판, 세경북스.

차병권(1994). 『재정학』, 박영사.

하연섭(2017). 『재정학의 이해』, 다산출판사.

한국개발연구원(2016). 『예비타당성조사제도의 이해』, 공공투자관리센터 한국개발연구원.

[국외 문헌]

Boadway, R. & Shah, A.(2007). *Intergovernmetnal Fiscal Transfers*, Washington, DC: World Bank.

Bowen, H. R.(1948). *Toward Soual Economy*, Rinehart & Comany.

Brown, C. V. & Jackson, P. M.(1990). *Public Sector Economics*, 4th ed., Basil Blackwell.

Browning, E. K.(1976). "The Marginal Cost of Public Funds", *Journal of Political Economy*, 84(21).

Buchanan, J. M.(1950). "Federalism and fiscal equity", *American Economic Review*, 40.

Buchanan, J. M. & Tullock, G.(1965). *The Calculus of Consent*, The University of Michigan Press.

Buchanan, J. M. & Wagner, R. E.(1977). *Democracy in Deficit*(이필우 옮김, 『케인즈적 사고의 유산』, 건대출판부, 1981).

de Rus, Ginés 저, 박완규 옮김(2012). 『비용－편익분석 개론』, 박영사.

Downs, A.(1957). *An Econemic Theory of Democracy*, Harper & Brothers, Publishers.

Funashima, Yoshito(2017). "Wagner's Law versus Displacement Effect", *Applied Economics*, 49(7).

Gruber, J.(2008). *Public Finance and Public Policy*, Worth Publishers, New York.

Harberger, A. C.(1974). *Taxation and Welfare*, Boston: Little, Brown and Company.

Keynes, J. M.(1936). *The General Theory of Employment, Interest, and Money*(조순 옮김, 『고용, 이자 및 화폐의 일반이론』, 개역판, 비봉출판사, 2007).

Mill, J. S.(1848). *Principle of Political Economy*. London: John W. Parker.

Mueller, D. C.(2003). *Public Choice III*, Cambridge University Press.

Musgrave, R. A.(1959). *The Theory of Public Finance*, McGraw－Hill Book Company Inc.

______(1989). *Public Finance in Theory and Practice*, 5th ed., New York: McGraw－Hill.

Musgrave, R. A. & Musgrave, P. B.(1989). *Public Finance in Theory and Practice*, 5th ed., McGraw－Hill Book Company(3rd ed., 1980: 4th ed., 1984).

______(2008). "On the Evolution of Fiscal Federalism: Theory and Institutions", *National Tax Journal*, 61(2).

Niskanen, W. A.(1971). *Bureaucracy and Representative Government*, Aldine Publishing

Co.

Oates, W. E.(1972). *Fiscal federalism.* New York: Harcourt Brace.

______(1988). "On the Nature and Measurement of Fiscal Illusion", in Brennam, G. et al., *Taxation and Fiscal Federalism*, Camberra, Australian National University.

Peacock, A. T. & Scott, A.(2000). "The Curious Attraction of Wagner's Law", *Public Choice*, 102.

Peacock, A. T. & Wiseman, J.(1961). *The Growth of Public Expenditure in the United Kingdom*, Oxford: Oxford University Press.

Rosen, H. S.(2008). *Public Finance*, McGraw−Hill.

Rosen, H. S. & Gayer, T.(2009). *Public Finance*, 9th ed., McGraw−Hill.

______(2014). *Public Finance*, 10th ed., McGraw−Hill.

Tiebout, C.(1956). "A Pure Theory of Local Expenditures", *Journal of Political Economy*, 64(5).

Wagner, A.(1958). "Finanzwissenschaft", (Leipzig, Part 1, 3rd ed. 1883), in Musgrave, R. A. & Peacock, A. T., *Classics in the Theory of Public Finance*, St. Martins Press.

Weingast, B. R.(1995). "The Economic Role of Political Institutions: Market−preserving Federalism and Economic Development", *Journal of Law, Economics and Organisations*, 15(1).

찾아보기

ㄱ

ㅇ

저자 소개

우명동

현 성신여자대학교 경제학과 교수
고려대학교 경영학과(학사)
고려대학교 대학원 경제학과(경제학석사 및 박사)
영국 런던대학교(SOAS), 네덜란드 에라스무스대학교(ISS) 객원교수
한국재정정책학회 회장, 한국지방재정학회 회장

김의섭

현 한남대학교 경제학과 명예교수
고려대학교 농업경제학과(학사)
고려대학교 대학원 경제학과(석사)
영국 레스터대학교(Leicester University) 대학원 경제학과(경제학박사)
미국 인디애나대학교(Bloomington) 교환교수
한국재정정책학회 회장, 한국지방재정학회 회장

김종웅

현 대구한의대학교 통상경제학부 교수
서울대학교(문학사)
연세대학교 대학원 경제학과(경제학석사 및 박사)
캐나다 웨스턴 온타리오대학교(UWO) 객원교수
경제연구 편집위원, 일본응용경제학회 편집위원
한국경제통상학회 회장, 한국재정정책학회 차기회장, 한국지방재정학회 부회장

박병희

현 순천대학교 경제회계학부 교수
세종대학교 대학원 경제학과(경제학박사)
미국 버지니아공대(Virginia Tech) 경제학과 객원연구원
전남지역사회연구소장, 전남경제포럼 위원
한국재정정책학회 회장, 한국지방재정학회 부회장

임상수

현 조선대학교 경제학과 교수
서울대학교(경제학사)
서울대학교 대학원(경제학석사 및 박사)
미국 오클라호마 주립대학교 객원연구원
전 현대경제연구원 실장, 전 한국지방세연구원 연구위원
전 한국지방재정학회, 한국재정정책학회, 한국산업경제학회 총무이사

조계근

현 (사)강원미래전략연구원장
고려대학교 경제학과(학사 및 경제학석사)
서강대학교 대학원 경제학과(경제학박사)
미국 하버드대학교 초빙연구원
한국지방재정학회 상임이사, 전 한국재정정책학회 부회장

알기 쉬운 재정학

펴낸날 제1판 제1쇄 2019년 2월 1일
지은이 우명동 · 김의섭 · 김종웅 · 박병희 · 임상수 · 조계근
펴낸이 임춘환
펴낸곳 도서출판 대영문화사
주소 (본사) 사무실: 경기도 고양시 일산서구 주화로 70
우신프라자 307호 (㊐ 10387)
(본사) 물류센터: 경기도 고양시 일산서구 덕산로
107번길 68-50 (㊐ 10205)
등록 1975년 12월 26일 제3-16호
전화 (031) 913-3062, (031) 914-3884~5
팩스 (031) 913-3839
홈페이지 http://www.dymbook.co.kr

ISBN 978-89-7644-723-4
값 21,000원